U0165540

商標法論

汪渡村 著

三版序

　　商標法最新修正條文於民國100年6月29日公布，並於民國101年7月1日正式施行。此次修正幅度相當大，主要重點包括：擴大商標註冊保護客體、明定商標之各種使用行為態樣、廢除註冊費分二期繳納之制度、禁止顯屬不當之並存申請註冊、增訂非因故意延誤註冊費繳納期間之復權規定、增訂申請評定或廢止他人在後商標之相關舉證責任、明定商標侵權損害賠償採「過失責任」及修正損害賠償數額之相關規定、強化著名商標之保護、明定海關依職權查扣之法律依據、明定產地證明標章及產地團體商標等相關規定、增訂直接及間接侵害證明標章權的刑罰規定等。同時，商標專責機關為配合新法之實施，也因應修正相關子法及審查基準。本書為使讀者能精確了解新法之全盤內容，特別就立法意旨、相關學說、立法例、條文文義（兼及相關子法及審查基準）及實務見解等等，爬梳剔抉、詳細解說。也期望本書能拋磚引玉，國內學術界有更多商標法相關研究成果發表。

汪渡村　謹識

民國101年9月于銘傳大學法律學系

初版序

　　筆者多年來濫竽智慧財產權相關法律教學工作，進而將個人商標法上課講義、研究心得、諸家學說理論、最新實務見解及主要國外立法例，加以歸納、評析，整理而成本書，以便利讀者閱讀、參考。近年來，我國經濟活動日趨頻繁、交易樣態創新多變，建立維持市場交易秩序正常運作之完善法律制度其必要性日增，而商標法則屬其中最重要法規範之一。另因智慧財產日益受到重視，商標也成為企業重要的無形資產及關鍵性的競爭手段，如何善用商標法保護企業本身之商標，進而提升商譽、強化競爭力，更成為企業重要經營理念。希望本書之完成，能對商標法之推展，略盡棉薄之力。

　　本書主要撰寫方向，除有系統地闡述商標法基本意義、學說理論、最新實務見解及比較研究國內外立法例外，亦介紹最新修法方向，希望讀者藉由本書得以建構商標法完整概念。

　　筆者長期從事經濟法與智慧財產權法研究過程，特別感念恩師楊崇森教授、賴源河教授與賴英照教授之教誨，學長蔡明誠教授、謝銘洋教授之指導。另母親之長期慈愛關懷、內人惠玲之照顧、無怨之付出與寬容及子淵、子博帶給筆者無盡之希望，是鼓勵筆者繼續前進之最大泉源。

汪渡村　謹識

於2008年6月

目◆錄

第一章 總則

第一節 序論

第一款 商標及商標法之歷史

中國古代已有工匠將其姓名標示於其所生產之瓷器上[1]，另因商品交易逐漸流行，在我國北宋時期已有商人使用「白兔」作為商標[2]。中國迄今發現最早經官方正式批准使用的註冊商標，為1890年上海燮昌火柴公司

---

[1] 1959年11月，在江蘇淮安西南六里的楊廟鎮，發現之宋代墓葬中，其中有多件宋代漆器或瓷器有許多相關的押記。另在河南出土之北宋白瓷盤，其底部有墨書文字及畫押，且亦有同一瓷器出現兩個不同之畫押，該等畫押通常是標明工匠姓名、商標（工作坊），甚至品管人員之姓名。參見曾子雲，畫押淺論，http://www.ntua.edu.tw/~d29/Ch/doc/h01/w2003/08.doc.，閱覽日期2007/05/31。

[2] 現存於中國歷史博物館的白兔商標，係北宋時期山東濟南劉家功夫針鋪所使用的商標，其中間有一白兔圖，「寓玉兔搗」之意，兩邊刻有：「收買上等鋼條，造工夫細針，認門前白兔兒為記」，參見徐明文、李德恩，中國古代廣告發展述評，商業研究，哈爾濱商業大學中國商業經濟學會，8期，頁179-180，2001年。

使用的「渭水牌」火柴商標[3]。而1904年8月4日光緒皇帝欽定頒布之「商標註冊試辦章程」，則是中國最早之商標成文法[4]。1857年法國制定世界第一部成文商標法[5]，我國商標法於民國19年5月6日制定，民國20年1月1

---

3 參見商標歷史-近代事件，http://www.86tm.com/FAQ/history/index.asp，閱覽日期，2007/06/23。

4 該章程由清朝政府總稅務司赫德（英國人）起草，其中規定，在商部設立註冊局，津滬兩關為掛號分局，實行"申請在先"原則；外國註冊商標，在4個月內向中國申請的，享有優先權；商標專用權有效期為20年；對商標糾紛規定了領事判決權，凡涉及外國人的商標案件，該管領事可與地方官會同審判；對商標侵權行為予以罰款、監禁等處罰。參見 走過百年—中國最早商標之謎，發表於2004年11月25日，www.XINHUANET.com，閱覽日期，2007/06/23。

5 1857年法國制定世界第一部成文商標法（該法允許最先使用人或最先註冊人取得商標專用權，不允許不同人使用相同商標）；1862年英國制定第一部商標法；1870年美國制定第一部商標法；1878年美國最高法院判商標法違憲；1881年美國制定了新的商標法；1883年簽訂「保護工業產權巴黎公約」；1884年日本制定第一部商標法；1890年瑞士制定第一部商標法；1891年簽訂「商標國際註冊馬德里協定」；1930年我國制定第一部「商標法」；1925年修改「保護工業產權巴黎公約」增訂第6條之2，對著名商標為特別保護；1946年美國通過「蘭哈姆法案」（Lanham Act），1950年中華人民共和國制定「商標註冊暫行條例」；1963年中華人民共和國制定「商標管理條例」；1964年法國制定新商標法並廢除1857年之舊法；1982年中華人民共和國制定「商標法」；1988年11月16日 美國通過「商標法修改法案」（TMRA）；1989年修訂「商標國際註冊馬德里協定有關議訂書」；1992年法國制定世界第一部智慧財產權法典；1993年南美洲通過「卡塔赫那協定」第344號決定（卡塔赫那協定（Cartagena Protocol），1974年5月在哥倫比亞的卡塔赫那簽定。拉丁美洲國家玻利維亞、哥倫比亞、厄瓜多爾、秘魯、委內瑞拉、智利等國為統一其工業財產權制度，所簽署的地區性工業財產權法一體化協定。協定內容主要涉及發明專利、外觀設計專利與商標，對成員國的工業財產權法的程式和實體部分作了統一規定，但沒有成立統一的跨國工業財產權管理機構，也不依該協定頒發任何跨國性的工業財產專用權。至1985年止，只有秘魯、厄瓜多爾和哥倫比亞三個國家批准參加了該協定）；1993年通過「歐洲共同體商標條例」；1994年4月15日簽署「與貿易有關的智慧財產權協定」（TRIPS協定）；1999年9月29日巴黎公約大會和世界智慧財產權大會通過「關於著名商標保護規定的聯合備忘錄」。

日施行，迄至民國100年5月31日修正[6]為止，共歷經14次修正。

---

[6] 此次修訂共計修正71條，增訂26條，刪除9條，修正後共計111條，其修正重點如下：（一）明定商標之各種使用行為態樣，統整侵權案件中商標使用認定之歧異。（第5條）（二）擴大商標註冊保護客體，只要是具有指示商品或服務來源，而且可以和他人商品或服務相區別的標識，都能申請商標註冊。例如動態、全像圖等新型態商標。（第18條）（三）避免商標權人因遲誤誤繳納第二期註冊費，致增加商標權消滅之風險，廢除註冊費分二期繳納之制度。（刪除現行條文第26條）（四）修正商標權人同意他人並存申請註冊，若有顯屬不當之情形時，仍不得註冊。以彈性立法，避免實務上其他不當同意並存註冊的情形發生，俾符合商標法立法意旨。（第30條）（五）增訂未能遵守註冊費繳納期間之復權規定，使商標申請人非因故意遲誤繳納註冊費者，得於繳費期限屆滿後六個月內，加倍繳納註冊費後，予以註冊公告。並為維護權利之安定性，俾免因復權而影響他人權益，訂定不得復權之例外規定。（第32條）（六）基於程序經濟考量，並衡平當事人權益，使商標註冊爭議之事實狀態及早確定，修正申請分割或減縮指定使用商品或服務之時點，商標註冊申請案應於核駁審定前為之；註冊商標涉有爭議案件時，應於處分前為之。（第31條及第38條）（七）督促商標權人確實使用商標，增訂申請評定或廢止他人註冊商標，主張修正條文第30條第1項第10款及第63條第1項第1款之適用時，所引據評定及廢止之商標註冊已滿3年者，須舉證有使用事實等規定。（第57條及第67條）（八）統整司法實務上於商標侵權訴訟案中，適用商標法見解不一致之情形，明定「損害賠償」須以行為人主觀上有故意或過失為必要；刪除最低損害賠償的底限規定；另為適度免除商標權人舉證其損害數額之負擔，增訂得以合理授權金額作為損害賠償數額。（第69條）（九）明定僅須「可能」有致著名商標之識別性或信譽減損者，即視為侵權行為，以加強著名商標之保護；另營業主體名稱與商標本為不同之法律規範，為避免過度保護註冊商標，並造成權利濫用之問題，刪除以他人「註冊商標」作為自己公司名稱、商號名稱、網域名稱等視為侵權之規定。（第70條）（十）為周延我國執行邊境保護之相關措施，明定海關依職權查扣之法據；並增訂商標權人為調查侵權或提起訴訟必要，海關得提供侵權貨物資訊；或由商標權人提供擔保金申請調借貨樣，進行侵權認定等規定。（第75條至第77條）（十一）為強化我國著名產地名稱之保護政策，提升具地方特色或傳統技藝產業發展，並建立我國地理標示篩選清單，明定產地證明標章及產地團體商標等相關規定，另增訂直接及間接侵害證明標章權的刑罰規定。（第80條、第82條、第84條、第88條、第89條、第91條及第96條）。

第二款　商標之特徵

　　商標具有高度之經濟功能，隨著商業活動之發展，商標勢必更受重視。一般而言，商標具有下列特徵：(1)為顯著性之標章，有別於敘述性、公知性之標章，因消費者可依憑商標區別他人之商品或服務，故具有識別性之功能；(2)具法定獨占地位，商標權人對其商標具有專用權、獨占性，第三人未經商標權人同意，不得行使商標權人法定之權利[7]。另第三人申請註冊之商標，如相同或近似於商標權人之同一或類似商品或服務之註冊商標，有致相關消費者混淆誤認之虞者，均不准註冊，於此範圍內，商標權人就其商標之使用具有獨占性[8]；(3)具經濟價值，商標代表著商標品之品質信譽或商標權人之企業形象，優良之商標可增加商標品之附加價值，因商標屬無形財產，故具有經濟價值[9]；(4)屬競爭方法之一，高知名度之商標能使商標品更易爭取顧客，故商標亦屬商標品市場競爭手段之一。

---

[7] 參見本法第35條規定：「Ⅰ商標權人於經註冊指定之商品或服務，取得商標權。Ⅱ除本法第三十六條另有規定外，下列情形，應經商標權人之同意，……」。

[8] 參見本法第30條第10款規定：「相同或近似於他人同一或類似商品或服務之註冊商標或申請在先之商標，有致相關消費者混淆誤認之虞者。但經該註冊商標或申請在先之商標所有人同意申請，且非顯屬不當者，不在此限。」。

[9] 2011年Brandz公司評估全球最具價值品牌之前5名及其價值（以億美元為單位）各為，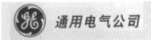：1532.85、 **Microsoft** ：1114.98、 **IBM.** ：1008.49、 通用电气公司 ：810.16、 **intel** ：482.43。http://www.millwardbrown.com/Libraries/Optimor_BrandZ_Files/2011_BrandZ_Top100_Chart.sflb.ashx。閱覽日期，2011/6/20。

第三款　國際調和趨勢

　　國際間整合各國對商標之規範，已是現今趨勢。茲因商標權之取得通常採註冊主義，故商標權之保護以屬地主義為原則，即，商標權所取得權利保護之地之範圍，僅限於該註冊國之國內。但近年來，國際間商品流通已日趨頻繁，如仍採嚴格屬地主義，可能激化各國商標權利之對立，為妥善解決該等問題，相關國際公約乃次第簽訂，如1884年生效之「巴黎公約」（Paris Convention）[10]；1994年簽署之「與貿易有關之智慧財產權協定」（Agreement on Trade-Related Aspects of Intellectual Property Rights，TRIPS）[11]；世界智慧產權組織[12]於1994年10月10日通過之「商標法條約」（Trademark Law Treaty）並於2006年3月28日新加坡會議中，修正通過「商標法新加坡條約」（Singapore Treaty on the Law of Trademarks; STLT）等，

---

[10] 巴黎公約全名為工業財產權保護巴黎公約，於1884年生效，其後並經多次修訂，最後一次修訂為1967年在斯德哥爾摩修正之版本。該公約由世界智慧財產權組織所管轄，提供關於專利、商標、工業設計之保護及其他適用於工業財產之規定，也包括地理標示及原產地名稱等。該公約主要的特色為國民待遇原則、優先權及保護自主原則。

[11] TRIPS是世界貿易組織（World Trade Organization, WTO）烏拉圭回合多邊談判協定之一，為現行國際上保護與貿易有關之智慧財產權，種類最完整之單一多邊協定。其所保護之智慧財產權包括著作權及其鄰接權（neighboring rights）、商標、專利、地理標示、工業設計、積體電路佈局、未公開資訊等，並補充巴黎、伯恩、羅馬及華盛頓公約個別領域的義務。該協定計有73條條文，包括總則及基本原則；智慧財產權之提供、範圍及使用之標準；智慧財產權的執行；智慧財產權的取得、維護及爭議程序；爭端的防止及解決；過渡條款；制度設置等7大部分。

[12] 「世界智慧財權組織」（World Intellectual Property Organization, WIPO）是由「國際保護工業產權公約」（巴黎公約，於1883年生效，內容包括專利、商標及其他的工業財產權協議）和「國際保護文學藝術作品公約」（伯恩公約，於1886年生效），於1967年7月14日在瑞典斯德哥爾摩共同締約建立之國際組織。

均屬重要之國際公約[13]。

第二節　商標法之基本原則

我國商標法（以下稱本法）基本原則如下[14]

第一款　註冊保護原則與例外

商標須依本法申請註冊，始能獲得專用之權利[15]。但對著名商標之保

---

[13] 商標法條約之譯文，可參見經濟部智慧財產局之譯本，http://www.tipo.gov.
tw/trademark/trademark_law/trademark_law_5_1.asp.；世界智慧財產權組織
（World Intellectual Property Organization, WIPO）會員於2006年3月28日新加坡
會議中，通過新的商標法條約，該條約被稱為「關於商標法的新加坡條約」
（Singapore Treaty on the Law of Trademarks, STLT），主要目的係為因應之前10
餘年來，因科技快速發展後所產生有關商標之各項問題。新的商標法條約將規
範擴大至以氣味或聲音為基礎之商標，另商標申請方式得以書面或電子的方式
為之，並授權締約方大會（Assembly of Contracting Parties）來處理條約規則之
更新事項（The new treaty extends coverage to scent- and sound-based trademarks.
Further innovations include allowing trademark applications to be filed in paper or
electronically, as opposed to simply the former; the harmonisation of formalities for
recording licenses; and the establishment of an Assembly of Contracting Parties (that
may now include intergovernmental organisations) mandated to update regulations
under the treaty.）。WIPO官員相信該條約有關商標註冊與授權部分，將促進國際
貿易和將提供各國商標間和諧之環境，將有利於國家、品牌與企業有關商標程
序取得一致性。有關商標法新加坡條約之資料，http://www.wipo.int/edocs/mdocs/
mdocs/en/tlt_r_dc/tlt_r_dc_30.doc. ICTSD reporting，閱覽日期，2007/07/23。
[14] 參見智慧財產局編，認識商標，1.2，95年更新版，http://www.tipo.gov.tw/
trademark/trademark_q_a/trademark_q_a.asp.。
[15] 參見本法第35條第1項規定：「商標權人於經註冊指定之商品或服務，取得商標
權。」

護則著重於避免相關公眾有混淆誤認之虞，或著名商標或標章之識別性或信譽有被減損之危險[16]，故例外不以註冊爲保護之要件。本法亦兼採使用主義之原則，即，商標申請註冊，雖不以經實際使用爲必要，但爲避免已獲准註冊公告之商標權，不當地長期不被使用，致妨礙第三人潛在之申請與使用該商標之機會，因此本法規定，商標註冊後，無正當事由迄未使用或繼續停止使用已滿三年者，商標專責機關應依職權或據申請廢止其註冊。但被授權人有使用者，不在此限。（商63Ⅰ二）

第二款　先申請主義

同一或近似商標，其商標權利是否獲准註冊，應以申請時間之先後決定之，縱有使用在先之事實，然遲未申請註冊時，仍不受本法之保護[17]。故二人以上以相同或近似之商標，於同一或類似之商品或服務各別申請註冊，有致相關消費者混淆誤認之虞者，應由先提出申請者取得註冊之權利，不能辨別時間先後者，由各申請人協議定之；不能達成協議時，以抽籤方式定之。（商22）

第三款　屬地原則

於我國有關商標權之取得、撤銷及其他規範，應依本法及其他相關法令之規定，另在我國取得註冊之商標權，其效力地域範圍原則上僅限於我國之領域，自不得於其他國家主權領域內主張商標權利。

---

16 參見本法第30條第11款規定，凡相同或近似於他人著名商標或標章，有致相關公眾混淆誤認之虞，或有減損著名商標或標章之識別性或信譽之虞者，不得註冊。但得該商標或標章之所有人同意申請註冊者，不在此限。

17 參見行政法院70年判字第986號判決：「現行商標法採先申請主義，縱有使用在先之事實，然遲未申請註冊時，仍不受商標法之保護」。

第四款　審查原則

　　商標註冊申請案應經審查，如認具法定不得註冊之事項者，（商30Ⅰ、65Ⅲ）應予核駁審定，（商24Ⅰ，修正後，31Ⅰ）如無，則應予核准審定。（商32Ⅰ）商標專責機關對於商標註冊之申請、異議、評定及廢止案件之審查，應指定具有法定資格之審查人員審查之，（商14）且前述案件之審查，應作成由審查人員具名之書面處分，並記載理由送達申請人。（商15）

第五款　公衆審查及賦予必要爭議機會

　　爲能確保商標註冊審查之正確性，故賦予第三人對商標註冊案得提出異議，相關之利害關係人，可提出異議或評定、廢止之申請案。（商第二章第4、5、6節）

第三節　商標法之立法目的

　　本法規範意旨，主要是爲保障商標權、證明標章權、團體標章權、團體商標權及消費者利益，維護市場公平競争，促進工商企業正常發展，（商1）以下分述之：

第一款　保障商標權等權利

　　如前所述，商標（包括證明標章、團體標章、團體商標）具有高度之經濟價值，亦爲企業經營之表徵，並於市場上可累積一定程度之商譽，因此商標如依本法註冊取得商標權後，自應以本法保護之。本法保護之標的

原規定為「商標專用權」[18]，但於民國92年修正為「商標權」，商標專用權與商標權，於權利範圍上應有不同意義，按商標權之狹義之範圍應指本法（民國92年修正）第29條第1項所稱「於經註冊指定之商品或服務」，但商標註冊後所取得之權利，除在註冊之商品或服務有專有使用權[19]外，另就近似之商標及類似商品或服務亦有禁止他人申請註冊使用之效力，因此以「專用權」稱之，不足以涵蓋其內容，故將商標專用權修正為商標權[20]。

第二款　保護商標之固有機能

商標雖有表彰商品來源、保證商品品質、商品廣告及代表營業信譽等功能，然最主要者，應是表彰自己之商品、服務，並可與他人之商品、服務相區別之功能，而為消費者選購商品、服務之依據，此一商標識別功能，更是維護現代自由競爭市場，正常運作不可或缺的因素。故而本法應確保該商標識別功能不受破壞，故第三人使用商標之行為，如有致相關消費者有混淆、誤認商品、服務來源之虞者，自應加以規範[21]。

---

[18] 本法民國100年修正第1條規定：「為保障商標權、證明標章權、團體標章權、團體商標權及消費者利益，維護市場公平競爭，促進工商企業正常發展，特制定本法。」，本法申請註冊並受保護之客體，除商標權外，尚包括修正條文第80條、第85條及第88條規定之證明標章權、團體標章權及團體商標權。現行條文對商標權係採廣義之解釋，然無法涵蓋各項權利之實質內涵，爰明列依本法註冊保障之各項權利，以資明確。

[19] 此稱為商標權狹義之範圍。

[20] 參見本法民國92年修法理由。

[21] 參見智慧財產局訂定之「混淆誤認之虞」審查基準，民國93年4月28日經濟部經授智字第0932003035-0號令訂定發布，民國93年5月1日施行。

第三款 保障消費者利益，維護市場公平競爭[22]

本法採商標註冊制度，是為鼓勵商標權利人申請註冊取得商標權，而有專用其註冊商標之法定獨占權，如此，可使消費者易於辨識，並可透過該辨識作用進行重複選購，不致產生混淆、誤認。本法立法目的，除保障商標權人及消費者利益外，亦有維護市場公平競爭秩序之功能。近年來，各種商業行為推陳出新，商標與商業行為更具密切關係，將維護市場公平競爭秩序納為本法立法目的之一，已成為國際立法趨勢[23]，如加強對著名商標之保護及對酒類地理標示予以明文保護，即是著眼於市場公平競爭秩序之維護。本法於民國92年修正時，增列維護市場公平競爭之多項規定，如有減損著名商標或標章之識別性或信譽之虞者，應禁止其註冊商標，及保護酒類地理標示等規定，（商30 I 十一、九）均屬之[24]。

第四款 促進工商企業正常發展

商標權為財產權之一種，依我國憲法第15條之規定，應予保障。又商標權或標章權之註冊與保護，同時有表彰商標、標章所指定之商品或服務來源的功能，以保障消費者利益、維護公平競爭市場正常運作及增進公共利益[25]，故本法立法目的，除保障商標權人之權利外，尚須兼顧促進工商

---

22 此處所稱市場公平競爭之內涵，主要是指「不正競爭之禁止」，如對著名商標之保護等，因商標屬營業信譽之標誌，是權利人努力經營之成果，基於公平正義之考量，自不容許他人恣意攀附或竊取，甚而耗損已屬著名商標之商譽。

23 如「巴黎公約」（1967年）第6條之1之規定；「與貿易有關之智慧財產權協定」（1994年）第16條之規定，該等內容均以維持公平競爭之市場秩序為目的，而賦與著名商標合理之保護。

24 參見本法於民國92年之修法理由。

25 參見民國94年4月15日大法官會議釋字第594號解釋。

企業正常發展等公共利益[26]。

第四節　商標之種類

　　商標（Trademark）一般被稱為「品牌」（Brand），是製造商或經銷商附加於其商品或服務上並具顯著性的標識，用以區別自己與他人商品或服務。隨著經濟活動及行銷方式日趨活潑及多元化，商標的型態已從一般之文字及圖，發展到商品之包裝設計、立體實物、聲音、動態及全像圖商標等等。商標種類大致可為以下之區分：

第一款　以商標造型區分

　　如以商標造型區分者，可分為平面商標與立體商標，分述之：
　　平面商標：所謂平面商標是指以各種 文字、圖形、記號、顏色或其組合構成內容之商標。該類商標因屬平面造型，自不同於以產品外型或產品實體，作為商標內容之立體商標。
　　立體商標請詳見如後說明。

第二款　以商標構成要素內容區分

　　如以商標構成要素內容加以區分，依條文例示則可分為文字商標、圖形商標、顏色商標、聲音商標、動態、全像圖商標、組合式商標等（本法

---

[26] 如依日本實務見解，該國商標法第1條明文規定，該法以……促進工商業之發展為目的（もって産業の発達に寄与することを目的とするものである）。因此註冊商標之指定商品使用該註冊商標之際，如有違反公共利益或違反社會公認之一般性道德觀念時，均被認為有違其立法目的。參見日本平成11（1999）年（行ケ）第394号審決取消請求事件。

第18條第1項是例示規定，即商標構成要素不以條文例舉之型態為限），
分述之：

　　文字商標：所謂文字商標，是指其內容僅以文字（包括漢字、外國文
字、阿拉伯數字或以各種不同文字組合）組成之商標。文字商標有簡潔、
直接描述、使消費者易於瞭解之特點，甚或可進一步以生產者或經營者之
名字作為商標，而使產品與生產者或經營者產生密切相關。但文字商標因
有地域性之限制，在推廣上有其侷限，是其最大缺點。

　　圖形商標：所謂圖形商標，是指其內容純粹使用圖形或記號之商
標[27]。圖形商標因可以具體或抽象之圖形或記號加以表達，故有涵蓋面
廣、變化空間大、視覺外觀之表達自由、無語言文字之地域性限制等優
點。但該類型之商標如設計不當，不易具有顯著性，一旦其主題性不強，
消費者難有印象。

　　顏色商標：所謂顏色商標，是指單純以單一顏色或顏色組合[28]為內容
之商標。但作為顏色商標內容之單一顏色或顏色組合，其本身之功能須能
足以表彰商品或服務來源，如尚需藉由其他文字、圖形或記號與顏色之聯
合式，始能突顯其商標識別性者，應不屬顏色商標。故商標之內容如以固
定圖形形狀構成者，縱於該圖形上施予顏色，仍應屬圖形商標，而非顏色

---

[27] 圖形商標因其內容是以使用圖形或記號為限，因此其商標一般可分為：(1)記號
商標：以簡單符號構成圖案的商標；(2)幾何圖形商標：以較抽象的圖形構成
的商標；(3)自然圖形商標：以人物、動植物、自然景觀等構成之商標；(4)中
性商標：以具有獨創性之圖形或記號組合而成，但內容並無任何特定含意之商
標。有關圖形商標之分類，可參見下列網站所載之資料http://www.86tm.com/faq/
history/zhonglei.htm，閱覽日期，2007/7/8。

[28] 如美商吉列公司以銅色及黑色二種顏色之圓柱體圖形使用於各種大小電池，美
商吉列公司之前手於1976年即在美國、澳大利亞申請商標註冊且於1980年獲
准；另大榮汽車貨運股份有限公司以半弧型之橘、白、綠三色組合置於服務商
品包裝、旗幟、車輛車體上，亦獲准註冊為顏色商標，但其圖樣上虛線部份之
形狀不屬於商標之一部份。參見智慧財產局，特殊商標介紹，http://www.tipo.
gov.tw/trademark/trademark_special.asp，閱覽日期，2007/7/11。

商標[29]。

　　聲音商標：所謂聲音商標，是指以足使相關消費者區別商品或服務來源之聲音為內容之商標，如具識別性之簡短的廣告歌曲、旋律、人說話的聲音、鐘聲、鈴聲或動物的叫聲等[30]。因聲音商標是以聽覺做為區別商品或服務來源的方法，無法如平面商標一樣，可附著於商品或服務場所，需透過適當之媒介物，才可傳達聲音商標給一般消費者，因此如何使聲音商標與其所標示的商品或服務相互結合，產生識別性之功能，是實務上首須克服之問題。至於聲音商標識別性的判斷與其他型態商標並無不同之標準，聲音商標仍需具有足以使消費者，認識其為表彰商品或服務來源，並藉以與他人之商品或服務相區別者，始得准予註冊[31]。

---

[29] 顏色商標相關說明，請參見智慧財產局，「非傳統商標審查基準」，101年5月31日修正，同年7月1日生效，第4點。

[30] 整首歌曲或冗長的樂譜，如管絃樂或鋼琴曲的完整樂譜，依消費者之認知，通常不易將其視為區別來源的聲音，應不具識別性；又如摩托車的引擎聲、照相機照相卡喳的聲音等，因屬正常操作所產生的聲音，如使用於車輛、照相機等商品或車輛、照相機銷售、維修等服務上，基於公益及識別性的考量，自不得獲准註冊；另因相關業者普遍使用，已為社會大眾所習知習見，而成為業界通用且廣為人知的聲音，如「ʊ一ʊ一」的聲音（類似救護車所發出的聲音）使用於醫療服務、「結婚進行曲」使用於婚紗服務或喜餅等商品上，若為某一特定人所獨佔，勢將無法避免不公平競爭的情形發生，因此亦無法獲准註冊。參見 智慧財產局，特殊商標介紹，http://www.tipo.gov.tw/trademark/trademark_special.asp,閱覽日期，2007/7/11。

[31] 如新一點靈企業股份有限公司，以簡譜音符ㄇㄧ、ㄉㄚ、ㄙㄛ、ㄈㄚ、ㄇㄧ、ㄅㄨㄛ、ㄖㄨㄟ、ㄒㄧ、ㄅㄨㄛ等旋律組合而成「新一點靈B12」之聲音商標。經智慧財產局審查後，認為本件聲音商標經申請人多年使用，不斷廣播行銷於其「眼藥水」商品，成為戶曉之流行廣告曲，應已成為表彰申請人營業上商品之識別標識，有商標法（民國100年修正前）第23條第4項規定之適用，依法核准其註冊。另由新萬仁化學製藥股份有限公司申請指定使用於化妝品、西藥、營養補充品等商品之「綠油精」聲音商標，亦經智慧財產局審查後，認為並非商品之說明、亦非相關業者所普遍使用，且經過申請人長期宣傳及使用後，已成為使用人的代表標誌之一，因此，依法准予註冊；另參見「非傳統商標審查

　　立體商標：所謂立體商標，是指以長、寬、高三度空間形成之立體形狀為內容之商標。同樣，立體商標仍需具有識別性、非功能性及其他一般商標註冊之要件，始可准其註冊[32]。可能構成立體商標的立體形狀，如具有識別性之：①商品本身的形狀；②商品包裝容器之形狀；③立體形狀標識（商品或商品包裝容器以外之立體形狀）；④服務場所之裝潢設計[33]。

　　動態商標：所謂動態商標，是指具有一週期性連續變化過程的商標，如以一隻小雞從蛋殼中孵出的連續過程動畫形象所構成的商標。它展現的是一個過程，而不是靜止的畫面或形狀。主要特徵為：1.存在動態元素即特定動作或運動狀態；2.通常需要借助電子媒介展現而不能附著於普通商品或服務上[34]。

　　全像圖商標：全像圖商標又稱雷射商標、全息圖商標，其所展現之（類似）立體的畫面，是藉由雷射光線反射出來的影像，亦是以角度變化映出全像圖形，其主要之作用是做為商品或服務之識別標章[35]。

基準」（前揭），第5點。

[32] 有關立體商標之識別性、功能性之判斷，請參見「非傳統商標審查基準」（前揭），第3.2.3至3.2.4之說明。

[33] 以包裝容器之形狀為立體商標者，如日商三得利股份有限公司，以酒瓶形狀申請註冊立體商標，該商標圖樣外觀為略帶圓形四柱體之瓶身，整體表面均刻鑿成凹凸立體之龜甲形狀；以商品本身形狀為立體商標者，如瑞士Toleone三角形巧克力；以商品或包裝容器以形狀為立體商標者，如麥當勞叔叔、米其林娃娃、肯德基爺爺等。另參見「非傳統商標審查基準」（前揭），第3.2.3之說明。

[34] 知名的動態商標如NOKIA註冊的開機握手畫面；跑車藍寶堅尼（Lamborghini）也在美國註冊了動態商標，該商標是一台藍寶堅尼跑車，分四個動作把車門開至全開的動態畫面。參見 聯合新聞網 http://udn.com/NEWS/FINANCE/FIN10/6372115.shtml#ixzz1Q4LTLOS9 Power By udn.com：另請參見姚曉旻，動態商標保護的可行性與必要性，中華商標，2010，11，頁61。

[35] 如以NOKIA的手機電池的防偽標誌為例，上、下、左、右分別有1、2、3、4個點，其雷射標籤不僅提供防偽功能更經註冊為商標。另美國運通（AMERICAN EXPRESS）信用卡上的雷射防偽商標亦相當知名，該商標自不

組合式商標：所謂組合式商標，是指由上述二種或以上不同型態內容之商標所組成的商標，亦稱複合商標。本法亦明文規定，商標，得以文字、圖形、記號、顏色、立體形狀、動態、全像圖、聲音等，或其聯合式所組成。（商18 I）但傳統商標（如文字商標）與新型態商標（如立體、動態、全圖像、聲音商標等）是否可為組合式商標之內容[36]？目前我國商標審查實務上似持肯定立場，並認為雖其型態有所不同，但其識別性仍應以其所呈現之整體外觀加以判斷[37]。上述問題，本書認為，應以該組合式商標整體內容是否具有識別性作為判斷標準，該組合商標部分內容雖具獨立識別性，但缺整體識別性時，仍應核駁其註冊申請。

第三款　以商標識別性之強弱加以區分

如以識別性之強弱為著眼點，可分為獨創性商標、隨意性商標、暗示性商標及描述性（說明性）商標，分述之：

獨創性商標：商標圖樣內容之構成是運用智慧獨創所得，且其內容並非沿用既有之辭彙或事物者[38]。

同角度看起來有不同的圖像，但整體合成一個商標。http://en.wikipedia.org/wiki/Hologram_trademark，閱覽日期，2011/7/1。

[36] 如米高梅電影的獅吼與獅子圖之組合式商標。

[37] 參見「立體、顏色及聲音商標」審查基準，前揭，2.4.5之說明。

[38] 如「PANASONIC」、「SONY」指定使用於電視、收錄音機等商品；「Kodak」指定使用於軟片等商品；「捷安特」指定使用於腳踏車商品。

隨意性商標：商標圖樣內容是由現有之辭彙或事物所構成，且其內容與指定商品或服務屬全然無關之商標[39]。

暗示性商標：商標圖樣內容是以隱含譬喻方式，暗示指定商品或服務之形狀、品質、功用或其他有關成分、性質、特性、功能或目的等，且其內容非屬業者所必須或通常用以說明商品或服務者[40]。

描述性（說明性）商標：商標圖樣內容屬描述指定商品的功能、品質、成份等特點者。描述性商標除能證明已經由商標使用而取得後天識別性外，因其缺乏顯著性，致無法獲准註冊[41]。暗示性商標與與描述性商標二者不易區別，實務上常就下列標準判斷是否屬於描述性商標：(1)是否已為同業競爭者實際交易上所使用；(2)是否屬於競爭業者必須使用之內容。描述性商標不宜由特定業者所專用，以避免損及公平競爭[42]。

第四款　以商標所表彰之對象加以區分

商標因所欲表彰對象之不同，可分為商品商標與服務商標。商品[43]商

---

[39] 如「蘋果APPLE」指定使用於電腦商品；「白馬」指定使用於磁磚、地磚等商品；「大同」指定使用於電視、電鍋等商品；「統一」指定使用於食品、飲料商品。

[40] 如「快譯通」指定使用於電子辭典商品；「一是靈」指定使用於洗衣粉商品；「SNOW WHITE」指定使用於乳霜、乳液、洗面乳等商品：「克潮靈」使用於除濕劑商品：「靠得住」使用於衛生棉商品：「足爽」使用於香港腳藥膏商品。參見「商標識別性審查基準」，民國97年12月31日經濟部經授智字第09720031750號令訂定發布，民國101年7月1日最新修正，2.1.3。

[41] 參見本法第29條第1項第1款：「商標有下列不具識別性情形之一，不得註冊：一、僅由描述所指定商品或服務之品質、用途、原料、產地或相關特性之說明所構成者。」

[42] 參見「商標識別性審查基準」（前揭），2.2.1。

[43] 商品之範圍相當廣泛，參見民國99年05月04日最新修正之「商品及服務分類表」相關內容之。

標者，凡為表彰商品產製者、揀選者之來源或信譽等標誌者屬之。服務[44]商標者，凡為表彰提供服務者之來源、信譽、並與其他同類服務者能有所區別之標誌者屬之，如表彰航空、旅遊、金融、電信等服務之標誌。

　　本法於民國92年修正前，商標所表彰及專用之客體僅限於商品，至於表彰營業所提供之服務，則以「服務標章」稱之。惟於現今商業活動，商品或服務二者常具有一體兩面或密不可分之關係，特定商標究為表彰商品或服務，實務上已難區別，且商品與服務間亦可能具有「類似性」之關係[45]。另商標為表彰商品、服務來源，於實際行銷時亦須附麗於所表彰之商品、服務或其有關之物件上，二者亦可能具「近似性」而致消費者產生混淆。故本法於民國92年修正時，特將商標得表彰之客體擴張而同時包括商品與服務二者。

---

[44] 本法規定之服務業範圍，可參見「商品及服務分類表」（前揭），另可參見「零售服務審查基準」（100年2月1日實施），對商品零售服務有定義性之規定。

[45] 參見行政法院73年判字第794號判例：「又服務標章所表彰之營業，如為供應特定商品之服務，而該商品與他人商標所指定使用之商品相同或類似者，即應認屬同一或同類而有首揭規定之適用，不能以其一為表彰服務之營業，一為表彰商品，而謂兩者不生同一或同類問題，可任意使用相同之文字作為圖樣，致使消費者對其服務之提供者或商品之製造者及其品質等項發生混淆誤認而為購買之情形……次查關係人申請註冊之服務標章，雖其指定使用之營業為蜜餞、糖果、餅乾、蛋糕等食品之經銷服務，惟該項服務所供應之商品，與原告已註冊之「黑松牌」商標指定使用之蜜餞、糖果、餅乾、乾點、麵包、蛋糕等商品，完全相同，且原告就其商標所使用之商品，除自行製造外，依商場習慣亦可自行銷售，揆諸首揭說明，系爭服務標章所表彰之營業與原告商標指定使用之商品，自應認屬同類，即有商標法第37條第1項第7款規定之適用，被告機關原審定將商品與商品之銷售服務強為區分，而謂二者不生同一或同類問題，殊違一般交易觀念」。

第五款 以本法規範之客體加以區分

本法第三章規範之商標種類有證明標章、團體標章及團體商標，分述之：

證明標章：證明標章權人用以證明他人商品或服務之特定品質、精密度、原料、製造方法、產地或其他事項，並藉以與未經證明之商品或服務相區別之標識。（商80 I）證明標章因屬證明他人商品或服務特性等事項的標識[46]，故本法明定須具有證明他人商品或服務能力的法人、團體或政府機關，始具有證明標章申請人之資格。一旦該證明標章權人同意他人於其商品或服務之相關物品或文書上，標示該證明標章者，即表示該證明標章權人有證明他人商品或服務之特性、品質、精密度、產地或其他事項之意思。（商81-83）我國有關產地證明標章，如符合地理標示保護要件者，於民國96年7月之前，原得依「地理標示申請證明標章註冊作業要點」之規定，申請證明標章註冊，但該要點已經主管機關廢止[47]，之後應適用「證明標章、團體商標及團體標章審查基準」相關規定，直接申請產地証明標章[48]註冊[49]。本法於民國100年修正後，明定證明標章如用以證明

---

[46] 如UL電器安全、ST玩具安全標誌及百分之百羊毛標誌；中華有機農業協會，中華有機農業協會驗證COAA及圖；行政院農業委員會動植物防疫檢疫局，植物種苗疫病蟲害驗證標章；臺灣寶島有機農業發展協會，FOA全有機轉型期農產品標章；行政院農業委員會農業藥物毒物試驗所，吉園圃GAP及圖等。

[47] 經濟部於民國96年7月25日以經授智字第09620030712號令廢止「地理標示申請證明標章註冊作業要點」。

[48] 參見經濟部智慧財產局中華民國96年7月25日訂定之「證明標章、團體商標及團體標章審查基準」，最新修正民國101年7月1日生效，2.3規定。

[49] 我國產地證明之商標保護，原以證明標章之標準保護之，故如符合地理標示構成要件者，得依證明標章保護之，但於民國96年7月25日起則參考日本之作法改採直接以產地證明標章加以保護。按有關產地證明之商標保護，各國作法並非一致，如日本為保護地區性企業經營者所建立具有高度商譽之地區性商標，該國於2005年6月15日修正商標法（2006年4月1日生效）時，引進地區性團體商標，依法能成為註冊商標的地區性商標，只能是有帶「地區性的名稱」和「商

產地者，該地理區域之商品或服務應具有特定品質、聲譽或其他特性，證明標章之申請人得以含有該地理名稱或足以指示該地理區域之標識申請註冊為產地證明標章。（商80 II）[50]

團體標章：指具有法人資格之公會、協會或其他團體，為表彰其會員之會籍，並藉以與非該團體會員相區別之標識。（商85）如獅子會、扶輪社、政黨組織等。故團體標章申請人應以具有法人資格的公會、協會或其他團體為限。團體標章乃純粹表彰團體組織本身或其會員身分，並由該團體或其會員將標章標示於相關物品或文書上，故與商品或服務相關的商業活動較無直接關係，且與團體商標性質上是表彰該成員所提供之商品或服務者，亦有所不同。

團體商標：團體商標，指具有法人資格之公會、協會或其他團體，為指示其會員所提供之商品或服務，並藉以與非該團體會員所提供之商品或

品名稱（服務名稱）」的文字商標。「地區性的名稱」是指商品的產地或提供服務的地方，例如，「有田燒」，「道后溫泉」，「夕張甜瓜」等，另地區性團體商標，尚須具備下列註冊要件：①申請人必須是根據法律成立之團體，如農業協同協會、水產行業協同協會、中小企業協同協會等；②地區性商標因使用，需具有一定的知名度，並於鄰接地理範圍內，於一定程度內被眾所周知；③具有一般商標之註冊要件。以上參見デイブ・ガンジー，団体商標としての地理的表示保護—その可能性と陷穽—，平成17年度（2005）特許庁委託產業財產權研究推進事業報告書。另可參考我國經濟部智慧財產局，民國98年5月26日公布之「著名地方特色產業產地認定原則及一覽表」。

50 修法理由主要是為使產地事項之產地證明標章定義清楚明確，故明定用以證明產地者，該地理區域之他人商品或服務應具有特定品質、聲譽或其他特性；亦即產地證明標章得由產地名稱所組成，但非謂商標專責機關即應允許其註冊，仍須考量該產地名稱是否於指定之商品或服務具有特定品質、聲譽或其他特性。例如，申請以「臺北」註冊為產地證明標章指定使用於板條商品，因以「臺北」為產地之板條並無特定品質、聲譽或其他特性之意涵，予人印象僅為單純產地之說明，並不符合產地證明標章之定義，其註冊申請將被核駁。但若申請「美濃」作為產地證明標章，指定使用於板條商品，則因美濃居民以客家人為主，而板條為客家傳統米食，美濃生產之板條長久以來凤著盛譽，「美濃」於板條具有品質與聲譽之意涵，應符合申請產地證明標章之要件。

服務相區別之標識[51]。（商88 I）故團體商標申請人以具有法人資格的公會、協會或其他團體為限。團體商標本質上仍屬商標，但一般商標主要是為表彰單一來源之商品或服務，而團體商標係提供予團體會員使用，作為商品或服務源自特定會員的標識。

第五節　商標之構成要件

第一款　構成之要素

本法於民國100年修正時[52]，參酌商標法新加坡條約（Singapore Treaty on the Law of Trademarks; STLT），開放任何足以識別商品或服務來源之標識，皆能成為本法保護之客體，並例示商標得由文字、圖形、記號、顏色、立體形狀、動態（motion marks）、全像圖（hologram marks）、聲音等之標識，或其聯合式標識所組成[53]，且商標保護之客體不限於本法第18條第1項所例示之情形。因此，非傳統商標，除條文所例示之動態商標、全像圖商標外，手勢商標、位置商標、氣味商標、味道商標、觸感商標等標識，如具有識別性並符合本法其他要件者，均可申請註冊商標。

---

[51] 如台灣素食推廣協會，申請台灣素食推廣協會標章；台中市足部反射療法從業人員職業工會，申請台中市足部反射療法從業人員職業工會之文字及圖標章。請參見「證明標章、團體商標及團體標章審查基準」（前揭），3.1介紹核准註冊之案例。

[52] 本法民國100年修正前第5條第1項規定，商標的構成僅得由文字、圖形、記號、顏色、聲音、立體形狀或其聯合式所組成，其構成要素僅能以本法所明定列舉之客體為限，換言之，修正前本法法定商標類型僅有文字商標、圖形商標、記號商標、顏色商標、聲音商標、立體商標或其聯合式商標，其他類型之商標（如氣味商標等）則不受本法之保護。

[53] 本法第18條第1項：「商標，指任何具有識別性之標識，得以文字、圖形、記號、顏色、立體形狀、動態、全像圖、聲音等，或其聯合式所組成」。

第二款 商標識別性

　　所稱識別性，是指足以使商品或服務之相關消費者認識爲指示商品或服務來源，並得與他人之商品或服務相區別者。（商18 II）[54]識別性爲商標指示商品或服務來源，並與他人的商品或服務相區別的特性，故識別性的判斷必須以商標與指定商品或服務間的關係爲依據，不能脫離指定商品或服務單獨爲之。商標識別性有先天與後天之分，前者指商標本身所固有，無須經由使用取得的識別能力；後者則指標識原不具有識別性，但經由在市場上之使用結果，使相關消費者得以認識其爲商品或服務來源的標識，而取得商標識別性，此時因該標識除原來的原始意涵外，尚產生識別來源的新意義，故後天識別性又稱爲第二意義[55]。

　　本法受保護之商標，必須是具有識別性之標識（商18 I前段），同時亦屬申請註冊之積極要件（商29 I）。商標申請註冊時，須使相關消費者得區辨其爲識別來源之標識，故商標有無識別性之判斷，自應以相關消費

---

[54] 識別性，以往學說稱為「特別顯著性」，惟本法於民國86年修正後，原第5條第2項已刪除特別顯著性之字句，故已有以商標識別性取代特別顯著性之用法。民國86年修正前，第5條第2項之規定：「凡描述性名稱、地理名詞、姓氏、指示商品等級及樣式之文字、記號、數字、字母等，如經申請人使用且在交易上已成爲申請人營業上商品之識別標章者，視爲具有特別顯著性」，民國86年修正後之條文：「不符前項規定之圖樣，如經申請人使用且在交易上已成爲申請人營業上商品之識別標識者，視爲已符合前項規定」。但民國92年修正後之條文則爲：「前項商標，應足以使商品或服務之相關消費者認識其爲表彰商品或服務之標識，並得藉以與他人之商品或服務相區別」，修法理由爲，明定商標應具識別性之條件。依本法申請註冊之商標，須使相關消費者得區辨其爲識別來源之標識原條文第2項係商標因使用而取得識別性者之規定，涉及商標註冊要件，移列（民國92年）修正條文第23條第4項。民國100年修正時，又於本法第18條第2項明定識別性之定義。

[55] 參見經濟部智慧財產局，「商標識別性審查基準」（民國97年12月31日經濟部經授智字第09720031750號令訂定發布，最新修正，民國101年7月1日生效），2.識別性的意義。

者的認知為準,而基於本法屬地性之考量,「相關消費者」應以我國消費者為原則。且「相關消費者」應以「商品或服務之相關消費者」為範圍,較能符合一般交易習慣,如一般日常用品,固應以一般大眾之認知為判斷標準,但就僅流通於專業人士間之商品或服務,則應依該範圍專業人士之觀點作為判斷標準較為允當,如判斷精密醫療器材、特殊建材之商標是否具有識別性時,應以醫師、建築師等相關專業人士之觀點作為判斷基礎[56]。

　　本法民國86年修正前,相關條文是採「特別顯著性」之用語[57],而該用語於清末「商標註冊試辦章程」中即已出現[58]。有關特別顯著性之意義,有認為應從商標之外觀立論,另有認為應從商標之識別力加以判別[59]。前者認為,商標之外觀需有其特殊性,且商標內容應有別於商品上之裝飾圖樣或說明性文字[60],同時與業界之其他商標相比較後,因有其特別性而可引起消費者之注意[61],如此該商標始具有顯著性。後者認為,特

---

[56] 參見本法民國92年第5條第2項修法理由。

[57] 參見本法(民國82年)第5條第2項規定:「凡描述性名稱、地理名詞、姓氏、指示商品等級及樣式之文字、記號、數字、字母等,如經申請人使用且在交易上已成為申請人營業上商品之識別標章者,視為具有特別顯著性」。

[58] 商標註冊試辦章程於1904年(清光緒36年)8月4日批准,該章程共23條,第1條為商標定義之規定,即出現特別顯著之用語:「商標者,以特別顯著之圖形、文字、記號,或三者俱備,或製成一二,是為商標之要領」。

[59] 參見蔡明誠,論商標之抽象識別性與具體識別力要件,法令月刊,51卷10期,頁532以下;謝銘洋,智慧財產權之制度與實務,台大法學叢書,自版,1995年版,頁163以下;趙晉枚,商標識別性之研究,華岡法粹,22期,1994年,頁49以下;曾陳明汝,商標法原理,新學林出版社,2007年,頁379以下。

[60] 參見最高行政法院47年判第39號判例:「……參加人呈准註冊之五印醋商標圖樣,係於金黃色花形邊框內,書墨色「五印醋」三字,其整個圖案,有其特殊之結構及設色,顯非不具商標法第1條第2項所規定特別顯著之要件」。

[61] 參見最高行政法院92年判字第1066號判決:「……惟查管狀牙膏擠出後之狀態係屬大自然界之物理現象,故除非在整體設計上另有強烈而明顯之特殊創意,否則以其圖形為商標圖樣自無獨創性可言,亦無法在社會大眾主觀印象上造成

別顯著性並非絕對性概念而應具有相對性，故不可拘泥於商標本身外觀是否特別，應於具體案件中就相關消費者認知、與商品或服務之關係、實際交易情況、使用方式等因素綜合考量，該商標得否作為相關消費者區辨其為識別來源之標識，如有，即可認為該商標具有特別顯著性[62]。本書認

識別作用。且論究商品有無識別性，除端視商標圖樣與他人之商品有相區別之情形外，仍需考量商標之獨創性、實際商品市場環境、各類商標併存情形、商品性質與關聯性、商品購買人之注意程度等因素綜合判斷之，而非單純以圖樣作為其識別之依據。經查牙膏為大眾民生基本用品，其商品之替代性高，且因無特定商品領域，故不具市場區隔性，一般消費者於選購商品時，依一般社會通念，客觀上當對其以圖樣所表彰之商品來源、性質或產銷主體等產生聯想。從而雖牙膏實際擠出之圖形，或因著力點、施用力道及時間長短等因素，而致長、短、尖、圓、扁、寬或細不一，但因仍不失為係牙膏擠出之形狀，是以一般商品購買人在購買牙膏時自有將該商標圖樣與牙膏作相當程度聯想之可能。且牙膏商品業界亦有以牙膏擠出之圖形為商標圖樣之習慣，此觀被上訴人所提出之000家護牙膏、000牙膏之包裝盒、000牙膏包裝盒及000牙膏之包裝盒即知，是系爭商標單以圖樣為主要部分，別無其他字樣或特殊設計，以資與其他牙膏商品商標相區別，自不足以使消費者認識其為表彰被上訴人商品信譽來源之標誌，殊難謂具有特別顯著性，在社會大眾主觀印象上亦無識別作用可言」。

[62] 參見最高行政法院74年判字第347號判例：「按商標以圖樣為準，所用之文字、圖形、記號或其聯合式應特別顯著，固為商標法第4條第1項所明定，而所謂特別顯著是指商標具有足以識別自己與他人商品之特別性，不致引起混同誤認之虞者而言。又審查商標有無特別顯著性，應參酌其背景資料及交易實況，商標圖樣所使用之圖形，縱屬簡單，但因使用長久及商品廣泛行銷，已具標誌性，能使一般購買者得藉以與他人商品予以辨別者，仍不失為具有特別顯著性……」；最高行政法院73年判字第461號判例：「茲所謂『特別』是指商標本身具有與眾不同之特別性，能引起一般消費者之注意而言；所謂『顯著』，是指依一般生活經驗加以衡酌，其外觀、稱呼及觀念，與其指定使用商品間之關係，足以藉以與他人商品相區別，亦即有商品商標識別適應性者而言。無特別顯著性之商標，自在不准註冊之列。良以特別顯著性，係商標之註冊要件，標章之使用，僅以使用者有主觀之意念，以其作為商標而使用於商品，猶有未足，應以一般消費者，有以其作為商品營業者信譽之標誌之客觀認識而後可。本件原告申請註冊使用於印刷品、新聞紙、期刊及書籍等之系爭商標，其商標

爲，商標具識別性之要件應爲：①足以使商品或服務之相關消費者認識其
爲表彰商品或服務之標識，即認識爲指示商品或服務來源、②得藉以與他
人之商品或服務相區別。故商標是否具有特別顯著性之判斷，應以後說爲
妥。本法民國100年修正後，則明定其意義且亦以後說爲據。

　　商標識別性雖屬高度不確定性概念，但因涉及本法保護要件之判斷，
故適用上必須力求明確，爲此，商標專責機關特訂定「商標識別性審查基
準」[63]，作爲審查商標識別性之參考依據[64]。依該審查基準規定，商標是
否具備識別性，應考量個案的事實及證據，就商標與指定使用商品或服務

圖樣，係由橫書中文黑體字『世界展望會』五個字所購成，固能引起一般消費
者注意而具有特別性，惟就其外觀，稱呼及觀念言之，僅係某一組織團體之名
稱之表示，尚不足使一般消費者認識其係表彰原告印刷品、新聞紙、期刊及書
籍等商品之商標，自不具顯著性」。

[63] 中華民國97年12月31日經濟部經授智字第09720031750號令訂定發布，98年1月1
日生效。智慧財產局將原有民國86年制定之「商標識別性審查要點」重新訂定
更改爲「商標識別性審查基準」。其中較大不同爲從前比較容易取得商標權的
歷史人物、地名、標語、姓氏商標，未來要申請商標得多花點心力累積使用證
據，才能註冊。包括「唐太宗」、「莊子」等歷史人物，「漢城」（已更名爲
首爾）、「打狗」（已更名爲高雄）等地名，「福氣啦」、「We are family」
等標語，除非申請人能證明消費者已經非常熟悉該商標，不然無法註冊。另台
灣人喜歡用姓氏作爲商標名稱，智慧局過去對於姓氏的認定也較寬鬆，尤其
罕見姓氏的核准率頗高，但新基準對姓氏商標的審查比較嚴格，除非像「黑面
蔡」、「鬍鬚張」給人除了姓氏以外的形象，或是「周氏蝦捲」、「曾記麻
糬」已具備後天識別姓，才有機會取得商標權。該審查基準最新修正於民國101
年7月1日生效。

[64]「商標識別性審查基準」（前揭），於第4點針對常見的商標申請形態，說明其
識別性審查原則，極具實務參考價值。另經濟部智慧財產局於民國93年6月10日
以經濟部經授智字第0932003061-0號令訂定發布，民國93年7月1日施行之「立
體、顏色及聲音商標審查基準」，該審查基準最新修正於民國101年7月1日生
效，並改名爲「非傳統商標審查基準」，對立體、顏色及聲音等非傳統商標之
識別性，另有特別之規定，亦值參考。

的關係[65]、競爭同業使用情形[66]及申請人使用方式與實際交易情況[67]等客觀參酌因素，綜合判斷之。另該審查基準亦就具有先天識別性的商標，依

---

[65] 判斷商標是否具有識別性，首在瞭解該標識與指定商品或服務的關係，當一個標識傳達了相當程度有關商品或服務的資訊時，消費者對該標識的理解，只是商品或服務的說明，而不會把它當作是識別來源的標識。反之，當標識沒有傳達商品或服務的任何相關資訊時，消費者很容易理解到它具有識別來源的功能，而把它當作是商標。例如「蘋果」指定使用於電腦商品，因與指定商品全然無關，具有指示及區別特定商品來源的識別性。但以「蘋果」二字指定使用於蘋果商品，因「蘋果」即為指定商品的名稱，消費者不會認為它是指示特定來源的標識，所以不具識別性。「商標識別性審查基準」（前揭），第3點(1)。

[66] 描述性詞彙或事物常用以表示商品或服務品質、功用或其他特性，競爭同業也需要使用來說明自己的商品或服務，而且描述的程度愈高，競爭同業需要使用的可能性越高，所以競爭同業於市場上的使用頻率可以用來判斷特定詞彙或事物的描述性程度。若在市場上已有一定數量的競爭同業使用特定詞彙或事物作為商品或服務的說明，則無須達到為該產業通用的程度，即可推斷該詞彙或事物具有商品或服務說明的性質。由社會公益的角度觀之，一個純粹提供商品或服務資訊的說明性詞彙或事物，不應保留給特定人專用。且為了業界之公平競爭，亦不宜由一人獨占使用，而使其他競爭同業無法自由地使用該詞彙或事物。另某一詞彙或事物即使尚沒有競爭同業使用，並不表示該詞彙或事物即非商品或服務品質、功用或其他特性的說明，只要相關消費者所理解的一般而直接的含義，為商品或服務的相關說明，即不具識別性。「商標識別性審查基準」（前揭），第3點(2)。

[67] 依申請人使用方式與實際交易情況，如果只是將申請的商標作為商品或服務的相關說明，例如火鍋店於其菜單標示「一人一鍋」，其實際使用只是用來說明在其店內消費的型態，強調一人一套鍋具的安全衛生，則相關消費者不會認為它是表示特定來源的標識。而商標有無識別性，應以我國相關消費者的認知為準。所謂「相關」消費者，係指已經有購買或使用特定商品或服務經驗的實際消費者，及未來有可能購買或使用該特定商品或服務的潛在消費者而言，例如日常用品為一般公眾日常生活所使用的商品，應以一般公眾為相關消費者，而流通於專業人士之間的商品或服務，則應依專業人士的觀點判斷之。在判斷商標是否具有識別性時，亦應考量相關消費者的注意程度，一般而言，消費者對愈昂貴、專業或耐久財商品，例如：奢侈品、高科技、醫藥產品等，其注意程度會高於對日常生活用品的注意程度。「商標識別性審查基準」（前揭），第3點說明。

其識別性之強弱，分爲獨創性[68]、任意性[69]及暗示性商標[70]，作爲得否准予商標註冊之判斷。至於表示商品或服務相關說明的描述性標識、指定商品或服務的通用標章或名稱[71]，以及其他無法指示及區別來源的標識，均

68「獨創性標識」指運用智慧獨創所得，非沿用既有的詞彙或事物，其本身不具特定既有的含義，該標識創作的目的即在於以之區別商品或服務的來源。因其爲全新的創思，對消費者而言，並未傳達任何商品或服務的相關資訊，僅具指示及區別來源的功能，故其識別性最強。從競爭的角度觀之，這類標識既不是競爭同業所必須或通常用以表示商品或服務本身或其他相關說明，賦予排他專屬權，不會影響同業的公平競爭，自得准予註冊。核准案例：如1，「GOOGLE」使用於搜尋引擎服務。2.「震旦」使用於電信加值網路之傳輸服務。3.「普騰」使用於電視機、音響商品。使用於汽車、客車商品。參見「商標識別性審查基準」（前揭），2.1.1。

69「任意性標識」指由現有的詞彙或事物所構成，但與指定使用商品或服務本身或其品質、功用或其他特性全然無關者，因爲這種型態的標識未傳達所指定使用商品或服務的相關資訊，不具有商品或服務說明的意義，消費者會直接將其視爲指示及區別來源的標識。從競爭的角度觀之，因爲其他競爭同業在交易過程中，沒有使用這些與商品或服務毫無關聯的詞彙或事物之必要，因此賦予排他專屬權不會影響同業的公平競爭，故得准予註冊。核准案例：1.「蘋果APPLE」、「黑莓BlackBerry」使用於電腦、資料處理器商品。2.「風信子」使用於杯、碗、盤商品。3.「向日葵」使用於太陽能收集器商品。4.「春天」使用於餐廳、旅館服務。使用於磁磚、地磚、壁磚商品。使用於衣服商品。參見「商標識別性審查基準」（前揭），2.1.2。

70「暗示性標識」指以隱含譬喻方式暗示商品或服務品質、功用或其他有關成分、性質等特性，雖較易爲消費者所記憶，但並非競爭同業必須或通常用以說明商品或服務的標識。暗示性的描述與商品或服務的直接描述不同，消費者需要運用一定程度的想像、思考、感受或推理，才能領會標識與商品或服務間的關聯性。這種類型的標識，不是競爭同業必須或自然會選擇用以說明商品或服務特徵的標識，通常還有其他較直接的說明文字或圖形等可供使用，因此賦予排他專屬權不影響同業公平競爭，得准予註冊。核准案例：1.「快譯通」使用於電子辭典商品。2.「一是靈」使用於洗衣粉商品。3.「克潮靈」使用於除濕劑商品。4.「靠得住」使用於衛生棉商品。5.「足爽」使用於香港腳藥膏商品。使用於椅子、搖椅、課桌椅商品。參見「商標識別性審查基準」（前揭），2.1.3。

71描述性標識指對於商品或服務的品質、功用或其他有關的成分、產地等特性，作直接、明顯描述的標識，消費者容易將之視爲商品或服務的說明，而非識別來源的標識。所謂商品或服務之說明，依一般社會通念，如爲商品或服務本身

屬不具先天識別性的標識，除已具有商標第二意義，否則恐無法核准其商標註冊。惟暗示性商標雖屬具有先天識別性的標識，而描述性標識則屬於不具先天識別性的標識，但區別二者並不容易，個案上得參酌消費者需要運用想像力的程度；辭典定義；報紙、雜誌或網路的使用；競爭者可能需要使用的程度等因素，予以判斷。[72]

第三款　後天識別性

所謂商標「後天識別性」（有稱第二意義、次要意義、第二層意義），是指原不具有識別性之圖樣或特徵，因長期繼續性作為商標使用，進而使相關消費者認識其在交易上已成為商品或服務之識別標識者，即，相關消費者已有所認知並與商品或服務來源產生聯想時，該商標應已產生具有區別商品或服務來源之另一意義[73]。實際上，商標識別性之程度，可

之說明，或與商品或服務本身之說明有密切關連者，即不得註冊，不以一般提供該商品或服務者所共同使用為必要。例如：「燒烤」使用於餐廳服務；「記憶」使用於枕頭、床墊商品；「霜降」使用於肉類商品；「HID」（High Intensity Discharge氣體放電式）使用於車燈商品等。另業者常用來表示商品或服務優良品質的標榜用語與標示，或為消費者喜愛的商品或服務特性的描述，例如：金牌圖形、頂級、極品、特優、良品、正宗、鮮、低脂、deluxe（高級的）、best（最佳的）、top（最好的）、extra（超級的）、fresh（新鮮的）、light（輕淡的、低脂的）等用語，亦屬於描述性標識。參見「商標識別性審查基準」（前揭），2.2.1。

[72] 參見「商標識別性審查基準」（前揭），2.2.1。

[73] 參見本法第29條：「I商標有下列不具識別性情形之一，不得註冊：一、僅由描述所指定商品或服務之品質、用途、原料、產地或相關特性之說明所構成者。二、僅由所指定商品或服務之通用標章或名稱所構成者。三、僅由其他不具識別性之標識所構成者。II有前項第一款或第三款規定之情形，如經申請人使用且在交易上已成為申請人商品或服務之識別標識者，不適用之」。另參見最高行政法院92年度判字第1649號判決：「……而「次要意義」，乃指某項原本不具識別力之特徵，因長期繼續使用，使消費者認知並將之與商品或服務來源產生聯想，該特徵因而產生具區別商品或服務來源之另一意義」；經濟部民國93年7

能因時間或使用等因素之改變而有所起伏，如原不具商標識別性之商標，除該商標內容就其使用商品或服務而言，已屬習慣上通用標章或通用名稱之外[74]，若該商標經申請人使用、交易，並成為其商品或服務之識別標識，則該原不具識別性之商標應可取得識別力。[75]判斷申請商標是否取得後天識別性，應將申請人提出的證據資料，就指定使用商品或服務特性的差異，及其各項可能影響判斷結果的因素，衡酌個案實際交易市場的相關事實加以綜合審查。若證據顯示申請商標確實作為指示及區別商品或服務來源的標識使用，且應有相當數量的相關消費者以該商標作為識別商品或

月16日經訴字第09306222680號訴願決定書：「本件商標已取得第二層意義，惟觀諸訴願人於申請及訴願階段所檢送之相關證據資料（包括電視廣告、報紙廣告、雜誌廣告、網路廣告等），充其量僅呈現出「全民半價」為訴願人提供予相關消費者選擇之「促銷方案」，尚難認為訴願人已將「全民半價」字樣作為商標使用，進而使相關消費者認識其在交易上已成為訴願人服務之識別標識，不符合商標法（民國100年修正前）第23條第4項次要意義原則之規定」。

[74] 參見臺北高等行政法院91年度訴字第38號判決：「……再被告經『ePaper』關鍵詞由Google網路搜尋，所查得之相關資料高達十萬零八千筆即可知『ePaper』為網際網路相關業者普遍使用之名稱，原告主張其因大量使用已取得次要意義，具有識別性一節，非可採信」。

[75] 認為具有後天識別性而核准商標註冊案例如：1.「787」為單純的數字，原不具識別性。惟經申請人長期作為商標，使用於飛機及其零組件、航空器及其零組件、直昇機及其零組件等商品，已足以使相當數量的相關消費者認識其為識別商品來源的標識，而取得後天識別性。2.「4810」為歐洲最高峰白朗峰的高度，原不具識別性。惟經申請人長期將之作為商標使用於鋼筆、原子筆、鉛筆、簽字筆、鋼珠筆等商品，並大量使用於廣告媒體，而取得後天識別性。3.「V50」使用於汽車、卡車及多用途休旅車商品，給予消費者的印象為指定商品的型號，原不具識別性。惟經申請人使用，汽車的相關消費者可以之作為識別來源的標識，具有後天識別性。4.「生命就該浪費在美好的事物上」與茶葉、茶葉製成之飲料、咖啡、咖啡製成之飲料、可可及其製成之飲料、冰淇淋等指定使用商品無關，原屬商標法（民國100年修正前）第23條第1項第1款其他無法識別來源的標語，不具識別性。惟經申請人長期將之作為商標使用於前述商品，並大量使用於廣告媒體，而取得後天識別性。參見「商標識別性審查基準」（前揭），2.3。

服務來源的標識，則可核准註冊（商29II）。

　　商標是否具後天識別性，可採下列證據方法認定之：①商標的使用方式、時間長短[76]及同業使用情形[77]；②[78]銷售量[79]、營業額[80]與市場占有

---

[76] 申請商標與實際使用商標應具有同一性，實際使用時會將商標的大小、比例或字體配合商品包裝圖樣作變化，若其差異並未改變商標同一性，則仍得以該實際使用資料作為使用證據。又申請商標應為指示商品或服務的來源使用，而非僅作為表示商品或服務的相關說明。如商標不是單獨使用，而是與其他商標合併使用時，要證明申請商標取得識別性，通常需要較多的使用證據。例如「焦點亮白」使用於身體及美容化妝品等商品，申請人檢送的證據均為「焦點亮白」與「歐蕾」或「OLAY」合併使用，客觀上「焦點亮白」予相關消費者的印象，僅為商品功能說明的一般廣告用語，主要識別商品來源的部分仍為「歐蕾」或「OLAY」，故「焦點亮白」並不因與前述二商標合併使用而取得識別性。參見「商標識別性審查基準」（前揭），5.1(1)。

[77] 證據應顯示商標使用時間，原則上，商標使用的期間越長，經由反覆的使用較有可能使相關消費者得以將商標與申請人聯結，但今日電子媒體及網際網路發達，資訊散布快速，商標經由大量密集使用，亦有在短期取得識別性的可能。惟商標使用有間斷情形，應考慮該中斷期間對商標識別性之取得有無造成影響。參見「商標識別性審查基準」（前揭），5.1(1)。

[78] 申請人提出競爭同業並未使用申請商標圖樣的證據，並不當然證明申請商標具有識別性，因為商標識別性判斷的關鍵，在於相關消費者是否會視其為區別來源的標識，如果一商標具有商品或服務的強烈說明意涵，即使市場上同業未使用相同或近似的圖樣，並不能改變其說明性的本質，仍不具識別性。另申請人的商標使用包括自己、前手及被授權者的使用。（民國100年修正前）商標法第58條第2款規定：「於以出口為目的之商品或其有關之物件上，標示註冊商標者」，應認為商標權人有使用其註冊商標，故將商標使用於外銷商品的情形，亦包括在申請人使用商標的範圍內，但若申請人的商品全數用於外銷，則僅以其銷售量或營業額通常難以證明該商標在國內已取得識別性。參見「商標識別性審查基準」（前揭），5.1(1)。

[79] 一般而言，銷售量或營業額越大，表示有越多的相關消費者購買了申請人的商品或服務，因為消費者與該商標有較多實質的接觸，商標能夠識別申請人商品或服務的可能性也越高，所以鉅額銷售量或營業額可能彌補商標僅有短時間使用的不利因素。參見「商標識別性審查基準」（前揭），5.1(2)。

[80] 以營業額作為證據時，應考量商品的特性，例如：便宜的生活日用品市場較

率[81]；③廣告量[82]、廣告費用[83]、促銷活動的資料；④銷售區域、市場分布、販賣據點或展覽陳列處所的範圍[84]；⑤各國註冊的證明[85]；⑥市場調

大，提供者眾多，消費者購買時的注意程度較低，不具識別性的標識在該市場取得識別性較困難，但相同的營業額，在昂貴、專業的小眾市場，因為市場較小，供應者有限，且消費者購買時會有較高的注意程度，取得識別性反較容易。此外，金融服務業以放款量或保險金額作為營業額或銷售量時，通常會過度膨脹申請商標為相關消費者接觸的程度，不是衡量商標使用的適當方式，此時，開戶人數、投保人數、分支機構數量以及其地理位置的分布等，更適宜作為衡量指標。參見「商標識別性審查基準」（前揭），5.1(2)。

[81] 申請人商品或服務在同類市場的占有率是重要的參考因素。一般而言，銷售量在同業市場所占比例越高，表示越高比例的相關消費者接觸到該商標，該商標能夠識別申請人商品或服務的可能性也越大。市場占有率也可以協助判斷銷售量與營業額在同類市場的重要性，例如一個有限的營業額，若占同類市場顯著的比例，則可能顯示該商標已取得後天識別性。參見「商標識別性審查基準」（前揭），5.1(2)。

[82] 參見「商標識別性審查基準」（前揭），5.1(3)。

[83] 原則上，廣告媒體傳的地理區域範圍越廣，接觸廣告的相關消費者越多，申請商標越有可能達到識別申請人指定使用商品或服務的效果。惟此時應考慮行業的特殊性，如生產高度專業產品的公司通常以信件、電子郵件、型錄通知既有客戶或潛在客戶，只有很少的廣告支出，或甚至沒有廣告費用的支出，則廣告量、廣告費用在識別性判斷的比重就應該降低。參見「商標識別性審查基準」（前揭），5.1(3)。

[84] 原則上，商標使用的地理區域範圍越廣，越有可能識別申請人指定使用的商品或服務，故使用證據顯示商標指定使用商品或服務的銷售區域越大、市場分布越廣、販賣據點及展覽陳列處所越多，商標越有可能取得識別性。惟須注意專業性的商品或服務，可能僅限於特定販賣據點或展覽陳列處所，此時，若申請人僅提出有限資料，應不構成商標識別性判斷的不利因素。參見「商標識別性審查基準」（前揭），5.1(4)。

[85] 申請商標已在其他國家註冊的證明資料得作為參酌因素，以審酌該外國文字客觀上是否確具有商品或服務的說明意涵，惟若該標識在國外係因大量使用而取得後天識別性，而尚未在我國使用，且其於國外使用的相關資訊不足以使我國相關消費者認識該標識為商標者，尚不能單獨以各國之註冊資料證明在我國具有識別性。參見「商標識別性審查基準」（前揭），5.1(5)。

查報告[86]；⑦其他得據為認定有後天識別性的證據[87]。上述證據資料雖不以國內資料為限，但若屬國外資料時，仍須以國內消費者是否認識其為表彰商品或服務之標識，作為評價、取捨之標準[88]。另商標原雖具有識別性且亦經合法註冊，但如因商標權人未積極維持其商標之識別性，致該商標圖樣內容成為商品或服務之通用名稱、形狀或成通用標章者，因該商標已不復具有識別性而喪失其商標功能，故屬本法法定廢止商標註冊事由之一（商63Ⅰ四）。

　　判定原無先天識別性之商標是否形成後天識別性，應以審查時之事實狀態作為判斷之基準點，理由如下：①商標後天識別性之制度，是為調和商標申請後所產生的期待權與申請前他人已存在之權利，二者間可能產生之衝突，故而商標一旦經商標審查機關審定後，其可得註冊之期待權應不再被保護。②商標具後天識別性是經由商業使用動態發展而成，商標專責機關既以商標不具識別性為由，而不准其註冊，應無再行保障申請人可

---

[86] 市場調查報告雖得作為商標取得識別性的證據，但唯有專業且公正客觀的市場調查報告始具有證據能力。考量市場調查報告的參考價值時，應注意下列事項：①市場調查公司或機構的公信力；②調查方式；③問卷內容設計；④內容與結論之關聯性；⑤其他應注意事項：調查報告應包含受調查者的基本資料，以便嗣後檢視報告可靠與否時的調查所需。此外，統計量誤差及信賴區間，應於報告中加以說明。參見「商標識別性審查基準」（前揭），5.1(6)。

[87] 如報章雜誌對於申請商標的報導可作為識別性取得的參酌因素，惟須注意現代行銷常將廣告以報導的方式包裝，審查時須注意客觀報導與廣告的差異。另，同業公會、商會、工會等機構出具的證明，原則上，可作為判斷商標是否取得後天識別性的參考。其他往來業者的支持性證據亦可以作為參酌資料，但該支持性證據應該是往來業者與指定商品或服務的相關消費者接觸後所得之印象，例如相當數量的消費者在購買商品或服務時詢問申請人的商標，而不應該只是往來業者主觀的推測。參見「商標識別性審查基準」（前揭），5.1(7)。

[88] 後天識別性的取得，須以國內相關消費者的認知為判斷標準，故申請人檢送之申請商標使用於指定商品或服務的實際使用證據，應以國內的使用資料為主，若檢送國外使用資料，須國內相關消費者得以獲知該國外使用情形的有關資訊時，始足以採證，參見「商標識別性審查基準」（前揭），第5點說明。

再得註冊之期待權之必要。另如可任由申請人藉由提起行政爭訟程序爭取時間，再大量使用已遭核駁之商標，並以既成事實造成具後天識別性之效果，此不僅與商標後天識別性制度之立法意旨有違，且有損本法之安定性[89]。

第六節　商標之使用

第一款　意義

本法所稱商標使用[90]，指為行銷之目的，而有下列情形之一，並足以使相關消費者認識其為商標：一、將商標用於商品或其包裝容器。二、持

---

[89] 參見臺北高等行政法院93年度訴字第1010號判決：「現行（民國100年修正前）商標法第23條第4項規定：「有第1項第2款規定之情形或……，如經申請人使用且在交易上已成為申請人商品或服務之識別標識者，不適用之」，為商標第二層意義之規定，商標之使用符合該第4項之規定者，固不得再以有第23條第1項2款（即修正前37條第10款規定）為不得註冊之理由……至於修正後商標法第23條第2項特別規定之外其他各款（包括同條第4項第二層意義之事實狀態）則依第23條第1項規定，係以審查時作為判斷的時點。新法修正以「審查時」作為准駁時點，係因有關商標申請後所產生的期待權與申請前他人已存在的權利所作的調整，但申請之期待權僅能保護至商標審查機關審定時，倘若於審定後，引發行政爭訟程序則事實狀態基準時不能延後至事實審言詞辯論終結時，蓋商標第二層意義係經由商業使用動態發展，主管機關既以商標不具識別性否准註冊，該商標申請既經公權力機關認定為違法，殊無再保障申請人期待權，再若准申請人仍大量使用至行政爭訟程序事實審終結時，無非鼓勵申請註冊人提起行政爭訟程序，再大量使用已遭否准之商標，以既成事實造成第二層意義，殊非合乎法條本旨之法律解釋，且與法適用之安定性有違。是以商標法第23條第4項第二層意義之事實狀態基準時，應係以審查時作為判斷之時點」。

[90] 請參考智慧財產局訂定之「註冊商標使用之注意事項」，最新修正生效日，民國101年7月1日。

有、陳列、販賣、輸出或輸入前款之商品。三、將商標用於與提供服務有
關之物品。四、將商標用於與商品或服務有關之商業文書或廣告。前項各
款情形，以數位影音、電子媒體、網路或其他媒介物方式為之者，亦同。
（商5）。

第二款　要件

依本法第5條規定而言，構成本法所稱之商標之使用，應具備下列要
件，(1)以行銷為目的；(2)於媒介物上積極標示商標之行為；(3)足以使相
關消費者認識其為商標等要件[91]。惟應注意者，商標權無正當事由經一定
期間不使用，構成本款廢止商標註冊之事由，因其重點在於商標權人或其
授權人，是否有行使其商標權，故其行使商標之範圍應與經註冊之商標權
範圍相同為原則，但符合本法第64條規定者，不在此限。另本法第68條或
第95條等商標侵權中之使用商標，其使用之範圍並不以商標權註冊之範圍
為限，尚包含近似商標之使用，故二者仍有區別之必要。相關要件詳如下
述：

第一目　以行銷為目的

本條之目的在於規範具有商業性質之使用商標行為。所謂「行銷之目
的」，與「貿易有關之智慧財產權協定」（TRIPS）第16條第1項所稱「交
易過程」（in the course of trade）之概念類似。所謂行銷（Marketing）者，
可定義為「將生產者的物品與服務帶給消費者或使用者的商業活動」，近
期隨商業活動之演進，學者進一步將之定義為「創造、溝通與傳送價值給

---

[91] 參見智慧財產局，「註冊商標使用之注意事項」（前揭），2.商標使用之定義及
態樣之說明：「商標之使用，至少必須符合以下二要件，即(1)使用人主觀上必
須有為行銷目的，且(2)其使用在客觀上必須足以使相關消費者認識它是商標。
當商標權人證明有使用註冊商標，其舉證的事實應符合商業交易習慣。」

客戶，及經營顧客關係以便讓組織與其利益關係人受益的一種組織功能與程序」[92]，因此，凡其目的係將商品置於市場上流通之商業活動，均可稱為以行銷為目的。另是否具有行銷之目的，屬主觀意圖認定之範疇，故不必以將商品實際「行銷於外」為必要[93]，其所行銷之商品亦不以商標權人自行產製為限[94]。但實務上曾認為，僅製成商品商標而封存於倉庫或將之送請主管機關查驗之行為，均與行銷市面之條件不合，且亦無防止仿冒之必要，故不能認為構成商標之使用[95]，另贈品本身不具行銷目的，是以促銷其他商品為目的，故其上使用之商標，視為所促銷商品之商標使用[96]。

　　另商標使用行為具有行銷之目的，是否應以商標使用型態是可供消費者於交易當時，可直接地作為識別商品之用為限？採肯定說者，認為商標之使用乃指以行銷之目的將商標使用於「商品本身」或其他具行銷目的並可刺激消費者購買慾之物件上，故如消費者購買當時該商品外包裝上並

---

[92] 參見維基百科，相關說明，http://zh.wikipedia.org/w/index.php?title=%E8%A1%8C%E9%8A%B7%E7%AE%A1%E7%90%86&variant=zh-tw，閱覽日期，2007/08/12。

[93] 臺灣高等法院89年度上訴字第2539號刑事判決；但實務上似有不同之見解，參見臺灣高等法院高雄分院82年度上訴字第3517號刑事判決：「……商標法第62條第1款所規定之使用，係指將商標使用於商品或其包裝或容器上行銷國內外市場或外銷者而言。因而，上訴人林光恒行為時，若僅意圖欺騙他人而偽造他人已登記之商標及圖樣，而尚未將產品行銷國內外市場，則應論以刑法第253條之偽造商標罪（最高法院72年台上字第4672號判例參照）」。

[94] 中央標準局86年台商980字第219318號函：「按商標法第6條規定，商標之使用，係指為行銷之目的，……至於商品是否為本身自行產製，則無限制。因此本國廠商向國外廠商進口建材，在其包裝上加貼自己之商標，若具有表彰自己營業商品之意思（參照商標法第2條規定），並符合前揭法條所稱商標使用之要件，應合乎表彰自己所揀選商品之商標使用方法」。

[95] 最高行政法院29年判字21號判例要旨：「……若僅製成商品商標而封存於倉庫或呈送官廳查驗均與行銷市面之條件不合且無防止仿冒之必要不能認為使用商標」。

[96] 最高行政法院78年判字第1021號判決。

無商標圖樣，則與本法規範交易品外觀上有仿冒商標以誘人購買之精神有違。但另一說則認為，商標使用型態，雖無法使消費者於選購商品時，可作為直接識別之用，但消費者如於接觸該商品後，即可接觸該商標，因該商標亦可與該商品之內容、品質等影響交易意願要素之觀感相結合，而形成日後選購該商標所表彰之相關商品之參考依據，因此可認為該等無直接識別功能之商標使用方式，亦具有行銷之目的。即，商標是否具行銷目的，並非以消費者購買該商品時是否能發揮其直接識別之功用，或買受人購買當時是否有機會直接接觸該商標圖樣，作為唯一判斷之依據，實務上多數採後說見解。[97]

---

[97] 最高法院96年度台上字第1387號判決：「……在電視影像畫面會呈現如「Play Station」、「PS設計圖」等商標圖樣，暨出現「Licensed by Sony Computer Entertainment Inc.」等授權文字，藉使消費者在將光碟片置入電視遊樂器主機，操作玩樂各該軟體之際，均能透過畫面中出現之註冊商標圖樣及授權文字電磁紀錄，獲知該等遊戲之來源及品牌，依上開說明，能否謂被告不成立行使偽造私文書罪，饒堪研求」；最高法院94年度台上字第6864號判決：「按所謂「商標之使用」，係指為行銷之目的，將商標用於商品或其包裝、容器、標帖、說明書、價目表或其他類似物件上，而持有、陳列或散布者而言，92年5月28日修正前商標法第6條第1項定有明文。又商標專用權人使用商標於商品上，不僅指有體物之商品，即使用於電腦軟體程式之商品上，亦屬之。換言之，如將電腦軟體程式，藉由電腦、光碟機或遊戲主機之操作，而於電視或電腦螢幕上出現商標圖樣者，其標示型態足讓一般商品購買之顧客認識其表彰商品之來源者，在解釋上應屬於商標法6條第1項所稱之「其他類似物件」之範疇，自應認屬於商標法所規定之『商標之使用』……」；臺灣高等法院91年庭長法律問題研討會：「一、法律問題：甲為謀取不法利益，明知所販入仿冒知名電玩公司之電視遊樂器遊戲光碟片，經由電視遊樂器之執行，可於電視螢幕出現仿冒該公司依法申請註冊登記現仍於專用期間內之商標圖樣（該商標圖樣未貼於光碟片之包裝上，其商標專用權註冊證所載之專用商品包括軟體），仍以低於正版品之價格出售（出售時，未經由上開方式執光碟片內之程式），經該公司派員查獲，並提出告訴，問甲是否構成商標法第63條之販賣罪責？二、研討意見：甲說：本件應成立商標法第63條之販賣罪責。（一）按商標法第6條規定「商標之使用，係指為行銷之目的，將商標使用於商品『或』其包裝容器、標帖、說明書、價目表或其他類似物件上……」，並非規定須將「商標使用於商品『及』

其包裝上……」，是依本條定義，只要商標附著之客體符合本條所列物件之一，使用人具有行銷之目的，即符合所謂之「商標使用」。所謂「行銷目的」固包含作為直接消費者選購商品時識別之用，然其範圍非僅限於此。商標專用權人透過商標與商品之結合，使與該商品接觸之直接消費者或潛在消費者，將彼等接觸該商品後所得對該商品之內容、品質等影響交易意願要素之觀感與該商標結合，作為日後選購該商標所表彰之相關商品之參考，自亦為商標使用之重要「行銷目的」。故商標之行銷功能並非僅限於直接消費者購買該商標所表彰商品時發揮其行銷識別之功用，買受人購買時是否有機會接觸該商標圖樣，亦非判斷該商標有無為行銷目的而使用之唯一依據。本件仿冒光碟之外觀固未使用依法申請註冊登記之商標圖樣，消費者於買受時亦無接觸該等商標圖樣，而無從發揮該等商標之識別功能，惟該等光碟片之功能原係經電視遊樂器之執行，由使用者參與程式內之遊戲，達到娛樂之目的，故於執行該等光碟之過程中，電視螢幕上出現之該商標圖樣，必致使用人將該等商標與為商品之光碟內容結合看待，而產生上述對商品行銷之影響。因此，商標行銷功能之發揮與行銷目的之達成，非限於消費者購買當時，而係包括使用者於使用過程之接觸，如此解釋應較符合商標專用權保障之立法意旨。再者，買受人所購買者，形式上固為光碟片，然實係光碟片之「內容」即內在之遊戲程式，故光碟片本身可謂係商品之容器而非商品之本身。商標既使用於商品，自難以其未於商品容器或包裝使用該商標，即謂該商標之使用未具行銷之目的。況買受人與使用人並非必然同一，使用者亦非定然知悉仿冒遊戲光碟片之買受價格若干，自難僅以顯低於正版品之市價購入者，應知所購者為仿冒品，而無與真品混淆之可能，即認仿冒光碟並無使用商標以達行銷之目的。（二）本件之光碟軟體，既係由案外人「販賣」交付予甲，故當初仿冒商標之該案外人當然具有以之為「行銷」的目的，而該等光碟軟體之包裝上，固然無使用告訴人之商標，惟該等光碟經電視遊樂器執行時，則於電視螢幕上出現告訴人註冊登記且現仍於專用期間內之商標影像，依首開規定意旨，本件光碟應符合商標法上「使用」之概念。而由於商標係商品來源之標示，其本質上之功能即在用以識別商品，故仿冒使用他人之商標於該商標所註冊使用之同一商品上或進而販賣該等仿冒品，除非有商標法第23條所定普通使用之情形，否則，當然屬於商標專用權之侵害。至於侵害人於行銷仿冒品時，主觀上是否具有「使消費者誤認」之目的，在所不問。又商標法第63條僅規定「明知為前條商品而販賣者」，就其文義觀之，行為人只要明知其所販賣之商品，係為第62條第1款所定使用相同或近似於他人註冊商標圖樣之同一或類似商品，或係第62條第2款之商品者，即為已足；且由商標法第62條與第63條之規定加以比較，第63條並未規定有「使人誤認或

混淆商品」之意圖為要件，究其所以，係因商標主要在表彰商品來源，仿冒他人商標上即隱含有使消費者誤認商品來源之危險，故立法者認為販賣者只須其明知販賣之商品係仿冒他人商標之商品而仍加以販賣，行為本身即應加以非。不能僅以行為人販賣仿品價格與真品光碟之販售價格差別甚大，購買者應知並非真品，即認定行為人無欺騙他人之意圖，致法律對於商標專用權之保護因取決於販賣場所及價格之高低而形同具文，有違立法之本意。（參閱本院90年度上更(1)字第117號、90年度上訴字第732號判決）。乙說：不構成商標法第63條之販賣罪責。（一）……是本案所應推究者，乃遊戲軟體所附著之商品即光碟片本身有無使用告訴人所註冊商標之問題，而非其內儲存之遊戲軟體程式本身。（二）本件光碟片之表面及包裝紙上均無該商標圖樣，且該等光碟片須置入改裝之遊戲主機執行時，電視螢幕上方會出現該商標圖樣，甲所販賣之光碟片本身外觀既未使用告訴人註冊商標。而其為販賣而陳列光碟片時，並未透過上開方式執行上開光碟片內之程式，僅係單純陳列光碟片，亦可知甲客觀上並無以光碟內軟體中所儲存之商標圖樣供作行銷之用，主觀上更無以之供行銷之目的。且甲購入之電腦遊戲光碟片，雖均係透過不詳姓名之人所重製，然其重製電腦遊戲軟體之過程，若欲排除展示上開商標、英文名稱及授權文字之檔案資料，而僅重製其內之電腦遊戲軟體，勢必要瞭解告訴人獨有之遊戲系統硬體及架構及相對之組合語言技術，則該不詳姓名之重製者為免技術上之困難及基於成本考量，自不另作任何之過濾，故其於重製電腦遊戲軟體之檔案同時，亦一併複製有關會展示商標圖樣之檔案，應屬無可避免之結果，就此尚難遽謂其為達行銷之目的而複製該等腦檔案資料。退步言，縱使其於重製電腦遊戲軟體之初知悉有展示商標之檔案存在，而併同複製之，其結果亦與所重製之電腦遊戲軟體檔案一併隱藏於光碟片內，客觀上並無從作為電腦遊戲光碟片之表彰，且將來行銷時，既以光碟之實物作陳列或交易，即無從透過其內所隱藏之商標來表彰其電腦遊戲光碟片之商品，更遑論以複製此等檔案來達到欺騙他人之意圖。而商標之使用乃指以行銷之目的將商標使用於「商品本身」或其他具行銷目的可刺激消費者購買慾之物件上，至為顯明，若商標圖樣係存於光碟片程式內尚須經其他機件執行方得顯示，外包裝上並無該商標圖樣，此部分係消費者買仿冒光碟片回去拆封後，再經電腦執行運作，才看見其內之仿冒商標，是時交易品已買回，並已拆封，消費者並非因看見仿冒之商標才買，因係嗣後將商品買回家拆封打開並經電腦執行才看見商標，交易品外觀上並無商標，尚與商標法規範交易品外觀上有仿冒商標以誘人購買之精神有違，因此部分商品外觀無商標而無法達成以商標吸引人購買之目的，足證此部分並不屬於商標法所規範之範疇。（參閱本院90年度上訴字第1111號、90年度上訴字第1259號判決）。

　　商標品之行銷地域是否限於國內地區，始構成商標之使用？如依本法於民國72年修正後第6條第1項規定，似不限於國內地區[98]。基於本法採註冊主義及屬地主義原則之考量，自以行銷於國內或自國內外銷至國外者，始有本法之適用，較為妥適。但考慮確有部分之註冊商標是使用於專以出口為目的之商品上（即該商標品雖在國內製造但不在國內銷售），故如仍堅持必須使用於行銷國內或從國內銷至國外之商品上，始構成本款所稱使用之要件者，恐失之嚴苛，故本法於民國92年修正時，特別明定商標權人於以出口為目的之商品或其有關之物件上，標示註冊商標者，仍應認為有使用其註冊商標（民國92年修正，商58二，民國100年修正時刪除[99]）。惟如商標權人將於國內註冊之商標，使用於專以出口為目的之商品，但其商品並非於國內製造，而是委託國外代工並直接輸往第三國銷售，是否仍屬商標之使用，於文義上或有爭議，但本書認為，為鼓勵我國商標建立國際商譽，似應採肯定之見解。

第二目　於商品、服務或其他媒介物上積極標示商標

　　依本法第5條第1項規定，構成商標使用者，應有下列行為：一、將商

　　三、結論：採乙說。臺灣高等法院研究意見：(一)經付表決：採甲說者：九票。採乙說者：五票。(二)多數採甲說。

[98] 本法於民國72年1月26日修正後第6條第1項規定：「本法所稱商標之使用，係指將商標用於商品或其包裝或容器之上，行銷國內市場或外銷者而言」；參見 臺灣高等法院高雄分院82年度上訴字第3517號刑事判決：「……所稱商標之使用，係指為行銷之目的，將商標用於商品或其包裝、容器、標帖、說明書，價目表或其他類似物件上，而持有、陳列或散布。然修正前之第6條第1項係規定：本法所稱商標之使用，係指將商標用於商品或其包裝或容器之上，行銷國內市場或外銷者而言」。

[99] 其刪除之理由並非認為不適用，而是認為，本款所規定以出口為目的之商品或其有關之物件上，標示註冊商標之情形，已為民國100年之修正條文第5條第1項第2款規定所涵括，並無重複規定之必要，爰予刪除。另參見「註冊商標使用之注意事項」（前揭），第3.4.1之說明，認為行銷市場之地域範圍，包括行銷於國內市場及自國內外銷。

標用於商品或其包裝容器。二、持有、陳列、販賣、輸出或輸入前款之商品。三、將商標用於與提供服務有關之物品。四、將商標用於與商品或服務有關之商業文書或廣告。前項各款情形，以數位影音、電子媒體、網路或其他媒介物方式為之者，亦同。上述一、三、四款行為，一般稱為「積極標示商標」之行為，[100]即，積極標示主要意涵，應指使用人須有將商標實際標示商品、服務或其他媒介物上之行為。

一、將商標用於商品或其包裝容器

所謂將商標用於商品，例如將附有商標之領標、吊牌等，縫製、吊掛或黏貼於商品上之行為；而所謂將商標用於包裝容器，則係因商業習慣上亦有將商標直接貼附於商品之包裝容器者，或因商品之性質，商標無法直接標示或附著在商品上（例如液態或氣體商品），而將商標用於已經盛裝該等商品之包裝容器。該等已與商品結合之包裝容器，能立即滿足消費者之需求，並足以使消費者認識該商標之商品，亦為商標使用態樣之一，此與本法第70條第3款所定之「物品」有所不同，其不同處在於後者尚未與商品相結合。

---

[100] 參見陳昭華，商標使用要件之探討由販賣他人仿冒商標商品是否構成民事侵害商標權談起，http://www.tipo.gov.tw/attachment/tempUpload/584913343/%E5%95%86%E6%A8%99%E4%BD%BF%E7%94%A8%E8%A6%81%E4%BB%B6%E4%B9%8B%E6%8E%A2%E8%A8%8E.doc，閱覽日期，2006/12/12；林欣蓉，商標侵權民刑事責任，發表於2006商標學術研討會，智慧財產局主辦；另請參見臺灣板橋地方法院94年度重智字第16號判決：「……商標之使用應具備下列要件：1.使用人需有行銷商品或服務之目的；2.需有標示商標之積極行為；3.所標示者需足以使相關消費者認識其為商標。而判斷是否作為商標使用，除應依上開要件審認外，並應斟酌平面圖像、數位影音或電子媒體等版（畫）面之配置、字體字型、字樣大小、有無特別顯著性以及是否足資消費者藉以區別所表彰之商品來源等情綜合認定之，尚非一經標示於產品包裝或出現於產品廣告內之文字、圖樣，即當然構成商標之使用」。

二、持有、陳列、販賣、輸出或輸入前款之商品

為行銷之目的，除將商標直接用於商品、包裝容器外，亦包括在交易過程中，持有、陳列、販賣、輸出或輸入已標示該商標商品之商業行為。

三、將商標用於與提供服務有關之物品

服務為提供無形之勞務，與商品或其包裝容器之具體實物有別，於服務上之使用，多將商標標示於提供服務有關之物品，例如提供餐飲、旅宿服務之業者將商標製作招牌懸掛於營業場所或印製於員工制服、名牌、菜單或餐具提供服務；提供購物服務之百貨公司業者將商標印製於購物袋提供服務等。又本款規定係指商標已與服務之提供相結合之情形，例如餐廳業者已將標示有其商標之餐盤、餐巾擺設於餐桌上，以表彰其所提供之餐飲服務，此與本法第70條第3款所定之「物品」有所不同，其不同處在於後者尚未與服務相結合。另商標使用於服務，必須對他人實際提供勞務或活動，且與銷售自己商品所必須提供的相關服務不同。如果商標所提供的服務只是專為自己的事物或商品，不是對一般不特定多數人所提供的服務，即使有使用該商標的事實，仍不認為已合法使用。

四、將商標用於與商品或服務有關之商業文書或廣告

將商標用於訂購單、產品型錄、價目表、發票、產品說明書等商業文書，或報紙、雜誌、宣傳單、海報等廣告行為，為業者在交易過程常有促銷商品之商業行為，應為商標使用之具體態樣之一。

五、其他媒介物上之標示

上述各款之標示行為，如以數位影音、電子媒體、網路或其他媒介物方式為之者，亦同。（商5 II）茲因透過數位影音、電子媒體、網路或其他媒介物方式提供商品或服務以吸引消費者，已逐漸成為新興之交易型態，為因應此等交易型態，故本法明定前項各款情形，若性質上得以數位影音、電子媒體、網路或其他媒介物方式為之者，亦屬商標使用之行為。所稱數位影音，係指以數位訊號存錄之影像及聲音，例如存錄於光碟中之

影音資料，而可透過電腦設備，利用影像或聲音編輯軟體編輯處理者而言；所稱電子媒體，係指電視、廣播等透過電子傳輸訊息之中介體；所稱網路，係指利用電纜線或現成之電信通訊線路，配合網路卡或數據機，將伺服器與各單獨電腦連接起來，在軟體運作下，達成資訊傳輸、資料共享等功能之系統，如電子網路或網際網路等；所稱其他媒介物，泛指前述方式以外，具有傳遞資訊、顯示影像等功能之各式媒介物。[101]

第三目　標示方法足以使相關消費者認識其為商標之標識

商標之使用乃因表彰自己所生產、製造、加工、揀選、批售或經紀之商品，因此商標之使用，無非在表彰自己商品之標識，並讓消費者以標誌區別商品來源、品質與信譽，表彰，並得藉以與他人之商品相區別者而言。[102]惟此所稱之足以使相關消費者認識其為商標，與商標本身是否具特別顯著性之判斷，應屬不同之課題，蓋本項要件係判斷商標權人是否使用其已經註冊之商標，故應以其商標已合法註冊為前提。換言之，縱商標權人其商標已經合法註冊公告，但其商標標示於其商品或服務上之方式，如無從讓相關特定之消費者，認識其為商標之標識者，則與未使用該商標一般，基於商標廢止制度之規範目的考量，商標權人雖將有商標標示於註冊

---

101 商標權人或其同意使用的人，透過網路使用商標雖可作為使用註冊商標的證據之一，惟網路無國界，其使用仍應符合商標法第5條規定所稱商標使用的定義，也就是使用人主觀上有為行銷於我國市場之目的。判斷註冊商標的網路使用資料是否符合商標法第5條規定所稱商標使用的定義，還可以考慮以下因素（包括但不限於）：(1)消費者是否確實瀏覽過該網頁，或曾透過該網站提供的資訊，購買其商品或接受其提供的服務；(2)使用人是否在國內提供售後活動（例如：保證或服務），或與我國境內人士建立商業關係，或從事其他商業活動；(3)使用人是否在網頁上標示我國境內的地址、電話或其他足以提供消費者可直接向使用人訂購之聯絡方式；(4)所提供的商品或服務是否可以合法在我國境內交付，相關價格是否以新台幣標示。參見「註冊商標使用之注意事項」（前揭），第3.4.2之說明。
102 參見中央標準局86年台商第220276號函。

指定之商品或服務之上，但其標示方式如不足以使相關消費者認識其為商標者，仍無法認為已構成商標使用之要件。因此判斷是否構成商標使用，應就市場實際交易情形等具體客觀事實，視其是否足以使消費者藉以區別所表彰之商品來源以為斷，如其商標使用之目的與方法，僅係用以表示商品有關之說明者、[103]或以美化、裝飾商標品為目的者、[104]或將商標作為公司名稱方式表達者，[105]均非屬「商標之使用」。

第七節　主管機關

　　本法所稱主管機關，為經濟部。商標業務，由經濟部指定專責機關辦理（商7，修正後，3）有關商標業務之主管機關，於民國88年之前，是由經濟部中央標準局處理，之後由專責機關，即經濟部智慧財產局辦理之。依中央標準局組織條例[106]第1條第2項規定：「全國專利及商標業務，未設專責掌理機關前，由本局辦理之」，同條例第14條第1項前段規定：「本局為辦理商標業務，設商標處……」。民國87年經濟部智慧財產局組織條例制定公布，明定該局掌理專利權、商標專用權、著作權、積體電路電路布局、營業秘密等與智慧財產權有關之業務。至民國88年中央標準局正式改制為經濟部智慧財產局，將標準、度量衡業務移撥經濟部標準檢驗局，

---

103 參見中央標準局73年台商玖一貳字211732號函。

104 參見中央標準局73年台商玖一貳字214452號函。

105 如「環台」商標註冊使用於罐頭食品上，但實際使用時僅於該罐頭商品上標示「環台食品股份有限公司」製造，因該商標使用方式不足於使相關消費者認識「環台」為商標，自非屬「環台」商標之使用。另參見智慧財產局，「註冊商標使用之注意事項」（前揭）5.1.1：「公司名稱之作用僅在表示其公司法人格之營業主體性，並非用以表彰商品來源之標誌。倘公司名稱特取部分與註冊商標圖樣相同，並將公司名稱全銜以普通使用之方式標示於商品者，非屬商標之使用」。

106 民國38年1月17日總統制定公布全文18條……國91年7月3日統華總一義字第09100133730號令公布廢止。

並納入著作權、積體電路電路布局、營業秘密等業務，並於智慧財產局組織條例[107]第2條第1項第1、3款規定辦理商標之事務為：「經濟部智慧財產局掌理下列事項：一、專利權、商標專用權、著作權、積體電路電路布局、營業秘密及其他智慧財產權政策、法規、制度之研究、擬訂及執行事項。……三、商標申請註冊、異議、評定、撤銷、延展案件之審查及商標專用權之管理事項」。

第八節　期日與期間

本法有關期間之計算，除本法第33條第1項[108]、第75條第4項[109]及第103條規定[110]外，其始日不計算在內。（商16）有關期間之計算，行政程序法第48條雖有其始日不計算在內之規定，為求智慧財產權法相關規定之一致性，本法於100年修正時新增期間計算之規定，除上述本法另有特別之規定者外，期間之計算不包括始日。

商標之申請及其他程序，除本法另有規定外，遲誤法定期間、不合法定程式不能補正或不合法定程式經指定期間通知補正屆期未補正者，應不受理。但遲誤指定期間在處分前補正者，仍應受理之。（商8 I）本法所稱另有規定者，是指商標申請程序遲誤法定期間，其申請案並非全屬不受理

---

[107] 民國87年11月4日總統華總（一）義字第8700224360號令制定全文19條，於民國88年1月26日施行；……民國91年7月17日總統華總一義字第09100142360號令修正第2條、第7條、第16條及第17條。

[108] 第33條第1項：「商標自註冊公告當日起，由權利人取得商標權，商標權期間為十年。」。

[109] 第75條第4項：「商標權人提出侵權事證，經進出口人依第二項規定提出無侵權情事之證明文件者，海關應通知商標權人於通知之時起三個工作日內，依第七十二條第一項規定申請查扣。」。

[110] 第104條：「依前條申請變更為獨立之註冊商標或標章者，關於第六十三條第一項第二款規定之三年期間，自變更當日起算。」。

之法律效果，如本法第20條及第21條規定，遲誤主張優先權或展覽會優先權之六個月期間，或遲誤提出優先權證明文件之三個月期間，僅生視為未主張優先權之效果。

按「期間」可分為，由法律直接規定之法定期間與由專責機關指定之指定期間。法定期間者，依其性質可分為通常期間與不變期間，於訴訟法上有明定為「不變期間」者，亦有雖未明定為不變期間，但其性質上仍屬不變期間者。而法定期間，性質上亦非完全屬於不變期間，仍有不屬於不變期間之通常期間[111]。依法律規定「一定期間」應為一定之行為，且該期間不許延長、縮短或因該期間屆滿即生失權效果者，均屬不變期間[112]。所謂指定期間者，是指由商標專責機關指示申請人應為一定行為之期間，指定期間應屬法定期間的補充，二者最大不同是，指定期間具有一定程度的可變更性，因此當事人如無法於指定期間內完成應為之行為時，可以書面敘明事由申請延長，商標專責機關應斟酌事情之狀況並衡量雙方權益，而為准否延期之通知或不准延期逕為駁回之處分[113]。當事人雖遲誤指定期間但在處分前補正者，主管機關仍應受理之。（商8 I但）前述期間之起算，應以書件或物件到達商標專責機關之日為準，郵寄者，以郵寄地郵戳所載日期為準，如郵戳所載日期不清晰者，除由當事人舉證外，以到達商標專責機關之日為準。（商9）

---

111 參見行政法院89年度判字第1358號判決。

112 參見最高行政法院95年度判字第680號判決：「惟按法律規定訴訟關係人應為某種特定行為之一定時期，不許伸長、縮短或因期間屆滿即生失權效果者，均屬不變期間，法律條文中冠以「不變」字樣者，固為不變期間，法文中雖未冠以「不變」字樣，然依其規定期間之性質有上述不變期間之特性者，仍不失為不變期間」。

113 本法（民國86年）第12條，對指定期間之效力有所規定，即：「商標主管機關就其依本法指定之期間或期日，因當事人之申請，得延展或變更之。但有相對人或利害關係人時，除顯有理由或經徵得其同意外，不得為之」。但民國92年本法修正時，上述條文遭到刪除，其理由為：「關於指定期間之延展，本屬機關之權責，其考量應依具體案情而定，無待明文，爰予刪除」。

　　本法規定相關期間之性質如下，(1)屬法定期間不變期間者：①申請回復原狀之期間[114]；②優先權申請期限[115]；③註冊費繳納期間[116]；④申請商標權期間延展註冊之申請期限[117]。(2)屬法定通常時間：遭海關查扣提起訴訟期間[118]。(3)屬指定期間者：①核駁審定陳述意見期間[119]；②異議不合程式之補正期間，即被異議人之答辯期間[120]；③廢止請求之限期答辯[121]。

　　申請人如因天災或不可歸責於己之事由，遲誤本法規定之法定期間者，於其原因消滅後30日內，得以書面敘明理由，向商標專責機關申請回復原狀。（商8 II）但商標註冊申請人如非因故意遲誤者，依第32條第3項規定，得繳納一定費用，於一定期間內例外給予救濟之機會，故此等期間之遲誤不宜再有回復原狀規定之適用。（商8 IV）

　　關於延誤法定期間得申請回復原狀之時限，依行政程序法相關規定，應於其原因消滅後10日內為之。[122]但就商標實務言，上述申請回復原狀之期限恐有不足，故本法特明文規定回復原狀之期限為30日，[123]另為避免造成法律關係長期不確定，如其遲誤法定期間已逾一年者，亦不得為之。（商8 II但）

---

114 本法第8條第2項。

115 本法第20條第1、4項。

116 本法第32條第2、3項。

117 本法第34條第1項。

118 本法第73條第1項第1款、第2項。

119 本法第31條第2項。

120 本法第49條第2項。

121 本法第65條第1項。

122 參見行政程序法第50條第1項規定：「因天災或其他不應歸責於申請人之事由，致基於法規之申請不能於法定期間內提出者，得於其原因消滅後10日內，申請回復原狀。如該法定期間少於10日者，於相等之日數內得申請回復原狀」。

123 參見本法民國92年修法理由。

　　本條所稱之「天災或不可歸責於己之事由」及不可抗力事由，均屬廣義的事變[124]，當事人因事變而延誤法定時間，如未給予救濟機會即科以失權效果，顯屬不妥，蓋任何人原不必爲其他人之不當之行爲或己力無法控制之事由所造成之損害負責。所謂天災或其他不應歸責於己之事由，條文無法一一舉示，應依個案具體情形判斷之，惟雖有不可歸責於己之事由，但仍須客觀上無法或不能依其他方法，以避免發生遲誤法定期間之結果時，始能申請回復原狀[125]。至於天災或不可歸責於己之事由，當事人須負舉證責任[126]。另申請回復原狀之同時須補行期間內應爲之行爲，（商8 III）因申請回復原狀原屬例外情形，故如未能同時補行期間內應爲之行爲，應屬不能補正之事由，商標專責機關應駁回其回復原狀之申請。

第九節　送達及公報

　　本法所稱送達者，是指商標專責機關依一定程式，將文書或其他特定事項，通知特定當事人或其他關係人之行政行爲，送達之目的，在使當事人或關係人知悉商標專責機關文書內容，因此必須合法送達後，始發生一

---

124 參見黃立，民法債篇總論，自版，頁427，1999年10月，2版。

125 參見臺北高等行政法院89年度訴字第1096號判決「惟按「……所謂天災或其他不應歸責於己之事由，雖不能一一舉示，惟僅以患病爲理由，而於疾病事實外，非更有不能委任代理或不能依其他方法以免遲誤之情由者，概不准更爲該訴訟行爲。」最高法院著有20年抗字第814號判例可參。」；行政法院42年裁字第10號：「所謂不應歸責於己之事由，係指不可抗力或其他依客觀標準以通常人之注意而所不能預見或不可避免之事由而言。」；77年判字100號：「因案被通緝，係個人之事故，並非因天災或其他不應歸責於己之事由……」。

126 參見行政法院87年度判字第1040號判決：「惟申請人對於因天災或不可歸責於己之事由致延誤法定期間及確已於其原因消滅後30日內申請回復原狀之法定要件之具備，自應負舉證責任，否則於法不合，即不應准許回復原狀之申請」。

定法律效果。[127]處分書或其他文件無從送達者，應於商標公報公告之，並於刊登公報後滿三十日，視為已送達。（商10）商標之申請常涉有非本國申請人因素，如本法第6條第1項但書即規定，在中華民國境內無住所或營業所者，應委任商標代理人辦理商標相關事務，送達亦對其為之，並不存在行政程序法第78條第1項第3款得為公示送達之情形，故本法100年修正時增訂公示送達之規定。另有關其他送達之規定，如送達之方法、送達之效力等，如本法無特別規定，自應適用行政程序法相關規定。[128]

　　避免消費者對產品或服務之來源產生混淆，為本法主要立法目的之一，為此，商標專責機關應刊行公報，登載註冊商標及其相關事項，（商11 I）[129]以利消費者參考，同時亦可避免他人誤用已經註冊之商標。前項公報之刊行，得以電子方式為之；其實施日期，由商標專責機關定之。（商11II）茲為配合我國行政院推廣之政府資訊處理標準及健全電子化政府環境，商標公報規定得以電子方式為之，以提升效率，其實施日期則授權由商標專責機關另定之。

　　註冊商標、指定之商品或服務、商標權人等內容，關係著商標權人及公眾之權益，且為使商標註冊及商標權異動等事項更為明確，故有公告周

---

[127] 參見最高行政法院94年度判字第638號判決：「……行政處分發生效力之前提有三：一為具備行政處分之要素；二為使相對人知悉，即經合法告知、送達或公告程序；三為須非當然無效之行政處分，未符合上開三前提者，即屬未發生效力之行政處分」。

[128] 有關送達之規定，行政程序法之規定有第67-91條，98條，100條，110條等規定。

[129] 商標公報公告事項之內容有，商標註冊簿登載事項、註冊公告、逕予公告、延展公告、變更公告、更正公告、商品減縮公告、移轉公告、授權公告、再授權公告、設定質權公告、消滅質權公告、撤銷部分商品公告、分割公告、核駁公告、終止授權使用公告、廢止授權使用公告、終止再授權使用公告、廢止再授權使用公告、註冊撤銷/廢止/拋棄/消滅公告、補發註冊證公告、禁止處分公告、撤銷禁止處分公告、公示送達公告、特殊公告、政府機關標章公告、其他公告等。

知之必要，因此，商標專責機關應備置商標註冊簿，登載商標註冊、商標權異動及法令所定之一切事項，[130]並對外公開之。（商12I）但商標註冊簿內容眾多，如以紙本方式保存，不僅不易維護與管理，所需空間更是難計，一般民眾亦不易利用，因此在電子化政府之施政目標下，商標註冊簿得以電子方式為之。（商12II）

---

[130] 商標註冊簿應登載之事項，請參考本法施行細則第10條之規定。

第二章　商標

第一節　申請註冊

欲取得商標權者，如依本法民國92年修正前第2條規定，必須具有表彰自己營業之商品、確具使用意思及符合本法規定之註冊要件，始可取得商標權。[1]但基於1994年「商標法條約」規定各國受理商標申請註冊，不得要求檢附任何營業證明文件或營業相關記載，[2]故本法於民國92年修

---

1 參見本法民國92年修正前第2條：「凡因表彰自己營業之商品，確具使用意思，欲專用商標者，應依本法申請註冊」。

2 世界智慧產權組織日內瓦保護工業產權國際聯盟（巴黎聯盟）締結商標法條約（外交會議1994年10月10日至28日，日內瓦議定聲明，外交會議於1994年10月27日通過），其中第3條第7款規定：「除本條第1款至第4款和第6款所指的要求外，任何締約方不得規定申請書必須符合其他要求。尤其不得在申請的過程中要求其：①提供任何商業登記簿的證明或摘錄；②釋明申請人正在進行工商活動並提交相應證據；③釋明申請人正在進行與申請中列出的商品和／或服務相應的一項活動並提供相應證據；④提交商標已在另一締約方商標註冊簿中註冊或已在某一不屬本條約締約方的「巴黎公約」締約國商標註冊簿中註冊的證據，但申請人要求「巴黎公約」第6條之5所指的申請除外」。參見智慧財產局中譯文，http://www.tipo.gov.tw/trademark/trademark_law/trademark_law_5_1.asp，閱覽日期，2007/06/22。原文為：「(7) No Contracting Party may demand that requirements other than those referred to in paragraphs (1) to (4) and (6) be complied with in respect of the application. In particular, the following may not be required in respect of the application throughout its pendency:(i) the furnishing of any certificate of, or extract from, a register of commerce;(ii) an indication of the applicant's carrying on of an industrial or commercial activity, as well as the furnishing of evidence to that effect;(iii) an indication of the applicant's carrying on of an activity corresponding to the goods and/or services listed in the application, as well as the furnishing of evidence to that effect;(iv) the furnishing of evidence to the effect that the mark has been registered in the register of marks of another Contracting Party or of a State party

正時，將原條文「營業」二字刪除。[3]另民國92年修正前本法第2條亦規定「確具使用意思」一語，然該規定屬於宣示規定或為強制規定？實務上常生疑義並造成解釋上之困擾，且民國92年本法修正後，申請人於申請商標註冊時，已毋庸提出營業證明文件，另因申請註冊後因不具使用商標之意思而未使用商標時，亦有得廢止其商標權之規定（商67 I二），故「確具使用意思」一語於92年修正時亦加以刪除。[4]另本法於民國100年修正時，認為條文中有關「表彰自己之商品或服務」之文字，僅能說明商標與團體商標之功能，無法涵蓋前述四種（商標權、證明標章權、團體標章權及團體商標權）依本法申請註冊之客體，故加以刪除。[5]有關表彰自己之商品或服務之意義及相關論述，請詳見本書前揭說明，以下僅就依法註冊之要件說明之。

第一款　註冊主義

按商標權之取得，僅以註冊為要件即可或須以使用事實為要件，向

---

to the Paris Convention which is not a Contracting Party, except where the applicant claims the application of Article 6quinquies of the Paris Convention.」。

[3] 參見本法於民國92年修法理由：「因現行條文所規定申請商標必須為表彰自己營業上之商品，故實務上要求申請人須檢送營業證明文件，參照1994年10月27日各國於瑞士日內瓦簽訂之商標法條約第3條第7款已明文揭示，各國受理商標申請註冊，不得要求檢附任何營業證明文件或營業相關記載，爰刪除「營業」二字」。

[4] 參見民國92年本法修法理由：「……申請商標註冊者，本即具有使用商標之意思，以表彰自己之商品或服務，不論其現經營或將來欲經營，均欲藉商標累積其商譽。現行條文所規定之『確具使用意思』一語，究係僅為宣示規定，抑或為強制規定？常生疑義，基於本條修正後，申請人已毋庸提出營業證明文件，而申請註冊後未使用商標，依修正條文第57條第1項第2款亦有得廢止其商標權之機制，現行條文之『確具使用意思』之規定已無必要，爰予刪除」。

[5] 本法第2條規定：「欲取得商標權、證明標章權、團體標章權或團體商標權者，應依本法申請註冊」。另請參見民國100年修法理由。

有三種主要原則，分別爲使用主義、註冊主義、折衷主義。分述之：①所謂使用主義者，商標申請人提出申請註冊時，應同時提出使用該商標相關證明及使用日期等實際使用之證據，方可獲准註冊取得商標權。使用主義認爲，就法律保護必要性而言，使用商標之事實應較單純之註冊，更有受法律保護之正當性，同時，商標亦須經實際使用後才有創造、累積商譽之可能性，如此也才有實現本法有關避免消費者對商標品來源致生混淆等立法目的之必要。目前，採使用主義之立法例者，以美國商標法爲代表。6

---

6 美國商標法就申請商標註冊，雖採使用主義原則，但1998年之後美國亦放寬使用主義之限制，只要申請人於申請商標註冊時，具有使用意圖即可。參見美國商標法第1條規定：(1)於商業上使用之商標之所有人得依本法之規定，申請將其商標註冊於主要註冊簿，申請註冊時應依下列規定辦理：①備齊下列文件向專利商標局提出申請：(a)申請書：申請書應依局長規定之格式爲之。於申請書上應由申請人或申請註冊之事務所之人員或公司、協會之職員確認所記載申請人之住所、國籍、申請人首次使用該商標之日期、申請人首次於商業上使用該商標之日期、指定使用該商標之商品名稱、及商標於商品上之使用形式及方法等均屬實，並應由申請人、事務所之人員或申請註冊之公司或協會之職員聲明其確信自己或所代表之事務所、公司或協會爲申請註冊之商標之所有人，而該商標係供商業上使用，且依其所知及所信，並無其他人或其他事務所、公司或協會有權於商業上使用相同商標或其他近似標章致使用於指定之商品時會引起混淆、誤認或有欺罔購買者之虞。但於申請同時使用時，申請人應載明其主張商標專用權之例外情形，並應於其所知之範圍內，詳細說明他人同時使用之情形、相關之商品、同時使用之區域之範圍、各人使用商標之時期，以及申請案所請求註冊之區域及商品。(b)商標圖樣。(c)使用商標之樣本或樣本複製品。所需檢附樣本或樣本複製品之數量依局長之要求定之。②向專利商標局繳交註冊費用。③遵照局長在不與法律抵觸之範圍內所發布之規則、辦法。(2)凡善意欲於商業上使用商標者（意圖使用），且有情況足以顯示其爲善意時，得依本法申請註冊於主要註冊簿，申請時應依下列規定辦理：①備齊下列文件向專利商標局提出申請：(a)申請書：申請書應依局長規定之格式爲之。申請書上應由申請人或申請註冊之事務所之人員或公司、協會之職員確認所記載申請人之住所、國籍、申請人善意於商業上使用商標之意圖，申請人將善意使用商標之商品，將來使用於商品上之商標形式及方法等均屬實，並應由申請人，或申請註冊之事務所之人員、或公司、協會之職員聲明其確信自己或所代表之事務所、

②所謂註冊原則者，是指向商標專責機關申請商標註冊時，並不以已有實際使用之事實為註冊要件，並於經審查獲准註冊並經公告後，即可取得商標權。另註冊主義又可分為任意註冊原則與強制註冊原則，所謂任意註冊原則者，即作為商標使用之條件，並不以經公告註冊為必要，換言之，商標使用人於該特定之標識（如文字、圖樣、顏色、聲音或其聯合式等）未經註冊取得商標權之前，仍可以該特定之標識作為其商品或服務之商標使用，只是該作為商標使用之標識無法受到本法之保護。因此如採任意註冊原則，則可能發生後使用該特定標識但卻搶先註冊而取得商標權之情形，造成後使用但搶先申請註冊之人，與先使用商標但未申請註冊之實際使用人間之衝突，本法有關善意先使用制度，[7]即為解決上述衝突所設之制度。所謂強制註冊原則者，是指凡欲作為商標使用之特定標識，必須以該特定標識已經註冊公告取得商標權為要件，換言之，特定圖樣、文字等標識未經註冊公告取得商標權之前，申請人不得以該特定圖樣、文字等標識作為商標使用。③折衷主義：主要是為調合使用主義與任意註冊原則二者間可能產生之衝突，本法規定雖是以註冊主義為原則，但卻兼採下列帶有使用主義精神之配套規定，如註冊後之商標，無正當事由迄未使用或繼續停止使用已滿三年者，商標專責機關應依職權或據申請廢止其註冊（商63 I二）；凡在他人商標註冊申請日前，善意使用相同或近似之商標於同一

公司或協會有權於商業上使用該商標，且依其所知及所信，並無其他人或其他事務所、公司或協會有權於商業上使用相同商標或其他近似之標誌，致使用於指定之商品時，會引起混淆、誤認或有欺瞞購買者之虞。但如係依44條之規定申請註冊時，申請人須符合本條第d項之規定，始可註冊。參見智慧財產局中譯文，http://www.tipo.gov.tw/trademark/trademark_law/trademark_law_5_3.asp，閱覽日期，2007/11/14。

7 參見本法第30條第1項第3款（民國100年修正後36條第1項第3款）：「下列情形，不受他人商標權之效力所拘束：……三　在他人商標註冊申請日前，善意使用相同或近似之商標於同一或類似之商品或服務者。但以原使用之商品或服務為限；商標權人並得要求其附加適當之區別標示」。

或類似之商品或服務者，不受他人商標權之效力所拘束。但以原使用之商品或服務爲限但商標權人得要求其附加適當之區別標示（商36I三）。

第二款　申請人

申請商標註冊及其相關事務，得委任商標代理人辦理之。但在中華民國境內無住所或營業所者，應委任商標代理人辦理之。（商6I）因此，申請商標註冊及其相關事務，除由本人親自辦理外，亦得委任商標代理人辦理之。大陸地區人民在臺灣地區須依本法規定註冊商標並取得商標權者，其權利始受保護。大陸地區申請人在臺灣地區無住所或營業所者，註冊商標及辦理有關事項，應委任在臺灣地區有住所之代理人辦理。[8]

按商標申請人指具名向本局提出專利、商標申請案之人，爲權利義務之主體，必須具有獨立之人格，應爲自然人或法人。[9]另團體商標、團體標章、證明標章，本法均另有限定其申請註冊所需之資格，如團體商標或團體標章申請人以具有法人資格的公會、協會或其他團體爲限，[10]證明標章之申請人，則以具有證明他人商品或服務能力的法人、團體或政府機關爲限。[11]七歲以上之未成年人需檢附法定代理人之同意書，始得申請商標註冊。另分公司因不具獨立之人格，不得爲權利義務之主體，應以總公司名義申請商標註冊，至於外國公司在總公司設立地以外之其他國家設立之分公司，是否具有獨立之法人格，各國規定不同，倘依其據以設立地之國內法規定，該分公司具有獨立之法人格者，則得作爲商標申請人。[12]至於

8　參見大陸地區人民申請專利及商標註冊作業要點（民國83年5月18日公布，最新修正民國100年3月3日）第2、3點之規定。

9　參見經濟部智慧財產局，民國100年6月8日，智法字第10018600350號函。

10 本法第85條第1項、第88條第1項。

11 本法第81條第1項。

12 參見經濟部智慧財產局，民國100年6月8日，智法字第10018600350號函：「一、按專利、商標申請人指具名向本局提出專利、商標申請案之人，爲權利

設立中的公司，因實務上認為，設立中公司即為成立後公司之前身，二者屬於同一主體，故具商標註冊申請人資格，惟公司設立登記後，仍須補正公司設立登記資料。[13]另我國總代理商於我國國內為促銷並宣傳其揀選、批售的商標商品之目的，且得該外國原廠商標權人同意，自得以自己名義申請註冊，惟若僅約定為該產品之代理行銷，且未經同意者，自不得以自己所有之目的申請註冊，而應以該外國廠商名義申請註冊。[14]

　　二人以上欲共有一商標，應由全體具名提出申請，並得選定其中一人為代表人，代全體共有人為各項申請程序及收受相關文件。未選定代表人者，商標專責機關應以申請書所載第一順序申請人為應受送達人，並應將送達事項通知其他共有商標之申請人。（商7）雖實務上已接受商標共有註冊之申請，且訂有商標共有申請須知以為依據，惟因商標申請屬人民權利義務之規範事項，故本法於100年修正時，乃增定共有相關規範。另行政程序法第27條及第28條雖有類似之選定或指定當事人規定，然因商標審查作業，與上該規定未盡相符，故本法有另予規定之必要。但共同申請人如未選定代表人者，為便利文件之送達，商標專責機關則應以申請書所載

義務之主體，必須具有獨立之人格，應為自然人或法人。外國公司得作為專利、商標申請人，向我國提出專利、商標申請案者，並不以須經認許為必要。惟外國公司在台分公司不具有獨立之法人格，提出專利、商標申請案時，仍應以該外國總公司名義為申請人。二、至於該「外國公司」在總公司設立地以外之其他國家設立之分公司（簡稱該分公司），是否具有獨立之法人格，各國規定不同，倘依其據以設立地之國內法規定，該分公司具有獨立之法人格者，則得作為專利、商標申請人。因此，以該分公司作為我國專利、商標申請案之申請人者，將通知補正，申請人得改以該外國總公司名義為申請人，或檢附該分公司在設立地具有獨立法人格之證明文件，亦得由該分公司聲明其於設立地係具有獨立法人格之聲明書代之，則得以該分公司作為專利、商標申請人。……」

13 參見智慧財產局編，認識商標，3.5-3.7，96年版，http://www.tipo.gov.tw/trademark/trademark_q_a/trademark_q_a.asp，閱覽日期，2007/06/12。

14 參見智慧財產局編，商標Q&A，3.12，http://www.tipo.gov.tw/trademark/trademark_q_a/trademark_q_a.asp，閱覽日期，2007/09/18。

第一順序申請人為應受送達人，並副知其他共有人送達事項。

第三款　商標代理人

　　有關申請商標註冊及其相關事務，除由本人自行處理外亦得委由代理人為之。申請人申請商標註冊及處理有關商標之事務，原則上得自行決定是否委任商標代理人辦理，惟若申請人於我國境內無住所或營業所者，[15]則須委任於我國境內有住所或營業所之代理人，始得為之（商6但）。所謂代理者，依民法規定言，代理人應於代理權限內，以本人名義對外為意思表示或受意思表示，且該意思表示直接對本人發生效力。[16]所謂商標代理人，指在國內有住所之自然人，為當事人之利益，基於法規規定，代理當事人向商標專責機關請求為商標許可、認可或其他授益行為之公法上意思表示者而言。[17]其得代理之「相關事務」是指，除申請商標註冊外，舉凡提出異議、申請評定或廢止、收受文件或提出答辯、減縮商品或拋棄商標權、申請移轉登記或授權登記或質權登記等相關商標事務者而言。[18]申

---

[15] 但實務上，若係已經我國公司法認許並設有分公司營業所之外國公司，則可記載在我國之營業所及其代表人，毋庸另行委任商標代理人。

[16] 民法第103條規定：「I代理人於代理權限內，以本人名義所為之意思表示，直接對本人發生效力。II前項規定，於應向本人為意思表示，而向其代理人為之者，準用之」。例如甲以乙之名義，向丙為意思表示，又甲以乙之名義，親受丙之意思表示者，其效力直接及於乙是也。此與依意思傳達機關而為意思表示者不同，故代理人於代理權限內，以本人名義所為之意思表示，直接對於本人發生效力。至凡應向本人表示意思，而向其代理人為之者亦同。

[17] 參見民國94年12月27日智慧財產局（94）智商0350字第09480534940號函。

[18] 同前註，「……又所謂「相關事務」，係指除申請商標註冊外，舉凡提出異議、申請評定或廢止、收受文件或提出答辯、減縮商品或拋棄商標權、申請移轉登記或授權登記或質權登記等相關商標事務者而言。商標代理人所為代理行為之效力……」。

請人委任商標代理人者，應檢附委任書原本或正本，[19]載明代理之權限，委任人得就現在或未來一件或多件商標之申請註冊、異動、異議、評定、廢止及其他相關程序為委任，[20]但應逐案提出委任書，商標代理人方得為必要之行為，惟委任人事後得追認之。[21]另代理人除於第一次申辦商標事

---

[19] 本法施行細則第4條：「Ⅰ依本法及本細則所定應檢附之證明文件，以原本或正本為之。但有下列情形之一，得以影本代之：一、原本或正本已提交商標專責機關，並載明原本或正本所附之案號者。二、當事人釋明影本與原本或正本相同者。商標專責機關為查核影本之真實性，得通知當事人檢送原本或正本，並於查核無訛後，予以發還。Ⅱ前項第二款規定，於優先權及展覽會優先權證明文件，不適用之。」

[20] 本法施行細則第5條：「Ⅰ委任商標代理人者，應檢附委任書，載明代理之權限。Ⅱ前項委任，得就現在或未來一件或多件商標之申請註冊、異動、異議、評定、廢止及其他相關程序為之。Ⅲ代理人權限之變更，非以書面通知商標專責機關，對商標專責機關不生效力。Ⅳ代理人送達處所變更，應以書面通知商標專責機關。」

[21] 參見最高行政法院94年判字第20號判決：「按『在中華民國境內無住所或營業所者，申請商標註冊及處理有關商標之事務，應委任商標代理人辦理之』、『受任為商標代理人者，應檢附委任書，載明其代理權限』、『商標之各項申請違反有關法令所定之程序或程式而得補正者，商標主管機關應通知限期補正』，分別為（民國100年修正前）商標法第9條第2項、商標法施行細則第8條第1項、第3條所明定。另基於商標個案審查之原則，處理有關商標之事務，其委任代理人辦理者，固應逐件向商標主管機關提出委任書，方得為必要之行為，但事後得追認之」；最高行政法院91年判字第832號判決：「按『在中華民國境內無住所或營業所者，申請商標註冊及處理有關商標之事務，應委任商標代理人辦理之。』商標法第9條第2項定有明文。又『受任為商標代理人者，應檢附委任書，載明其代理權限。』、『商標之各項申請違反有關法令所定之程序或程式而得補正者，商標主管機關應通知限期補正。』分別為商標法施行細則第8條第1項、第3條所明定。基於商標個案審查之原則，處理有關商標之事務，其委任代理人辦理者，應逐件向商標主管機關提出委任書，方得為必要之行為」；行政法院75年判字第1441號判決亦採同旨；另請參照法律問題探討（最高行政法院91年7月22日91年度7月份庭長法官聯席會議）：申請商標註冊及處理有關商標之事務，包括提起異議、撤銷及評定案，或就上開案件為答辯等，其委任商標代理人辦理者，是否必需逐件向商標主管機關提出委任書？甲

務時，應將該委任書正本提出於商標主管機關外，爾後如再有申辦同一委任人之商標事務時，如代理人僅提出該委任書之影本，並註明正本已於前案提出而加以援用之方式，雖商標主管機關及法院實務以往曾認為，上述提出影本方式適法，但法院見解有認為不可再行適用；為此，最新修正之施行細則第4條即明文規定例外得以影本代替之規定。[22]另如共有申請卻

說：肯定說。理由：「受任為商標代理人者，應檢附委任書，載明其代理權限」，商標法施行細則第8條第1項定有明文。基於商標個案審查之原則，申請商標註冊及處理有關商標之事務，其委任代理人辦理者，應逐件向商標主管機關提出委任書，方得為必要之行為。決議：採甲說（即肯定說），但事後得追認之。另最高行政法院第四庭提出甲說補充意見：一、甲說補充意見：按「受任人之權限，依委任契約之訂定。未訂定者，依其委任事務之性質定之。委任人得指定1項或數項事務而為特別委任。或就一切事務，而為概括委任。」、「受任人受特別委任者，就委任事務之處理，得為委任人為一切必要之行為。」、「受任人受概括委任者，得為委任人為一切行為。」民法第532條、第533條、第534條定有明文。可見委任人權限之範圍，因係特別委任，抑係概括委任而有不同。商標法第10條第1項前段規定：「商標代理人，除委任契約另有限制外，得就關於商標之全部事務為一切必要之行為。」僅就關於商標之全部事務而為委任，此與民法第534條之概括委任並不相當，難謂於商標註冊後，有關提出異議、申請撤銷、評定等，當然亦在授權範圍內。二、又商標權之註冊、評定等程序為行政程序，依行政程序法第24條第4項規定：「行政程序代理人應於最初為行政程序行為時，提出委任書。」則於行政程序法施行後，商標代理人應於最初為行政程序時，提出委任書，以明其代理。

22 參見最高行政法院判決93年度判字第965號判決：「按基於與外國人聯繫不便之考量，歷來於商標申請實務上，就外國人（包括法人及自然人）於委任我國人民為商標代理人時，均立具概括委任書，授權代理人為該外國人處理一切商標事務，包括申請註冊、提起異議、撤銷、評定案及就上開案件為答辯等。代理人除於第一次申辦商標事務時將該委任書正本提出於商標主管機關外，爾後如再有申辦同一委任人之商標事務時，即僅提出該委任書之影本，並註明正本已於前案提出而加以援用，商標主管機關亦均認為適法，而予以受理，除非其最初之委任日期距今已逾5年，始得命其重行提出委任書。不惟如是，歷來審判實務上亦均認許此項行政慣例。然依現行行政程序法第24條第2項規定，是項行政慣例固不宜再行援用，即依前述最高行政法院庭長法官聯席會議決議，基於商標個案審查之原則，處理有關商標之事務，其委任代理人辦理者，應逐件向商

未設代理人者，應指定共有人其中1人為應受送達人代表收受相關文件，如未指定其中1人為應受送達人者，則商標專責機關將以申請書上所列第一順序申請人為應受送達人。至於公司員工基於職務關係，為公司辦理商標註冊申請者，可不必填寫代理人欄位。

　　商標代理人與申請人間之權利義務關係，本法於民國92年修正前曾規定：「商標代理人，如有逾越權限，或違反有關商標法令之行為，商標主管機關得通知限期更換；逾期不為更換者，以未設代理人論」。[23]但商標代理人如有逾越權限，應屬當事人間之私權爭議，不宜以本法加以規範之，故民國92年修正時刪除上該規定。另商標代理委任契約係屬私法行為，申請人如依本法施行細則第5條第1項之規定，檢附委任書，載明委任商標代理人及代理之權限者，且商標代理人依民法關於「委任」之規定，亦受有報酬者，則商標代理人就其委任事務之執行，自應以善良管理人之注意為之。[24]

　　商標代理人之資格是否應加以設限或加以管理？或有探討之空間，本法於民國78年修正時認為，商標申請案件日益增多，商標事務亦多涉及法律與專業知識，已非一般不具專業素養之人所能勝任，故增訂「商標代理人，應在國內有住所，其為專業者，除法律另有規定外，以商標師為限。商標師之資格及管理，以法律定之」，以建立商標師為專門職業之商標代理人制度，同時明定「非商標師擅自以代理商標事務為業者，其代理之案

標主管機關提出委任書，方得為必要之行為。惟查本件商標評定係於88年11月2日提出申請，是時行政程序法尚未開始施行，是無論基於對原審參加人為行政程序行為當時對於行政慣例之正當且合理信賴之保護，或是基於行政法規不得溯及既往發生效力，以致剝奪人民基於合理信賴所取得之權利之行政法理，均不容逕以前揭規定而率予否定原審參加人之委任狀於評定程序之合法性，而應予原審參加人適當補正之機會，前揭決議亦認定上述問題，得以事後追認之方式予以補正」。

23參見本法民國92年修正前，第9條第3項之規定。

24 參見民國94年12月27日智慧財產局（94）智商0350字第09480534940號函。

件，商標主管機關應不予受理」。[25]但民國100年修正時，則刪除有關商標師之規定，因認為目前國內商標代理業務，多由律師或具實務經驗之商標代理人辦理，運作上並無不妥，且國際間亦無另行設置商標師制度之情形，故刪除現行條文第2項後段規定。[26]

第四款　應備之文件及其記載

申請商標註冊，應由申請人備具申請書，載明申請人、商標圖樣及指定使用之商品或服務，向商標專責機關申請之（商19 I）。申請商標註冊，以提出申請書之日為申請日，惟其提出之申請書上，必須備齊載明申請人、商標圖樣及指定使用的商品或服務等必要項目，如必要記載事項欠缺時，因無法確定其申請註冊之範圍，故該申請案難以成立，應以必要記載事項補正完全之當日為申請日。

「申請商標及辦理有關商標事項之文件，應用中文；證明文件為外文者，商標專責機關認有必要時，得通知檢附中文譯本或節譯本。」（商施3）故申請商標及辦理有關商標事項所檢附之證明文件為外文者，商標專責機關於個案審查認有必要時，得通知檢附中文譯本或節譯本。證明文件內容廣泛，其為外文者，雖無須一律譯為中文，惟經商標專責機關公告有譯為中文之必要者，如委任狀等則宜先行檢附。又證明文件以英文以外之外文提出者，亦屬有必要檢附中文譯本或節譯本之情形。[27]

有關商品及服務之類別，本法（民國92年修正）第17條第1項，雖規

---

25 參見本法（民國78年5月26日修正）第8條第4項及第5項之規定。

26 本法第6條：「I申請商標註冊及其相關事務，得委任商標代理人辦理之。但在中華民國境內無住所或營業所者，應委任商標代理人辦理之。II商標代理人應在國內有住所。」，原條文第2項後段：「其為專業者，除法律另有規定外，以商標師為限。商標師之資格及管理，以法律定之。」之規定刪除。

27 有關有必要檢附中文譯本或節譯本之外文證明文件之內容，參見智慧財產局民國101年7月31日，智商字第10115001940號公告函。

定應於申請書中記載，[28]但因類別之記載，並非取得申請日之必要記載事項，故民國100年修正時，刪除註冊申請書應記載商品或服務類別之規定。

申請商標註冊，應以一申請案一商標之方式為之，並得指定使用於二個以上類別之商品或服務。（商19 IV）[29]商標註冊申請係以一申請一商標之方式為之，惟可指定使用於一個類別或二個以上類別之商品或服務。故申請人有二或二以上商標欲申請註冊時，應分別申請。實務上，有申請人將實際交易使用或欲使用之二個商標以一件申請案提出申請之情形，即有違反一申請案一商標原則，且於註冊後，若分開成為二件商標使用，亦有未使用註冊商標而遭廢止商標權之虞。[30]

惟指定多類別之申請案，應按該分類表之類別順序排列，並具體列舉商品或服務名稱。另實務上認為，指定使用商品並不以完全獨立且可立即使用之「商品」為限，如半成品或零件均屬「商品」之範圍，但如商品之

---

[28] 申請人所指定的商品或服務名稱應力求具體明確，必要時申請人得檢具實際使用商品型錄或其商品功能、用途、原材料等說明資料以供主管機關審查另如商品名稱未明列於國際分類中，仍可依其性質、功能、材質等同一或類似性所歸屬的類別提出申請。

[29] 本規定為本法民國92年修正時新增。因該等規定為國際立法趨勢，商標法條約第6條、美國商標法第30條、英國商標法第32條、日本商標法第6條及德國商標法第32條第4項，皆已明定；另就便利當事人申請商標註冊之觀點而言，可免多次申請之不便，亦有其需要，爰於第4項明定申請人得以一商標註冊申請案，指定使用於2個以上類別之商品或服務。以一件商標註冊申請案，指定使用於2個以上類別之商品或服務之申請註冊方式，與一案一類別申請方式相比較，原本一案一類別申請案，需逐案填寫申請書及個別檢附附件，費時費力且不方便，採行一案多類別申請方式，只需繕寫1份申請書及準備1份附件，申請程序非常簡便，並有助於申請人商標權之管理。另若有申請註冊事項異動登記之必要時，例如變更登記、移轉登記、授權登記及質權登記等，原應逐件計收繳納規費，於採行一案多類別申請方式後，除申請程序簡化外，亦僅收取單件之登記規費，既經濟又便利。參見本法民國92年修正第17條第4項理由。

[30] 參見民國100年修法理由。

零、附件屬各個不同獨立之商品，且申請人欲使用與該商品同一商標者，則應將指定商標之範圍涵蓋全部商品為妥。[31]

申請人指定使用之商品雖得以概括名稱指定之，但之後如經具體指明者，可能涉及指定商品是否變更之問題，商標專責機關實務處理原則如下：①概括商品名稱，本質上含有他類商品者，可增類、移類或分割而不影響其申請日；②概括商品名稱，本質上不含他類商品，具體指明後，如有增加他類商品者，因違反申請後不可增加或變更指定商品之規定，因此該跨類商品應予刪除；③概括商品名稱，如係應屬本類一切商品，具體指明後不可跨類，僅以該申請案指定類別為限。[32]

實務上有列舉不得作為商品名稱之項目，如「水」不得作為指定商品之名稱。[33]另如同一日同時申請不同類之之兩件申請案，但審理結果發現其中一類之商品中，含有另案不同類之部分商品，則該二申請案得併案審理，不必另行繳費或變更申請日。[34]

本法有關商品及服務分類，主要是依本法施行細則第13條規定之「商品及服務分類表」[35]所載之歸類標準，申請人於提出商標註冊申請時，得

[31] 參見經濟部72年台商字第206492號函：「……商標法所稱之「商品」並不專指完全獨立可即使用之「商品」而已，如為輔助物或需依附於他物方能使用之物品，亦係屬商標法所稱之「商品」故商品之零、附件亦應視為各個不同之商品，故若欲使用同一商標於某商品及其零附件時自應將該商標申請註冊於其商品及零附件，以獲得商標法之保護……」。

[32] 參見智慧財產局編印，商標法逐條釋義，頁34，94年5月。

[33] 相關資料http://www.tipo.gov.tw/trademark/trademark_bulletin/不可列為商品或服務之名稱.doc。

[34] 參見商標註冊申請案「指定商品移至他類」之處理原則。http://www.tipo.gov.tw/trademark/trademark_law/explain/trademark_law_2_22.asp.閱覽日期，2007/12/02。

[35] 因國際上各國多以尼斯協定為指定商品及服務分類之依據，我國雖非尼斯協定會員國，但仍於民國83年開始採行尼斯分類作為指定商品及服務分類依據，以與國際接軌。由於尼斯分類第九版已於2007年1月1日生效（相關會議紀錄可參考http://www.wipo.int/meetings/en/doc_details.jsp?doc_id=18683；http://www.wipo.int/meetings/en/doc_details.jsp?doc_id=52419）），為符合我國採行商品及服務國

參考該分類表，依各類商品及服務分類之性質，及個別經營業務之需要，指定所想要表彰使用之商品（服務），[36]該等經過指定之商品（服務），即是該商標將來獲准註冊後可主張商標權之範圍。但類似商品或服務之認定，不受前項商品或服務分類之限制（商19 VI）[37]，有關類似商品及類似服務之概念，本書於後述相關章節詳述之。

第五款　申請表示之方法

商標圖樣應以清楚、明確、完整、客觀、持久[38]及易於理解之方式呈現，[39]（商19 III）俾便商標專責機關審查，並於註冊公告時，能使第三人

清楚知悉註冊商標之權利範圍。但立體、顏色、聲音及動態等特殊型態之商標，如何以呈現其應有之商標圖樣清楚、明確、易使人瞭解之圖文方式，呈現其所欲請求保護的標的，則較為困難。

第一目　立體商標

　　申請註冊立體商標者，商標圖樣為表現立體形狀之視圖；該視圖以六個為限。該商標圖樣得以虛線表現立體形狀使用於指定商品或服務之方式、位置或內容態樣。且申請人應提供商標描述，說明立體形狀；商標包含立體形狀以外之組成部分者，亦應說明。（商施15）。詳言之，立體商標之商標圖樣為表現立體形狀之視圖，立體形狀為六面體，若各角度的外觀特徵不同時，為使商標圖樣得以完整呈現該立體商標，商標圖樣可為多個不同角度的視圖，但至多為6個視圖。申請註冊後，商標審查人員認有必要，得通知申請人補送其他角度的視圖，申請人亦得主動補送，但補送後之商標圖樣不得超過6個視圖，且不得擴大原立體形狀之保護範圍。（商23）為更清楚、明確表現立體商標內涵，立體形狀使用於商品或服務的方式、位置及內容態樣等情形，亦得於商標圖樣中以虛線表示來呈現（商施15Ⅱ），[40]此外，商標具有功能性的部分，因不能取得商標權，亦得於商標圖樣中以虛線的方式表示，該等虛線部分不屬於商標之一部分，無須納入混淆誤認之虞的考量，亦無須就該部分聲明不專用。商標圖樣中

構成要素，相較於文字說明之表現方式，較清楚、明確、完整、客觀及易於理解，故音樂性質之聲音商標，其商標圖樣應以五線譜或簡譜為之，如以貝多芬「給愛麗絲」樂曲前九個音符部分申請註冊聲音商標，商標圖樣應為該部分樂曲之五線譜或簡譜，不得為「貝多芬『給愛麗絲』之前九個音符」之文字說明。參見民國100年修法理由。

[40] 如汽車水箱護罩立體商標，得於商標圖樣以虛線描繪車體外觀，以表現該立體商標使用於商品之位置，圖樣商標描述：「本件為立體商標，如商標圖樣所示，係一用於汽車車頭之雙腎造型水箱護罩。虛線部分表示之車輛形狀，不屬於商標之一部分。」參見「非傳統商標審查基準」（前揭），3.2.2。

包含之不具識別性或功能性部分若以實線表示，並未使用虛線，於商標整體具識別性時，該等不具識別性或功能性部分，應認為屬有致商標權範圍產生疑義之虞的情形，須聲明不專用或改以虛線表示。[41]

第二目　顏色商標

顏色商標之商標圖樣必須呈現商標的顏色，並得以虛線表現該顏色使用於指定商品或服務之方式、位置或內容態樣（商施14Ⅰ）。虛線部分不屬於顏色商標之一部分，並應於商標描述中說明。（商施13Ⅱ）。申請人應提供商標描述，以一般公眾指稱該顏色之名稱指明顏色，並說明其使用於指定商品或服務之情形（商施14Ⅱ）。為更精確定義所欲註冊保護的顏色，申請人還可以額外於商標描述中以國際通用的顏色辨識系統來定義該顏色，俾便具體認定申請註冊顏色商標是否具識別性及其主張權利之範圍。如：「本件為顏色商標，如商標圖樣所示之綠色，顏色碼為Pantone 348C，使用於指定商品的盒蓋上，虛線部分的盒子形狀不屬於商標之一部分」。[42]

第三目　聲音商標

聲音商標為音樂性質的情形，商標圖樣應以五線譜或簡譜表現；非音樂性質的商標，因無法以五線譜或簡譜表現，應以文字就該聲音為清楚、完整的說明，以涵蓋聲音商標所有的特徵，並以之作為商標圖樣（商施18Ⅰ）。如「本件為聲音商標，由人聲以閩南語大聲說出『福氣啦』所構成。」或「本件為聲音商標，由牛在石板路上走兩步之牛蹄聲，以及之後伴隨一聲牛叫聲所構成（clip，clop，moo）」。至於音樂性質與非音樂性質兼具的聲音商標，則應於商標圖樣表現音樂性質的部分，並於商標描述就穿插其間的口白或其他非音樂性質的部分為說明。

41參見「非傳統商標審查基準」（前揭），3.2.1。
42參見「非傳統商標審查基準」（前揭），4.2.1。

　　聲音商標以五線譜或簡譜表現者，申請人應提供商標描述，以文字為聲音的相關說明（商施18II），若商標為單純的樂音，商標圖樣本身已足以清楚、完整表現商標，則商標描述僅須簡單說明「本件為聲音商標，其聲音由商標圖樣所示之樂譜所構成」，若商標除樂音及歌詞外，尚有口白或其他特徵，亦應予以說明，在聲音商標無法以五線譜或簡譜表現的情形，申請人已就商標為文字說明，其性質與商標描述類似，此時，無須再另提供商標描述。

　　聲音商標係利用聽覺為感知，即便音樂性質的商標得以樂譜或簡譜清楚、完整表現商標，仍以直接聽聞該聲音較易於審查，在非音樂性質商標的情形，更有賴聲音樣本加以補充，故申請人應檢附存載聲音的電子載體，其格式並應符合商標專責機關之公告（商施18III），以利審查。

　　商標圖樣為決定商標權利範圍的主體，商標描述（在音樂性質商標的情形）與商標樣本則用以輔助商標圖樣，以確定商標權利範圍，故商標描述及樣本須與商標圖樣一致。申請人於申請時宜注意其商標圖樣與商標描述的正確性，以準確表現其所欲取得保護的商標內涵。[43]

第四目　其他類型之特殊商標

一、動態商標

　　動態商標係由連續性影像所構成，商標圖樣為呈現動態影像變化過程之靜止圖像，隨該影像變化複雜程度之不同，用以清楚、完整呈現該動態

---

[43] 如以「Enrich your life 國泰世華銀行」商標為例，商標圖樣為樂譜，商標描述為「本件為聲音商標，由男聲以重唱方式表達共鳴的感覺及豐富感，利用商標圖樣所示音符唱出『ENRICH YOUR LIFE』。」又如「萬應白花油之歌」，商標圖樣為樂譜，商標描述為「本件為聲音商標，係由童音唱出申請書上所附之音符，配合唸唱所構成。本件聲音商標之歌詞為『我有一位好朋友，隨時隨地關心我，啦啦啦啦萬應白花油；提神醒腦投不痛，（口白：白花油！被蚊蟲咬一口，不怕腫，yeah！），啦啦啦啦萬應白花油』。以上參見「非傳統商標審查基準」（前揭），5.2.1。

影像之靜止圖樣的數量即有差異，單純的動態影像可能以2至4個靜止圖像即足以完整呈現，變化複雜的動態商標則需要更多的靜止圖像才能完整呈現，惟為配合本局的資訊系統及審查上的便利，申請人檢附的靜止圖像應以6個為限，表現其動態影像的變化過程。動態商標的重要特徵，須於提出申請時所檢附的商標圖樣中清楚、完整呈現。申請人應提供商標描述，依序說明動態影像連續性的變化過程（商施16II），該描述必須清楚、詳細，以補充商標圖樣無法表現的連續性動作，此外，並應指明構成該動態影像的靜止圖像個數。動態商標為連續變化的動態影像，必須輔以商標樣本始能真實呈現動態影像所有的細節部分，故申請人應檢附存載動態影像的電子載體，其格式並應符合商標專責機關之公告（商施16II），以利審查。

二、全像圖商標

全像圖商標圖樣為表現全像圖之視圖，在全像圖只有單一圖像的情形，應檢附一個視圖，在全像圖因視角差異產生不同圖像變化時，則應檢附4個以下表現不同圖像變化的視圖，以完整呈現該全像圖商標。由於全像圖商標圖樣僅呈現全像圖的圖像特徵，往往無法完全表現出其全像效果，故申請人應提供商標描述，說明該全像圖，若全像圖因視角差異產生圖像變化，應說明各視圖的變化情形，俾能清楚認定申請註冊全像圖商標主張權利的範圍。例如全像圖商標圖樣僅因觀察角度呈現全像效果的虹彩變化者，商標描述可為「本件為全像圖商標，其圖像如商標圖樣所示，並隨觀看角度改變，呈現全像效果的虹彩變化。」至於商標圖樣具有立體效果或因視角差異產生不同圖像變化時，則應提供詳細的商標描述，說明該立體效果或各視圖的變化情形。[44]

三、其他非傳統商標

申請本法所未例示的非傳統商標，申請人必須檢附商標圖樣，若商標

---

[44] 參見「非傳統商標審查基準」（前揭），第6、7、8點之相關說明。

圖樣無法清楚、完整表現商標，並應提供商標描述，甚或商標樣本，使審查時能明確界定其權利範圍，並使第三人得以由註冊公告確認註冊商標及其權利範圍。以位置商標為例，傳統平面文圖商標或新型態的顏色、立體商標均可能施用於商品或服務的特定位置，若該位置為商標識別的重要特徵，其文圖、顏色或立體形狀未施用於該特定位置，可能會喪失其指示商品或服務來源的功能，即具有位置商標的性質，例如標示於鞋後跟中央位置並延伸至鞋底的紅色條帶，該紅色條帶離開該特定位置，即喪失其識別性。申請位置商標者，商標圖樣應以虛線表現商標使用於商品或服務的位置，並於商標描述就商標本身及其使用之方式、位置等詳加說明。

　　至於氣味、觸覺、味覺等非視覺可感知的商標，其商標圖樣如何能以清楚、明確、完整、客觀、持久及易於理解之方式呈現，或藉由文字說明，並輔以商標樣本之補充，以清楚、完整表現商標，在審查及公告作業技術方面，尚有其困難性，縱不排除其單純以文字描述作為商標圖樣之可行性，但該等以氣味、味道或觸覺可感知的標識作為區別商品或服務的來源，如何檢附商標樣本，使其與商標圖樣間可以互相參照，以確認所欲請求保護的標的，應就個案中所檢送的商標圖樣、商標描述及商標樣本等相關資料，準用「非傳統商標審查基準」之相關規定。[45]

---

45 商標法新加坡條約（STLT）於第二屆會議（第1次特別會議2010年9月20日至29日）中，修改該條約實施細則之細則三規定，建立一些非傳統商標申請之規範並預定2011年11月1日生效。相關內容如下：「……五、[全像圖商標]：申請書中聲明商標為全像圖商標的，商標的表現物中應當包括能從整體上體現全像圖效果的一個或多個視圖。如果商標主管機關認為所提交的該一個或多個視圖沒有從整體上體現全像圖的效果，可以要求提交額外的視圖。商標主管機關還可以要求申請人提交關於該全像圖商標的文字說明；六、[動態商標]：申請書中聲明商標為動態商標的，根據商標主管機關的選擇，商標的表現物中應當包括能體現動作的一個圖像或一系列靜止或運動的圖像。如果商標主管機關認為所提交的該一個或多個圖像沒有體現動作，可以要求提交額外的圖像。商標主管機關還可以要求申請人提交一份文字說明，對動作加以解釋；……八、[位置商標]：申請書中聲明商標為位置商標的，商標的表現物中應當包括能體現該商標在產

第六款　申請事項之變動

第一目　申請事項之變更與更正

　　商標圖樣及其指定使用之商品或服務，申請後即不得變更。但指定使用商品或服務之減縮，或非就商標圖樣為實質變更者，不在此限。（商23）申請人之名稱、地址、代理人或其他註冊申請事項變更者，應向商標專責機關申請變更。（商24）

　　申請後禁止為商標圖樣及其指定使用商品或服務之變更，係因該等變更將影響商標權範圍，進而影響申請日之取得，為避免影響其他後申請人之權益，故明文禁止申請後之變更。但指定使用商品或服務之減縮，係縮小申請註冊之範圍，因不影響申請日且對審查效率亦無減損，故不在禁止變更之列。另商標申請註冊後，商標圖樣是否准予變更，各國審查實務係以有無變更圖樣之實質內容加以判斷，若係刪除圖樣上有使消費者誤認誤信其商品或服務性質、不具識別性或有說明意味之文字或記號，如有機、R或㉖等，因不致改變原商標圖樣給予消費者識別來源之同一印象，非屬實質變更，可准予變更。[46]

品上位置的一個視圖。商標主管機關可以要求，未申請保護的事項應予標明。商標主管機關還可以要求提供一份文字說明，對商標相對於產品的位置加以解釋；……十、[含有除聲音商標以外的非可視性標誌的商標]：任何締約方均可以要求，申請書中聲明商標含有除聲音商標以外的非可視性標誌的，須按其法律規定提交該商標的一份或多份表現物、關於該商標類型的說明，以及有關該商標的細節。（http://www.wipo.int/edocs/mdocs/govbody/zh/stlt_a_2/stlt_a_2_1.pdf）。

46參見民國100年修法理由。本法第23條但書所稱非就商標圖樣實質變更，指下列情形之一：(1)刪除不具識別性或有使公眾誤認誤信商品或服務性質、品質或產地之虞者（但有改變原商標圖樣給予消費者識別來源之同一印象者，不適用之）；(2)刪除商品重量或成分標示、代理或經銷者電話、地址或其他純粹資訊性事項者；(3)刪除國際通用商標或註冊符號者；(4)不屬商標之部分改以虛線表

　　申請人提出商標註冊申請後，其申請事項如申請人名稱、代理人、地
址或代理人有所變動，為避免申請註冊之事項與實際不符，自有變更之必
要。然而商標註冊申請事項之變更，因涉及申請註冊之範圍，故應向商標
專責機關申請核准，不得自行為之。申請變更商標註冊申請事項或商標註
冊事項者，應備具申請書[47]並檢附變更證明文件（商施25），向商標專責
機關提出申請。

　　商標註冊申請事項有下列錯誤時，得經申請或依職權更正之：一、申
請人名稱或地址之錯誤。二、文字用語或繕寫之錯誤。三、其他明顯之錯
誤。但前項之申請更正，不得影響商標同一性或擴大指定使用商品或服務
之範圍。（商25）商標註冊申請事項，在不影響商標同一性或擴大指定使
用商品或服務範圍之條件下，應同意申請人請求更正錯誤，實務上商標專
責機關亦允許上述之更正。上述所稱「其他明顯之錯誤」，係指同條第1
款、第2款之外有關申請事項有明顯錯誤之情形，如，黏貼之商標圖樣倒
置等。至於申請指定使用商品或服務之減縮而申請變更，則依本法第23條
規定辦理。[48]

第二目　申請事項之分割

　　為符合申請人實務上之需求，並配合一申請案可指定使用於多個類
別之制度，申請人得就所指定使用之商品或服務，向商標專責機關請求分
割為二個以上之註冊申請案，並以原註冊申請日為申請日。（商26）[49]所
謂商標分割，是指對所指定使用之商品或服務加以分割而言，因此，商標
分割並不包含商標圖樣的變動。茲為因應一案多類別申請制度，並使商標
權人得以提高運用商標權之效率，故申請人於商標審定前或註冊後皆得申

　示者。（商施24）

[47] 表格範例，http://www.tipo.gov.tw/trademark/trademark_table_prechange.asp.

[48] 參見民國100年修法理由。

[49] 參考商標法條約第7條第1項、德國商標法第40條、日本商標法第10條及英國商
　　標法第41條之外國立法例。

請分割。另申請人如對申請中商標,其中一部分類別或商品、服務有無法獲准註冊之考量,[50]或擬移轉一部分類別或商品、服務時,均可就原申請案進行分割。申請分割的原案申請人,應按分割件數檢送相同份數之分割申請書副本及分割後商標申請書與相關書件,[51]使原申請案得依其分割件數,分別獨立成新的申請案,給與新的申請案號並續行審理,至於原申請案於核准分割後,應即加註分割並逕予結案。

第七款　先申請主義

商標權利之取得應依申請時間的先後加以審查,故於同一或類似商品,以相同或近似的商標提出申請者,應由先提出申請者取得商標權[52](如有主張優先權者,則應依其規定)。如二人以上同日以相同或近似之商標,於同一或類似之商品或服務各別申請註冊,有致相關消費者混淆誤認之虞,而不能辨別時間先後者,商標權之取得,應由各申請人協議定之,不能達成協議時,以抽籤方式定之。(商22)上述申請時間之認定,

---

[50] 商標註冊申請案經審查後,審查機關認有部分指定商品或服務不得註冊者,將發給核駁理由通知申請人陳述意見,申請人於收受核駁理由書後,未主動申請分割或減縮商品者,將逕予核駁之審定。惟於核駁審定確定前,即行政救濟程序中申請人應仍得申請分割或減縮商品。參見,智慧財產局編,商標新制Q&A,Q16,http://www.tipo.gov.tw/trademark/trademark_q_a/新制商標法Q&A-930304new.doc,閱覽日期,2008/01/05。

[51] 本法施行細則第27條:「I 申請分割註冊申請案者,應備具申請書,載明分割件數及分割後各商標之指定使用商品或服務,並按分割件數檢送分割申請書副本及其申請商標註冊之相關文件。II 分割後各商標申請案之指定使用之商品或服務不得重疊,且不得超出原申請案指定之商品或服務範圍。III 核准審定後註冊公告前申請分割者,商標專責機關應於申請人繳納註冊費,商標經註冊公告後,再進行商標權分割。」

[52] 依本法第30條第1項第10款規定,相同或近似於他人同一或類似商品或服務之註冊商標或申請在先之商標,有致相關消費者混淆誤認之虞者,不得申請註冊。

應以書件或物件到達商標專責機關之日爲準，如係郵寄者，以郵寄地郵戳所載日期爲準，郵戳所載日期不清晰者，除由當事人舉證外，應以到達商標專責機關之日爲準。（商9）至於其書件或物件必須符合法定格式，否則仍需以補正完整之日爲申請日（詳見本書前述）。

第八款　因商標註冊之申請所生之權利

因商標註冊之申請所生之權利，其權利性質，依「提出商標申請後期待取得商標權」之實務見解，[53]似認爲屬於期待權之性質，惟所謂期待權者，乃適用於法律行爲附條件時，其於條件成就前雖處於效力未定期間，但當事人仍應受其法律行爲之拘束，不得單方予以撤回，如一旦發生法律行爲先效力時，當事人更負有注意義務，使法律行爲所企圖實現的法律效果，於條件成就時，得以獲得實現，也因其條件成就時，可取得某種權利的先行地位，應予以權利化，學說上即稱該等權利爲期待權。[54]另侵害期待權之損害賠償責任，亦須俟條件成就時，方始發生，蓋附條件之法律行爲，原須俟條件成就時，始得主張其法律上之效果，在條件成否未定之前，固無從預爲確定以後因條件成就時之利益，如其條件以後確定不成就，則根本無所謂因條件成就之利益可言。[55]但本書認爲，「因商標註冊之申請所生之權利」，其權利不應僅限於「提出商標申請後期待取得商標權」之期待權而已，因申請人已具有優先獲准註冊之法律地位及得排除後

---

[53] 參見行政法院82年判字第1113號判決。

[54] 參考王澤鑑，民法總則，自版，2003年10月，頁464-465。

[55] 參見最高法院69年台上字第3986號判例：「……附條件之法律行爲當事人於條件成否未定前，若有損害相對人因條件成就所應得利益之行爲者，負損害賠償責任」，民法第100條固屬定有明文。然此種期待權之侵害，其賠償責任亦須俟條件成就時，方始發生。蓋附條件之法律行爲，原須俟條件成就時始得主張其法律上之效果，在條件成否未定之前，固無從預爲確定以後因條件成就時之利益，蓋如其條件以後確定不成就，根本無所謂因條件成就之利益可言」。

申請人以相混淆之商標申請註冊之權利，[56]該等權利已具獨立保護之必要性，故「因商標註冊之申請所生之權利」應屬獨立類型之權利。

因商標註冊之申請所生之權利，得移轉於他人。（商27）所謂因商標註冊之申請所生之權利，是指申請人向商標專責機關提出商標申請後，可期待取得商標權之地位。[57]換言之，商標於提出註冊申請後，申請人取得依申請註冊日可優先獲准商標註冊之法律地位，並有權排除後申請人以相混淆之商標申請註冊之行為，因該等利益已具有經濟價值之權利性質，故得移轉予他人。惟受讓人應檢附經雙方簽名或蓋章之契約書或同意讓與之移轉證明文件（商施28），向商標專責機關登記註冊。[58]

共有商標申請權或共有人應有部分之移轉，應經全體共有人之同意。但因繼承、強制執行、法院判決或依其他法律規定移轉者，不在此限。（商28Ⅰ）有關共有商標申請權之移轉，影響共有人之權益甚鉅，故應得全體共有人之同意。又共有商標申請權之共有關係可分為分別共有及公同共有二種，依民法第831條準用分別共有或公同共有之規定，商標申請權屬分別共有時，如允許共有人未經其他共有人全體同意得自由處分其應有部分，將嚴重影響共有商標指示商品或服務來源與品質之能力，故本法明定共有人未得其他共有人之同意，不得以其應有部分讓與他人，以排除民法第819條第1項規定之適用。至於商標申請權如為數人公同共有時，其權利之行使，仍適用民法第828條第3項規定，應經全體共有人同意，自不待言。惟因繼承、強制執行、法院判決或依其他法律規定移轉者，則無須全

---

[56] 本法第30條第1項第10款。

[57] 參見行政法院82年判字第1113號判決：「……至所稱申請專用商標之權及因商標註冊之申請所生之權利，係指任何人欲專用商標，可依商標法之規定向被告提出申請，及向被告提出申請後期待取得商標專用權之情形……」。

[58] 民國100年修正前第22條第2項規定：「受讓前項之權利者，非經請准更換原申請人之名義，不得對抗第三人」。惟修正後刪除該規定，修法理由認為，因商標註冊申請所生權利之移轉，因尚未註冊，並無產生登記對抗效力之問題，故刪除之。

體共有人之同意。

　　共有商標申請權之拋棄，對共有人權益影響重大，亦應得全體共有人之同意。至於共有人拋棄其應有部分者，應不影響其餘共有人之權益，故得逕行爲之。（商28 II）至於共有人拋棄其申請權之應有部分，其經拋棄之應有部分，由其他共有人依其應有部分比例分配之，以避免商標申請權共有關係益形複雜。（商28 III）另共有人中有人死亡而無人繼承，或法人消滅而無人承受之情形，其申請權利應有部分之歸屬，亦由其他共有人依其應有部分比例分配之。（商28 IV）共有商標申請權指定使用商品或服務之減縮或分割，亦影響共有商標權利之範圍，爲保障共有人權益，仍應得全體共有人之同意始得爲之。（商28 V）

第九款　商標優先權

　　在與中華民國有相互承認優先權之國家或世界貿易組織會員，依法申請註冊之商標，其申請人於第一次申請日後六個月內，向中華民國就該申請同一之部分或全部商品或服務，以相同商標申請註冊者，得主張優先權。（商20 I）另本法於100年修正時，亦新增得於我國主張展覽會優先權之規定。（商21）上述六個月之計算，應自在與我國相互承認優先權國家或世界貿易組織會員第一次申請日之次日起算至本法第19條第2項規定之申請日止。（商施20）

　　優先權制度者，乃於一定期間內，保護商標申請人不受商標權地域性限制之規定，主要目的是爲避免商標申請人常因商標權屬地性之特性，造成申請人不易取得國際性（多國）保護之憾。商標優先權乃巴黎公約明文規定之重要原則，[59]在法定六個月優先權期間內，申請人得向任何其他巴

---

[59] 參見巴黎公約第4條A(1)規定：任何人於任一同盟國家，已依法申請專利、或申請新型或新式樣、或商標註冊者，其本人或其權益繼受人，於法定期間內向另一同盟國家申請時，得享有優先權。及同條B規定：因此，在前揭期間內，

黎公約成員國提出申請，並以最初申請日為其申請日，可享受優先於第三
人就相同或近似商標所提出之申請案。[60]我國為「世界貿易組織」（World

於其他同盟國家內提出之後申請案，不因其間之任何行為，例如另一申請案、
發明之公開或經營、新式樣物品之出售、或標章之使用等，而歸於無效，且
此行為不得衍生第三者之權利或任何個人特有之權利。又依同盟國家之國內
法，據以主張優先權之先申請案的申請日前，第三者已獲得的權利，將予以保
留。（Article 4, Section A(1)：「Any person who has duly filed an application for
a patent, or for the registration of a utility model, or of an industrial design, or of a
trademark, in one of the countries of the Union, or his successor in title, shall enjoy,
for the purpose of filing in the other countries, a right of priority during the periods
hereinafter fixed.;Article」；4, Section B：「Consequently, any subsequent filing in
any of the other countries of the Union before the expiration of the periods referred to
above shall not be invalidated by reason of any acts accomplished in the interval, in
particular, another filing, the publication or exploitation of the invention, the putting
on sale of copies of the design, or the use of the mark, and such acts cannot give rise
to any third-party right or any right of personal possession. Rights acquired by third
parties before the date of the first application that serves as the basis for the right of
priority are reserved in accordance with the domestic legislation of each country of
the Union.」，以上譯文，參見 智慧財產局委託陳文吟編譯，巴黎公約解讀，
http://www.tipo.gov.tw/dataserve/dataserve/public/sub10/sub10-1-3i.asp.閱覽日期，
2007/06/12。

[60] 參見巴黎公約第4條C之規定：(1)前揭優先權期間，對於專利及新型應為12個
月，對於新式樣及商標為6個月。(2)此項期間應自首次申請案之申請日起算，
申請當天不計入。(3)在申請保護其工業財產之國家內，倘有關期間之最後一
日為國定假日，或為主管機關不受理申請之日時，此一期間應延長至次一工
作日。Article 4, Section C.「(1) The periods of priority referred to above shall be
twelve months for patents and utility models, and six months for industrial designs and
trademarks.(2) These periods shall start from the date of filing of the first application;
the day of filing shall not be included in the period.(3) If the last day of the period is
an official holiday, or a day when the Office is not open for the filing of applications
in the country where protection is claimed, the period shall be extended until the first
following working day.」以上譯文，參見 智慧財產局委託陳文吟編譯，巴黎公約
解讀，同前註。

Trade Organization, WTO）會員，依「與貿易有關之智慧財產權協定」
（Agreement on Trade-Related Aspects of Intellectual Property Rights, TRIPS）
相關規定[61]我國有履行巴黎公約實體規定之義務，故在「世界貿易組織會員」依法申請註冊之商標，向我國申請註冊者，得主張優先權，[62]其主張優先權者，應於申請書中載明原受理申請之「世界貿易組織會員」，並應檢送該會員證明受理之申請文件。[63]

　　外國申請人為非世界貿易組織會員之國民且其所屬國家與中華民國無相互承認優先權者，如於互惠國或世界貿易組織會員領域內，設有住所或營業所者，得依本法第20條第1項規定主張優先權。（商20 II）我國雖非巴黎公約（Paris Convention）會員，惟依「與貿易有關之智慧財產權協定」（TRIPS）第2條規定，該協定會員有遵守巴黎公約之義務。參照該公約第3條之準國民待遇原則規定，雖非同盟國國民但於同盟國境內有住所或營

---

[61] 參見TRIPS第2條規定：「1.就本協定第2、3、4篇而言，會員應遵守（1967年）巴黎公約之第1條至第12條及第19條之規定。2.本協定第一篇至第四篇之規定，並不免除會員依巴黎公約、伯恩公約、羅馬公約及積體電路智慧財產權條約應盡之既存義務」。

[62] 參見經濟部智慧財產局民國93年4月7日，智法字第0931860010-0號釋示：「……WTO會員所屬國民向我國申請專利或商標，如係依智慧財產權之取得與維持所締結之多邊或區域性條約、公約或協定規定，提出之專利或商標申請案，並以WTO會員為指定國，且其指定國之國內法規定，視為合格國內申請案者，得向我國主張優先權，優先權日不得早於中華民國91年1月1日」。另大陸地區註冊之商標，向我國申請註冊時，亦可主張優先權。兩岸於民國99年6月29日簽署之「海峽兩岸智慧財產權保護合作協議」中，其中第2點涉及商標優先權，其協議內容如下：「雙方同意依各自規定，確認對方專利、商標及品種權第一次申請日的效力，並積極推動做出相應安排，保障兩岸人民的優先權權益。」。

[63] 參見本法民國99年8月25日本法第4條修法理由，現行條文「相互承認優先權之國家」等文字，係86年為因應我國申請加入世界貿易組織（World Trade Organization, WTO）所增列。惟鑒於其文義未盡周延，第一項爰增列「或世界貿易組織會員」，並酌作文字修正。同條第2項及第3項配合第一項之修正，酌作文字修正。

業所者，亦得依巴黎公約規定主張優先權，故本法於民國100年修正時，增訂準國民待遇原則之規定。[64]

　　得主張優先權之首次申請國者，應與我國有相互承認優先權之國家或世界貿易組織會員[65]或符合本法第20條第2項規定之主體。我國於2002年1月1日成為WTO會員，WTO會員固可廣義認為屬與我國訂有條約或協定相互承認商標優先權之國家，原則上不待另行簽署互惠或雙邊協定即可於我國主張商標優先權，[66]但WTO會員於我國入會前未與我國簽署相互承認優先權之協定，而於我國入會後基於WTO會員之地位主張優先權者，其優先權日不得早於2002年1月1日，否則應認為不符合主張優先權之要件。[67]

---

[64] 參見修法理由。

[65] 我國自1993年8月17日（1994年11月4日生效）簽署「中央標準局與澳大利亞商工辦事處間關於保護工業財產權之備忘錄」（Memorandum of Understanding between the National Bureau of Standards in Taipei and the Australian Commerce and Industry Office on the Protection of Industrial Property）起，至2004年4月2日與法國簽署「臺灣經濟部智慧財產局與法國國家工業財產局間雙邊合作協定」（Agreement on Protection of Industrial Property rights Between The National Institute for Industrial Property of France And The Intellectual Property Office of Taiwan），陸續與多國簽署備忘錄或換文，相互承認商標優先權。相關資料 http://www.tipo.gov.tw/cooperation/cooperation_c.asp，閱覽日期，2007/06/03。

[66] 縱同屬WTO會員，惟相對方如不相互承認我國之商標優先權時，我國基於互惠原則之考量，將亦不給予該方商標優先權之待遇，參見 經濟部智慧財產局民國94年9月19日智法字第09400079700號函：「……二、前依台端檢附南非代理人來函稱南非專利專責機關不承認以我國申請案主張優先權一事，經請駐外單位洽詢後，93年11月1日回復略以：「台灣因非同時為WTO及巴黎公約會員，或其他因素，致其申請案在南非尚未經認可具有優先權。」並表示「本案本組將另進洽南非專利辦公室，瞭解並爭取我國專利申請案早日具有優先權之資格。」三、嗣經本局函請駐外單位進一步洽詢並爭取之結果，據94年9月6日回復略以：「經洽南非Adams&Adams律師事務所承辦人表示，我商之商標申請案已獲南非商標專利辦公室通過，並取得優先權資格，即南非官方承認我方專利商標優先權。」

[67] 參見最高行政法院95年判字第740號判決，該判決雖就專利申請國際優先權之事件所為之判決，但於商標申請優先權似應採同樣之解釋：「……關於國際優先

另有關單一顏色、立體、聲音商標或團體商標之優先權，其優先權日則不得早於民國92年11月28日（即本法於民國92年新修正之實施日）。

依本法第20條第1項之規定主張優先權者，應於申請註冊同時聲明，並於申請書載明下列事項：一、第一次申請之申請日。二、受理該申請之國家或世界貿易組織會員。三、第一次申請之申請案號。申請人最遲應於申請日後三個月內，檢送經受理該申請之國家或世界貿易組織會員證明受理之申請文件。[68]

申請人如未於申請書載明第一次申請之申請日、受理該申請之國家或世界貿易組織會員者或未於申請日後三個月內[69]檢送經上述國家或世界貿

權之承認係採互惠原則，……又國與國之間相互承認優先權，具有條約性質，與法律同一位階，除條約或法律有明文規定外，應適用法律不溯既往原則，故申請人所主張之優先權日不得早於相互承認優先權之生效日，即依規定主張優先權者，其據以主張優先權日之外國申請日應在相互承認優先權生效日之後，始得依法享有優先權。……因我國於91年1月1日成為WTO會員，故WTO會員固可認為係廣義與我國訂有條約或協定相互承認專利優先權之國家，不待另簽署互惠或雙邊協定即可於我國主張優先權；惟因TRIPs及TRIPs第2條所援引之巴黎公約均未就「『優先權』必須是以於第1次申請時係屬會員國為基礎」有特別之規範，故關於此一問題，於我國自仍應依據上述專利法之規定。從而，WTO會員於我國入會前未與我國簽有相互承認優先權之協定，而於我國入會後基於WTO會員之地位主張優先權者，其優先權日即不得早於91年1月1日，否則即應認為不合於主張優先權之要件」；另主管機關亦採相同之見解，參見 經濟部智慧財產局民國93年4月7日，智法字第0931860010-0號釋示，同前註。

[68] 本法主要參考巴黎公約第4條之規定。

[69] 該三個月之期間是否得延長？雖有認為，補正期間通常為可申請延長之非法定不變期間（參見最高行政法院判決89年度判字第1358號判決：「……程序上補提證明文件之期間，參照行政法院一向之見解，性質上非屬法定不變期間……」）。但本書認為，依申請人應於申請日後三個月內，檢送經前項國家或世界貿易組織會員證明受理之申請文件，違反者，視為未主張優先權之規定之文義，及優先權屬先申請主義之例外規定，故應採從嚴解釋原則等考量，該補正期間似應屬不容任意變更之法定不變期間（參見最高法院95年判字第680號判決，本判決雖就專利優先權所為之判決，但於商標優先權應同樣適用：「行為時專利法第25條有關主張優先權之申請人應於申請次日起3個月內檢送經該國

易組織會員證明受理之申請文件者，視為未主張優先權。茲因優先權乃附屬於商標註冊申請案之一種主張，本身不具獨立之權利性質，且主張優先權與否，申請人得自由選擇，故主張優先權不符法定程式或未於期限內檢送證明文件者，其法律效果應視為未主張優先權，較為妥適。另如申請人未於申請註冊時同時聲明優先權之主張或於申請書未載明第一次申請之申請案號者，均屬得補正事項。

　　首次申請註冊之商標與主張優先權之商標內容應相同，其指定使用之商品或服務則與首次申請之內容，部分或全部同一均可。（商20 I後段）所謂商標相同者，是指首次申請註冊之商標與主張優先權之商標其內容必須完全相同，如分屬中、英文字樣之二商標，縱二者意義完全相同，亦屬不相同之商標。另商品或服務亦應屬相同，惟並不以與首次申請案所指定使用之商品或服務範圍完全相同者為限，如在其首次申請之商品或服務範圍之內即可，但如超出其範圍者，應屬不同之商品或服務。換言之，一商標申請案不論係指定一類或多類之商品或服務，申請人皆可引據一件或數件在與中華民國有相互承認優先權之國家或世界貿易組織會員之第一次申請案，就部分或全部之商品或服務主張優先權。

　　主張優先權者，其申請日以優先權日為準。主張複數優先權者，各以其商品或服務所主張之優先權日為申請日。（商20 VI、VII）我國商標註冊實務上，允許申請人於同一商標註冊申請案，主張複數優先權，於一案多類申請案，申請人可於各類別商品或服務名稱前，加註優先權日及首次申請國別，如於同一類別主張二以上優先權者，則應區分各優先權日指定之商品或服務名稱。[70]

政府證明受理之申請文件之規定，條文中雖未冠以「不變」二字，惟同條第3項既規定，違反此等規定者，喪失優先權（作者註，民國100年修正前，商標法第4條第4項規定之法定效果），衡其性質，仍不失為不變期間。又本條既屬不變期間，……當不得依行為時專利法第11條規定申請延長」）。

[70] 我國於民國94年7月1日起，允許商標申請案可主張複數優先權，請參考經濟部

第十款　展覽會優先權

於我國政府主辦或認可之國際展覽會上，展出使用申請註冊商標之商品或服務，自該商品或服務展出日後六個月內，提出申請者，其申請日以展出日為準。於主張展覽會優先權者，準用本法第20條有關一般優先權之規定。（商21）為符合國際間有關商標優先權之相關規定，本法於100年修正時，增訂得於我國主張展覽會優先權之規定。所謂展覽會，必須是國際性質，亦即，有國外商品參展者方可，至於舉行之地點則不以國內為限，包括在外國舉辦之國際性展覽會，另主張展覽會優先權應於申請註冊同時提出聲明，並於申請書中載明國際展覽會名稱及展覽地所屬國，且最遲應於申請日後三個月內，檢送相關國際展覽會證明文件，違反規定者，視為未主張展覽會優先權。（商21 I）主張展覽會優先權者，優先權期間應自參展之日起算，不得再依本法第20條之規定主張優先權，且其六個月優先權期間自展覽日起算，而非自首次申請日起算。[71]

依本法第21條規定主張展覽會優先權者，應檢送展覽會主辦者發給之參展證明文件。該文件應包含下列事項：(1)展覽會名稱、地點、主辦者名稱及商品或服務第一次展出日。(2)參展者姓名或名稱及參展商品或服務之名稱。(3)商品或服務之展示照片、目錄、宣傳手冊或其他足以證明展示內容之文件。（商施21）

第十一款　電子申請方式

商標專責機關為解決近年來因商標申請案大量增加致生之行政問題並為加強作業效率及保持資料之正確性，因應電子商務時代之來臨，已開始

智慧財產局民國94年7月1日公布之複數優先權填寫範例。http://www.tipo.gov.tw/attachment/tempUpload/315247591/複數優先權商品填寫範例.doc。

[71]參考修法理由。6個月期間之計算參見本法施行細則第22條規定。

規劃使用電子化申請系統,並於本法明訂有關商標之申請及其他程序,得以電子方式為之,以作為法源依據,(商13)且已訂有「商標電子申請實施辦法」為實施依據。[72]

第二節　審查及核准

本法對商標申請案係實質審查主義,申請人為表彰自己之商品或服務,欲取得商標權者,應依本法規定,備具申請書,載明商標、指定使用之商品或服務及其類別,向商標專責機關申請之申請註冊,並由商標專責機關依法進行審查,商標註冊申請案經審查認有本法第29條第1項、第3項、第30條第1項、第4項或第65條第3項規定不得註冊之情形者,應予核駁審定,(商31 I)如無上述應予核駁之情形,則應予核准審定。(商32 I)

第一款　商標註冊之積極要件

商標應具識別性始准註冊,本法規定商標有下列不具識別性情形之一,不得註冊:一、僅由描述所指定商品或服務之品質、用途、原料、產地或相關特性之說明所構成者。二、僅由所指定商品或服務之通用標章或名稱所構成者。三、僅由其他不具識別性之標識所構成者。(商29 I)凡

---

[72] 經濟部智慧財產局訂定「商標電子申請實施辦法」(民國97年05月09日發布,最新修正生效日,民國101年7月1日),其要點如次:一、本辦法所使用名詞之定義(第1條)。二、依本辦法所為之商標電子申請文件,與書面文件有同一效力(第3條)。三、商標電子申請適用之範圍及商標專責機關應於受理商標電子申請三個月前公告之(第4條)四、商標電子申請之程序及商標專責機關處理之程序(第5條至第10條)。五、因應電子申請之特性,電子申請文件排除本法施行細則有關書面文件之若干規定(第11條及第12條)。六、商標專責機關應善盡保存商標電子申請文件原始版本及其複製本之義務(第15條)。

不具識別性之商標，不得註冊。有關識別性之意義，詳見本書前揭說明。上述商標「僅由描述所指定商品或服務之品質、用途、原料、產地或相關特性之說明所構成者」、「僅由所指定商品或服務之通用標章或名稱所構成者」或「僅由其他不具識別性之標識所構成者」，不得註冊，分別為商標法第29條第1項第1、2、3款分別獨立的規定，構成要件不同，第3款為其他不具識別性情形的概括規定，個案不得註冊的原因如具體符合第1、2款規定時，應分別適用該當之條款予以核駁。至於第1、2款規定以外，不具識別性的標語、姓氏、簡單線條或幾何圖形、裝飾圖案等，則依第3款規定予以核駁。

第一目　不具識別性商標之例示

　　一、僅由描述所指定商品或服務之品質、用途、原料、產地或相關特性之說明所構成者。[73]（商29 I一）但經申請人使用且在交易上已成為申請人商品或服務之識別標識者，不適用之。（商29 II）按本款主要規範之對象乃描述性標識，按描述性標識指對於商品或服務的品質、功用或其他有關的成分、產地等特性，作直接、明顯描述的標識，消費者容易將之視為商品或服務的說明，而非識別來源的標識。所謂商品或服務之說明，依一般社會通念，如為商品或服務本身之說明，或與商品或服務本身之說明有密切關連者，即不得註冊。且從競爭的角度觀之，其他競爭同業於交易過程需要使用此等標識的可能性也相當高，若賦予一人排他專屬權，將影響市場公平競爭，顯失公允，故必須有證據證明描述性標識已經使用取得後天識別性，始得註冊。

　　商標識別性應整體判斷，故縱使商標圖樣中包含說明性、通用標章

---

[73]民國100年修正前本法第23條第1項第2款原規定：「表示商品或服務之形狀、品質、功用或其他說明者」，但條文所例示關於「功用」說明之情形，易與同條項第4款關於「功能性」之情況相混淆，爰將該例示文字修正為「用途」，以資區辨。另商品或服務特性說明之情況甚多，為明確其內涵，爰增訂關於「原料」、「產地」等例示之事項。

或通用名稱或其他不具識別性之部分，倘整體觀之，並無礙其作為識別來源之標識，則仍可取得商標註冊。為期適用明確，本法於民國100年修正時，於上述各款不具識別性規定之前均增加「僅由」二字。

表示商品或服務之品質、用途、原料、產地或相關特性之說明等，通常非屬商標正常使用態樣，一般消費者亦難以藉該說明，識別其商品來源、出處，故不具識別性，且為考量同業利益，若由特定人取得表示該項商品或服務之品質、用途、原料、產地或相關特性之說明作為商標內容而取得商標權，亦顯失公允，故本款內容屬不得註冊之事由。另本款之適用並不以品質、功用或其他相關特性之說明已由經營該項商品或服務之一般業者實際所共同使用為必要。74

所謂「商品之說明」者，是指依社會一般通念，該商標之文字、圖形、記號、顏色、聲音等內容，與商品、服務本身之說明有密切關聯者，75實際判斷上尚應觀察商標圖樣之文字、圖形等與商品之關係是否足以說明商品本身而定，76另其說明的表示需直接而明顯，若非直接明顯而

---

74 參見最高行政法院判決98年度判字第1413號：「所謂「商品之說明」係指商標之文字、圖形、記號、顏色、聲音、立體形狀或其聯合式，依社會一般通念如為商品本身之說明，或與商品本身之說明有密切關聯者，即不得註冊，不以經營該項商品之一般業者所共同使用為必要，……以「引藻」作為商標，指定使用於「中藥、西藥、營養補充品」等商品，依社會一般通念應為該等商品本身之說明，而不具表彰商品來源之識別性」。

75 所謂商品說明，指商標圖樣依一般社會通念，為其指定商品的形狀、品質、功用或其他直接而明顯的說明或與商品本身有密切關聯者，而通用名稱，則指該名稱在同業間就同類商品已有普遍使用之事實而言，故具體個案適用上，除商標為同業間普遍用以指稱指定商品或服務本身而為通用名稱，應以本法第29條第1項第2款規定核駁外，其他商標為指定商品或服務相關說明的情形，則應以同條項第1款核駁。參見「商標識別性審查基準」（最新修正生效日，民國101年7月1日），6.1說明。

76 行政法院85年判字第2117號判決：「所謂習慣上所通用，是指一般製造經銷該商品者所共同使用而言，至所謂商品之說明，則應觀察商標圖樣之文字、圖形等與商品之關係是否足以說明商品本身而定……」。

僅具隱含、譬喻或自我標榜者，可能屬於暗示性商標，並不當然構成本款所稱之單純說明性商標，不宜直接適用本款規定而不准其註冊。實例上，如「台灣紅高粱」指定使用於「酒（啤酒除外）、高粱酒、烈酒」商品，於社會一般通念上易被消費者聯想該等商品相關成分，係由「台灣紅高粱」所製造，並因此被認定為說明商標，因此依本款規定不得註冊。[77]另單純橫書之「乳兒」一詞，極易使具有普通知識經驗之相關購買人，對指定使用之商品產生係供一歲以下的幼兒食用之直接聯想，故與商品本身之說明有密切關聯，應屬指定商品之說明，自不應准予註冊。[78]以「香」字指定使用於肉片、烤豬、肉絲、醃臘肉商品，自有使人直接聯想，該等肉片、烤豬、肉絲商品，味香、可口，應屬商品說明。[79]如「體內環保」指定使用於中、西藥、臨床試驗用製劑，「Body clean & Re-build」指定

---

[77] 台北高等行政法院94年訴字第1482號判決：「……單純「台灣紅高粱」五字，並申請指定使用於「酒（啤酒除外）、高粱酒、烈酒」商品。按上開商標圖樣中「台灣」為地名；而「紅高粱」中「高粱」二字……資料顯示：……紅穗高粱係做為釀酒之用，且高粱在台灣最重要的用途就是供釀製高粱酒。因此，原告以「台灣紅高粱」作為本件商標圖樣，指定使用於「酒（啤酒除外）、高粱酒、烈酒」商品，……可以認定依社會一般通念，係表示該等商品係由「台灣紅高粱」所製造之相關成分之說明，自有首揭法條規定之適用，而不得註冊……」。

[78] 臺北高等行政法院94年訴字第1514號判決：「按『乳兒』一詞通常指1歲以下的幼兒，……依前揭國內坊間字詞典所載，『乳兒』一詞之釋意，係『以乳汁為主要食物的嬰兒，通常指1歲以下的幼兒』，……而字典之釋義原即為社會通常觀念的表達，因此『乳兒』與『嬰幼兒』觀念相通，均為一般社會對『嬰幼兒』觀念表達的通用語可以認定。系爭商標將單純橫書之『乳兒』一詞指定使用於商品，極易使具有普通知識經驗之相關購買人認其所販售之商品係供1歲以下的幼兒食用之直接聯想而與商品本身之說明有密切關聯，……自不應准予註冊」。

[79] 行政法院85年度判字第1702號判決：「……原告以香字作為系爭商標圖樣所指定使用之肉片、烤豬、肉絲、醃臘肉商品申請註冊，自有使人直接聯想，該等肉片、烤豬、肉絲商品味香、可口，難謂與申請註冊之系爭商標所使用商品之說明不具密切關聯……」。

使用於綜合維他命、醫療補助用營養製劑，均屬功用說明。「日語速成」指定使用於書籍、雜誌、月刊等商品，屬內容說明。「Best Selection & Healthy」指定使用於衣服、T恤、運動服裝等商品，屬品質或其他說明。「DVD」指定使用於「為放映影像產品之數位光碟」商品上，屬商品之說明。[80]「自然呼吸」商標圖樣指定使用於襪子、褲襪、絲襪、毛襪、內衣褲等商品，易使人對其商品產生穿著後有自然透氣舒適感之直接聯想，顯與申請註冊商標所使用商品之說明具有密切關連，[81]以上均屬商標不具識別性之事例。[82]

　　但上述說明性商標如取得後天識別性者，仍可註冊。（詳見本書前揭有關後天識別性之說明）

　　證明標章之本質，因無法完全排除對商品之特性、品質或產地等事項之說明，但依本法第94條準用規定，證明標章仍有本款之適用，如此，證明標章獲得註冊之可能性將大幅降低，故證明標章於實際運用時，應考慮適度、部分排除本款之適用。[83]故本法於民國100年修正時，明文規定，產

---

[80] 行政法院88年判字第531號判決：「本件原告以「DVD & Design」商標申請註冊，被告則以原告申請註冊之「DVD & Design」商標圖樣上之外文「DVD」係「Digital Video Disc」之簡稱，為「數位多功能影音光碟片」之意，以之作為商標，指定使用於「為放映影像產品之數位光碟」商品上，顯係直接明顯表示該等商品之說明文字，有違商標法第37條第1項第10款之規定」。

[81] 行政法院88年度判字第3869號判決：「……查系爭『自然呼吸』商標圖樣僅為單純之中文『自然呼吸』四字，以之指定使用於襪子、褲襪、絲襪、毛襪、內衣褲等商品申請註冊，易使人直接聯想其商品穿著後有自然透氣之舒適感，顯與申請註冊商標所使用商品之說明，具有密切關連，尚非僅具隱喻之性質」。

[82] 有關非傳統商標之識別性之判斷，原則上應先適用「非傳統商標審查基準」，其判斷標準請參見該基準2.2；3.2.3；4.2.3；5.2.3；6.2.3；7.2.3之說明。

[83] 經濟部經訴字第09406127700號訴願決定書：「……證明標章之本質含有對商品之特性、品質、或產地等說明，自應排除修正前商標法第77條（作者註—民國92年修正後之商標法規定於第80條）準用第37條第10款及現行商標法第23條第1項第2款『表示商品或服務之形狀、品質、功用或其他說明』部分之適用。基此，關係人以『池上米』作為系爭證明標章圖樣，用以證明他人所產製行銷之

地證明標章及產地團體商標之產地名稱，不適用本法第29條第1項第1款及第3項之規定（商84 I、91）。

　　二、僅由所指定商品或服務之通用標章或名稱所構成者。（商29 I二）惟本款並無後天識別性規定之適用。

　　所謂商品或服務之通用標章或名稱，是指該標章代表某一商品或服務，依相當證據證明，經業者多年反覆使用，該標章、名稱或圖形代表某一商品，已為世人所習見者，[84]因該標章已無法表彰商品或服務來源之識別性，基於公益、競爭同業得否自由使用該標章或名稱[85]及識別性有無等考量，本法乃列為不得註冊之事由。[86]本款規定之內容，原是將本法民國

　　池上米係產自台東縣池上鄉且符合一定品質，自無如訴願人所述係為商品內容或性質等情事」。

[84] 通用標章是業者就特定商品或服務所共同使用之標誌，通用名稱則為業者通常用以表示商品或服務之名稱，通用名稱亦包括其簡稱、縮寫及俗稱。對相關消費者而言。通用標章或名稱只是一般業者用來表示或指稱商品或服務本身，缺乏識別來源的功能，例如：「紅、藍、白三色旋轉霓虹燈」為理容院的通用標章、「開心果」為阿月渾子果實的俗稱、「阿拉比卡Arabica」為咖啡樹的品種名稱，不僅消費者無法藉以識別來源，且應避免由一人取得排他專屬權而影響公平競爭，或以訴訟干擾他人使用該用語，故不得由特定人註冊專用。參見「商標識別性審查基準」（最新修正生效日，民國101年7月1日），2.2.2說明。

[85] 行政法院71年10月份庭長評事聯席會議決議（82年8月份行政法院庭長評事聯席會議作成文字修正之決議）：「……文字、圖形、記號或其聯合式，係表示申請註冊商標所使用之商品本身習慣上所通用之名稱、形狀、品質或其他有關商品本身之說明者，不得作為商標申請註冊，係兼為保護一般競爭同業得自由使用此種『慣用標章』而設之規定」。

[86] 經濟部94年12月27日經訴字第09406143050號訴願決定書：「而所謂『習慣上通用標章』，係指該標章代表某一商品或服務，經業者多年反覆使用，已為一般消費大眾所習知習見者而言。查『金絲草』為一種禾本科金絲草屬之藥用植物，而『金絲膏』或『金絲萬應膏』為明朝醫者王肯堂編纂之『證治準繩』中所列固有藥方名稱，此節並無爭議。然『金絲』、『金絲膏』或『金絲萬應膏』等詞，在系爭商標延展註冊日前，是否為各種中藥、西藥、止痛噴劑、治酸痛用藥布、絆創膏等商品之『習慣上通用之標章』……屏東縣藥品調製商業同業公會單方面所出具之私文書，其證據證明力仍屬薄弱。而……相關治酸痛

92年修正前第37條第8款，有關習慣上通用標章的規定[87]與同條第10款有關通用名稱[88]之規定合併而成。至於本款所稱通用標章或名稱，並不以習慣上是否通用為構成要件[89]，另商標內容須同於通用標章或名稱者，始可認定為不具識別性，若僅近似於通用標章之內容，則應個案判斷有無識別性，以決定是否准其註冊[90]。

　　實務上曾認為，「牛黃散」商標，係屬普通藥品中藥名稱[91]；「亞規鐵丸」為藥品習慣上通用名稱[92]；「食品」、「餅乾」為食品商品之通

用藥布商品之外包裝照片數張，由該等照片觀之，其產製日期或保存期限均晚於系爭商標延展註冊日……，故依前揭證據資料尚難證明『金絲』、『金絲膏』或『金絲萬應膏』等詞，於系爭商標延展註冊日前，已成為各種中藥、止痛噴劑、治酸痛用藥布或絆創膏等商品之習慣……」。

[87] 民國92年修正前本法第37條第8款：「相同或近似於同一商品習慣上通用標章者」。

[88] 本法於民國92年修正前第37條第10款：「凡文字、圖形、記號、顏色組合或其聯合式，係表示申請註冊商標所使用商品之形狀、品質、功用、通用名稱或其他說明者。但有第5條第2項規定之情事而非通用名稱者，不在此限」。至於本款「凡文字、圖形、記號、顏色組合或其聯合式，係表示申請註冊商標所使用商品之形狀、品質、功用、或其他說明者」，則規定於本法民國92年修正後第23條第1項第2款。

[89] 本法於民國92年修正前，有關通用標章須以「習慣上」所通用為構成要件，惟對於現今快速變化之商業行為，而於短時間內已為同業間普遍使用之標章，是否已屬習慣上所通用，易生疑義，故刪除原條文之「習慣上」等字。參見本法民國92年修法理由。

[90] 民國86年本法第37條第8款原規定：「商標圖樣有左列情形之一者，不得申請註冊……相同或近似於同一商品習慣上通用標章者」，惟本法於民國92年修正後刪除「近似」等字，其修法理由為「又通用標章始無識別性，若是近似於通用標章之商標，應個別判斷有無識別性，爰刪除「近似」之態樣」。參見本法民國92年修法理由。

[91] 行政法院54年判字第236號判例。

[92] 行政法院49年判字第69號判例：「……參以台北市新藥商業同業公會覆函，內載『日本製規鐵丸』自日據時代，即普通行銷本省，此項藥品為商場習慣上通用之藥品。至名稱『規鐵丸』，亦有稱為『亞規鐵丸』等語。是亞規鐵丸係為習慣上通用商品之名稱……」。

用名稱；「**ℝ**」指定使用於各種藥物、醫療用品、醫療補助用營養製劑，屬通用名稱；「紅、藍、白三色旋轉霓虹燈」爲理容院之通用標章；「Compact Disc」爲光碟商品上習見之通用標章[93]等。

三、僅由其他不具識別性之標識所構成者（商29 I三）。但經申請人使用且在交易上已成爲申請人商品或服務之識別標識者，不適用之。（商29 II）

商標不具識別性之原因，有基於說明性者，有屬商品通用名稱者，亦有前述以外不具識別性之情形，例如僅由簡單線條、基本幾何圖形或單一字母所構成者。[94]現行商標審查實務，對識別性欠缺之情形，如能具體歸類爲說明性或通用名稱者，即分別依前二款規定予以核駁，屬於前開規定以外不具識別性之情形，始依本款規定核駁。爲使不具識別性之態樣有明確法律適用順序及釐清識別性之具體內容，爰增訂商標整體僅由其他不具識別性之標識所構成者，亦不得註冊。

第二目　不專用之聲明

商標圖樣中包含不具識別性部分，且有致商標權範圍產生疑義之虞，申請人應聲明該部分不在專用之列；未爲不專用之聲明者，不得註冊。（商29 III）惟該不專用之聲明，應於核駁審定前爲之。（商31 III）

---

[93] 經濟部經訴字第09206223720號訴願決定書：「而所謂同一商品『習慣上通用之標章』者，係指該標章代表某一商品，其名稱或圖形爲世人所習見者而言，……『Compact Disc』及與系爭商標圖樣相同之標章，早已廣泛見諸相關辭典、報章雜誌報導及各家廠商生產同一性質之光碟商品，足證系爭商標第一次延展註冊時，該外文已成爲光碟商品上習見之通用之標章……」。

[94] 單一字母（4.2.1）；型號（4.2.4）；單純數字（4.3）；簡單線條或基本幾何圖形（4.4.1）；裝飾圖案（4.4.2）；姓氏（4.6.1）；稱謂與姓氏結合（4.8.3）；公司名稱（4.9.1）；網域名稱（4.9.4）；習見的宗教神祇、用語與標誌（4.10）；標語（4.11.1）；習見祝賀語、吉祥語、流行用語與成語（4.11.2）等，當缺乏指示來源的功能時，亦屬不具識別性的標識，不得註冊。參見「商標識別性審查基準」(最新修正生效日，民國101年7月1日)，2.2.3說明。

申請註冊之商標內容含有不具識別性部分且有致商標權範圍產生疑義之虞時，申請人得聲明該部分不在專用之列，而以該商標之全部申請註冊，同時申請人亦應聲明，該不在專用部分如與整體商標圖樣分離時，仍不得單獨主張專用權。[95]聲明不專用制度之目的，在於避免申請人於商標註冊後，濫行主張權利，造成第三人之困擾。設若不具識別性部分，並無使第三人對商標權範圍產生疑義之虞，例如係通用名稱或明顯不具識別性之說明性文字等情形；如「嘉禾不動產」使用於不動產租售、買賣服務，「不動產」為指定服務之說明，若申請人於申請時未聲明，如審查時仍須要求申請人補正聲明不專用，徒增公文往返時間，影響審查時效，復因商標註冊所賦予權利之範圍明確，自無單獨就該不具識別性部分主張排他使用之可能，商標專責機關應無庸要求申請人再就該部分聲明不專用。[96]惟該部分若有致商標權範圍產生疑義之虞，仍應就該部分聲明不在專用之列，例如將說明性或不具識別性文字予以圖形化，使商標圖樣整體具有識別性，惟該等文字若有致商標權產生疑義，申請人仍應聲明該等文字不在專用之列，以釐清專用範圍。[97]

第二款　商標註冊之消極要件

商標內容不得有本法第30條第1項規定之各款情形，否則不得註冊，該條文所規定的不准註冊事由，可稱為商標註冊之消極要件，以下分述之。

---

[95]經濟部智慧財產局於98年11月16日訂定「聲明不專用審查基準」，自中華民國99年1月1日生效；於民國98年11月20日公布「商標依職權聲明不專用例示事項」；於民國101年5月2日公布（同年7月1日生效）「無須聲明不專用例示事項」。

[96]參見「無須聲明不專用例示事項」（前揭），第貳點之說明。

[97]參見本法第29條第3項100年修法理由。

第一目　僅爲發揮商品或服務之功能所必要者。（商30 I 一）

　　民國100年修正前本法第23條第1項第4款原規定：「商品或包裝之立體形狀，係爲發揮其功能性所必要者」，但因商標功能性問題不僅限於商品或其包裝容器之立體形狀，顏色及聲音亦有功能性問題。故修正後條文刪除「商品或包裝之立體形狀」等文字，以資周延。另是否具功能性應就商標整體判斷之。倘商標整體具有識別性，縱使商標某一部分具功能性之特徵，仍可就該部分聲明不在專用之列後取得註冊，故新法增加「僅」字，以資適用。[98]

　　商標法主要目的在保護具有指示商品或服務來源功能的標識，該標識並得藉由延展取得永久保護，而無期間的限制。若具有功能性的商品設計或特徵能取得商標註冊，則該永久性的保護即有礙於同業的公平競爭及社會的進步，爲避免此種情形發生，商標若僅爲發揮商品或服務之功能所必要者，則不能取得註冊。（商30 I ①）。所謂功能性，指特定的商品或服務之設計或特徵（例如商品形狀、商品包裝、聲音、顏色或氣味等），就商品或服務的用途或使用目的來說，爲不可或缺，或會影響商品或服務的成本或品質者而言。功能性包括實用功能性及美感功能性，前者包括達成商品使用目的或技術效果所必要的特徵，以及由較便宜或簡單的製造方式所產生的產品特徵（如以黑色指定使用於太陽能收集器商品或以銀色使用於建築物隔熱板商品；摩托車的引擎聲於摩托車或摩托車引擎商品，照相機快門卡喳聲音於照相機商品；鐘擺來回擺動動作，於時鐘商品；用以遮蓋商品本身難聞或刺鼻氣味者，例如掩蓋漂白水刺鼻氣味的檸檬或薰衣草氣味）。在後者，則指該特徵雖不具實用功能性，不能增加商品或服務的效能或降低其成本，但是明顯具有其他的競爭優勢，而該競爭優勢應保留給同業使用，而不宜由一人所獨占。例如黑色的船尾外掛馬達，黑色雖不能增強馬達的效能，但是黑色容易與任何的船隻顏色搭配，同時還可以使

---

[98]參見本法100年修法理由。

馬達看起來比較小，仍具有功能性；又如柳橙口味的藥物，雖不會使藥物在治療疾病上達到更好的效果，但是可以遮蓋藥物的味道，皆屬美感功能性的情形。

　　美感功能性的概念常與商品或服務的裝飾混淆，其實二者為不同的概念，必須加以區別：在前者，使用該設計特徵係為達到一定功能上的目的；在後者，則純粹只用以裝飾美化，而沒有其他的作用。前者情形，應以該商標係發揮商品或服務功能所必要（商30 I）核駁其註冊；後者情形，則以該商標僅由其他不具識別性之標識所構成（商29 I ③），予以核駁。同時，在前者情形，基於公益考量，並不因經申請人使用且在交易上已成為其識別標識，而得主張有後天識別性之適用，且縱使其註冊已超過5年，若確實為發揮商品或服務之功能所必要者，仍有被撤銷註冊之可能；而在後者情形，則可以經使用取得後天識別性，准予註冊（商29 III）。

　　商標如屬功能性之表徵，因不具首創性及識別性，自應不准其註冊，[99]具功能性之表徵，在立體形狀商標最常發生，但聲音或顏色等亦可能屬具功能性之表徵。有關本款功能性的判斷標準，應隨著時間的變遷、技術進步、市場的改變而有所因應、調整，如以判斷立體商標是否具功能性為例，實務上舉出三項可能之判斷因素：①該形狀是否為達到該商品之使用或目的所必須，如該形狀雖屬發揮其商品之使用目的所必要，但仍須考量有無其他形狀可替代該形狀，並可供其他競爭者選擇使用。[100]②該形

---

[99] 經濟部95年11月14日經訴字第09506182770訴願決定書：「……由此可知，『F1』不僅係一泛見說明性之文字，亦是一功能性之表徵。『F1』已為公眾慣用之普通名詞，不具首創性及識別性……」。

[100] 如圓形是輪胎設計的唯一選擇，故圓形外觀不可註冊為輪胎商標，而由特定人獨佔使用；又縫衣針必須一頭是尖的，另一頭是能將線穿進去的橢圓形孔所組成，才能達到其縫製衣服的使用目的。參見智慧財產局「非傳統商標審查基準」（前揭），3.2.4說明。

狀是否爲達到某種技術效果所必要，[101]如其功能性特徵的實現方式具有任意性，並可以多種方式實現者，即不屬爲達到技術效果之必要手段，至於實際判斷方法，可以該形狀是否已取得發明或新型專利權，或以申請人於商業活動中對外提供之宣傳內容等，作爲判斷之證據資料。[102]如該形狀的製作成本或方法更簡單、便宜或較有效率，[103]則該形狀如被商標權人獨佔使用，將損及社會經濟資源，造成不公平競爭，並嚴重影響公益，故應不准其註冊。[104]

　　立體商標之立體形狀若具有功能性，且爲業者所需要，自不應由特定人取得該立體商標之專用權，以避免該特定人可能藉此取得該商品市場獨佔地位，否則將與本法之立法目的有違，故商品或包裝之立體形狀，如爲發揮其功能性所必要者，不得准其註冊，且基於公平競爭之公益考量，該具有功能性之商品或其包裝之立體形狀商標，縱經長期使用而取得商標識

---

101 如電風扇葉片之形狀係爲達到特殊空氣流動型態效果所必要的形狀，且尚無其他替代的形狀可達到相同的效果，故電風扇葉片之形狀爲發揮電風扇商品達到特殊空氣流動型態效果所必要，故不得以電風扇葉片之形狀指定使用於電風扇商品申請註冊。參見智慧財產局「非傳統商標審查基準」（前揭），3.2.4說明。

102 同上註。

103 如餅乾製造過程中簡單噴出或切割之形狀，如圓形或長方形。同上註。

104 美國法院實務認爲，功能性與非功能性商品外觀的區別並不明確，但有二個測試標準可用以判斷。第一個測試標準乃謂，如果一商品外觀爲該商品之使用或其目的所不可或缺，或將對該商品之成本或品質有所影響者，則具有功能性。第二個測試標準則認爲，一商品外觀之排他性使用，如果將造成競爭者非與聲譽相關之顯著不利益時，該商品外觀則具有功能性。參見蔡明誠，國外商標判決案例與分析，經濟部智慧財產局97年度委託研究，頁31。另日本主管機關對「爲確保商品或商品包裝機能必要之立體形狀」的判斷基準有二：①是否有能確保其機能之其他可替代之形狀存在。②雖然商品或包裝之形狀有其他替代性之立體形狀存在，但其生產費用是否相同或比較便宜。參見特許廳「商標審查基準改訂第9版」（2007年4月），商標法4条1項18号の解説，http://www.jpo.go.jp/shiryou/kijun/kijun2/syouhyou_kijun.htm），閱覽日期，2007/10/18。

別性時，仍不得依「後天識別性」之規定准其註冊。[105]但具功能性之立體商標於申請註冊時，同時含有其他具有特色的形狀，而非完全由具有功能性特徵的形狀所組成，如申請人並無獨佔該功能性商標之意圖，且依指定使用商品之實用功能而言，該具功能性的部分並非主要部分，並經整體判斷後認爲，該立體商標仍具有識別性時，實務上雖認爲可核准其註冊，但申請人對該具功能性表徵之部分仍無法取得獨佔權。[106]

　　另商標圖樣部分包含發揮商品或服務之功能所必要之部分，亦應經申請人聲明該部分不在專用之列，始可核准其註冊，此部分準用本法第29條第3項之規定。（商30 IV）惟其不專用之聲明，應於核駁審定前爲之。（商31 III）

第二目　相同或近似於中華民國國旗、國徽、國璽、軍旗、軍徽、印信、勳章或外國國旗，或世界貿易組織會員依巴黎公約第6條之3第3款所爲通知之外國國徽、國璽或國家徽章者。（商30 I 二）

　　本款主要規範目的，是爲維護國家的尊嚴、公信力及國家頒授勳章之特殊榮譽。換言之，商標係表彰自己營業之商品、服務，欲排除他人

---

[105] 因商標如具有特定使用上的功能，於同類競爭商品中具有競爭優勢，爲免影響相關事業之公平競爭，並使一般業者都可以合理使用以利公平競爭，自不得由特定人註冊長期專用。且具功能性而爲業者所需要之商品或包裝之立體形狀、顏色或聲音等，若由一人所獨佔，將嚴重影響同業權益，將產生不公平的後果，因此具功能性之商標，縱使經長期使用而取得商標的識別性，仍不得准予註冊。參見「非傳統商標審查基準」（前揭），2.3說明。

[106] 如以盛裝廢棄物的容器而言，某種燈塔狀的移動式（附輪子）垃圾筒，雖然該移動式垃圾桶具有功能性的特徵，但從其指定使用商品之實用功能的角度來看，該功能並不是主要的，且申請人很明顯地並無取得該具有功能性部分獨佔權的意圖，同時此種燈塔的形狀，並非垃圾筒之一般代表性的基本形狀，考量該燈塔狀垃圾筒整體所具有的識別性與其功能性特徵之非主要性，仍得准其註冊，只不過申請人於註冊時無法就該容器的功能性部分（輪子的部分）取得獨佔權。同上註。

使用，而取得營利上之專用權，故如准許以中華民國國徽作為商標使用，將有損國家尊嚴，並易使消費者對產品來源產生誤認。另本法第30條第3項，僅規定同條第1項第4、5及9款，於政府機關或相關機構為申請人時，不適用之，並未將本款所規範之國旗、國徽等納入，故無論其為代表國家之政府或其他相關組織，仍不得以本款規定之國旗、國徽等作為商標使用。[107]另本款之內容不以「相同」為限，如「近似」於國旗、國徽等標幟者，亦屬本款規範之行為類型。

中華民國國旗之內容為紅地左上角青天白日，國徽則定為青天白日。[108]國璽者，我國國璽有二方，一為「中華民國之璽」，[109]為代表國家之印信，蓋用於國書、領事證書等外交事務文件，一為「榮典之璽」，[110]為國家元首授與榮典之印信，蓋用於勳章證書、褒揚令等榮典文

---

107 參見最高行政法院93年判字第1349號判決。

108 有關我國國旗與國徽之格式，請參見中華民國憲法第6條規定：「中華民國國旗定為紅地，左上角青天白日」及中華民國國徽國旗法（民國17年12月17日制定；民國43年10月23日修正），第2條規定：「中華民國之國徽，定為青天白日，其式如左：一、圓形青白色。二、白日居中，並有十二道白尖角光芒。三、白日與十二道白尖角光芒間，留一青色圓圈」。第4條規定：「中華民國國旗依憲法規定為紅地左上角青天白日，其位置及尺度比例如左：一、旗面之橫度與縱度為三與二之比。二、青天為長方形，其面積為全旗之四分之一。三、長方形之青天中置國徽上之白日青圈及十二道白尖角光芒，其白日體圓心位於長方形青天縱橫平分線之交點上。四、白日體半徑與青色長方形之橫長為一與八之比。五、青圈與十二道白尖角光芒之位置及尺度比例，準用第三條第三款至第六款之規定」。

109 「中華民國之璽」質地為翠玉，重三‧二公斤，璽身高四‧三公分，連璽鈕部分全高為十公分，璽面為十三‧三公分見方。璽鈕上刻有青天白日國徽，並繫有寶藍色絲穗。參見總統府資料，http://www.president.gov.tw/1_art/subject-02.html，閱覽日期，2007/09/26。

110 「榮典之璽」質地為羊脂玉，重四‧三公斤，璽身高四‧六公分，連璽鈕部分全高為十一‧一公分，璽面為十三‧六公分見方，璽鈕上刻有青天白日國徽，璽鈕邊並刻有太陽、龍身、祥雲等飾紋，鈕上繫有寶藍色絲穗。參見總統府資料，http://www.president.gov.tw/1_art/subject-02.html，閱覽日期，2007/09/26。

件。[111]軍旗、軍徽是國家及軍隊的精神象徵，中華民國軍旗[112]種類可分為，統帥旗、軍事單位旗、官職旗、官階旗、海軍專用旗。[113]印信者，其為表彰政府機關的公信力憑證，其種類可分為，國璽、印、關防、職章、圖記等五類。[114]勳章者，勳章者主要係對國家貢獻人士或傑出人士所授與之榮譽，[115]有極為崇高之意涵，自不得任由他人以相同或類似之文字、圖樣註冊為商標。[116]

　　為尊重他國之國家尊嚴及維護國際間互敬之情誼，本款亦禁止以相同或近似於外國國旗之圖樣作為商標，且該外國不以我國之邦交國為限，亦不以互惠原則為必要。

111 參見總統府資料，載於http://www.president.gov.tw/1_art/subject-02.html，閱覽日期，2007/09/26。

112 依陸海空軍軍旗條例（民國75年1月3日制定；華民國96年7月4日最新修正）第2條規定：「軍旗種類如左：一、統帥旗。二、軍事單位旗。三、官職旗。四、官階旗。五、海軍專用旗」。

113 民國14年國民政府成立，改編所屬各軍為國民革命軍時，選擇之軍旗也成為今日的陸軍軍旗。海軍軍旗，民國元年，各省代表會議與臨時參議院定五色旗為中華民國國旗，青天白日滿地紅旗被定為海軍軍旗，故海軍軍旗與國旗同式，沿用至今。另有海軍艦艇旗、海軍陸戰隊隊旗、空軍軍旗等等，相關格式與外觀。相關資料，載於http://www.globalflag.idv.tw/wg/jq.htm。閱覽日期，2007/09/10。

114 參見「印信條例」（民國96年03月21日最新修正）第2條規定；其使用規定為：1.國璽：中華民國之璽，蓋用於總統所發之各項外交文書；榮典之璽，蓋用於總統所發之各項褒獎書狀。2.印及關防：印蓋用於永久性機關之公文；關防蓋用於臨時性或特殊性機關之公文。3.職章：蓋用於呈文、簽呈各種證券、報表，及其他公務文件。4.圖記：蓋用於公務業務，或各項證明文件上。

115 參見「勳章條例」（民國70年12月07日修正）相關條文。

116 我國現行勳章種類，文職勳章計有：采玉大勳章、中山勳章、中正勳章、卿雲勳章、景星勳章等五種；軍職勳章計有：國光勳章、青天白日勳章、寶鼎勳章、忠勇勳章、雲麾勳章、忠勤勳章等六種及為空軍而設之大同勳章、河圖勳章、洛書勳章、乾元勳章、復興榮譽勳章。參見總統府資料，http://www.president.gov.tw/1_art/subject-02.html，閱覽日期，2007/09/26。

　　我國屬世界貿易組織之成員應遵守巴黎公約之相關規定，依巴黎公約第6條之3第1款規定，公約各成員國對於未經主管機關許可，以其他成員國之徽章、旗幟及其他國徽章標記、或各國用以標明驗證之官方標記，作為商標或商標之主要部分使用時，應不准其其註冊或使該註冊無效，並以適當措施禁止其使用。同公約同條第3款規定，各成員國同意透過「國際局」（International Bureau）互相通知其意欲或將來擬全部或部分受本條保護之國家標記、官方驗證標記及印戳之列表以及該列表日後之修正事項。且各成員國應以適當方式將上該列表公布予公眾。[117]故本法於民國100年修正時，增訂相同或近似於世界貿易組織會員依巴黎公約前揭條款所為通知之外國國徽、國璽或國家徽章者，不得註冊。

第三目　相同於國父或國家元首之肖像或姓名者。（商30 I 三）

　　我國國父及國家元首，有其尊崇的地位，且國家元首依法對外代表國家，[118]故其肖像及姓名不應被普遍使用或作為商標使用，以避免所代表之國家尊嚴與公共利益遭受減損，或消費者對產品或服務來源可能產生之混淆，故相同於國父或國家元首之肖像或姓名，均不得註冊為商標。

　　國家元首是基於對外代表國家之地位，故禁止以其肖像及姓名申請商標，因此解釋上，國家元首應限於有對外代表國家地位之現任元首。[119]另本款文義上以「相同」為限，故應不包括近似於國父或國家元首的肖像或

---

[117] 以上譯文，參見智慧財產局委託陳文吟編譯，巴黎公約解讀，載於，http://www.tipo.gov.tw/dataserve/dataserve/public/sub10/sub10-1-3i.asp.閱覽日期，2011/07/06。

[118] 中華民國憲法第35條：「總統為國家元首，對外代表中華民國」。

[119] 經濟部民國96年06月01日經訴字第09606068790號訴願決定書：「……如系爭商標註冊時有相同或近似於國家元首姓名之情事，本應不得註冊，但評決時該元首業已卸任，即得為不成立之評決。換言之，倘若一商標評定案件原應評決成立，惟於評決時，應為評決成立之違法情事嗣後已不存在者，原處分機關得經斟酌公益及當事人利益後，為申請不成立之評決……」。

姓名，但以近似於國父或國家元首之肖像或姓名申請商標註冊，如構成本
法其他不准註冊之事由，如有妨害公共秩序、善良風俗，或有使公眾誤認
誤信其商品或服務之性質、品質或產地之虞者，當然亦不得准其註冊。

第四目　相同或近似於中華民國政府機關或其主辦展覽會之標章，或其所發給之褒獎牌狀者。（商30 I 四）

凡政府機關或展覽性質集會之標章或其所發給之褒獎牌狀，因具有一
定程度之公信力，故若允許以該等標章或獎牌為內容之商標得獲准註冊，
恐會造成消費者混淆或誤信其商品信譽。本款所稱之標章或褒獎牌之範
圍，是指中華民國政府機關之標章及其所發之褒獎牌狀、中華民國政府機
關所主辦展覽性質集會之標章及其所發之褒獎牌狀。[120]實務上曾認為外文
「IPO」設計之商標與智慧財產局之Tipo標章相似。[121]

中華民國政府機關，應包括中央及地方政府機關，我國中央政府體制
為一府五院，一府是指中華民國總統及其幕僚單位總統府，五院則指行政
院、立法院、司法院、考試院與監察院。而地方政府則指直轄市、縣市、
鄉鎮市等三級。[122]另因本法是以保護國內之消費者為主，因此所稱之展覽
會應以在國內舉辦為限。

至於政府機關或相關機構申請表彰自己機關或機構之商標，應不致有
使消費者產生混淆之虞，故政府機關或相關機構為商標申請人者，不受本
款規定之拘束。（商30 III）

---

120 如依「中華民國中小學科學展覽會實施要點」（教育部90年1月17日台（90）
　　中(1)字第90007023號函准予備查），舉辦之中小學科學展覽會；由經濟部、行
　　政院國科會、行政院農委會、教育部及國防部等共同主辦，「2007國際發明暨
　　技術交易展覽會」其標章為 。

121 經濟部94年9月26日經訴字第09406136000號訴願決定書：「……圖樣係由外文
　　「IPO」設計而成，外觀近似於本部智慧財產局之Tipo標章……」。

122 參見維基百科，http://zh.wikipedia.org/wiki/%E4%B8%AD%E8%8F%AF%E6%B
　　0%91%E5%9C%8B%E6%94%BF%E5%BA%9C，閱覽日期，2007/9/28。

第五目　相同或近似於國際跨政府組織或國內外著名且具公益性機構之徽章、旗幟、其他徽記、縮寫或名稱，有致公眾誤認誤信之虞者。

（商30 I 五）

本款保護之標的爲國際跨政府組織或國內外著名且具公益性機構之徽章、旗幟、其他徽記、縮寫或名稱，且有致公眾誤認誤信之虞者。依巴黎公約第6條之3有關保護國際跨政府組織標誌之規定。[123]其適用範圍應限於商標相同或近似於國際跨政府組織，依巴黎公約該條第3款[124]所爲通知，且未經我國根據該條第4款[125]提出異議或已撤回異議之組織徽章、旗幟、其他徽記、縮寫和名稱，有致公眾將其與國際跨政府組織產生聯想者。

---

[123] 參見「巴黎公約」第6條之3第1款：「(a)各同盟國家對於未經主管機關許可，以其他同盟國家之徽章、旗幟及其他國徽章標記、或各國用以標明驗證之官方標記，作爲商標或商標之主要部分使用時，應不准其註冊或使該註冊無效，並以適當措施禁止其使用。(b)前揭規定亦適用於以同盟國之一國或數國爲會員之跨政府組織徽章、旗幟及其他標記、簡稱或名號。但已爲現行國際協定所保護者，不在此限。(c)任何同盟國家於適用前揭(b)款規定時，不得損害權利人於其國家適用本公約前所善意取得之權利。前揭(a)款所指倘商標之使用及註冊，不致使大眾誤認與有關組織之徽章、旗幟、標記、簡稱或名號相關連，且不致使大眾誤認使用者與該組織相關連時，同盟國家毋須適用該款之規定。」上述譯文，參見智慧財產局委託陳文吟編譯，巴黎公約解讀（前揭），2011/07/06。

[124] 參見「巴黎公約」第6條之3第3款：「(a)爲適用前揭規定，各同盟國同意透過「國際局」互相通知其意欲或將來擬全部或部分受本條保護之國家標記及官方驗證標記及印戳之列表以及該列表日後之修正事項。各同盟國家應以適當方式將列表公布予公眾。各國旗幟的通知則非屬強制規定。(b)本條第(1)款第(b)目之規定，僅適用於跨國政府組織業經透過『國際局』通知予各同盟國之徽章、旗幟、其他標記、簡稱及名號適用之。」上述譯文，參見智慧財產局委託陳文吟編譯，巴黎公約解讀（前揭），2011/07/06。

[125] 參見「巴黎公約」第6條之3第4款：「倘任一同盟國家有異議，得於接獲通知後十二個月內，將其異議透過『國際局』向有關國家或跨國政府組織提出。」上述譯文，參見智慧財產局委託陳文吟編譯，巴黎公約解讀（前揭），2011/07/06。

　　所謂國際跨政府組織（International Governmental Organization, IGO，有翻譯為政府間國際組織）[126]，著名國際跨政府組織如，「國際紅十字會」（International Committee of the Red Cross, ICRC）[127]、「聯合國」（United Nations, UN）[128]、「亞太經濟合作會議」（Asia Pacific Economic Cooperation, APEC）[129]、「世界貿易組織」（World Trade Organization, WTO）[130]、「國際奧林匹克委員會」[131]（International Olympic Committee, IOC）[132]、「國際標準組織」[133]（International Organization for Standardization, ISO）等[134]。

　　本法保護國內外著名機構之名稱、徽記、徽章或標章之標的以著名且具有公益性為限，如「諾貝爾基金會」（The NOBEL

---

[126] 一般而言，國際組織可分為政府間組織（intergovernmental organizations，簡稱 IGO）與國際非政府組織（international non-governmental organizations，簡稱 INGO）兩大類；前者由主權國家組成，後者為非官方性質的組織，參加國際性活動的成員。

[127] 2005年12月在瑞士舉辦的外交大會決定創建一個紅十字和紅新月之外的紅水晶標誌，目前，國際紅十字與紅新月運動使用3個標誌。其標誌為：「✚☾◇」。

[128] 聯合國之徽章為：

[129] 亞太經濟合作會議之標誌為：

[130] 世界貿易組織之徽章為：

[131] 國際奧林匹克委員會之標誌為：

[132] 參見經濟部民國92年12月22日經訴字第09206226120號訴願決定書。

[133] 國際標準組織之標誌為：

[134] 參見經濟部民國91年1月31日經訴字第09106102460號訴願決定書：「……經查，「ISO」國際標準組織（International Organization for Standardization，ISO）是一個由各個國家標準單位所組成的世界性聯盟，目前共有127個會員。ISO的目的是為了便利貨物與服務的國際交換，而推廣標準的發展，其技術結果是出版國際標準。坊間常見經此一組織認證之商品，諸如ISO901、ISO9002等字樣，且為一般商品購買人所知悉，訴願人以相同之外文「ISO」，作為本件商標圖樣申請註冊，自有違首揭法條之規定，應不准註冊」。

FOUNDATION）[135]、「中華捐血基金會」[136]等均屬之。另所稱之「著名」應如何判斷並無一定之標準，亦未如著名商標或標章一般訂有審查基準[137]以爲判定之依據。本書認爲，判斷國內外機構是否著名，自應綜合所有資料，個案綜合判斷該機構是否已達國內一般消費者眾所周知之程度。

　　凡商標內容與國際跨政府組織或國內外著名且具公益性機構之徽章、旗幟、其他徽記、縮寫或名稱相同或近似者，不管其指定使用商品或服務爲何，即有本款之適用。另相關機構申請表彰自己機構之商標，如有本款規定之情形，因無使消費者產生混淆之虞，故無加以拘束之必要。（商30 III）

第六目　相同或近似於國內外用以表明品質管制或驗證之國家標誌或印記，且指定使用於同一或類似之商品或服務者。（商30 I六）

　　本款主要是依據巴黎公約第6條之3有關保護國家本身品質管制及驗證之國家標誌與印記之規定。[138]按國內外用以表明品質管制或驗證之國家標誌或印記，對通過其驗證程序之產品品質有一定程度之證明功用，我國之

---

[135] 諾貝爾基金會之徽記爲：█；另參見經濟部民國95年12月28日經訴字第09506186100號訴願決定書：「是諾貝爾基金會（The NOBEL FOUNDATION），應有其著名性，此有關係人於異議階段檢送諾諾貝爾獎西元2004頒獎典禮座位手冊、諾貝爾基金會官方網站宣傳資料、諾貝爾博物館宣傳文件、資訊化教育活動資料、網站電視及廣告活動、網站上之教育性活動等證據資料影本附卷可稽。是綜合前揭說明，該基金會應堪認定屬本條款後段所稱之「國外著名機構……」。

[136] 中華捐血基金會之徽章爲：█████████

[137] 智慧財產局「商標法第30條第1項第11款著名商標保護審查基準」（最新修正民國101年4月20日，同年7月1日生效）

[138] 參見「巴黎公約」第6之3條第6款規定：「關於旗幟以外之國家標記，各同盟國之官方標記及印戳，以及跨國政府組織之徽章、旗幟、其他標記、簡稱及名號，此項規定僅適用於接獲前揭第(3)款所規定之通知後，已逾兩個月始註冊之商標。」上述譯文，參見 智慧財產局委託陳文吟編譯，巴黎公約解讀（前揭），2011/07/06。

正字標記即是表明品質管制或驗證之國家標誌的典型例子。[139]上述表明品質管制或驗證之國家標誌或印記如允許他人可另作商標使用，則該取得商標權之產品，縱未經過嚴格之驗證程序，亦可於產品上標示與品質管制或驗證之標誌或印記相同圖樣之註冊商標，爲避免消費者誤認其商品已獲驗證，故有本款之規定。

　　其他國內外同性質驗證標記，是指他國政府或有權機關依該國法令所核發之驗證標記，且性質須屬爲表彰產品品質而核發之驗證標記，如日本的JIS標記[140]、美國的UL標記[141]、英國的BSI標記[142]、德國VDE標記[143]、

---

[139] 正字標記之圖樣為：⊕是由我國國家標準之英文簡稱CNS（Chinese National Standards）及中文符號「正」所組成，正字標記是我國政府為推行國家標準而實施之驗證制度，屬於品質保證之驗證標記。正字標記可證明凡使用該標記之商品，其品質已符合國家標準，且其生產工廠之品質管理系統，亦符合相關品質保證制度。參見「正字標記管理規則」，（最近修正民國93年11月17日）第9、12條規定。另如，產品安全S標誌制度、食品GMP制度、藥品GMP制度、台灣優良農產品CAS標章等亦屬之。

[140] 舊JIS標記（2005年10月以前之標記）為：ひ；新的JIS標記（2005年10月以後之標記）為：JIS。JIS係依日本工業標準化法之規定，所實施的自願性認證,JIS認證，在日本已實施50多年歷史。至2006年3月止共制訂9728件標準。相關資料，載於http://www.jisc.go.jp/jis-act/index.html，閱覽日期，2007/9/20。

[141] UL（Underwriter Laboratories Inc.）成立於1894年屬美國保險商協會安檢實驗所。目前UL共有近800多套標準，其中超過3/4之數量被美國國家標準化協會（ANSI: American National Standard Institute）採用。美國的UL標記為：Ⓤ

[142] 英國標準學會（British Standards Institution; BSI）是世界上第一個國家標準化機構成立於1901年總部設在倫敦，屬非營利性民間團體。其標誌為：BSI。

[143] 德國VDE（Prufstelle Testing and Certification Institute）是德國國家產品標誌。Prufstelle Testing and Certification Institute即德國電氣工程師協會之意。VDE測試機構和認證協會是德國電器工程師協會的下屬機構成立於1920年，是歐洲最有測試經驗的試驗認證和檢查機構之一，是獲歐盟授權的CE公告機構及國際CB組織成員。其所評估的產品非常廣泛包括家用及商業用途的電器、IT設備、工業和醫療科技設備、組裝材料及電子元器件、電線電纜等。VDE標誌，適用于依據設備安全法規（GSG）的器具，如醫療器械，電氣零部件及佈線附件，

法國的ACS認證標記等。[144]

　　本款僅限申請註冊商標所指定使用之商品或服務與上述表明品質管制或驗證之國家標誌或印記所涵蓋之商品或服務同一或類似者，始不准註冊。

第七目　妨害公共秩序或善良風俗者。（商30 I 七）

　　本款立法意旨，是為維護社會公共秩序及善良風俗，按商標申請核准後應公告其內容，因此商標本身內容之文字、圖樣或表示其指定商品或服務之內容，若有妨害公共秩序或善良風俗者，仍加以公告，恐有不宜，故該等內容不得申請註冊商標。按民法所稱法律行為有背於公共秩序或善良風俗者，無效，乃指法律行為本身違反國家社會一般利益及道德觀念而言，如其行為與國家社會一般利益無關，亦與一般道德觀念無涉，尚不生是否違背公序良俗問題。[145]因此，本款所謂「妨害公共秩序或善良風俗者」，是指商標圖樣本身有妨害國家社會一般利益或社會一般道德觀念者而言。實務上認為，其判斷應以商標本體是否有破壞維繫國家社會之優良秩序或違背國民一般道德標準，即商標圖樣有無妨害公序良俗，應專以商

其標誌為：⚠；VDE-GS標誌，適用于依據設備安全法規（GSG）的整機器具（可以代替VDE標誌）其標誌為：↩；VDE-EMC標誌，適用於符合電磁兼容標準的器具，其標誌為：◉。

[144] 凡欲進口法國的水暖衛浴類產品必須符合相關的標準要求後，並獲核發ACS衛生證書，才能通過海關在法國境內進行銷售。ACS認證係採用法國標準協會（AFNOR）所制定的標準。ACS認證標誌為：**ACS**。

[145] 參見最高法院69年台上字第2603號判例：「……民法第72條所謂法律行為有背於公共秩序或善良風俗者無效，乃指法律行為本身違反國家社會一般利益及道德觀念而言。本件被上訴人雖違反……合約……規定，……但究與國家社會一般利益無關，亦與一般道德觀念無涉，尚不生是否違背公序良俗問題」。

標圖樣自身內容論斷之，[146]與商標註冊申請人之行為無關，[147]同時亦應
依申請註冊當時之社會環境並就其具體內容認定之。[148]另本款保護對象為
社會公眾，而非特定之個人或或其同業。[149]商標圖樣或文字之內容如有

---

[146] 但日本法院實務則有認為，商標是否違背公序良俗，不僅以商標本身內容決定
之，尚以指定使用商品如使用該商標時，是否有違反公共利益或社會之一般道
德觀念作為判斷標準，如日本東京高判昭56.8.26「特許理學博士」事件中，東
京高等判決所認為，該案申請人所申請之「特許理學博士」、「特許建築學博
士」、「特許理學博士」等19件商標，如使用於指定商品（印刷品）時，將有
害日本之學位制度且違反維護商品交易秩序之立法目的。

[147] 行政法院71年度判字第366號判決：「按商標圖樣有妨害公共秩序或善良風
俗，或有欺罔公眾或使公眾誤信之虞者，不得申請註冊，固為商標法第37條第
1項第6款所規定，惟所謂『妨害公共秩序或善良風俗』，乃指商標本體有破壞
維繫國家社會之優良秩序或違背國民一般道德標準者而言」；行政法院70年度
判字第831號判決：「……故審查商標有無妨害公序良俗，應專以商標圖樣自
身論斷，與商標註冊申請人之行為無關，非但為循法律明文可得之當然解釋，
抑亦為本院之一貫見解」。

[148] 最高行政法院95年度判字第01317號判決：「……次按「商標圖樣妨害公共秩
序或善良風俗者不得申請註冊」，為系爭商標註冊時商標法第37條第1項第5款
所明定。所謂「妨害公共秩序或善良風俗者」係指商標圖樣本身有妨害國家社
會一般利益或社會一般道德觀念者而言。又商標圖樣有無妨害公序良俗，應依
申請註冊當時之社會環境，就其具體內容認定之。查本件系爭註冊第780523號
「SUPRA及圖」商標圖樣係由外文「SUPRA」及其上置一加字圖形所組成，
「SUPRA」一字，有「在上、在前」之意義，依一般社會通念與經驗以觀，其
文字圖形本身並無妨害國家社會一般利益或社會一般道德觀念、公序良俗之情
事，從而系爭商標之申請註冊，本無違反前揭法條規定可言」；參見行政法院
88年度判字第237號判決：「姑不論原告未於被告評決前為此項主張，況構成
系爭商標圖樣之文字、圖形等，在意義或形式上，並無違背國家之一般利益或
社會之一般道德觀念，殊難指該商標圖樣有害於公共秩序或善良風俗」。

[149] 參見行政法院84年度判字第1781判決：「次按註冊時商標法第37條第1項第5款
規定商標圖樣有妨害公共秩序或善良風俗者，不得申請註冊，並非本於特定人
受有損害而作之規定，其保護之對象為社會公眾，而非特定之個人或其行為或
同業，故個人依本款所提評定，自難認其利害關係。……且其所維護者既為國
家社會之公益，自無許由個人得依本款提起評定之餘地」；參見行政法院83年

違反強制、禁止規定者（如屬刑法上禁止之行為）或依現行社會一般價值觀，認為不雅、過激或過於隱晦之表現者，應可認為符合違反公序良俗之規定，[150]至於歧視性或令人產生不愉快印象之商標文字或圖形，是否構成

度判字第1829號判決：「……而所謂有妨害公共秩序或善良風俗者，係指商標圖樣之本身有破壞維持國家社會之優良秩序或違背國民一般道德標準而言，其所保護者為社會公眾，而非個人或同業。系爭商標是否妨害公序良俗，對原告既存之權利或合法利益並無任何影響，原告非利害關係人不得依據該款規定主張權益」。

150 日本實務上認定下列之內容有損害公序良俗之虞：(1)猥褻、過激、粗俗之內容；(2)毀損特定人之名譽；(3)侮辱特定國家或該國國民等違反國際信義之內容；(4)其他違反社會一般道德觀念者。至於指定使用之商品或服務者有違反公共秩序或善良風俗者，係指其等商品或服務有下列之表示，並有妨礙公共秩序或善良風俗者：(1)指定之商品或提供之服務，係明顯以犯罪為目的者；(2)表示指定之商品或提供之服務的用語或圖樣，有違反公共秩序或善良風俗之虞者；(3)凡內容一部或全部之用語，屬上述(1)-(4)之內容者，即屬有違反公共秩序或善良風俗之虞。參見日本商標法第4條第7款：「次に掲げる商標については、前条の規定にかかわらず、商標登録を受けることができない。……(7)公の秩序又は善良の風俗を害するおそれがある商標」；第12条の2第2款：「特許庁長官は、商標登録出願があつたときは、出願公開をしなければならない。……(2)出願公開は、次に掲げる事項を商標公報に掲載することにより行う。ただし、第(3)号及び第(4)号に掲げる事項については、当該事項を商標公報に掲載することが公の秩序又は善良の風俗を害するおそれがあると特許庁長官が認めるときは、この限りでない」。另參見商標審查基準（改訂第9版），特許庁審查業務部商標課商標審查基準室，2007年4月，第4條第1項第6號之解說。以下の要件に該当するものをいう。1.公の秩序又は善良な風俗を害するおそれのある商標出願商標が一般世人を基準として下記に示す構成よりなるか又はその一部に含む商標と認められるときは、公の秩序又は善良な風俗を害するおそれのある商標として取り扱うこととする。（1）猥褻、きょう激又は卑わいなもの；（2）特定な者の名誉を毀損するもの；（3）特定な国又は国民を侮辱する等国際信義に反するもの；（4）その他社会一般の道徳観念に照らし反社会的と認められるもの。2.公の秩序又は善良な風俗を害するおそれのある指定商品又は指定役務指定商品又は指定役務が下記に示すものであるときは、公の秩序又は善良な風俗を害するおそれがあるものとし

本款之妨害公共秩序或善良風俗，則有商榷之餘地。換言之，如申請商標內容本身之文字或圖樣，表達出對人種、性別、職業、信仰等有歧視性或令人不舒服的感覺時，是否得以違反社會一般道德觀念爲理由而不准其註冊？本書認爲，應採肯定說爲宜，惟何種圖樣或文字構成上述歧視或令人不舒服的感覺，屬高度不確定且涉及專業之判斷，自應謹愼爲之。151

　　依本款文義解釋，似僅限「商標」本身有違反公共秩序或善良風俗者，始不准其申請註冊，152實務上似採相同見解，153但本書認爲，其範圍除商標本身之圖樣或內容外，亦應包括表示其指定商品、服務之文字或圖樣之內容，否則經核准的指定商品或服務，如其內容或外觀有妨礙公序良俗者，仍須於登記簿公告之，顯屬不妥。

第八目　使公衆誤認誤信其商品或服務之性質、品質或產地之虞者。（商 30 I 八）

　　本款規範意旨是爲維護公平競爭秩序，並避免一般消費者對商標品之性質、品質及產地等有發生混淆誤認之虞，154使消費者可清楚區別商標

て取り扱うこととする。（1）指定されている商品が明らかに罪を犯すことを目的としたものであるもの、又は指定している役務を提供することにより明らかに罪を犯すこととなるもの；（2）指定されている商品又は役務の表示が公の秩序又は善良な風俗を害するおそれのある語からなるもの、又はその様な語を含むもの公の秩序又は善良な風俗を害するおそれのある語とは、上記（1）から（4）に該当する表示及び登録商標（指定商品又は指定役務の表示全体からみて登録商標を表示していることが明らかな場合に限る。）を表示しているものをいう。

151 參見日本「商標審查便覽」，審查業務部商標課商標審查基準室，42.107.01，2007年3月28日。

152 本法第30條第1項第7款規定：「商標有下列情形之一者，不得註冊：妨害公共秩序或善良風俗者」。

153 參見行政法院70年度判字第831號判決，見前註。

154 行政法院87年判字第678號判決：「（商標法第37條第1項）第6款規定之意旨在維護公平競爭秩序，並避免一般消費者對標示該圖樣之商品之性質、品質、

或服務來源，屬商標主要功能之一，故缺乏該功能之商標，自應不准其註冊。[155]本款規範對象在於商標本身與所指定商品或服務之聯結，有致消費者誤認商標所表彰商品或服務之性質、品質或產地之虞。而商標圖樣文字與其指定商品或服務之關聯性，應以消費者地位判斷，並以構成商標之圖樣文字等直接表示的意涵，作為判斷其關聯是否致生誤認誤信之虞者之依據，如須經比較作用始能得出有混淆誤認之虞者，應無本款之適用。又自他商品或服務識別性之有無，對判斷是否構成本款之事由，雖有影響，但即使是著名商標，若其所附加之圖樣文字，有致公眾誤認誤信商品或服務性質、品質或產地之虞者，仍不因屬著名商標而可免於本款之適用。[156]

　　證明標章是否應完全適用本款規定，頗值商榷，雖依本法第80條規定[157]證明標章應準用適用本款規定。產地證明標章係用以證明產地，故通常不會發生有使公眾誤認誤信所證明商品或服務的產地之虞的情形。但產地證明標章圖樣包含證明商品或服務性質、品質等特性的描述，配合證明內容及使用證明標章之條件觀察，該描述非屬事實，且消費者可能會

產地等發生混淆誤認之虞……」。

[155] 行政法院76年判字第1313號判例：「…本件原告系爭「阪井…」商標圖樣阪井……而日本書字係包括漢字及假名：系爭標圖樣中之「阪井」二字固屬中文，但與圖樣中之「……」作整體觀察已成日文型態，何況「阪井」乃日本國福井縣北部……郡內之町名，我國境內迄無該地名，我國法人竟使用如附圖所示十足具有外國（日本）商標態樣之外國地名作為商標，自有使一般消費者誤認其指定使用之商品為日商所生產、製造、加工、揀選、批售、經紀而購買之虞。被告機關因據以核駁系爭商標註冊之申請，揆諸首揭法條規定及說明，並無違誤」。

[156] 參見最高行政法院99年判字第1324號；另參見智慧財產法院99年度行商訴字第171號判決，認為判斷商標是否構成本法第30條第1項第8款之事由，應透過消費者地位，判斷商標所彰顯之商品產地、販售地，或服務提供地，在實際使用上是否異於其所認識之性質、品質或產地等，而非透過商標相互比較，是否令消費者誤認產製來源同一或有關聯為其判斷標準。

[157] 參見本法第94條：「證明標章、團體標章或團體商標除本章另有規定外，依其性質準用本法有關商標之規定」。

相信該描述爲眞實，而影響其購買意願，屬有使公眾誤認誤信商品或服務
性質、品質之虞的情形（商94準30Ⅰ⑧），應予以核駁（商94準31Ⅰ）。
惟若刪除標章圖樣中使公眾誤認誤信商品或服務之性質、品質之虞的部
分，不構成商標實質變更，可要求申請人刪除該部分後予以註冊（商94準
23）。[158]

　　凡商標內容有使公眾誤認誤信其商品或服務之性質、品質或產地之
虞者，即可符合本款構成要件，不必以具欺罔公眾之主觀意圖爲構成要件
之一。[159]另有關構成本款之表示者，是否須以直接表示爲限？本書認爲，
基於文義性之考量，應採限縮解釋較妥，即本款應不包括間接表示之行
爲。[160]

　　實例如以「No. 1 McDowell's Centenary」作爲系爭聯合商標，指定使
用於威士忌酒等商品申請註冊，自易使相關商品購買者，誤認誤信其商品
係於蘇格蘭所產製、進口或與該地有關聯而發生誤購之情事。[161]以相同

---

[158] 參見「證明、標章、團體商標及團體標章審查基準」（最新修正生效日，民國
101年7月1日），2.3.5.1。

[159] 本法於民國78年修正時，明定其涵義，按不同情形，分別規定於同法第37條
第6款及第7款，第6款：「使公眾誤認誤信其商品之性質、品質或產地之虞
者」，第7款之規定為：「襲用他人之商標或標章有致公眾誤信之虞者」，但
本法於民國82年修正時則又認為，「襲用他人之商標或標章有致公眾誤信之虞
者」應為「相同或近似於他人著名標章，使用於同一或同類商品者」之規定所
涵括在內，故加以刪除。

[160] 參見日本商標審查便覽（前揭），5、第3条第1項第3号（商品の産地、販売
地、品質等の表示又は役務の提供の場所、質等の表示）……4.「指定商品
の「品質」、「効能」、「用途」等又は指定役務の「質」、「効能」、「用
途」等を間接的に表示する商標は、本号の規定に該当しないものとする」。

[161] 參見最高行政法院94年判字第417號判決：「……外文「McDowell」之「Mc」
係一蘇格蘭習見姓氏名稱之字首，「McDowell」復為一傳統之蘇格蘭姓氏，而
蘇格蘭向以生產威士忌酒享譽全球，系爭聯合商標之「McDowell's Centenary」
係蘇格蘭出產之百年的某某物品之意，特別強調其產品具有百年蘇格蘭的意涵
及特色，詳如前述，則原判決以上訴人為一印度商，其以「No. 1 McDowell's

之中文「紅景天」作為系爭商標圖樣一部分申請註冊，指定使用於蓮藕茶、人蔘茶、青草茶、冬瓜茶、洛神茶等商品，難謂無使人誤認誤信該等商品含有「紅景天」成分，而對其所表彰產品之品質、性質產生誤信誤購之虞。[162]以「台大」二字作為商標圖樣指定使用於汽水、蒸餾水、鈣離子水、青草茶等商品申請註冊，確易使一般消費者，誤認其商品係屬台灣大學農學院附設農業試驗場所出品，而對其商品之性質、品質發生誤認誤信之虞。[163]外文NIPPON與日本國名NIPPON讀音相同，且字母組合與排列相同，雖其字母經些微設計，惟仍易辨識，其整體圖樣無論外觀、觀念或讀音均有使人與日本國名產生聯想，難謂無使一般消費者對其商品出產地發生誤信之虞。[164]以「黑啤薑」作為商標圖樣之啤酒，與台灣省菸酒公賣局所產製之黑啤酒商品名稱，僅末字薑與酒之別，不無混同誤認之虞，以之作為商標圖樣指定使用於與黑啤酒商品性質相類似之藥酒、白蘭地酒、香

Ce-ntenary」作為系爭聯合商標，指定使用於威士忌酒等商品申請註冊，自易使相關商品購買者誤認誤信其商品係於蘇格蘭所產製進口或與該地有關聯而發生誤購之情事」。

162 參見臺北高等行政法院94年訴字第36號判決：「……「紅景天」係西藏傳統天然藥用植物，藏語為「蘇羅瑪寶」，是在海拔4千公尺以上生長的藥用植物，其主要功效可以抗缺氧、抗疲勞、活血止痛、增強人體免疫力。早於兩千年前人們就已懂得利用紅景天。「本草綱目」記載：紅景天為本草上品，功效扶正固本。是原告以相同之中文「紅景天」作為系爭商標圖樣一部分申請註冊，指定使用於蓮藕茶、人蔘茶、青草茶、冬瓜茶、洛神茶等商品，難謂無使人誤認誤信該等商品含有「紅景天」成分，而對其所表彰產品之品質、性質產生誤信誤購之虞」。

163 參見最高行政法院89年判字第2380號判決：「……原告以「台大」二字作為商標圖樣指定使用於汽水、蒸餾水、鈣離子水、青草茶等商品申請註冊，確易使一般消費者誤認其商品係屬台灣大學農學院附設農業試驗場所出品，而對其商品之性質、品質發生誤認誤信之虞」。

164 參見最高行政法院89年判字第489號判決：「……「NIP PON設計圖」商標圖樣，其外文NIP PON與日本之NIPPON讀音相同，且字母組合與排列相同，雖其字母經些微設計，惟仍易辨識，其整體圖樣無論外觀、觀念或讀音均有使人與日本國名產生聯想，難謂無使一般消費者對其商品出產地發生誤信之虞」。

檳酒、威士忌酒、水果酒等商品申請註冊，易使一般消費者誤認其商品係屬台灣省菸酒公賣局所出品，而有對其商品之性質、品質產生誤認誤信之虞。[165]由外文「BILLGATE」所構成之商標，與微軟公司總裁姓名「Bill Gates」幾近相同，指定使用於計算機等商品上，極易引人誤認誤信其商品之來源與微軟公司總裁「Bill Gates」有所關聯，而有使公眾誤認誤信其商品之品質或產地之虞。[166]「花東」二字，依一般社會通念，係花蓮、台東之簡稱，如以之作為商標，指定使用於米、胚芽商品，恐使消費者對商品之產地及品質產生誤認、誤信之虞[167]、[168]。

---

[165] 參見行政法院86年度判字第1848號判決：「查系爭「黑啤薑」商標圖樣之黑啤薑，與台灣省菸酒公賣局所產製之黑啤酒商品名稱，僅末字薑與酒之別，不無混同誤認之虞，原告以之作為商標圖樣指定使用於與黑啤酒商品性質相類似之藥酒、白蘭地酒、香檳酒、威士忌酒、水果酒等商品申請註冊，易使一般消費者誤認其商品係屬台灣省菸酒公賣局所出品，而對其商品之性質、品質發生誤認誤信之虞」。

[166] 參見經濟部訴願決定書民國95年7月25日經訴字第09506173210號訴願決定書：「經查，「Bill Gates」為訴願人公司總裁，屬於知名人士，也是電腦軟體界之代表人物或名詞。而系爭商標則係由外文「BILLGATE」所構成，與前述訴願人公司總裁姓名「Bill Gates」幾近相同，以之為商標圖樣，標示於指定使用之「計算機、點鈔機、……」等商品上，極易引人誤認誤信其商品之來源與訴願人公司總裁「Bill Gates」有所關聯，而有使公眾誤認誤信其商品之品質或產地之虞，應有違商標法第23條第1項第11款之規定……」。

[167] 參見行政法院86年度判字第1363號判決：「系爭「花東」商標圖樣之「花東」二字，依一般社會通念，係花蓮、台東之簡稱，該地區水質純淨不受污染，以之作為商標，指定使用於米、胚芽商品，難謂無使人對其所產製商品之產地及品質產生誤信之虞」。另參見智慧財產法院100年度行商訴字第84號判決，認為以日本「讚岐」之英文地名「SANUKI」作為商標指定使用於麵等商品，亦違反本款之規定。

[168] 至於不構成使公眾誤認誤信其商品或服務之性質、品質或產地之虞的事例，可參考最高行政法院94年判字第1407號判決：「……系爭商標之外文「DOCTOR」用於醫療藥品之商標圖樣使用，固有強調或標榜該藥品之專業與權威性，但究非直接對上開商品之性質、品質或產地之內容說明，尚不致使消費者對該醫療用藥品之性質、品質、產地產生錯覺、誤認而有加以購買之

　　本款所稱之「產地」，是否須限於盛產夙稱產品者為限？實務上有採否定見解者。[169]但本書認為，本款主要規範目的，是為維持公平競爭，並避免一般消費者對標示該圖樣之商品之性質、品質、產地等發生混淆誤認之虞，因此，商標如對其指定產品無特殊意義，且產地與產品亦無重要關聯者，則該產地應非消費者作為選擇該產品考量因素之一，故以該產地做為該指定商品之商標，應不致有使消費者產生誤認誤信之虞。

　　雖以地名為商標，但該地如確為指定商品之產地時，則是否有本款規定之適用，如非花蓮地區產製之麻糬，以「花蓮麻糬」申請註冊商標，應有本款規定之適用，但該麻糬之產地或來源如確為花蓮者，該地名應屬產地之說明，如該地名為國名或屬習知之地理名稱者，因屬「描述性的地理名稱」應不具識別性，自不得申請註冊。[170]但如屬「任意性的地理名

　　虞」；經濟部經訴字第09406125710號訴願決定書：「……系爭商標圖樣上之外文「CEZANNE」為法國常見男子名，與男裝、女裝等商品本身之性質、品質、產地並無任何關連性，關係人以之作為商標圖樣指定使用於男裝、女裝等商品，當無使消費者誤認誤信其商品之性質、品質或產地之虞」；最高行政法院89年判字第1959號判決：「「Ritz」外文文字本身，亦非表彰所指旅館、餐廳、咖啡廳等服務之性質或品質，復非地理名稱，自不足認有使公眾誤認誤信其服務性質或品質之虞」。

169 參見最高行政法院92年判字第907號判決：「原判決既已認定系爭商標之主要部分之外文「Attique」及中文部分「阿提卡」為希臘中東部一州之地名，（其行政中心為雅典即著名之城市），乃竟以「阿提卡」一地縱有產製桌椅資料櫃等傢俱之情形，但並不以盛產辦公桌椅、資料櫃等產品夙稱，據以認定無使消費者產生錯誤聯想而導致誤信其商品產地之可能，是否符合行為時商標法第37條第6款規定之意旨，不無商榷之餘地，蓋上開法條所規定誤認誤信其商品之「產地」，似未明定須限於盛產夙稱產品者為限，況我國業已加入世界貿易組織（WTO），而近年來國人至歐美各國旅遊風氣漸盛，「阿提卡」係希臘以雅典為中心之地名即州名，是否非國人所能知悉，是否非易使一般消費者對該商品之出產地產生混淆誤認之虞，即有待審酌之餘地」。

170 消費者熟知的地理名稱，即使並非以特定商品的生產或特定服務的提供聞名，對消費者的意義仍僅是地理位置的指示，將之使用於商品或服務，給予消費者的印象，通常只是商品或服務與該地理區域有所關聯的說明，用以表示商品的

稱」，即地理名稱與指定之商品或服務間沒有任何關連，且消費者不會認為它是商品產地、服務提供地，或與商品或服務與該地點有關之說明，則屬地理名稱之任意使用，具有識別性。

第九目　相同或近似於中華民國或外國之葡萄酒或蒸餾酒地理標示，且指定使用於與葡萄酒或蒸餾酒同一或類似商品，而該外國與中華民國簽訂協定或共同參加國際條約，或相互承認葡萄酒或蒸餾酒地理標示之保護者。（商30Ⅰ九）另是否構成本款地理標示之認定，以申請時之事實為準。（商30Ⅱ）

　　本款是為配合TRIPS（agreement on Trade-Related Aspects of Intellectual Property Rights，TRIPS）第23條第2項規定，明文保護「酒類」之「地理標示」。[171]所謂地理標示者，是指標示某商品來自於某地區，而該商品的特

製造地、生產地、設計地；商品或服務的商業來源地；或服務的提供地，而非識別來源的標識。例如：國家與大城市常為各種商品與服務的提供地、集散地、重要的交易地或匯集地，故將國家與大城市的名稱使用於商品或服務，消費者通常只會將之視為商品或服務的相關說明，故不具識別性。申請註冊的地理名稱若以特定商品的生產或特定服務的提供聞名，則消費者更容易產生地名與來源地的聯想，將其視為產地的說明。實務上核駁案例如：「花東」為知名的稻米生產地區，相關消費者會產生稻米商品來自該地的聯想，因指定使用之稻米商品確實產自該地區，故以之作為商標申請註冊，為產地的說明。「南陽街」為知名的補習街，指定使用於補習班服務，相關消費者會產生補習服務於該地提供的聯想，為服務提供地點的說明。參見「商標識別性審查基準」（前揭），4.5.1。

171 關於酒類地理標示，「與貿易有關之智慧財產權協定」（Agreement on Trade-Related Aspects of Intellectual Property Rights，簡稱TRIPS）第23條第2項明文禁止非來自產地而以該產地標示申請商標註冊，為明確宣示我國保護酒類地理標示，爰增訂之。參見民國92年本法修法理由。TRIPS Article 23：「 Additional Protection for Geographical Indications for Wines and Spirits：「1.Each Member shall provide the legal means for interested parties to prevent use of a geographical indication identifying wines for wines not originating in the place indicated by the geographical indication in question or identifying spirits for spirits not originating in

定質量、信譽或其他特徵，主要是由該地區的自然因素或人文因素所決定

-----

the place indicated by the geographical indication in question, even where the true origin of the goods is indicated or the geographical indication is used in translation or accompanied by expressions such as "kind", "type" "style", "imitation" or the like.(footnote original Notwithstanding the first sentence of Article 42, Members may, with respect to these obligations, instead provide for enforcement by administrative action）. 2. The registration of a trademark for wines which contains or consists of a geographical indication identifying wines or for spirits which contains or consists of a geographical indication identifying spirits shall be refused or invalidated, ex officio if a Member's legislation so permits or at the request of an interested party, with respect to such wines or spirits not having this origin. 3.In the case of homonymous geographical indications for wines, protection shall be accorded to each indication, subject to the provisions of paragraph 4 of Article 22. Each Member shall determine the practical conditions under which the homonymous indications in question will be differentiated from each other, taking into account the need to ensure equitable treatment of the producers concerned and that consumers are not misled. 4.In order to facilitate the protection of geographical indications for wines, negotiations shall be undertaken in the Council for TRIPS concerning the establishment of a multilateral system of notification and registration of geographical indications for wines eligible for protection in those Members participating in the system.」；中文譯文：「會員應提供利害關係人法律途徑；以防止將葡萄酒或烈酒之地理標示，使用在非產自該地理標示所表彰地區之葡萄酒或烈酒，即使其標示商品之真實產地，或者其係以翻譯之方式使用，或伴以「同類」、「同型」、「同風格」、「相仿」或其他類似的說明者，亦同。（註：第42條首句雖另有規定，會員仍得以行政措施執行此等義務）2.葡萄酒或烈酒的商標包含葡萄酒或烈酒之地理標示，或由該地理標示所組成，而該葡萄酒或烈酒非產自其地理標示所表彰之地理來源者，會員可基於國內法規依職權，或據利害關係人之申請，核駁該商標註冊之申請，或評定其註冊為無效。3.葡萄酒之地理標示若屬同名，且不違反第22條第4項之規定者，各標示均應保護之。各會員應在考量確保相關生產者獲得公平待遇及消費者不致被誤導的前提下，訂定區別同名地理標示之可行性規定。4.為促進對葡萄酒地理標示之保護，與貿易有關之智慧財產權協定理事會應就有關建立葡萄酒地理標示之多邊通知及註冊制度進行談判，使適於保護之葡萄酒地理標示於參與該制度之會員間獲得保護」。參見「經濟部國際貿易局」之譯文，httkm92.trade.gov.tw/BOFT/OpenFileService，閱覽日期，2007/11/02。

的標識。[172]原本涉及商品產地說明或可能使消費者誤認誤信商品產地之商
標內容，為本法不得註冊之事由，但地理標示則是有意使消費者能藉由其
標示，區別出各地區不同之自然、人文因素，所生產出具有不同特色之產
品。

　　地理標示的保護方式，依TRIPS規定，可分成一般地理標示及酒類地
理標示兩種，有關一般地理標示之保護，TRIPS之會員應提供地理標示之
利害關係人相關法律途徑，以防止第三人於標示或展示其商品時，使用任
何方式明示或暗示，系爭商品是產自非屬實際產地之其他地理區域，而有
致公眾誤認該商品之產地之行為。[173]至於酒類地理標示之保護，則規定於

---

[172] TRIPS 22(1)：「Geographical indications are, for the purposes of this Agreement,
indications which identify a good as originating in the territory of a Member, or
a region or locality in that territory, where a given quality, reputation or other
characteristic of the good is essentially attributable to its geographical origin.」．

[173] TRIPS Article 22 Protection of Geographical Indications:「1.Geographical
indications are, for the purposes of this Agreement, indications which identify a good
as originating in the territory of a Member, or a region or locality in that territory,
where a given quality, reputation or other characteristic of the good is essentially
attributable to its geographical origin. 2.In respect of geographical indications,
Members shall provide the legal means for interested parties to prevent:(a) the use
of any means in the designation or presentation of a good that indicates or suggests
that the good in question originates in a geographical area other than the true place
of origin in a manner which misleads the public as to the geographical origin of the
good;(b) any use which constitutes an act of unfair competition within the meaning
of Article 10bis of the Paris Convention (1967). 3.A Member shall, ex officio if its
legislation so permits or at the request of an interested party, refuse or invalidate the
registration of a trademark which contains or consists of a geographical indication
with respect to goods not originating in the territory indicated, if use of the indication
in the trademark for such goods in that Member is of such a nature as to mislead the
public as to the true place of origin. 4.The protection under paragraphs 1, 2 and 3
shall be applicable against a geographical indication which, although literally true as
to the territory, region or locality in which the goods originate, falsely represents to
the public that the goods originate in another territory.」。中文譯文：「1.本協定

TRIPS第23條，明文要求對於不實的地理標示，而有致公眾誤認其商品實際產地時，該會員國應依法定職權或利害關係人之申請，核駁該等商標之註冊或評定該等商標註冊為無效。

本款保護之標的為葡萄酒或蒸餾酒[174]且以指定使用於與葡萄酒或蒸餾酒同一或類似商品為要件。另本款規定並不以有「使公眾誤認誤信之虞」之結果為限。同時採互惠原則之保護方式，即需與我國相互承認保護

所稱之地理標示係指為辨別一商品係產自一會員之領域，或其領域內之某一地區或地點之標示，而該商品之特定品質，聲譽或其他特性，主要係歸因於其地理來源者。2.會員應提供地理標示之利害關係人法律途徑以防止：(a)於標示或展示商品時，使用任何方式明示或暗示系爭商品係產自非其實際產地之其他地理區域，而有致公眾誤認該商品之產地者；(b)構成（1967年）巴黎公約第10條之2所稱不公平競爭之任何使用行為。3.商標包含表彰不實產地之地理標示或由該地理標示所組成者，若在該會員國內使用此地理標示於該商標指定使用之商品，本質上將致公眾誤認該商品之實際產地者，該會員可基於國內法規依職權，或據利害關係人之申請，核駁此等商標之註冊或評定其註冊無效。4.商品之地理標示，雖確係該商品原產地之領域、地區或地點，如向公眾不實地表示該商品係產自其他領域者，仍有本條第1、第2及第3項之適用」。中文譯文為國際貿易局中譯文，http://ekm92.trade.gov.tw/BOFT/

174 參見日本商標法第4條第17款（改正平成18・6.7・法律　55号）：「日本国のぶどう酒若しくは蒸留酒の産産地のうち特許庁長官が指定するものを表示する標章又は世界貿易機関の加盟国のぶどう酒若しくは蒸留酒の産地を表示する標章のうち当該加盟国において當該産地以外の地域を産地とするぶどう酒若しくは蒸留酒について使用をすることが禁止されているものを有する商標であつて、当該産地以外の地域を産地とするぶどう酒又は蒸留酒について使用をするもの」，「日本之葡萄酒或蒸餾酒產地中經特許廳長官指定者所使用之標章，或者世貿組織會員國之葡萄酒或蒸餾酒產地之標章，且該標章在該國已禁止該產地外所生產之葡萄酒或蒸餾酒使用為商標者」。另該款所稱之「ぶどう酒」（葡萄酒）には、アルコール強化ぶどう酒が含まれるものとする（是指含有強烈酒精之葡萄酒）。また、「蒸留酒」には、包含泡盛、しょうちゅう、ウイスキー、ウォッカ、ブランデー、ラム、ジン、カオリャンチュー、パイカル等，但不包括リキュール（liqueur，利久酒，味濃性烈的一種甜酒）。參見日本商標審查基準http://www.jpo.go.jp/shiryou/kijun/kijun2/syouhyou_kijun.htm，閱覽日期，2007/11/10。

商標之國家或地區之酒類地理標示者，始可適用本款之保護。

　　本款酒類地理標示，他人不得申請商標註冊，屬消極性之保護。我國爲加強有關地理標示之保護，特規定產地證明標章制度，作爲保護地理標示之法源依據。[175]所謂「產地證明標章」者，是指可證明商品或服務來自於特定地理區域，且該地理區域之商品或服務應具有特定之品質、聲譽或其他特性之標章。[176]產地證明標章與一般證明標章相同，申請註冊時，應清楚記載證明之內容，使任何人看到其證明之內容，都可正確了解其欲證明之商品或服務，及該等商品或服務因基於該特定地理環境因素，而可具備之品質、聲譽或其他特性。另該證明之內容應記載其所界定之區域範圍、商品或服務具有特定之品質、聲譽或其他特性，及該等品質、聲譽或其他特性與該地理環境間之關連性。[177]

第十目　相同或近似於他人同一或類似商品或服務之註冊商標或申請在先之商標，有致相關消費者混淆誤認之虞者。但經該註冊商標或申請在先之商標所有人同意申請，且非顯屬不當者，不在此限。（商30I十）

　　本款乃商標註冊先申請原則之規定[178]，即，後申請之商標如與申請

---

175 「證明標章、團體商標及團體標章審查基準」（經濟部民國96年7月25日經濟部經授智字第09620030710號令訂定發布；最新修正生效日，民國101年7月1日），取代原「地理標示申請證明標章註冊作業要點」（經濟部中華民國93年9月2日經授智字第0932003101-0號令訂定），故地理標示申請證明標章註冊作業要點，於民國96年7月25日同日廢止。

176 參見「證明標章、團體商標及團體標章審查基準」（前揭），2.1。

177 參見「證明標章、團體商標及團體標章審查基準」（前揭），2.3.3.1。

178 民國92年修正前第37條第12款（本法民國92年修正前第37條第1項第13款規定：「商標圖樣有左列情形之一者，不得申請註冊：……以他人註冊商標作為自己商標之一部分，而使用於同一商品或類似商品者」）與第36條均屬先申請原則之規定（本法民國92年修正前第36條規定：「二人以上於同一商品或類似商品以相同或近似之商標，各別申請註冊時，應准最先申請者註冊；其在同日

在先或已註冊之商標產生衝突時，應採用先申請保護原則，並以申請註冊先後作為核准依據。另有關本款「有致相關消費者混淆誤認之虞者」，其認定、適用標準，請參見本書第二章第三節第三款第二目之說明。

另有認為，本款是為保護商標權人之利益而設，因此，雖相同或近似於他人同一或類似商品或服務之註冊商標或申請在先之商標，有致相關消費者混淆誤認之虞者，但經該註冊商標或申請在先之商標所有人同意申請者，仍可例外准予註冊。但本書認為，本款既以「有致相關消費者混淆誤認之虞者」作為規範之要件，則應有保護消費者不致產生商標或服務來源混淆之公益性目的，故其權利機能不完全屬於私權範疇，因此違反本款規定之後申請商標，是否僅經申請在先或註冊商標之商標所有人同意，即可例外准予註冊，誠有商榷之餘地，故同款但書後段特別規定須非顯屬不當者，始准其註冊。

所謂顯屬不當者，如先後申請之商標及其指定使用之商品或服務均相同者，因商標將喪失應有之正確指示商品或服務來源之功能，並影響消費者權益，為顯屬不當之情形，縱經該註冊商標或申請在先之商標所有人同意，亦不得准其註冊。另實務上認為除前述情形外，尚有其他顯屬不當之情形，例如註冊商標業經法院禁止處分，商標權人仍持續同意他人之商標並存註冊等。至於同一集團或關係企業間，基於全球佈局或市場經營需求，若非以完全相同商標指定使用於同一商品或服務，其所為並存註冊之同意應可認為非顯屬不當[179]。

申請而不能辨別先後者，由各申請人協議讓歸一人專用；不能達成協議時，以抽籤方式決定之」），爰將二者合併納入本款規範。另修正前原規定相同或近似於他人同一或類似商品之註冊商標或先申請之商標者，不准註冊，其立法目的係因其近似之結果有致相關消費者混淆誤認之虞。但常有拘泥於文義解釋，而將近似與否及混淆誤認與否各別獨立判斷之情形，實則判斷二商標是否構成近似，本應綜合判斷有無致混淆誤認之虞，為釐清此概念，爰明定二商標有致相關消費者混淆誤認之虞，始不准註冊」。參見本法民國92年修法理由。

[179] 參見100年修法理由。

第十一目 相同或近似於他人著名商標或標章,有致相關公衆混淆誤認之虞,或有減損著名商標或標章之識別性或信譽之虞者。但得該商標或標章之所有人同意申請註冊者,不在此限。(商30 I 十一)另上述著名之認定,以申請時之事實爲準。(商30 II)

著名商標的保護屬我國商標實務重要之課題,另國際上重要公約,如巴黎條約、TRIPS協定[180]等,均有規定其會員應有保護著名商標之義務。

---

[180] 請參見「巴黎公約」第6條之2之規定(1)各同盟國主管機關就所認定之著名標章,得於法律許可之前提下,對於與著名標章使用於同一或類似商品之商標,其重製、仿冒、翻譯等造成混淆誤認時,依職權或利害關係人之申請否准或撤銷商標之註冊,或禁止其使用。倘商標之主要部分構成前揭情事時,本規定亦適用之。(The countries of the Union undertake, ex officio if their legislation so permits, or at the request of an interested party, to refuse or to cancel the registration, and to prohibit the use, of a trademark which constitutes a reproduction, an imitation, or a translation, liable to create confusion, of a mark considered by the competent authority of the country of registration or use to be well known in that country as being already the mark of a person entitled to the benefits of this Convention and used for identical or similar goods. These provisions shall also apply when the essential part of the mark constitutes a reproduction of any such well-known mark or an imitation liable to create confusion therewith)(2)有關前揭商標撤銷之申請期限,至少應自註冊之日起五年。各同盟國得規定申請禁止使用之期限。(A period of at least five years from the date of registration shall be allowed for requesting the cancellation of such a mark. The countries of the Union may provide for a period within which the prohibition of use must be requested.)(3)惡意註冊或使用之商標,其撤銷或禁止使用之申請無前揭期間之限制。(No time limit shall be fixed for requesting the cancellation or the prohibition of the use of marks registered or used in bad faith.);以上譯文引自經濟部智慧財產局,巴黎公約解讀,同前註,民國89年4月。另TRIPs第16條之2:(1967年)巴黎公約第6條之2之規定準用於服務。決定某一商標是否爲著名商標,會員應考慮該商標在相關公衆之知名度,包括因商標之促銷而在相關會員所取得之知名度(Article 6bis of the Paris Convention (1967) shall apply, mutatis mutandis, to services. In determining whether a trademark is well-known, Members shall take account of the knowledge of the trademark in the relevant sector of the public, including knowledge in the Member concerned which has been obtained as a result of the promotion of the

一般對著名商標保護主要理論依據有二：一爲商標混同理論[181]、另爲商標淡化理論。混同理論認爲，著名商標因具有高度之顯著性，一般消費者面臨與該著名商標相同或相似的商標、商品名稱、域名等表徵時，容易與著名商標產生混同，而無法識別各該等產品間之來源。另商標淡化理論採絕對保護效力，即特定商標與著名商標間，雖無競爭關係或與其指定商品或服務無關聯，但特定商標使用之行爲如有損及（稀釋識別性或減損商譽）該著名商標之商譽時，仍將被禁止。[182]商標淡化理論基礎與規範目的，有別上述商標混同理論，混同理論主要是保護消費者之利益，避免消費者對商品來源產生混淆，而商標淡化理論則是保護商標所有權人，避免他人因

---

trademark.）；TRIPs第16條之3：（1967年）巴黎公約第6條之2之規定在不類似於他人註冊商標所指定使用之商品和服務準用之，但以該商標於不類似商品或服務之使用，有致相關公眾將該等商品或服務與商標專用權人產生聯想，且該商標專用權人之利益有因該使用而受侵害之虞者爲限。（Article 6bis of the Paris Convention (1967) shall apply, mutatis mutandis, to goods or services which are not similar to those in respect of which a trademark is registered, provided that use of that trademark in relation to those goods or services would indicate a connection between those goods or services and the owner of the registered trademark and provided that the interests of the owner of the registered trademark are likely to be damaged by such use.）

181 商標混同理論主要適用之對象，應爲未於我國註冊之著名商標，因商標一旦已註冊公告，則不管該商標是否屬著名商標，均可依商標法之規定排除相同或近似之商標使用於同一或類似之商品上。

182 See SHAHAR J. DILBARY, Famous Trademarks and The Rational Basis for Protecting "Irrational Beliefs",14 GEO. MASON L. REV. 605,627-629,（Spring, 2007）.「Trademark dilution,… Generally speaking, dilution appears in two forms: blurring and tarnishment. Blurring is the whittling away of a trademark's uniqueness because other sellers, not necessarily of identical goods, use or modify a trademark to identify their own goods…The second form of dilution, tarnishment, occurs when the plaintiff's trademark is linked to products of shoddy quality or is portrayed in an unwholesome or unsavory context likely to evoke unflattering thoughts about the owner's product, thereby injuring the positive associations that owner has built up about the trademark」.

使用與著名商標相同或近似之商標，致減弱該著名商標因長期有效使用所
累積之商譽或識別性。換言之，如將他人具盛譽之商標，使用於非同一或
類似商品或完全不致發生誤認混同之各種商品，但仍有沖淡或減弱該著名
商標之識別性時，此即為商標淡化理論規範之客體。[183]

　　不當使用他人著名商標之行為，不僅可能構成本法消極不得註冊之
事由，[184]亦可能構成侵害商標權之行為。[185]以不得註冊事由而言，本款
前段有關「相同或近似於他人著名商標或標章，有致相關公眾混淆誤認
之虞」之要件應採混同理論，而本款後段「有減損著名商標或標章之識別
性或信譽之虞者」之要件，則是以商標淡化理論為依據。簡言之，商標淡
化理論是著重對「著名商標識別性與商譽」本身之保護，以防止著名商標
識別商品或服務來源的能力或其所表彰之信譽，因他人不當使用而遭受損
害，而混同理論則是著重於確保相關消費者對商品或服務來源不致混淆誤

[183] 臺北高等行政法院93年度訴字第409號判決：「……謂淡化理論係指將他人夙
著盛譽之商標使用於雖非同一或類似商品，或完全不致發生誤認混同之各種各
樣之商品，以致該著名商標之識別性被沖淡或變弱之現象。惟查，前揭理論
之目的係在避免將著名商標使用於風馬牛不相及之營業部門，影射其商標權
人努力開拓之信譽，免費搭乘其知名度之便車之行為」。有關商標淡化理論
最具代表性之立法例，首推美國由布希總統於2006年10月6日簽署「2006商標
淡化修正法」（Trademark Dilution Revision Act of 2006，TDRA），該法不採
美國最高法院於2003年Moseley（Moseley v. V Secret Catalogue, Inc., 537 U.S.
418 (2003).）一案確立的「實際淡化」（Actual Dilution）原則，而改採「可
能淡化」（Likelihood of Dilution）原則; See JESSE A. HOFRICHTER，Tool Of
The Trademark: Brand Criticism And Free Speech Problems With The Trademark
Dilution Revision Act Of 2006,28 CARDOZO L. REV. 1923,1928-1930,（February,
2007）。
[184] 本法第30條第1項第11款之規定。
[185] 本法第70條第1、2款：「未得商標權人同意，有下列情形之一，視為侵害商標
權：一、明知為他人著名之註冊商標，而使用相同或近似之商標，有致減損該
商標之識別性或信譽之虞者。二、明知為他人著名之註冊商標，而以該著名商
標中之文字作為自己公司、商號、團體、網域或其他表彰營業主體之名稱，有
致相關消費者混淆誤認之虞或減損該商標之識別性或信譽之虞者。」。

認，二者之規範意旨並不相同。[186]

　　適用本款之要件有四，分別為，(1)系爭商標相同或近似於著名商標或標章；(2)商標或標章應達到「著名」之程度；(3)有致相關公眾混淆誤認之虞；(4)或有減損著名商標或標章之識別性或信譽之虞者。[187]有關「商標近似」及「致相關公眾混淆誤認之虞」等相關解說，請參見本書有關商標權權能相關章節之解說，其他要件分述之：

一、商標須著名

　　所謂著名商標者，是指有客觀證據足以認定，該商標已廣為相關事業或消費者所普遍認知者。著名商標保護範圍較一般註冊商標為廣，但仍應以國內相關事業或消費者已知悉為要件，且不以使用於相同或類似商品為

---

186 智慧財產局，「商標法第30條第1項第11款著名商標保護審查基準」（最新修正生效日，民國101年7月1日），可作為實務上重要之參考。

187 保護著名商標主要規範意旨，是為避免一般消費者面臨與該著名商標相同或相似的商標、商品名稱、域名等表徵時，容易與著名商標混同，故而無法識別該等產品間之來源（商30I十一前段）及避免著名商標遭他人以不公平之方法攀附，致使其商譽遭受耗損、淡化（商30I十一後段）。如就避免消費者對商品來源產生混淆而言，則相關消費者有產生混淆誤認之虞，應屬構成意見之一，茲因消費者對完全不同之商品或服務之來源，產生混淆之可能性低，因此為避免消費者混同之部分，應僅限於相同或類似之商品或服務之部分。至於避免「減損著名商標或標章之識別性或信譽之虞者」，因是以不當攀附他人著名商標之行為作為規範對象，因此，自不以適用於相同或類似之商品或服務為限。然有問題者，如純就條文文義而言，本款僅以商標近似為構成要件，且前、後段並無不同規定，可否認為，本款對著名商標之保護，不管前、後段之適用，均有意排除使用於相同或類似之商品或服務之要件。本書認為，同款僅規定商標近似之要件，應屬立法技術之考量，不論本款前段或後段之適用，均應具商標近似之構成要件，至於前段另需以「有致相關公眾混淆誤認之虞」為構成要件，後段另需以「有減損著名商標或標章之識別性或信譽之虞者」為構成要件，而本款前段既以「有致相關公眾混淆誤認之虞」為構成要件，則使用於相同或類似之商品或服務，乃屬判斷混淆誤認之虞的必備參酌因素之一，故應以不可排除該審酌因素為宜。

限。[188]著名商標之保護不以在我國註冊爲限，[189]如著名商標已於國內註冊公告，則除本款外，亦可同時適用本法第30條第1項第10款及第70條第1、2款之規定保護其商標，如未於國內註冊之著名商標，雖僅能以本款規定作爲保護該著名商標之依據，但仍可依公平交易法第20條第1項第1款之規定，[190]積極保護之。

　　所謂相關事業或消費者，應以該商標或標章所使用商品或服務之交易範圍爲準，包括商標或標章所使用商品或服務之實際或可能消費者或涉及商標或標章所使用商品或服務之經銷管道之人（但不以上述範圍爲限）。

---

[188] 最高行政法院95年判字第52號判決：「……又所稱著名之商標或標章，指有客觀證據足以認定該商標或標章已廣爲相關事業或消費者所普遍認知者。故本款之適用不須與著名之商標或標章所表彰之商品、服務同一或類似，該著名商標亦不以已經在國內外註冊爲必要，只要相同或近似於他人先行使用之著名商標或標章，且有致公衆混淆誤認之虞，即足當之」；最高行政法院95年判字第46號判決：「著名商標或標章，係指有客觀證據足以認定該商標或標章已廣爲相關事業或消費者所普遍認知者」；參見最高行政法院92年度判字第929號判決：「……經查……作爲證明商標具知名度之證據資料，並不以該商標在國內使用亦不以國內資料爲限，更不得因該商標未在我國使用或因證據爲國外資料，即否定該商標知名度；且認定某特定商標是否爲著名商標時，應就「相關事業」「或」「消費者」其中之一對該商標是否普遍認知加以考量，而非僅以一般「消費者」是否得以「接觸到」或「看到」各該等證據，爲認定之依據……」。

[189] 主要立法例，可參考巴黎公約第6條之2第1項之規定：另WIPO關於著名商標保護規定聯合備忘錄（1999.11）亦有相似之規定，參見該備忘錄第2條規定：(3)不得作爲判斷著名商標的考量因素：(a)會員國不得將下列因素視爲認定爲著名商標的必要條件：……(i)該商標已在會員國使用、註冊或已提出申請。http://www.tipo.gov.tw/trademark/trademark_law/trademark_law_7.asp，閱覽日期，2007/10/30。

[190] 公平交易法第20條第1項第1款規定：「事業就其營業所提供之商品或服務，不得有左列行爲：一、以相關事業或消費者所普遍認知之他人姓名、商號或公司名稱、商標、商品容器、包裝、外觀或其他顯示他人商品之表徵，爲相同或類似之使用，致與他人商品混淆，或販賣、運送、輸出或輸入使用該項表徵之商品者。」

如商標或標章已為上述其中相關事業或消費者之一，所普遍認知者，則可認定為著名之商標或標章。

　　著名商標之認定，雖不以該商標在我國境內使用者為限，但仍應以我國境內相關事業或消費者所普遍認知者為要件，始可符合本法保護國內消費者之立法意旨，否則若該商標品，既未廣泛行銷於國內市場，亦未透過傳播、廣告介紹予國內之消費大眾或相關業者，則國內消費者因對該商標無從認知，自無從產生混淆誤認之可能。[191]至於未於國內行銷之外國著名商標或實際使用情形並不廣泛，但因有客觀證據顯示，該商標於國外廣泛使用所建立之知名度已到達我國者，仍可認定該商標為著名，而商標之知名度是否已到達我國，可考量該商標使用的地域範圍是否屬於我國鄰近區域，或該國與我國間是否有密切的經貿關係，或人民往來是否密切等因素判斷之。[192]換言之，若商標使用是在我國鄰近的領域、或使用在相同語言

---

[191] 最高行政法院92年判字第839號判決：「……按商標權利之有無及其範圍與內容必須依商標法之規定為之，商標法為國內法，應以維護本國之市場秩序為其主要功能，若要保護外國使用之商標，必須外國之商標與本國之利益有關，方有其正當性。是以司法院釋字第104號解釋就舊「商標法第2條第8款所稱世所共知，係指中華民國境內，一般所共知者而言」，解釋理由書即謂商標之保護採「屬地主義」（參照司法院釋字一〇四號解釋理由書）…是所謂著名商標或標章，應指於中華民國境內一般所共知者而言，於新法或舊法皆然，否則若該商標商品並未廣泛行銷於國內市場，亦未透過傳播媒體或雜誌、報紙之廣告介紹予國內之消費大眾或相關業者，國內消費者或相關業者對該商標並無從認知，根本不會產生混淆誤認……」。

[192] 如實務上曾認為，日本與我國交通近便，國人出入國境頻繁以及國際傳播之發達，故日本境內之著名商標，應為我國一般消費者所熟知。參見行政法院88年度判字第528號判決：「……鑑於日本與我國交通近便，國人出入國境頻繁以及國際傳播之發達，該據以評定商標所表彰商品之信譽，難謂不為一般消費者所熟知……」；臺北高等行政法院93年度訴字第4268號判決：「……凡此證據資料並參酌日本與我國鄰近，兩國間商旅往來頻繁，資訊流通快速便利，於日本使用之證據資料，極易為我國境內相關事業或消費者所知悉等情形，當可肯認據爭商標所表彰之信譽於系爭商標申請註冊之90年11月13日前，已廣為相關事業及消費者所普遍認知而達著名商標之程度」。但實務上就此仍有採相反見

的領域、或為相同廣告媒體所遍及的領域（如透過電視或印刷文宣、新聞媒體）、或有密切貿易往來關係的領域者，均足資認定亦屬我國相關公眾所普遍認知。[193]

我國商標審查實務上認為，有關著名商標或標章之認定，應就個案情況綜合考量下列因素：①商標識別性之強弱；②相關事業或消費者知悉或認識商標或標章之程度[194]；③商標或標章使用期間、範圍及地域[195]；④商標或標章推廣之期間、範圍及地域。所謂商標或標章之推廣，包括商品或服務使用商標或標章之廣告或宣傳及在商展或展覽會之展示均屬之[196]；⑤商標或標章註冊、申請註冊之期間、範圍及地域，但須達足以反映其使

解，如最高行政法院92年判字第839號判決：「……又我國旅遊於美加、日本雖屬頻繁，但與全部人口比，仍屬少數，於外國僅作短暫停留之遊客，更難就國外之著名商標一一知悉，更何況據以異議之商標使用於滑板溜冰鞋類，客戶群係屬小眾，更與旅遊外國無必然關係。除非業主能夠投入鉅額成本，以長期持續之方式，在主要媒體均大量播放及刊登，方有使外國知名商標成為國內著名商標之功能……」。

193 參見WIPO關於著名商標保護規定聯合備忘錄（1999.11）（前揭）第2條2.4規定。

194 相關事業或消費者知悉或認識商標之程度，得由相關證據證明之。若有市場調查及意見調查資料，其亦得作為相關事業或消費者知悉或認識商標程度的證據。參見「商標法第30條第1項第11款著名商標保護審查基準」（前揭），2.1.2.1。

195 藉由檢送商標使用期間、範圍及地域的證據資料可推論商標是否已達相關消費者普遍認知的著名程度，其著重於商標權人實際所從事的商業活動。一般來說，商標使用的期間、範圍及地域愈長、愈廣泛，該商標愈有可能達到相關消費者普遍認知的著名程度。參見「商標法第30條第1項第11款著名商標保護審查基準」，同上註。

196 商標宣傳之期間、範圍及地域愈長、愈廣泛，該商標原則上愈有可能達到相關消費者普遍認知的著名程度。但如果商標宣傳的程度非常密集廣泛，如透過廣告、宣傳品、或電子媒體（包括網路）等在全國密集的刊登與播送，即使商標宣傳之期間不長，該商標仍有可能達到相關消費者普遍認知的著名程度。參見「商標法第30條第1項第11款著名商標保護審查基準」，同上註。

用或被認識之程度[197]；⑥商標或標章成功執行其權利之紀錄，[198]特別指曾經行政或司法機關認定為著名之情形。[199]但上該之紀錄，應注意時效性之問題，如成功執行權利之紀錄已經過一定之期日，自應另行斟酌，不可當然引用；⑦商標或標章之價值；⑧其他足以認定著名商標或標章之因素。[200]

　　上述各項因素必須由權利人提出客觀證據資料加以證明，[201]實務上認為，下列資料可作為有效之證據資料[202]：①商品或服務銷售發票、行銷單據、進出口單據及其銷售數額統計之明細等資料[203]；②國內、外之報

---

[197] 商標在世界各地是否申請或取得註冊及其註冊之多寡及期間，得作為認定該商標實際使用情形的參酌因素之一。商標在世界各地申請或取得註冊愈多、期間愈長，愈有可能作為該商標於市場上廣泛使用的佐證，進而愈有可能有助於認定該商標已達到相關消費者普遍認知的著名程度。參見「商標法第30條第1項第11款著名商標保護審查基準」，同上註。

[198] 曾具體舉證並經認定為著名商標或標章，得不要求商標或標章所有人提出相同證據證明之。但因個案審查需要，仍得要求其檢送相關證據證明之。參見「商標法第30條第1項第11款著名商標保護審查基準」，同上註。

[199] 智慧財產局曾蒐集彙整從2005年7月1日至2010年6月30日之5年間各級法院、公平會、財團法人台灣網路資訊中心（TWNIC）及該局曾經認定為著名商標之案例，編造完成著名商標名錄及案例評析，可供參考。

[200] 參見「商標法第30條第1項第11款著名商標保護審查基準」，同前註。

[201] 最高行政法院95年判字第52號判決：「又所稱著名之商標或標章，指有客觀證據足以認定該商標或標章已廣為相關事業或消費者所普遍認知者」。

[202] 商標或標章之使用證據，應有其圖樣及日期之標示或得以辨識其使用之圖樣及日期的佐證資料，並不以國內為限。但於國外所為之證據資料，仍須以國內相關事業或消費者得否知悉為判斷。參見「商標法第30條第1項第11款著名商標保護審查基準」，同前註，2.1.2.2。

[203] 參見經濟部95年04月17日經訴字第09506165090號訴願決定書：「……因訴願人未再佐以系爭商標商品銷售據點、商品銷售發票、行銷單據等證據資料，僅以上述之證據資料，尚難認定系爭商標業經訴願人長期廣泛使用，已與據以評定商標在錄音機、錄影機等商品市場上併存，且為相關消費者所認識，而足以區辨為不同來源者……」。

章、雜誌或電視等大眾媒體廣告資料[204]；③商品或服務銷售據點及其銷售
管道、場所之配置情形；④商標或標章在市場上之評價、鑑價[205]、銷售額
排名、廣告額排名或其營業狀況等資料；⑤商標或標章創用時間及其持續
使用等資料；⑥商標或標章在國內、外註冊之文件。包括其關係企業所為
商標或標章註冊之資料；⑦具公信力機構出具之相關證明或市場調查報告
等資料[206]；⑧行政或司法機關所為相關認定之文件，如異議審定書、評

---

204 參見行政法院88年判字第3376號判決：「……而法商‧希○蕾公司以產製各種
化妝品聞名，除以外文「sisley」作為商標，陸續於世界多國註冊外，早於71年
間即在我國取得……「SISLEY」商標專用權，其商品復透過代理商及各大百
貨專櫃廣泛於我國市場行銷有年，並於雜誌宣傳促銷，其商標信譽難謂不為一
般商品購買人所知悉，凡此有法商‧希○蕾公司所檢送之商標註冊資料、雜誌
廣告及行銷單據等影本可稽……」。

205 可參考Interbrand公司所採取的品牌（商標）鑑價（Brand Valuation）方法，
該方法是結合量化的財務分析以及品牌活動的質化分析。一個品牌鑑價的過
程會經過四個程序：①進行財務分析（Financial Analysis），從總營收中計算
出該品牌的無形營收（Intangible Earnings）②進行品牌角色指標分析（RBI
Analysis），從無形營收中計算出該品牌的品牌營收（Brand Earnings）③進
行品牌強度指標分析（BSS Analysis），從品牌營收中計算出品牌折價比率
（Discounted Brand Earnings）④將品牌的淨現值（Net Present Value）進行
加總，得出該品牌的品牌價值（Brand Value）。參見 經濟部國際貿易局主
辦，「2004 Taiwan Top 10 Global Brands品牌價值調查」系統。http://www.
brandingtaiwan.org/，閱覽日期，2007/11/18。

206 最高行政法院92年判字第318號判決：「……原告所提出在台灣地區之市場調
查報告，其進行調查之對象僅限於 Pub的消費者，不能代表所有的啤酒消費
者，其抽樣範圍，並不具客觀性、代表性，且其調查之方法，係將含兩商標
之商品局部左右並置，亦不符商標審查異時異地隔離觀察之原則，該市場調
查之報告，自不足採。……」；台北高等行政法院94年度訴字第572號判決：
「……就市場調查報告而言，其調查主體之公信力、調查方式、問卷內容之設
計及、內容與結論之關聯性等因素，均影響該市場調查報告之正確性。本件原
告所檢送之市場調查問卷，係由其自行設計，其公信力及公正性已有可議；又
調查人員是否具備調查或訪談所需要之能力及訓練，亦令人置疑；而調查對象
亦僅為前往原告公司之消費者，故其正確性尚有疑義……」。

定書、訴願決定書或法院判決書等。惟行政或司法機關應以我國之機關為限，[207]如屬外國相關機關之認定文件，可列入其他證明資料加以考量；⑨其他證明商標或標章著名之資料，如在國內外展覽會展示、促銷商品或服務、公司年度大紀事、公司簡介、網頁資料等證據資料。[208]

　　上述是否已達著名之認定原則，除商標外，證明標章、團體標章及團體商標亦準用之。（商94）

二、或有減損著名商標或標章之識別性或信譽之虞者

　　本款後段規定「或有減損著名商標或標章之識別性或信譽之虞者」，亦屬不得註冊之事由。按將著名商標使用於完全不具競爭關係之不類似商品或服務，相關公眾雖不致有混淆、誤認之虞，但著名商標經商標權人長期廣告、經營且其著名程度，已超越該領域之相關消費者，而被一般消費者所知悉時，則該商標除表彰商品來源外，尚具有品質保證或代表特定商譽之意義，如被他人使用於完全不具競爭關係或不類似之商品或服務，可能因被普遍使用之結果，而成為普通名詞（或圖樣），將嚴重稀釋該著名商標之識別性（dilution by blurring）或將該著名商標使用於價值較低廉或具負面評價之商品，而使消費者降低該著名商標所代表之品質、商譽之正面觀感（dilution by tarnishment），上述行為如未加以規範，則對著名商標之保護仍屬有欠缺。惟傳統混淆之虞理論，似不足以規範上述行為，因此

---

[207] 參見最高行政法院92年判字第318號判決：「……另所檢送有關阿根廷法院判決、西班牙專利局決定之宣誓書及日本異議決定書繕本，姑不論所涉案情是否與本件相同，惟按各國商標法制及審查基準各異，要難援引執為有利本件之論據……」。

[208] 參見經濟部經訴字95年7月4日第09506171420號訴願決定書：「又依關係人於異議階段所檢送之商標註冊資料、公司年度大紀事、公司簡介、網頁資料等證據資料觀之，可知據以異議「POLO」商標係關係人美商‧波露 羅蘭公司有限合夥首創使用於衣服、皮夾、皮包、手提箱等商品之商標，除於世界多個國家獲准註冊外，並自69年起陸續於我國獲准註冊多件商標，其商品亦於我國及世界多國廣泛行銷，並藉網路、報章雜誌及型錄等宣傳廣告」。

著名商標淡化理論乃因應而生。但就傳統混淆之虞理論而言，[209]商標淡化理論應屬補充性救濟手段，[210]使用時應採嚴謹立場。

（一）減損著名商標識別性之虞

　　所謂「減損著名商標識別性之虞」，是指因第三人不當的使用該著名商標，致有減弱或分散著名商標原有之特定來源聯想功能之虞者。按著名商標如僅使用於特定之商品或服務，其產生特定聯想功能之程度高，但該著名商標如遭第三人不當使用於其他之產品或服務時，上述特定來源聯想的功能，有遭減弱或分散之可能性，或從原先單一、獨特之聯想變成二種或以上之來源聯想時，著名商標原先識別性之高度將因而被大幅減弱。[211]

---

209 經濟部民國96年5月23日經訴字第09606068100號訴願決定書：「……另一方面，著名商標經商標權人長期廣告、經營且其著名程度超越該領域之相關消費者所知悉時，該商標除表彰商品來源外，尚具有品質保證或特定商譽之意義，如被他人使用於完全不具競爭關係或不類似之商品或服務，可能因其普遍被使用之結果，成為普通名詞（或圖樣），稀釋該著名商標之識別性（dilution by blurring），或者將該著名商標使用於價值較低廉或具有負面評價之商品，而使消費者對該著名商標所代表之品質、商譽產生降低（dilution by tarnishment）的觀感，如未對該等行為加以規範，對著名商標之保護亦有欠缺。於是學說發展出商標減損的理論，並逐漸為各國商標實務所採，我國亦於民國92年5月28日修正公布之現行本法第23條第12款後段明文予以規範……」。

210 經濟部民國96年7月17日經訴字第09606071090號訴願決定書：「……再按商標法第23條第1項第12款本書後段所涉商標減損（或稱淡化）之問題，目前雖乏可供依循之審查基準。惟參酌相關學說見解，商標減損（或稱淡化）一般均援引美國聯邦反淡化法的定義，指降低著名商標識別商品或服務來源的能力而言。是基於傳統混淆誤認之虞的理論，仍無法有效保護著名商標本身之識別性或信譽免於遭受損害所發展出來的概念，是一種補充性的救濟手段」；經濟部民國96年6月1日經訴字第09606068790號訴願決定書；經濟部民國96年4月18日經訴字第09606065350號訴願決定書，亦採相同見解。

211 只要影響到著名商標之識別性，而使之減弱，便構成識別性之減損。例如將化妝品「Avon」用在音響上；將古龍水商標「4711」使用作為計程車電話號碼等是。有關德國實務上之肯定例，可參考陳昭華，著名商標之保護與公平競爭之

（二）減損著名商標信譽之虞

　　所謂減損著名商標信譽之虞，是指因他人不當使用該著名商標，如以低級或違反公序良俗之方式使用該著名商標，致消費者產生負面之聯想，因而降低或減損該著名商標所代表之品質、信譽等，如將著名商標使用於誇大療效的藥物上之行為。

（三）適用商標淡化理論保護之商標

　　依民國92年本款修正理由之說明，[212]似可認為著名商標之保護，不管基於混同理論或淡化理論，其著名程度以達到「相關公眾」所普遍認知即為已足，而不必達「一般公眾」普遍認知之程度。但實務見解則認為，本款後段所保護之「著名商標」其著名程度，應高於同款前段規定混淆誤認之虞，其所要求之著名程度，即應達到一般大眾所普遍認知之程度。[213]

關係— 新修正商標法著名商標保護規定之檢討，發表於2004商標法制發展學術研討會：「……(1)改變正確的質量印象或商品品質，例如將如將著名威士忌"Dimple"用於清潔劑上；(2)改變在生產或銷售上企業的大小、年代、過去績效及給付能力等給一般人的印象。例如將已經逾百年且在德國著名之香檳酒名稱「Kupferberg」使用在生產機器及工具之工廠上；(3)改變商品之豪華性、專有性或價格給人的印象。例如將豪華汽車「Rolls-Royce」商標使用在Wisky上；將天然化妝品之商標「Yves Roche」使用在酒類產品上；將名錶「Catier」使用在T-Shirt上等是」。

212 其修法理由如下：「……世界智慧財產權組織（WIPO）於1999年9月公布關於著名商標保護規定共同決議事項，該決議明確指明對著名商標之認定，應考量以商品或服務之相關公眾之認識，而非以一般公眾之認知判斷之；又除防止與著名商標產生混淆誤認之虞外，並應避免對著名商標之減損（dilution）產生，基於ＡＰＥＣ於2000年3月決議會員國應遵守WIPO該決議，爰將「公眾」修正為「相關公眾」，並增訂有減損著名商標或標章之識別性或信譽之虞者，不得註冊。」

213 經濟部民國95年9月4日經訴字第09506177390號訴願決定書：「……當判斷具體個案是否有商標法第23條第1項第12款後段有關「減損」著名商標之識別性或信譽之虞時，對於「著名商標」之著名程度，自應較前段混淆誤認之虞所要

茲因著名商標以商標淡化理論加以保護，應屬例外、補充之規定，須無法以本款前段規定加以保護時，始有以同款後段規定加以保護之必要，因此商標淡化理論所保護之對象，應達到相當高度之著名程度始可，故對著名商標著名程度之要求，應比本款前段的標準更為嚴格。本書認為，上述實務見解，雖有其依據，惟公平交易法對不當攀附著名商標之不公平競爭行為，已有所規範，[214]該法僅以「相關事業或消費者所普遍認知」為要件，則上述之實務見解，如何與公平交易法之規範取得一致性之立場，有待商榷。

求達其商品或服務之領域範圍內消費者所熟知之程度更高，甚或是達到一般大眾所普遍認知之程度……」；經濟部民國96年07月17日經訴字第09606071090號訴願決定書：「……再按商標法第23條第1項第12款本書後段所涉商標減損（或稱淡化）之問題，目前雖乏可供依循之審查基準。惟參酌相關學說見解，商標減損（或稱淡化）一般均援引美國聯邦反淡化法的定義，指降低著名商標識別商品或服務來源的能力而言。是基於傳統混淆誤認之虞的理論，仍無法有效保護著名商標本身之識別性或信譽免於遭受損害所發展出來的概念，是一種補充性的救濟手段。…在判斷是否對於先使用商標之識別性或信譽有減損之虞時，適用條件係與「混淆誤認之虞」有所區別。即……(3)先使用商標為具有較高識別性之著名商標，且所表彰之識別性與信譽應為絕大多數的一般公眾所熟知，始足當之。查既如前述，中文「寶齡」在我國消費市場上，已為一般消費者所習見，不具有較高識別性，及訴願人之據以評定「寶齡」等商標，在我國僅為藥用商品等相關業者及消費者所熟悉，而非為絕大多數的一般公眾所熟知之高度著名商標，則系爭商標之註冊，亦難認有以不公平方式或不正利用據以異議商標之識別性，而有致減損該商標之價值，或因利用該商標之信譽而有搭便車不勞而獲之情形，自無前揭商標法第23條第1項第12款（民國100年修正前條文）本文後段規定之適用……」。另參見「商標法第30條第1項第11款著名商標保護審查基準」（前揭），3.2。

214 公平交易法第20條第1項第2款：「以相關事業或消費者所普遍認知之他人姓名、商號或公司名稱、標章或其他表示他人營業、服務之表徵，為相同或類似之使用，致與他人營業或服務之設施或活動混淆者」。

（四）判斷有無商標淡化之虞之參酌因素

本款後段是以著名商標之識別性或信譽是否有可能遭受弱化或減損為要件，而不以消費者對商品或服務來源產生混淆為要件。[215]按商標淡化一般均援引美國聯邦反淡化法的定義，主要是認為傳統混淆誤認之虞的理論，無法有效保護著名商標本身之識別性或信譽，應屬補充性的救濟手段。實務上尚可分為稀釋、減弱（blurring）著名商標之識別性、獨特性或污損（tarnishment）著名商標之信譽致產生玷污、醜化、負面效應等二種主要行為類型。故判斷是否對先使用商標之識別性或信譽有減損之虞，其要件應與「混淆誤認之虞」之構成要件有所區別。商標淡化之構成要件至少應包含下列事項[216]：①先後使用之二商標必須相同或達幾近相同之程度，且其要求該二商標近似之程度較高。換言之，商標淡化行為所要求的近似程度，高於同款前段之有混淆誤認之虞之行為，[217]蓋如二商標近似程

---

[215] 經濟部經訴字第09606067250號訴願決定書：「……所謂「有減損著名商標或標章之識別性或信譽之虞」係指消費者對二造商標雖無混淆誤認之虞，惟該商標係以不公平方式或不正當利用著名商標之識別性，而有減損著名商標之價值，或因利用著名商標信譽而有搭便車不勞而獲之情形而言」。

[216] 經濟部民國96年5月23日經訴字第09606068100號訴願決定書：「商標減損之理論係以保護商標本身財產上的價值為出發點，且為避免過度保護以致影響市場公平競爭機制，故而在判斷是否對於一在先商標之識別性或信譽有減損之虞時，適用條件應與「混淆誤認之虞」有別，且更為嚴謹：①在後之商標與著名商標所指定使用商品或服務應非屬類似，甚至不具任何競爭關係；②欲適用商標減損類型而為保護之在先商標，應該具有高度之識別性；③在二商標圖樣之近似程度，商標減損之適用對二造商標近似程度之要求應較混淆誤認之虞為高；④而在先商標所要求的著名性程度，應較混淆誤認之虞僅需達其商品或服務之領域範圍內消費者所熟知之程度更高，有可能讓非屬該領域之的其他消費者亦熟悉該著名商標。前述4項要件均符合後，即該當為商標減損之情形」；經濟部民國96年5月14日經訴字第09606067400號訴願決定書亦採相同見解。

[217] 經濟部民國96年05月07日經訴字第09606067120號訴願決定書：「……衡酌二造商標高度近似、據以異議商標高度著名以及消費者對於據以異議商標較為熟悉等因素綜合判斷，雖系爭商標指定使用之鐘錶、手錶、戒指、手鍊等商品與

度不高，將難以證明著名商標之識別性或信譽有遭受減損之虞；②先後使用之二商標所指定使用之商品或服務，應不具類似關係亦不具任何競爭關係。意即，若先後使用之二商標所指定使用之商品或服務如具有相當關聯性者，應直接適用本款前段規定，並據以審查主張權利之商標，在該商品領域內是否已達「相關消費者」知悉之著名程度，自不必適用本款後段之規定，以為救濟[218]；③先使用之商標屬有較高識別性之著名商標，且所表

據以異議商標著名之香皂、洗髮乳、沐浴乳等商品性質不同，但據以異議商標於市場上已具有相當信譽，訴願人遲於其後始以極相彷彿之商標圖樣申請註冊，易使消費者產生錯誤之聯想，致據以異議商標與其特定商品來源間之聯繫能力減弱，而使據以異議商標之識別力、信譽及價值減損，故系爭商標之註冊有違（民國100年修正前）本法第23條第1項第12款後段規定（民國100年修正前條文），從而原處分機關所為系爭商標之註冊應予撤銷之處分，洵無違誤，應予維持」；經濟部民國95年1月24日經訴字第09506161120號訴願決定書：「……參酌相關學說見解，商標減損（或稱淡化）對商標近似程度之要求較混淆誤認之虞為高；又商標減損和混淆誤認之虞在著名程度之考量上仍有不同，在商標減損部分，據為爭議之商標所表彰之信譽與識別性必須已為絕大多數的「一般公眾」所普遍認知始可，較之混淆誤認之虞僅需達「相關消費者」所熟知之程度，適用條件應更為嚴格；此外，在後之商標與著名商標所指定使用商品或服務應非屬類似，甚至不具任何競爭關係，始該當為商標減損之情形」。

218 經濟部民國96年5月23日經訴字第09606068100號訴願決定書：「……商標減損是基於傳統混淆誤認之虞的理論，仍無法有效保護著名商標所發展而來，故欲成立著名商標的減損，首先需確認無混淆誤認之虞，方進入是否成立減損之探討」；經濟部民國96年5月7日經訴字第09606067120號訴願決定書；經濟部民國96年5月10日經訴字第09606067250號訴願決定書「……商標法第23條第1項第12款後段「有減損著名商標或標章之識別性或信譽之虞」之規定，旨在加強對著名商標之保護，以彌補前段「有致相關公眾混淆誤認之虞」對著名商標保護之不足。換言之，當系爭商標與他人著名商標雖屬相同或近似，惟其所指定使用之商品或服務非屬類似，甚至不具關連性，而無法適用前段「混淆誤認之虞」之規定時，基於避免著名商標被使用於太多性質上不存在競爭關係之商品或服務，致其識別性被沖淡或減損其信譽，即增訂後段「商標減損」之規定」。

彰之識別性與信譽已為絕大多數的一般公眾所熟知。[219]蓋商標淡化理論規範之行為對象，是利用著名商標之識別性，或藉此攀附著名商標權利人多年經營之商譽，致有減損著名商標之識別性、獨特性之虞者，[220]因此先使用之商標如未具高度識別性，則其商標識別性遭後使用商標減損之可能性較低[221]，亦難認定後使用之商標有以不公平方式或不正方法，利用先使用商標之識別性，如「搭便車」等不勞而獲之行為。[222]

---

[219] 經濟部民國96年1月18日經訴字第09606060360號訴願決定書：「……又因據以異議諸商標於系爭商標申請註冊日前至多僅為便當、涼麵、麵包、三明治及飲料等食品飲料商品之相關業者及消費者所熟悉，惟其知名度尚不足以使非屬該領域之一般公眾亦普遍認知，故亦無（民國100年修正前）本法第23條第1項第12款後段適用」。

[220] 經濟部民國95年12月28日經訴字第09506186560號訴願決定書：「……但是鑑於據以異議商標之高度識別性，且其經關係人長期廣告及行銷，已在名錶、絲巾、領帶等產品為絕大多數的一般公眾所熟知之高度著名商標，則系爭商標之註冊，顯有利用據以異議商標之識別性或藉此攀附關係人多年經營之商譽，而有減損據以異議商標之識別性、獨特性之虞，自有首揭（民國100年修正前）商標法第23條第1項第12款後段規定之適用」。

[221] 經濟部民國96年4月14日經訴字第09606064560號訴願決定書：「則在我國消費市場上，多年來以數字「007」或結合手槍圖形作為商標圖樣，並指定使用於不同類別之商品或服務，既不在少數，識別性低，消費者應不難辨識該等商品或服務係來自不同營業主體」。

[222] 依「商標法第30條第1項第11款著名商標保護審查基準」(前揭)3.3，有關判斷有無減損商標識別性或信譽之虞的參酌因素如下：(1)商標著名之程度：商標淡化保護應限於保護著名程度較高之商標，而商標之著名程度是否較高與該商標被認知的地理區域範圍及該商標為消費者所普遍熟知之程度有關。一般來說，商標所表彰之識別性與信譽若已為國內大部分地區絕大多數的消費者所普遍認知，則該商標具有較高之著名程度，且其識別性與信譽較有可能遭受減損；(2)商標近似之程度：在近似程度的要求方面，商標淡化之虞對商標近似程度之要求較混淆誤認之虞為高，亦即第30條第1項第11款前段與後段規定雖均提及商標近似之要件，而各別為其判斷的參酌因素，然二者近似程度的要求並不相同，後段規定所要求的近似程度應較同款前段規定為高；(3)商標若為第三人廣泛使用於不同之商品/服務，則該商標排他使用之程度較低，其識別性或信譽較不可能遭受減損；(4)著名商標先天或後天識別性之程度：著名商標不論是具有

三、權利人同意之例外可得註冊之情形

　　雖相同或近似於他人著名商標或標章，有致相關公眾混淆誤認之虞，或有減損著名商標或標章之識別性或信譽之虞者，不得註冊。但得該商標或標章之所有人同意申請註冊者，不在此限。蓋本款是為保護著名商標或標章所有人之權益而設，故經該所有人同意即無保護之必要。[223]但本書認為，著名商標之保護，並不完全以保護商標權人之權益為主，尚應有確保「避免消費者混淆」等公益之機能，因此如上述般，違反本款規定之後使用商標，如僅得著名商標或標章之所有人同意即可並存註冊之例外規定，似有商榷之餘地。

四、申請評定除斥期間之限制

　　商標之註冊違反本款規定，自註冊公告之日起滿五年者，不得申請或提請評定。主要理由認為，對註冊後因持續使用多年所建立之商譽，應加以適當之保護，但為兼顧考量商標權人及申請人雙方權益之均衡，其保護期間亦不宜過長，故規定較短之五年除斥期間。但如其違反係屬惡意者，則不受五年除斥期間之限制。（商58 II）[224]前述所稱之「惡意」，究是指

先天或後天識別性，均能成為商標淡化保護之客體，且商標淡化保護的客體應是識別性與著名程度較高之商標，而創意性商標較易達到這樣的識別性與著名程度；(5)其他參酌因素：例如系爭商標權人是否有使人將其商標與著名商標產生聯想的意圖。換言之，倘系爭商標權人故意將系爭商標與據爭商標相同之文字或圖形放大，字體加深等，而可據以推論系爭商標權人有使人將其商標與著名商標產生聯想的意圖，亦得作為判斷之參酌因素。此外，系爭商標與據爭著名商標間存在實際聯想的具體證據，亦有助於判斷該著名商標之識別性或信譽是否有遭受減損之虞。

223 參見民國92年修法理由。

224 本法民國92年修正前，對得申請或提請之除斥規定，須於註冊公告之日起2年內為申請或提請評定之情事，經參考保護智慧財產權巴黎公約第6條之1第2項，對於相同或近似於著名商標或標章，有致相關公眾混淆誤認之虞者，僅規定商標權人得於5年內提起評定，並非如現行條文（92年修正前之規定）於10年間皆可提起；而對現行條文第37條第12款，於10年間均可評定，對於註冊後

單純的「知悉」，抑或指「對於特定行為有使其結果發生之意圖」，雖有疑義，但惡意取得註冊者，係因有藉此獲取不正競爭利益之意圖，始不受上述除斥期間之保護，故所稱「惡意」當非指單純之「知悉」，而應具有「欲獲取不正利益之意圖」始足當之。[225]換言之，如使用他人著名商標，並無仿襲他人著名商標，以獲取不正利益之意圖，而僅是單純知悉，甚或無從知悉者，均不構成「惡意」之要件。[226]惟不適用五年除斥期間因屬例

已使用多年，其因持續使用所建立之商譽，並無適當之保護，考量商標權人及申請人雙方權益之均衡，應規定較短之除斥期間予以限制，較為適當，審視修正條文第23條第1項第12款至第17款及第59條第5項規定，亦應有此考量，參考日本商標法第47條之除斥期間規定一律定為5年，較為清楚，爰將得提起評定之期間修正為5年。商標之註冊違反修正條文第23條第1項第12款且係惡意取得註冊者，因其本欲獲取不正競爭之利益，參考保護智慧財產權巴黎公約第6條之1第3項，不應受有期間之保護，爰於第3項明定「不受第一項期間之限制」。參見本法民國92年修法理由。

[225] 經濟部民國95年6月26日經訴字第09506171300號訴願決定書：「……（民國100年修正前）商標法第51條第3項規定所稱之「惡意」，究係指單純的「知悉」，抑或指「對於特定行為有使其結果發生之意圖」，容有疑義；倘由該條項修正之立法意旨係因惡意取得註冊者，本欲有獲取不正競爭之利益，不應受有期間保護之角度觀之，所稱「惡意」當非指單純之「知悉」，而應進一步包含「欲獲取不正利益之意圖」在內；再者，該條項規定係參考巴黎公約而來，而「惡意」一詞則係翻譯自外文「bad faith」，依原處分機關所出版之「巴黎公約解讀」一書及「布萊克法律詞典BLACK LAW DICTIONARY」，該外文之解釋均非單純之「知悉」所得涵蓋。是以，本法第51條第3項所稱之「惡意」，當非僅指單純「知悉」他人著名商標之存在，而仍須以商標權人有「欲獲取不正競爭利益之意圖」，始足當之。本件原處分機關僅以訴願人曾因異議案件「知悉」參加人據以評定商標之存在，即認定訴願人具備主觀之「惡意」，實有謬誤」。

[226] 經濟部民國96年7月17日經訴字第09606071100號訴願決定書：「……（民國100年修正前）商標法第51條第3項之「惡意」，當非僅指單純之知悉，而尚應指申請人有「仿襲他人著名商標以獲取不正競爭利益之意圖」者而言。……查系爭商標為參加人所創設者為訴願人等所不爭執，另由卷附資料可知參加人至少自民國62年起就已經以系爭商標從事語文類之補習教育之推廣業務，是其83年5月4日申請系爭商標之註冊，自難謂係「知悉」他人商標且有「仿襲他人

外但書之規定，故應從嚴解釋。[227]

第十二目　相同或近似於他人先使用於同一或類似商品或服務之商標，而申請人因與該他人間具有契約、地緣、業務往來或其他關係，知悉他人商標存在，意圖仿襲而申請註冊者。但經其同意申請註冊者，不在此限。（商30Ⅰ十二）

　　本法除以保障商標權人及消費者利益為目的外，亦寓有維護市場公平競爭秩序之功能。本法於民國86年5月7日修正時，即本此意旨，將因與他人有特定關係，而知悉他人先使用之商標並加以仿襲註冊者，以顯有違市場公平競爭秩序情形為由，列為不得註冊之事由。至於申請人是否基於仿襲意圖所為，自應斟酌契約、地緣、業務往來或其他等客觀存在之事實及證據，依據論理法則及經驗法則加以判斷。本款要件如下：

一、相同或近似於他人先使用於同一或類似商品或服務之商標[228]

　　有關商標之近似及商品或服務類似之概念與判斷，詳見本書於商標權權能相關章節之說明。另本款所謂「先使用」之商標，並不以於我國國內

著名商標以獲取不正競爭利益」之意圖，難謂具有商標法第51條第3項所規定「惡意」之情形」。
[227] 經濟部民國95年2月21日經訴字第09506161930號訴願決定書：「……惟因該項規定究屬例外規定，原處分機關所得裁量之空間不宜過於寬」。
[228] 經濟部民國96年7月31日經訴字第09606071670號訴願決定書：「……按『相同或近似於他人先使用於同一或類似商品或服務之商標，而申請人因與該他人間具有契約、地緣、業務往來或其他關係，知悉他人商標存在者。』不得註冊，為本法（民國100年修正前）第23條第1項第14款本書所明定。其規範意旨在避免剽竊他人創用之商標而搶先註冊，是申請人如因與他人間具有契約、地緣、業務往來或其他關係，知悉他人先使用之商標之存在，未徵得他人之同意，而以相同或近似之商標指定使用於同一或類似之商品或服務申請註冊者，即應認有前揭條款規定之適用，而不得註冊。是前揭條款規定之適用，係以兩造商標相同或近似於『他人先使用』之『商標』為前提要件」。

先使用爲限，茲因本款立法目的，是爲維護民法上的誠實信用原則並避免消費者混淆及不公平競爭行爲，故不以於國內先使用之商標爲限，於國外先使用之商標應包括在內，[229]惟該先使用之商標應指未於我國註冊公告之商標，如他人先使用之商標已於我國註冊公告者，則依本法第30條第1項第10款之規定加以保護即可。[230]至於本款保護之他人先使用之商標，並不以著名商標爲限。[231]另有關先使用之認定，則以申請時之事實爲準。（商30 II）

二、申請人與該他人間具有契約、地緣、業務往來或其他關係

本款立法目的之一，是爲避免商標申請人確因某種具體明顯之關係而知悉特定商標之存在，並以不正競爭行爲搶先註冊該商標，因該行爲有礙商場秩序，故不准其註冊。本款適用應以申請人因與先使用者間具有「契約」、「業務往來」、「地緣」或「其他關係」，致知悉他人已先使用商標爲要件，上述「其他關係」屬概括性規定，實務上有認爲應採從寬解釋

---

[229] 臺北高等行政法院93年訴字第114號判決：「按（民國100年修正前）商標法第37條第1項第14款……本款所稱「先使用」之商標，自不限於國內先使用之商標，亦包括國外先使用之商標」。

[230] 最高行政法院95年度判字第50號判決：「本院按商標圖樣「相同或近似於他人先使用於同一商品或類似商品之商標，而申請人因與該他人間具有契約、地緣、業務往來或其他關係，知悉他人商標存在者」，不得申請註冊，爲系爭商標註冊時（民國100年修正前）商標法第37條第14款本書所規定。另觀諸同條第12款、第13款則指明：「註冊商標」而非「商標」，足見首開條款所稱商標，係指先使用而未註冊之商標而言」。

[231] 經濟部民國96年3月16日經訴字第09606063240號訴願決定書：「……（民國100年修正前）商標法第23條第1項第14款之規定旨在避免剽竊他人創用之商標而搶先註冊，該他人商標是否爲著名商標則非所問，此由該條款僅規定「相同或近似於『他人先使用於同一或類似商品或服務之商標』，……」即可明白」。

者，[232]本書雖原則贊同，但仍應遵守法律解釋方法，即，應有與前開「契約、業務往來、地緣」相類似之情形者，如商業、僱傭、承攬等行為，方可構成「其他關係」。[233]

三、知悉先使用人商標存在

所謂知悉先使用人商標存在者，如能證明有知悉他人商標或標章存在，進而以相同或近似之標章，指定使用於同一或類似商品或服務，申請商標註冊者，即應符合該要件。[234]另條文所列舉之契約、地緣、業務往來關係，應屬例示規定，而「其他關係」屬概括規定，實務上認應從寬解釋，因此，知悉他人商標存在的原因為何，非屬重要，如衡諸一般經驗法則，並基於客觀事實判斷後，[235]認為本款先申請人，縱屬非直接知悉先使

---

232 臺北高等行政法院93年訴字第114號判決：「……至於知悉他人商標存在的原因為何並未特別重要，只要能證明有知悉他人商標進而以相同或近似之標章指定使用於同一商品或類似商品之標章者，即應認有該款之適用，而符合該款之立法意旨，此即為該款有「其他關係」之概括規定的緣由。從而「其他關係」應從寬加以解釋……」；經濟部民國96年7月3日經訴字第09606070070號訴願決定書：「……至於其知悉原因為何實際上並未特別重要，此即為該款有其他關係之概括規定的緣由，從而「其他關係」應從寬加以解釋」。

233 臺北高等行政法院94年訴字第798號判決：「修正前為商標法第37條第14款及現行商標法第23條第1項第14款所謂「與該他人間具有契約、地緣、業務往來或其他關係」，須限於申請人與先使用者間有「契約」、「業務往來」、「地緣」或「其他關係」之情形，因而知悉他人商標存在者，方有適用之餘地。其規定之意旨主要在於避免商標申請人確因某種具體明顯關係知悉據爭商標之存在，而以不正競爭行為搶先註冊，有礙商場秩序之事實而言。故只要能證明有知悉他人商標或標章存在，進而以相同或近似之標章指定使用於同一或類似商品或服務者，即應認有該款之適用，而符合該款之立法意旨。然所謂「其他關係」雖是一概括規定，惟依立法解釋仍須有類似前開之情形方屬之；亦即應有類似前開「契約、業務往來、地緣」之情形方屬之。故所謂「其他關係」應係指例如：商業、僱傭、承攬等情形方屬之」。

234 參見臺北高等行政法院94年訴字第798號判決。

235 經濟部民國96年7月25日經訴字第09606071570號訴願決定書「而該款規定主要

用商標之存在，而是間接知悉者，亦有本款之適用。[236]

　　本款構成要件應由先使用人舉客觀事實證明之，即，先使用人就申請人與先使用人間具有「契約」、「業務往來」、「地緣」或「其他關係」之存在，且因該關係而知悉先使用人商標存在之事實，負舉證責任。[237]以下資料可視爲客觀之證據資料，如先使用人與申請人間有來往信函、交易

　　係在避免剽竊他人創用之商標或標章而搶先註冊，故只要能證明商標申請註冊時，有知悉他人先使用商標或標章存在，進而以相同或近似之商標指定使用於同一或類似商品或服務者，即應認有該款之適用，而符合該款之立法意旨。至於其知悉原因為何實際上並未特別重要，此即為該款有其他關係之概括規定的緣由。又知悉他人商標存在者，應就客觀事實判斷之……，訴願人即因與關係人間具業務往來或為競爭同業之其他關係，知悉據以評定諸商標之存在，其未徵得關係人之同意，即以與之構成高度近似之系爭商標申請註冊於類似商品，自有違（民國100年修正前）商標法第23條第1項第14款之規定。」

[236] 臺北高等行政法院93年訴字第114號判決：「……至於知悉他人商標存在的原因為何並未特別重要，只要能證明有知悉他人商標進而以相同或近似之標章指定使用於同一商品或類似商品之標章者，即應認有該款之適用，…即衡諸一般經驗法則，縱非直接知悉先使用商標之存在，亦係間接知悉先使用商標之存在，而惡意加以抄襲，自不應受商標法之保護」；臺北高等行政法院90年度訴字第456號判決：「按「係指商標申請人確因某種具體明顯關係知悉據爭商標之存在，而以不正競爭行為搶先註冊，有礙商場秩序之事實而言……參加人於其本件商標申請註冊時，縱非直接因其對時尚流行之接觸知悉據以異議商標存在，亦係間接自其弟周○○處知悉據以異議商標之存在，而惡意加以抄襲，系爭商標自不應受商標法之保護……」；經濟部民國96年6月15日經訴字第09606069240號訴願決定書：「按（民國100年修正前）商標法第23條第1項第14款之規定，旨在避免剽竊他人創用之商標而搶先註冊，防止不公平競爭行為，而賦予先使用商標者遭他人搶先註冊其商標時之權利救濟機會，……至於商標申請人知悉先使用商標之原因為何則非特別重要，倘能證明申請人有知悉他人商標進而以相同或近似之商標指定使用於同一或類似商品之情形，即有本款之適用，亦即，衡諸一般經驗法則，申請人縱非直接知悉先使用商標之存在，倘能證明係間接知悉先使用商標之存在，而惡意加以抄襲者，即不應受商標法之保護（參照臺北高等行政法院90年度訴字第456號判決意旨）」；經濟部民國96年4月13日經訴字第09606064640號訴願決定書亦採相同見解。

[237] 經濟部民國96年7月25日經訴字第09606071570號訴願決定書。

憑證、採購資料、買賣、承攬、代理等契約或業務相關證明文件；親屬關
係之證明文件；營業地、居住地接近等地緣關係之證明文件；投資關係、
僱傭、委任等證明文件；就商標爭議案互為當事人或利害關係人之相關資
料等客觀資料。[238]

第十三目　有他人之肖像[239]或著名之姓名[240]、藝名[241]、筆名[242]、字號[243]者。但經其同意申請註冊者，不在此限。（商30 I 十三）

　　本款立法目的，是為保護自然人的人格權，並避免不當利用他人知
名度行銷本身商品之「搭便車」行為，另方面則是為了避免一般消費者，
將商品或服務之來源與其他特定人間產生聯想，而導致混淆誤認。本款既
以人格權為保護對象，自僅限具有權利能力之主體，即自然人及法人始能

---

238 智慧財產局編印，商標法逐條釋義，頁56，94年5月。

239 肖像權屬於人格權之一種，受侵害可依主張民法第18條規定，「人格權受侵害
　　時，得請求法院除去其侵害，有受侵害之虞時，得請求防止之」之適用。參見
　　臺灣高等法院94年度上易字第958號民事判決。

240 姓名為姓氏和人名的合稱。參見維基百科，http://zh.wikipedia.org/w/index.
　　php?title=%E5%A7%93%E5%90%8D&variant=zh-tw，閱覽日期，2007/11/3。

241 藝名通常是歌手、演員、音樂家以及某些職業運動員等在進行演藝表
　　演事業時，所取的別名。參見維基百科，http://zh.wikipedia.org/wiki/
　　%E8%97%9D%E5%90%8D，閱覽日期，2007/11/3。

242 筆名通常是有些作家發表文章時，基於某種理由不以真實姓名發表而採用的化
　　名。各個作家都有不同使用筆名的原因。有些作家取筆名是為了發表作品時能
　　夠隱藏自己真正的身分，或是因為作家認為自己的本名不夠響亮、或者與作品
　　風格不相符而刻意取適合自己文風的筆名；有些作家則是在不同風格作品的發
　　表上使用不同的筆名加以區別。參見維基百科，http://zh.wikipedia.org/w/index.
　　php?title=%E7%AD%86%E5%90%8D&variant=zh-tw，閱覽日期，2007/11/3。

243 通常，「名」是個人於會上使用特定符號，「字」則為「名」的解釋與補充，
　　「號」則為一種固定之別名，又稱「別號」。
　　http://72.14.235.104/search?q=cache:aMZbmhwplrUJ:www.huaxianame.com/
　　News/2005102382255.asp+%E5%AD%97%E8%99%9F&hl=en&ct=clnk&cd=8，
　　閱覽日期，2007/11/3。

享有。244所稱「他人之肖像」者，應不以著名人士之肖像為限，肖像雖經裝扮但仍可辨認出特定人時，亦應屬本款規範之行為對象。245另本款規定之姓名、藝名、筆名及字號，應以完全相同、完整的姓名，且達到「著名」246的程度者為限。247其是否構成著名事實狀態認定時點，應以申請時為準。（商30Ⅱ）

　　違反本款規定之商標，如得該肖像或著名之姓名等權利人同意，則不

---

244 經濟部民國96年5月7日經訴字第09606067140號訴願決定書：「查，（民國100年修正前）商標法第23條第1項第15款規定，旨在保護自然人之人格權，……至於，訴願人訴稱本款規定應無限制主體必為存活之自然人乙節。按依民法規定，人格權僅限於有權利能力之主體即自然人及法人所得享有。訴願人該等爭議，自不足採」。

245 經濟部民國94年12月6日經訴字第09406141670號訴願決定書：「按商標有他人之肖像或著名之姓名、藝名、筆名、字號者，不得註冊，但得其同意申請註冊者，不在此限，為（民國100年修正前）商標法第23條第1項第15款所明定。本款立法意旨在保護個人肖像權及著名姓名權。又本款所稱『他人之肖像』不以著名為限，經過裝扮的肖像，可辨認出該他人時，仍屬之；而姓名、藝名、筆名、字號者，應為『完全相同』且達到『著名』的程度」。

246 所謂著名者，依本法施行細則第16條規定，係指有客觀證據足以認定已廣為相關事業或消費者所普遍認知者而言。實例上認為，「……『美鳳姐』則為演藝界與觀眾對知名藝人『陳美鳳』之稱呼，陳君從事於媒體歌唱演藝工作多年，為全國觀眾所熟知，並為多項產品及公益活動廣告代言，有『台灣最美麗的媳婦』、『最美麗的歐巴桑』之美譽，並獲得1998風雲電視人票選最佳女主角、入圍第23屆金鐘獎最佳女主角、1998亞太暨金馬影展-電影博覽會親善大使等殊榮，在其主持『美鳳有約』、『鳳中奇緣』、『飛躍星期天』、『歡樂傳真』、『今夜要設防』等電視節目中，均有演藝界人士或觀眾對她稱呼『美鳳姐』，近年來更經常主持有關美食電視節目，該『美鳳姐』堪認已屬著名之藝名」，經濟部民國94年12月6日經訴字第09406141670號訴願決定書。

247 經濟部民國96年5月7日經訴字第09606067140號訴願決定書：「查，商標法（民國100年修正前）第23條第1項第15款規定，旨在保護自然人之人格權，且姓名部分限於『完全相同』且達到『著名』的程度……查系爭商標圖樣上之『愛因斯坦』縱然即為『Einstein』之中文譯音，然其僅為一外國人之姓氏，尚非自然人之完整『姓名』，即非本款規定人格權保護之對象……」。

在禁止註冊之列，主要理由認爲，本款是爲保護自然人及法人的人格權而設，如權利人自願放棄，則無保護之必要。但本款亦有避免消費者產生混淆之虞之公益性考量，故僅得權利人同意，違反本款規定之商標，即可申請註冊之但書規定，似有商榷之餘地。

第十四目　有著名之法人、商號或其他團體之名稱，有致相關公眾混淆誤認之虞者。但經其同意申請註冊者，不在此限。（商30I十四）

本款主要立法目的，是爲保障商業秩序及防止不公平競爭，並避免消費者混淆誤認。著名法人、商號或其他團體之名稱，因具有高知名度，如任由他人援用作爲商標使用，則一般消費者恐會對其產品或服務之生產或來源，產生錯誤之聯結，致誤認產品或服務的來源或出處，故有加以規範之必要。

本款所稱「法人」，是指依我國相關法律設立登記或認許之法人而言。[248]「商號」者，是指依商業登記法登記，以營利爲目的並以獨資或合

---

[248] 經濟部民國96年1月25日經訴字第09606061060號訴願決定書：「就商標法第23條第1項第16款規定部分言，按本條款所保障之法人，係指依我國公司法等相關法律設立登記或認許之法人而言。本件案外人美商‧馬霖公司爲一外國公司，依卷附資料，並未見訴願人提出該公司已依我國公司法等相關規定辦理設立登記或認許之證明文件，則案外人既非依我國公司法等相關法律設立登記或認許之法人，如上所述，自無本條款規定之適用」。另參見法務部79年2月2日法律字第1348號函示：「按法人有公法人與私法人之分。公法人之成立，除國家當然爲公法人外，應以有法令明文者爲限（如水利法第12條第2項）。而私法人之成立，依民法第25條之規定，非依民法或其他法律之規定，不得成立。其爲以營利爲目的之社團者，應依特別法之規定成立（參見民法第45條）。例如：依公司法第6條之規定成立公司；其爲以公益爲目的之社團或財團者，應依法經目的事業主管機關之許可，並向其事務所所在地之法院辦妥法人登記（參見民法第46條、第59條，民法總則施行法第10條）。台東縣公教會館及縣立文化中心之設立，若僅有台東縣政府公共造產公教人員會館經營管理辦法及台東縣立文化中心組織規程等縣單行規章作爲依據，就各該規定內容觀察，似

夥方式經營之事業，[249]商號名稱雖可表彰營業之主體，[250]但因獨資商號不具法人或非法人團體之資格，[251]故本款於法人之外將「商號」獨立成一類型，另依法規定僅自然人始得經營商號，故公司、社團法人及政府機關均不得為之。[252]「其他團體」者，是指自然人及法人以外其他無權利能力之團體而言。本款保護之著名名稱之所有人，並不以具權利能力為限，自然人及法人為權利義務主體，固屬憲法保護之對象，惟為貫徹憲法對人格權及財產權之保障，非具有權利能力之「團體」，如具一定之名稱、組織而有自主意思，並以其團體名稱對外為一定商業行為或從事相關活動有年，已有相當之知名度為一般人所知悉或熟識，且有受保護之利益者，

　　非公法人之組織；至於是為私法人，則端視是否具備上揭私法人成立要件以為斷，若不具備上揭私法人成立要件，即難謂為私法人」。

249 「商業登記法」（最新修正生效日，民國98年1月21日）第3條：「本法所稱商業，謂以營利為目的，以獨資或合夥方式經營之事業」；第27條：「商業之名稱，得以其負責人姓名或其他名稱充之。但不得使用易於使人誤認為與政府機關或公益團體有關之名稱。以合夥人之姓或姓名為商業名稱者，該合夥人退夥，如仍用其姓或姓名為商業名稱時，須得其同意」；第28條：「I商業在同一直轄市或縣（市），不得使用相同或類似他人已登記之商號名稱，經營同類業務。但添設分支機構於他直轄市或縣（市），附記足以表示其為分支機構之明確字樣者，不在此限。II商號之名稱，不得使用公司字樣III……」。

250 最高法院92年度台簡上字第37號民事判決：「又商號名稱既足以表彰營業之主體，則在票據發票人欄加蓋商號印章，即足生發票之效力」。

251 最高行政法院88年度判字第3677號判決：「……獨資商號不具法人人格或非法人團體之資格，其與商號經營人實為同一人格體……」

252 經濟部94年9月15日經商字第09400154890號函：「社團法人不得為獨資、合夥事業之商業負責人或合夥人一、按商業登記法第8條第1項第6款及第7款之立法意旨，係指自然人始得經營商業，社團法人不得為獨資、合夥事業之商業負責人或合夥人，自無商業登記法之適用；又營利事業統一發證辦法係適用於依公司法組織設立之公司及依商業登記法設立之獨資、合夥商業。至社團法人為達成公益目的而營業者，亦無營利事業統一發證辦法之適用，應逕向稅捐稽徵主管機關辦理營業登記。……」。

不論其是否從事公益，均應爲本法保護之對象，並受憲法之保障，[253]故而本款保護之範圍應包括「非法人團體」，[254]且並不當然地排除營利團體。[255]

　　本款所保護法人、商號或其他團體之名稱，應達「著名」之程度，所謂著名，是指有客觀證據[256]足以認定已廣爲相關事業或消費者所普遍認知者。（商施31）另判斷本款之法人、商號或其他團體是否已達著名之程度，應以系爭商標申請時之狀態爲準，[257]故欲主張其公司係著名法人者，

---

253 司法院大法官釋字第486號解釋：「……憲法上所保障之權利或法律上之利益受侵害者，其主體均得依法請求救濟。民國78年5月26日修正公布之第37條第1項第11款（現行法為第37條第11款）前段所稱「其他團體」，係指自然人及法人以外其他無權利能力之團體而言，其立法目的係在一定限度內保護該團體之人格權及財產上利益。自然人及法人為權利義務之主體，固均為憲法保護之對象；惟為貫徹憲法對人格權及財產權之保障，非具有權利能力之「團體」，如有一定之名稱、組織而有自主意思，以其團體名稱對外為一定商業行為或從事事務有年，已有相當之知名度，為一般人所知悉或熟識，且有受保護之利益者，不論其是否從事公益，均為商標法保護之對象，而受憲法之保障。商標法上開規定，商標圖樣，有其他團體之名稱，未得其承諾者，不得申請註冊，目的在於保護各該團體之名稱不受侵害，並兼有保護消費者之作用，與憲法第22條規定之意旨尚無牴觸」。

254 行政法院判決83年度判字第2783號判決：「……與商標法第37條第1項第11款之其他團體相當，則系爭服務標章申請註冊時，關係人已具有非法人團體之資格，而有前開法條之適用，並經本院82年度判字第1869號判決論明」。

255 行政法院判決83年度判字第2783號判決：「又原告主張，前開法律規定之「其他團體」，參酌日本相關法律規定，應指「非營利團體」，「營利團體」不包括在內，既與我國前開法條之文義不合，復無合理之區分依據，自無足採。……而「營利團體」是否得適用前開法律，是否產生弊端，應依個案事實具體認定，既不得以推測為之」。

256 經濟部民國95年7月19日經訴字第09506172890號訴願決定書：「……訴願人欲證明其公司係著名法人，自應檢送系爭商標申請前之使用證據始足當之。而本件依訴願人所檢送之現有證據資料，其日期均晚於系爭商標之申請日已如前述，故訴願理由所訴，顯不足採」。

257 本法第30條第2項規定。

自應檢送系爭商標申請前，該公司使用該商標相關證據，並以之作爲判斷該公司是否已達著名之程度。[258]

　　本款所謂法人、商號或其他團體之名稱，是指其特取名稱而言。（商施32）[259]至於未依法律登記之公司外文名稱，可否受本法保護？有採肯定說者，認爲本款文義上並未規定所用名稱，須依法律或法律授權訂定之法規命令辦理登記者，始受保護，且公司有關涉外業務之經營，事實上亦有使用外文名稱之必要，由該目的事業主管機關對該未登記之外文名稱加以管理限制即可。[260]否定說則認爲，公司名稱、商號或其他團體之名稱，應依法登記取得專用權後，始有依法受保護之可能，故非依法律或法律授權制定之行政命令所爲登記之外文名稱，應不受本法同款之保護。[261]本書認

---

258 經濟部民國95年7月19日經訴字第09506172890號訴願決定書：「惟查，（民國100年修正前）商標法第23條第1項固未明文規定所舉證之使用證據均應以他人商標申請註冊日前之資料爲主；然同法條第2項已明定「前項第16款規定之情形，以申請時爲準」，因此訴願人欲證明其公司係著名法人，自應檢送系爭商標申請前之使用證據始足當之。而本件依訴願人所檢送之現有證據資料，其日期均晚於系爭商標之申請日已如前述，故訴願理由所訴，顯不足採」。

259 「特取名稱」乃指法人、商號或其他團體名稱中，除說明營業種類及組織型態之文字以外，用以表示其特性並與其他法人等相區別之文字。

260 最高行政法院92年度判字第1892號判決：「……按商標圖樣有他人之肖像、法人及其他團體或全國著名之商號名稱或姓名，未得其承諾者，不得申請註冊，但商號或法人營業範圍內之商品，與申請註冊之商標所指定之商品非同一或同類者，不在此限，爲註冊時商標法第37條第1項第11款所明定。上開規定未限制所用名稱以經依法律或法律授權訂定之法規命令辦理登記者爲限，公司使用外文名稱，雖非公司法規定應登記之事項，惟有關涉外業務之經營，事實上勢須使用外文名稱，各該目的事業主管機關自可加以管理限制，故經向目的事業主管機關登記核備之外文名稱，自難否認非屬其法人名稱，否則無以維護交易安全，並促進工商企業之正常發展。……被告以原告登記之英文名稱非依法律或法律授權訂定之法規命令之登記，無首開規定之適用，而爲本件申請不成立之評決，洵有違誤……」。

261 經濟部民國89年8月2日經（89）訴字第89088006號訴願決定書：「……另查訴願人公司英文名稱特取部分之外文『AIRTAC』縱早已向本部國際貿易局申辦

為，本款是以保障消費者不致產生混淆及保障公平競爭為目的，故其外文名稱如對外為一定商業行為或從事相關活動已有一定期間，並具相當之知名度，為一般人所知悉或熟識，並有受保護之利益者，即應屬本法保護之對象。[262]

　　另商標申請註冊之內容，須與著名法人、商號或其他團體名稱的特取部分完全相同者，始有本款之適用，[263]且僅需以他法人名稱特取部分，作為自己商標圖樣獨立之一部分即為已足，至於商標圖樣是否另結合其他設計，抑或另與他法人名稱特取部分之英譯相同，亦非所問。[264]所謂「特

英文公司名稱登記，惟按該英文名稱係依本部國際貿易局發布之出進口廠商登記管理辦法所為之登記，並非依法律或法律授權制定之行政命令所為之登記，並不具有法人名稱專用權之效力……」。並參見智慧財產局編印，商標法逐條釋義，（前揭），頁57。

[262] 司法院大法官釋字第486號解釋：「……惟為貫徹憲法對人格權及財產權之保障，非具有權利能力之「團體」，如有一定之名稱、組織而有自主意思，以其團體名稱對外為一定商業行為或從事事務有年，已有相當之知名度，為一般人所知悉或熟識，且有受保護之利益者，不論其是否從事公益，均為商標法保護之對象，而受憲法之保障」。

[263] 行政法院71年判字第366號判決：「按商標圖樣有他人之肖像、法人及其他團體或全國著名之商號名稱或姓名，未得其承諾者，不得申請註冊，固亦為商標法第37條第1項第11款所規定，惟所謂有他法人或其他團體或商號名稱，係指申請註冊之商標圖樣有與他法人或其他團體或商號名稱之特取部分完全相同者而言」；行政法院76年判字第217號判決書；經濟部民國90年9月12日經（90）訴字第09006322220號訴願決定書「……再查同法條第11款部分，以系爭審定第895339號「高基能」聯合商標上之圖樣為「高基能」，而訴願人公司名稱之特取部分為「高機能」，二者有中間文字「基」與「機」之不同，自難認有以他人公司名稱特取部分申請註冊之原因事實行為，要無前揭條款之適用」。

[264] 經濟部民國91年9月19日經訴字第09106122810號訴願決定書：「……惟查，首揭法條之適用僅需以他法人名稱特取部分作為自己商標圖樣獨立之一部分即為已足，至於商標圖樣是否另結合其他設計，抑或是否另與他法人名稱特取部分之英譯相同，則非所問。故系爭商標圖樣上之中文部分「赫斯」既與關係人公司名稱特取部分「赫斯」相同，不論其英文「Hertz」是否與關係人公司名稱特取部分之英譯相同，仍應有首揭法條之適用」。

取名稱」者，是指公司或商號名稱中，除說明營業種類之文字及說明組織形態之文字外，被用於表示其特性而與其他法人相區別之部分。[265]如「臺灣巨蛋超商股份有限公司」之公司名稱，其中「臺灣」為代表「中華民國」在台灣之地區名稱，而「超商」為標明其營業種類之文字，「股份有限公司」則為公司法人之類別，故其公司名稱之特取部分僅有「巨蛋」二字。[266]「桃園大飯店股份有限公司」，「股份有限公司」為其公司組織型態，「大飯店」則為其業種，故其特取名稱為「桃園」。[267]

　　違反本款規定之商標，如得該名稱權利人同意，則不在禁止註冊之列，主要理由認為，本款是為保護法人或商號等的人格權而設，如權利人

---

[265] 經濟部民國95年12月21日經訴字第09506185500號訴願決定書：「參請該條文歷年修正之立法理由，可認其相當於現行商標法第23條第1項第16款規定：商標「有著名之法人、商號或其他團體之名稱，有致相關公眾混淆誤認之虞者」。而所稱「法人或全國著名商號」及「著名之法人、商號或其他團體之名稱」，係指其特取部分而言，復為系爭商標註冊時商標法施行細則第29條第1項及現行商標法施行細則第17條所規定。所謂「特取部分」係指公司或商號名稱中除說明組織型態及業務種類之文字以外，主要用以與其他法人或商號相區別之部分……」。

[266] 行政法院84年度判字第1770號判決：「然查：關係人臺灣巨蛋超商股份有限公司之公司名稱，其中「臺灣」為代表「中華民國」在台灣之地區名稱，而「超商」為標明其營業種類之文字，「股份有限公司」則為公司法人之類別，故其公司名稱之特取部分僅有「巨蛋」二字，與系爭商標完全相同。，系爭商標既未徵得關係人之承諾，同意使用該特取部分之公司名稱，逕以「巨蛋」二字作為系爭商標圖樣之主要部分申請註冊，於法尚有未合」。

[267] 經濟部民國94年9月22日經訴字第09406135710號訴願決定書：「……現行商標法施行細則第17條「（民國100年修正前）本法第23條第1項第16款所稱法人、商號或其他團體之名稱，指其特取名稱。」之規定及參照前行政法院54年判字第217號判例意旨，所謂商標有著名法人、商號或其他團體之名稱，係指商標與著名法人、商號或其他團體名稱之特取部分完全相同而言。本件訴願人登記之法人名稱為「桃園大飯店股份有限公司」，「股份有限公司」為其公司組織型態，「大飯店」則為其業種，故其特取名稱為「桃園」，與系爭商標「假日大飯店」並非完全相同，故亦無本條款之適用」。

自願放棄，則無保護之必要。但本款亦有避免消費者產生混淆之虞之公益性考量，故僅得權利人同意，違反本款規定之商標，即可申請註冊之但書規定，似有商榷之餘地。

第十五目　商標侵害他人之著作權、專利權或其他權利，經判決確定者。但經其同意申請註冊者，不在此限。（商30 I 十五）

商標權與其他權利發生衝突時，應以保護權利在先者為原則，[268] 本法乃有關商標侵害他人著作權、專利權或其他權利經判決確定者屬不得註冊事由之規定。商標之內容或使用是否侵害智慧財產權，涉及高度專業判斷，當事人就事實上或法律上論點常有高度的爭議，為求明確，本款乃以法院判決確定作為構成要件。實務上曾有認為，雖向檢察機關提出刑事告訴狀，惟該雙方當事人事後達成和解，即難謂系爭商標有侵害他人之著作權而經法院判決確定之事實，而無本款之適用。[269] 另本款主要是保護智慧財產人之利益，因此權利人如同意侵害其權利之商標申請註冊者，即無禁止之必要。

第三節　商標申請案之審查

第一目　審查主義

商標申請註冊時，專責機關是否應加以審查？主要之考量點，應與

---

[268] 本款規定係源自於TRIPS第16條第1款規定：「註冊商標之專用權人應享有專用權，……上述權利不得侵害任何既存之權利，亦不得影響會員基於使用而賦予權利之可能性」。

[269] 智慧財產局94年11月11日中台異字第940388號商標異議審定書「……涉嫌違反著作權法而向台南地方法院檢察署提出刑事告訴狀，惟該雙方當事人事後達成和解，自難謂系爭商標有侵害他人之著作權而經法院判決確定之事實，自無首揭商標法（民國100年修正前）第23條第1項第17款規定之適用」。

對商標權屬性之評價有關，如認為商標權屬私權性質者，則有關商標得否使用、是否與前商標同一或類似、指定之商品或服務是否相同或類似等爭議，應由當事人依循司法制度解決，不宜由商標專責機關，本於公權力加以審查認定。但目前主要立法例，則認為商標權雖屬私權，但仍有公益性之考量，故於申請註冊時，仍應加以審查，但依審查範圍之不同，又可分為絕對審查制度與相對審查制度。所謂絕對審查制度，是指對所有商標申請案均應主動全面審查，其審查範圍包括基於公益或私益考量之不得註冊事由，我國、日本均屬此類立法例。所謂相對審查制度者，是指對基於私益考量為基礎之不得註冊事由，僅就形式要件加以審查，其實質部分則由法院處理，歐洲聯盟、德國[270]等即屬此類立法例。另有所謂不審查制度，是指對基於公益及私益考量為基礎之不得註冊事由，均不加以審查。此一制度，目前並無國家採用（1996年1月1日前之荷比盧商標局曾採用）。

第二目　商標核准與核駁審定

一、核准審定

商標註冊申請案經審查認無本法第29條第1項、第3項、第30條第1項、第4項或第65條第3項規定不得註冊之情形者，應予核准審定。（商32 I）申請註冊商標經專責機關經審查後，如無本法規定不得註冊事由，

---

270 德國關於商標及其他標示之保護法（1994年10月25日制訂，1998年7月16日最後修訂）有關申請商標註冊審查主要條文如下，第3條：「1任何標示，尤其是文字，包括個人姓名、設計、字母、數字、音符、立體組合，包括商品之形狀或其包裝（包括顏色及顏色組合），得以將所表彰之商品或服務與他人提供之商品或服務相區別者，得受保護為商標。2下列形狀之標示不得受保護為商標：(1)其源於商品之本質者；(2)其為達致某種技術成果所必要者；或(3)賦予商品重大價值者」；其他相關條文有第8、10、36、37等規定，其相關譯文，請參見智慧財產局，德國商標法中譯文，http://www.tipo.gov.tw/trademark/trademark law，閱覽日期2007/11/14。另參見劉孔中，論商標部分審查制度及其在我國之採行，月旦法學雜誌，第91期，2002年12月，頁140-173。

即應為核准審定。經核准審定之商標，申請人應於審定書送達後二個月內，繳納註冊費後，始予註冊公告，並發給商標註冊證；屆期未繳費者，不予註冊公告。（商32 II）商標申請經核准審定，申請人應於審定書送達的次日起2個月內，繳納註冊費後，始予註冊公告，並自註冊公告當日起取得商標權。因此，繳納註冊費乃為取得商標權必備要件之一，如屆期未繳費者，依法不予註冊公告。茲因商標申請案，經核准審定後，在未繳納註冊費並為註冊公告前，申請人尚未取得商標權，申請人繳費與否，僅與商標專責機關是否為註冊公告相關，與核准審定之效力無涉。

申請人非因故意，未於前項所定期限繳費者，得於繳費期限屆滿後六個月內，繳納二倍之註冊費後，由商標專責機關公告之。但影響第三人於此期間內申請註冊或取得商標權者，不得為之。（商32 III）現行實務上商標專責機關送達註冊費繳納通知信件時，如申請人出國或其他非故意事由，致未能遵守繳費期限，由於該等事由並不屬於「天災或不可歸責於己之事由」，是以，申請人無法依本法第8條第2項規定申請回復原狀，也無其他救濟方法以恢復其權利。而商標從申請至核准審定，除申請人已投入許多精力、時間及金錢外，商標專責機關亦已投入相當之行政資源從事審查，認其一切符合法律規定始予以核准審定。再者，商標若已開始於市場上使用，申請人所為之投資更大。因此，對於申請人非因故意，遲誤繳納註冊費者，本法於100年修正時增訂其救濟及繳納二倍註冊費之規定，以資調和適用。

申請人非因故意而未能遵守前項期限，雖得申請復權，惟為維護權利之安定性，並避免因復權而發生混淆之商標並存之現象，若有第三人於此商標審定失效期間內，因信賴無在先商標之存在而申請註冊，或商標專責機關已核准他商標註冊者，即不宜核准其復權。271

---

271 參見民國100年修法理由。

二、核駁審定

商標註冊申請案經審查認有本法第29條第1項、第3項、第30條第1項、第4項或第65條第3項規定不得註冊之情形者，應予核駁審定。（商31 I）

前項核駁審定前，應將核駁理由以書面通知申請人限期陳述意見。（商31 II）

但為使申請人有陳述意見之機會，[272]商標專責機關於核駁審定處分前，應將核駁理由以書面通知申請人。另因考量住所或營業所在國外之申請人，其陳述意見書信郵寄往返需時較長，與在國內之申請人給予相同之陳述意見期間，易造成準備期間不足而須請求展期之情形，故本法於民國100年修正時刪除原訂30日之法定期間限制，修正為限期陳述意見。同時專責機關訂有「審定核駁理由先行通知實施要點」[273]做為處理相關事務之依據，依上述實施要點，申請人於前述指定期間內，得據實陳述意見或減縮已與他人商標權益牴觸之指定商品或服務，並得舉出有利於自己之事證，商標審查員應將申請人所陳述之意見，納入審查時之參考，並依法審理。

指定使用商品或服務之減縮、商標圖樣之非實質變更、註冊申請案

---

[272] 行政程序法（民國94年12月28日修正）第102條規定：「行政機關作成限制或剝奪人民自由或權利之行政處分前，除已依第39條規定，通知處分相對人陳述意見，或決定舉行聽證者外，應給予該處分相對人陳述意見之機會。但法規另有規定者，從其規定」。」

[273] 「審定核駁理由先行通知實施要點」（民國83年12月1日台商字第220567號公告，最新修正民國94年10月7日經授智字第09420030700號令修正發布第三點規定，並刪除第5點規定）其中「……二、商標審查員對於申請註冊之商標，經實體審查認為應予駁回時，於核駁審定前，應將核駁理由，以書面先行通知申請人或其商標代理人，申請人請於指定時間內提出意見書。三、申請人於前述指定期間內，得據實陳述意見或減縮已與他人商標權益牴觸之指定商品或服務，並得舉出有利於自己之事證。四、商標審查員應將申請人所陳述之意見，納入審查處分之參考，依法審理」。

之分割及不專用之聲明，應於核駁審定前為之。（商31 III）商標註冊申請案，若僅部分指定使用之商品或服務與在先權利相衝突，得透過減縮該部分商品或服務之方式加以排除；或透過申請分割之方式，以先取得原屬無爭議部分商品或服務之註冊。茲因申請人得提出申請減縮、分割商品或服務之時點，與申請註冊範圍之確認及審查密切相關，係屬涉及人民之權利義務事項，原規定於本法施行細則之方式並不適宜，故於本法明定之。

關於申請人得提出上述申請之時點，考量實務上於核駁審定後行政救濟期間始減縮商品或服務及申請分割者，因行政救濟機關無法進行審查，往往須由商標專責機關以違法事由不存在而先自行撤銷原處分，再另重新審理另為處分之方式處理，反覆審查，浪費行政資源。復按現行制度已採行核駁理由先行通知機制，並放寬陳述意見期間，申請人已有充分審慎斟酌考量是否減縮商品或服務、商標圖樣之非實質變更及申請分割之機會，復為使案件早日確定，自應就核駁審定後請求減縮及申請分割之時點加以限制，故規定提出上述申請之時點，應於核駁審定前為之。至於其所申請之商標經核准審定者，於核准審定後，仍可請求減縮及申請分割，自不待言。

另申請人於核駁審定後，於行政救濟階段為聲明不專用者，行政救濟機關亦無法進行審理，故本法明定依本法第29條第3項及第30條第4項為不專用之聲明者，亦應於核駁審定前為之。

申請人如不服核駁處分，於處分書到達之次日起30日內，得向經濟部訴願會提出訴願，（訴願法14）如對訴願決定仍有不服者，應於訴願決定書送達之次日起2個月內向高等法院提起行政訴訟，（訴願法90）如不服高等行政法院之裁判，並認為其判決違背法令者，應於該判決書送達後20日之不變期間內，依規定向最高行政法院提起上訴。（訴願法241、242）

第四節　商標權

第一款　商標權期間與延展

　　因智慧財產權具有高度之公益性，故設有權利保護期限，以兼顧權利人私益與國家之最大利益，因其權利具有法定期限，故性質上不具永久性。[274]換言之，智慧財產權之法定獨佔權於期限屆滿時即失效，並成為任何人均可自由利用之公共財，但不同類型之智慧財產權其公、私益衡量標準程度不一，如專利權[275]、著作權[276]有明確之權利存續期限，其調和公、私益之色彩相當明顯，相對而言，為使商標權人建立長期優良之商標、商譽之所需，故商標權可不限次數延展，[277]以獲得持續性之保護。

　　商標自註冊公告當日起，由權利人取得商標權，商標權期間為10年（商33 I），並自「註冊公告當日」起算，此與本法於民國92年修正前，採「註冊之日」起算之規定，有所不同，其修法理由，主要是為配合商標異議程序改為註冊後異議之規定，且第三人可藉由公告註冊之程序，知悉商標權存在之日，故以該日作為權利起始日，實質上亦較為妥當。

　　商標權期間得申請延展，每次延展期間為10年，（商30 II）且可經由

---

[274] 參見 豐崎光衛，工業所有權法，有斐閣，頁1-10，1985年，新版增補。

[275] 依民國100年修正專利法規定，發明專利權期限，自申請日起算20年屆滿（專利法第52條第2項）、新型專利權期限，自申請之日起10年屆滿（專利法第114條）、設計專利權期限，自申請之日起12年屆滿（專利法第135條）。

[276] 著作權法第30條至34條即明確規定著作財產權之存續期間。但有關著作人格權之保護，則不因著作人死亡或消滅而有任何影響。（同法第18條規定）

[277] 依本法第33條規定，商標自註冊公告當日起，由權利人取得商標權，期限為10年。但上述商標權期間，得申請延展，每次延展專用期間為10年。商標權制度之設立主要為保障商標權及消費者利益，維護市場公平競爭，促進工商企業界正常發展。而且建立長期優良之商標、商譽，對商標權人與消費者而言，均屬正面、有益之考量，因此本法規定得延展商標權之制度。

每10年定期延展註冊而無限延長商標權之期限。本法於民國92年修正前，對商標延展申請案原採實質審查主義，但之後廢除實質審查制度，[278]商標延展註冊已不採更新實質審查制度，申請人僅需備具申請書及繳納註冊費，並就註冊商標指定的商品或服務之全部或一部為之即可。

商標權人申請延展註冊者，除就原指定之商品或服務全部申請延展外，亦可僅就部分商品或服務申請延展，於部分延展時，申請時應刪減不延展之指定使用商品或服務名稱，但如涉及具體項目時，應需另案申請商品減縮，並辦理變更登記。[279]

商標權之延展，應於商標權期間屆滿前6個月內提出申請，並繳納延展註冊費；其於商標權期間屆滿後6個月內提出申請者，應繳納2倍延展註冊費。（商34 I）按商標之延展理應於商標期限屆滿前為之，但為顧及商標權人之權益與權利取得、維護之不易，本法規定有6個月之寬限期間，同時為避免商標權人故意遲延，申請人期間屆滿後6個月內申請者，應加倍繳納註冊費，須繳納2倍延展註冊費商標專責機關始得接受其申請。

另申請延展註冊時點可能超過原商標權利期間，如屆滿後6個月內申

---

278 參見本法92年修法理由認為，本法建立註冊商標保護制度，乃在保障商標專用權人之權益及消費者利益，重在其註冊後，專用權人須使用其商標，其申請延展註冊時，亦同。故申請商標延展註冊時，主管機關須審查該註冊商標所指定之商品或服務實際有無使用之事實，惟註冊商標實際若無使用於指定商品或服務，依民國92年修正條文第57條第1項第2款及第59條規定即可廢止其註冊，於申請延展時，實無須一一審查有無使用。且於實務上，大多數商標申請延展均為合法使用，僅因少數延展申請案不使用商標而須花費相當行政資源加以審查，並非妥適，因此，國際上商標法條約（Trademark LawTreaty）第13條第6項明文禁止就申請延展註冊時進行實體審查。為落實行政程序法第1條保障人民權益，提高行政效能之宗旨，使申請人儘速取得延展之商標專用權，乃廢除延展申請時之實體審查，而以相關制度輔助之，爰予刪除。

279 如原指定使用商品為「中藥、西藥、衛生醫療補助品」，得刪減其中一部分商品，如刪減「中藥」商品，僅就「西藥、衛生醫療補助品」等商品申請延展，惟若欲將衛生醫療補助品減縮為「冰枕、眼罩、耳塞」等具體項目，則尚需另案申請商品減縮。

請者，申請時商標權期間即已逾期，為明確商標權利期間之銜接，本法明定不論專責機關實際核准延展之期日為何，核准延展之期間，自商標權期間屆滿日後起算。（商34 II）。但如於商標權期間屆滿後始提出延展申請者，因已過商標權屆滿期間，故在商標權期間屆滿後，專責機關核准延展註冊前，該商標是否仍具有效力，即有探討之餘地。換言之，於該段期間內商標權人是否能行使商標權？亦或於商標專責機構實際核准後，始能溯及主張該商標權？實務見解認為，因商標權具有得無限次數延展之永續權利性質，第三人如於商標權期間屆滿後6個月內，有侵害商標權之行為，商標權人仍得主張其權利，惟若逾法定申請延展期間，商標權人仍未申請延展者，始有依本法第47條第1款，商標權自該商標權期間屆滿後當然消滅規定之適用。[280]但本書認為，商標權期限既已屆滿，且商標專責機關尚未核准延展註冊，故應待專責機構實際核准之後，權利人始能溯及主張該商標權較能符合法律規定。

商標經註冊者，得標明註冊商標或國際通用註冊符號。[281]（商35 III）商標使用時註明為註冊商標或註冊標記，可藉以提醒第三人避免侵權，進而維護商標權。

第二款　註冊事項之變更與更正

商標圖樣及其指定使用之商品或服務，註冊後即不得變更。但指定使用商品或服務之減縮，不在此限。（商38 I）商標圖樣及其指定使用之商品或服務，因涉及商標權之權利範圍，故註冊後即不得變更，但指定使用商品或服務之減縮，因不涉及商標權權利範圍擴大之問題，且對第三人利益並無不利之影響，故得准其變更。

---

280 參見民國100年修法理由。
281 如®乃為註冊商標符號。

　　註冊商標涉有異議、評定或廢止[282]案件時，申請減縮指定使用商品或服務者，應於處分前為之。（商38 III）註冊商標涉有爭議案件時，商標權人欲透過減縮商品或服務之方式，除去註冊違法情形者，若於處分後行政救濟程序階段始行請求時，行政救濟機關並無法進行審理，且基於程序經濟考量，亦應於處分前為之為妥。

　　商標註冊事項之變更或更正，準用本法第24條及第25條規定。（商38 II）即註冊之權利人之名稱、地址、代理人或其他註冊事項因不涉及商標權利範圍，且為顧及註冊事項之正確性，故准其變更，但應向商標專責機關申請之。（商38 II 準用商24）至於商標註冊事項有下列錯誤時，在不影響商標同一性或擴大指定使用商品或服務範圍之條件下，得經申請或依職權更正之，本法規定得為更正之註冊事項如下：一、申請人名稱或地址之錯誤。二、文字用語或繕寫之錯誤。三、其他明顯之錯誤。前項之申請更正，不得影響商標同一性或擴大指定使用商品或服務之範圍。（商38 II 準用商25）

第三款　商標權之權能

　　商標權人於經註冊指定之商品或服務，取得商標權。（商35 I）商標經註冊後，商標權人取得權利內容包括獨佔使用權、排他權、讓與權、授權他人使用、設定質權等等。分述之：

第一目　獨佔使用權

　　商標經註冊後，申請人於其指定之商品或服務取得商標權，即，取得於同一商品或服務，使用註冊商標之權，（商35II一）第三人未經商標

---

[282] 商標所指定使用之商品或服務，若僅有部分具有違法事由，例如部分指定商品或服務未使用或繼續停止使用滿3年者，得申請分割以除去違法之情形，故廢止案件亦有適用。

權人同意，不得使用之。此為商標權固有範圍，又稱商標獨佔性使用權，其範圍為申請人所指定之商品或服務，[283]如「伯爵C1000」指定使用於啤酒，汽水，果汁，礦泉水等，該商標獲核准註冊後，商標權人即可專有使用「伯爵C1000」之標識於啤酒，汽水，果汁，礦泉水等商品之權，商標權人獨佔性使用權之範圍，應以註冊之內容及指定使用之商品或服務為限，不得超出註冊之內容。

第二目　排他性使用權

　　所謂排他性使用權範圍或稱保護範圍，是指商標權人得排除第三人於類似之商品或服務上，使用與其註冊商標相同之商標，或於同一或類似之商品或服務，使用與其註冊商標近似之商標，且有致相關消費者混淆誤認之虞之商標使用行為。（商35II二、三）[284]商標權人之排他性使用權範圍與商標權範圍，概念上並不相同，商標排他權範圍並非商標權之固有範圍，乃以確保相關消費者不致發生混淆誤認之虞為主要功能，因而發揮保護商標權之功能，同時也有避免消費者因混淆誤認，致商標權人喪失交易機會之功能。另固有商標權即獨佔使用權之保護，並不以有致相關消費者混淆誤認之虞為必要，但商標排他性使用權因非以保護商標權人利益為主要目的，而是為避免相關消費者有混淆之虞，故排他性使用權之保護，須以「有致相關消費者混淆誤認之虞者」為構成要件。

一、近似商標

　　判斷二者商標近似與否，應本客觀事實，依具有普通知識經驗之購買人，於購買時施以普通所用之注意，是否有引致混同誤認之虞，作為判斷基準。判斷商標是否近似，應分別依據普通注意原則、通體觀察及比較主要部分原則、異時異地隔離觀察原則等，並考量商標識別性強弱、適用商

---

283 著名商標則有不同之考量，詳見本書有關著名商標相關介紹。
284 參見陳蕙君，論專利權保護範圍－由民・刑事責任觀點出發，汪渡村教授指
　　導，銘傳大學法律研究所89學年碩士論文。

品服務是否類似、一般消費者對商標熟悉程度等因素為通盤審酌。[285]如二商標予人之整體印象有其相近之處，若標示在相同或類似的商品或服務上時，以具有普通知識經驗之消費者，於購買時施以普通之注意，可能會有所混淆，而誤認二商品或服務來自同一來源，或誤認不同來源間有所關聯者，即構成商標之近似。[286]以下分述之：

（一）一般消費者施以普通之注意義務

　　商標最主要功能，是提供消費者可據以識別商品或服務之來源，因此商標圖樣是否近似之判斷，應以具有普通知識經驗之購買人，於購買時施以普通所用之注意，[287]是否有造成混同誤認之虞，作為判斷基準[288]。但

---

285 參見最高行政法院99年判字第287號。

286 行政院49年判字第3號判例：「判定兩商標之近似與否，應就構成各商標之主要部分，隔離觀察，是否足以引起混同誤認之虞以為斷……」；最高行政法院94年判字第2107號判決：「商標圖樣相同或近似於他人著名之商標或標章，有致公眾混淆誤認之虞者及相同或近似於他人同一商品或類似商品之註冊商標者，不得申請註冊，……而判斷二者商標近似與否，應本客觀事實，依具有普通知識經驗之購買人，於購買時施以普通所用之注意，有無引致混同誤認之虞以為斷。……另判斷商標是否有混同誤認之虞，應就其主要部分隔離觀察。所謂主要部分，指商標中具有識別不同商品之部分而言。經查，系爭商標圖樣於異時異地隔離通體觀察之際，有產生混同誤認之虞，應屬構成近似之商標，二者復均指定使用於茶葉、茶葉製成之飲料等相同或類似商品，該二商標應屬近似之商標」。

287 最高行政法院92年判字第610號判決：「判斷兩標章近似與否，應本客觀事實，依具有普通知識經驗之消費者施以普通所用之注意，異時異地隔離觀察，有無引起混同誤認之虞以為斷……」；行政院84年判字第2033號判決：「判斷商標之近似與否，應隔離觀察以資判定，縱令兩商標對照比較能見其差別，然異時異地各別觀察不易見者，仍不得不謂為近似，故凡商標無論在外觀上或觀念上，其圖形、文字主要部分近似，有引起混同誤認之虞者，即為近似之商標，……查判斷商標之近似與否，應就其主要部分各別隔離觀察，只要在外觀上，或觀念上，其圖形文字主要部分近似，予一般消費者以具有普通知識經驗之人，於購買時，施以普通所用之注意，有引起混同誤認之虞者，即屬近似之商標」。

288 依民國92年修正前之本法施行細則第15條第1項規定：「商標圖樣之近似，以

上述普通之注意程度，可能因商品性質的不同而有所差異，如普通日常消費品與專業性商品或高單價產品間，因消費者背景或經驗可能有所不同，或消費者購買高單價產品，通常會有更多考量，故可期待於購買時會施以較高之注意。[289]

（二）整體觀察

判斷商標近似應以商標圖樣整體為觀察對象，[290]此一原則乃著眼於

具有普通知識經驗之購買人，於購買時施以普通所用之注意，有無混同誤認之虞判斷之。」。惟因主管機關對商標圖樣近似之判斷標準，另訂有「商標近似審查準則」；類似商品或服務之判斷標準，另訂有「類似商品及類似服務審查基準」，故於民國92年修正同一施行細則時，刪除該規定。但主管機關於民國93年7月1日規定「混淆誤認之虞」審查基準，「類似商品及類似服務審查基準」同日廢止。

[289] 臺北高等行政法院93年訴字第1367號判決：「……對此類專業商品之購買者來說，購買時會施以較高注意，對兩商標間之差異亦較能區辨，其判斷近似的標準自然高於一般日常消費品之消費者，故尚不致發生會有所混淆而誤認二商品來自同一來源或誤認不同來源之間有所關聯……系爭商標指定使用於醫療用放射線螢幕、醫療用放射裝置、醫療用X光線裝置、醫療用顯示器及其零組件商品，據爭商標指定使用於光轉矩血管造影導管商品，均以各醫療院所為銷售之對象，此為兩造所不爭，核上開醫療用產品非係普通日常生活所用之消費品，其購買者俱為專業醫療人士，消費者的注意程度較高，對兩商標間之差異辨識較強，不容易產生近似之印象，是判斷近似的標準較高，原處分自應依此標準而為審查……」。另參見「混淆誤認之虞」審查基準（最新修正生效日，民國101年7月1日），5.2.2。

[290] 行政法院61年判字第292號判例：「商標是否近似，應就商標通體觀察，有無足以使人混淆誤認之虞為斷」；最高行政法院95年度判字第47號判決：「……其構圖具整體性，並無突顯「inside」或有單獨使用之事實，於外觀構圖意匠及識別性，自應以該粗線條圈勾之外文「intel inside」設計圖或「INTEL INSIDE」、「INTEL INSIDE XEON」為準，尚難加以分割而單獨以外文「inside」進行比較。從而二者雖均有外文「INSIDE」部分，惟二造標章圖樣設計意匠各異，予人之寓目印象亦相去甚遠，於異時異地隔離通體觀察之際，尚無致相關商品購買人誤為關聯系列商品而發生混同誤認之虞，應非屬近似之

一般交易習慣實態，蓋消費者於實際消費時，面對之商標多是以整體圖樣之方式呈現，商標既以整體呈現，則極有可能僅其中較爲顯著之部分，能引起消費者興趣，並具有識別他我商品之部分，同時可引出特定之稱呼或觀念，而獲得消費者注意，該顯著部分，一般稱爲「商標之主要部分」。[291]於判斷商標圖樣是否近似時，雖有實務見解認爲，應就構成各商標之主要部分隔離觀察，[292]以是否有引起消費者混同誤認之虞，作爲判斷之基準，至於其附屬部分有無差異，要非所問。[293]但主要部分之差異，最終必須使消費者對整體商標之印象有產生所混淆的結果，始有規範之意義，故而，商標是否近似之判斷，仍應以商標整體觀察爲原則較妥。另商

標章」。

[291] 最高行政法院94年判字第2107號判決：「……另判斷商標是否有混同誤認之虞，應就其主要部分隔離觀察。所謂主要部分，指商標中具有識別不同商品之部分而言……」；參見行政法院84年判字第438號判決：「……又所謂主要部分，係指商標中具有識別他我商品之部分，由此部分可引出特定之稱呼或觀念者而言」。

[292] 最高行政法院95年判字第140號判決：「……除總括其全部以隔離的各別觀察認定二者有無混同誤認之虞外；如其商標係以文字、圖形或記號爲聯合式，而其中某部分特別突出呈現爲主要部分者，則應就該商標之主要部分異時異地隔離各別觀察，以辨其與另一商標是否足以引起混同誤認之虞」；行政法院87年判字第2043號判決：「……判斷商標近似與否，苟就其主要部分隔離觀察有引起混同誤認之虞者，即爲近似」。

[293] 最高行政法院判決96年度判字第01024號判決：「……判定兩商標之近似與否，應就構成各商標之主要部分，隔離觀察，是否足以引起混同誤認之虞以爲斷，其附屬部分之有無差異，要非所問。」迭經本院著有明例。經查系爭案係由一娃娃圖及「M○&M○」外文所組成，而據以核駁之商標則由顯著「M○M○」之外文及較小字體之○○網中文所組成，原判決以兩商標圖樣外觀主要部分均有予人寓目印象深刻之外文「M○M○」，其整體異時異地隔離觀察，應屬構成近似商標，核於法並無不合……」；行政法院85年判字第2783號判決：「……判斷商標之近似與否，應就其主要部分隔離觀察有無引起混同誤認之虞以爲斷……」。但商標專責機關則認爲「主要部分」之觀察與「整體觀察」，並非兩相對立，判斷商標是否近似仍以「整體觀察」爲妥。參見「混淆誤認之虞」審查基準（前揭），5.2.2。

標圖樣如有聲明不專用之部分，該不專用部分雖仍應屬於整體觀察之範圍內，[294]但聲明不專用主要意義，乃是排除商標不具識別性之部分，以獲准商標註冊，故該識別性之考量自不應有太重之比例。[295]

（三）異時異地，隔離觀察

此一原則亦是反映消費者實際消費實態，因消費者實際購買商品時，所憑藉應是抽象而非具體的商標印象，消費習慣通常亦於不同時間、地點重覆購買，因此，消費者對商標之印象應屬異時異地之觀察所得，且無法對二商標同時細加比較，故縱令二商標對照比較下能見其差異，但倘異時異地隔離觀察，卻不易區別者，仍不得不謂為近似。[296]

---

[294] 但實務上似有相反見解，參見臺北高等行政法院90年度訴字第5910號判決：「……系爭商標係由外文「AIFA」與「RECORDS」所組合而成，其中「RECORDS」經聲明不在專用之內，且「RECORDS」一字為唱片之意，與其所指定使用之雷射唱片商品本身具有密切關聯，並非系爭商標圖樣之主要部分，而系爭商標圖樣之主要部分「AIFA」與據以異議商標圖樣上外文「AIWA」，僅有字母當中第三字「F」與「W」之差異，其餘包括起首二字與末尾的多數字母排列相同，以具有普通知識經驗之購買人，於購買時施以普通所用注意，其外觀上難謂無混同誤認之虞。又系爭商標「AIFA」與據以異議商標讀音混同，於交易連貫唱呼之際，亦有致消費者產生混淆誤認之虞，因此系爭商標與據以異議商標應屬近似之商標」。

[295] 參見智慧財產局，「混淆誤認之虞」審查基準（前揭），5.2.12。

[296] 參見最高行政法院95年判字第140號判決：「服務標章是否近似，應就兩服務標章隔離觀察，有無混同或誤認之虞以為斷，迭經本院著有判例」；最高行政法院94年判字第2107號判決：「……經查，系爭商標圖樣於異時異地隔離通體觀察之際，有產生混同誤認之虞，應屬構成近似之商標，二者復均指定使用於茶葉、茶葉製成之飲料等相同或類似商品，該二商標應屬近似之商標」；最高行政法院94年判字第1755號判決：「……惟其構圖意匠及外觀極相彷彿，異時異地隔離觀察，自易使具有普通知識經驗之購買人施以普通所用之注意，產生同一系列產品之聯想，難謂無產生混同誤認之虞，應屬近似之商標」；最高行政法院92年判字第610號判決：「判斷兩標章近似與否，應本客觀事實，依具有普通知識經驗之消費者施以普通所用之注意，異時異地隔離觀察，有

（四）商標整體印象相近程度

　　實務上應就商標整體的外觀、觀念或讀音近似程度，判斷可能混淆近似的程度。所謂外觀近似者，[297]是指因商標圖樣之構圖、排列、字型、設色等近似，而有產生混同誤認之虞者。[298]讀音近似者，應以連貫唱呼為

無引起混同誤認之虞以為斷」；行政法院88年判字第3660號判決：「系爭商標圖樣主要部分之一之外文 LICORNE，與據以評定商標圖樣外文主要部分之一之 UNICORN，僅起首字母 L與UN之差異及字尾 E有無之別，其餘多數字母 ICORN均相同，異時異地隔離觀察，外觀上要難謂無使人混同誤認之虞⋯」；行政法院88年判字第3216號判決：「⋯⋯判斷商標之近似與否，應隔離觀察其有無引起混同誤認之虞以為斷；又商標在外觀、觀念或讀音方面有一近似者，即為近似之商標；商標圖樣上之外文，有一單字相同或主要部分相同或相似，有混同誤認之虞者，為外觀近似」；行政法院88年判字第425號判決：「兩商標圖樣均以張嘴呈匍匐臥行狀之鱷魚設計圖為構圖，對照比較，固可見其頭、尾部造形動作之差異，惟異時異地隔離觀察，外觀、觀念上難謂無使人發生混同誤認之虞，應屬近似之商標，復指定使用於同一或類似商品，系爭商標自不得申請註冊」；行政法院87年判字第2043號判決：「判斷商標近似與否，⋯⋯異時異地隔離觀察，有使一般商品購買者產生混同誤認之虞，應屬近似之商標⋯⋯」；行政法院86年判字第2400號判決：「⋯⋯而商標之近似與否，應隔離觀察以資判定，縱令兩商標對照比較能見其差別，然異時異地各別觀察則不易見者，仍不得不謂為近似，故凡商標無論在外觀上或觀念上，其圖形、文字主要部分近似，有引起混同誤認之虞者，即為近似之商標」；行政法院86年判字第1810號判決：「⋯⋯而判斷商標之近似與否，應隔離觀察其有無引起混同誤認之虞以為斷，迭經本院著有判例」；行政法院86年判字第1259號判決：「商標近似與否，應隔離觀察以資判定，縱令兩商標對照比較能見其差別，然異時異地各別觀察則不易見者，仍不得不謂為近似」；行政法院85年判字第2561號判決：「⋯⋯判斷兩商標是否近似，應施以隔離通體觀察，以辨其有無產生混淆誤認之虞」。另參見「混淆誤認之虞」審查基準（前揭），5.2.4。

[297] 最高行政法院95年判字第140號判決：「所謂外觀近似，係指商標圖樣之構圖、排列、字型、設色等近似，有產生混同誤認之虞者；商標之讀音有無混同誤認之虞，應以連貫唱呼為標準；觀念近似則指商標圖樣之實質意義有產生混同誤認之虞者⋯⋯」。

[298] 最高行政法院94年判字第1755號判決：「本件系爭商標圖樣係由外文「gini Rabbit」、中文「吉妮兔」、及雙兔子設計圖作上中下排列之聯合式圖形所組

判斷標準，[299]並就通常一般購買者之普通發音是否足以引起混同誤認之虞
為斷。[300]但應注意者，商標因有地域性之限制，故如以台灣地區為行銷
地區，因閩南語及國語並列為台灣地區二大通用語言讀音，故判斷讀音是
否相似時應考慮該等因素，如「corhea」與「酷魚」之發音與「鱷魚」的
閩南語發音近似，故該等商標之間被認定屬於讀音相似。[301]所謂觀念近

成，與據以異議之「devicemark NIJNTJE」商標圖樣係由單純兔子圖形所構成
相較，二者細為比對，固有有無中、外文部分及雙兔子設計圖與單兔子設計圖
之別，惟前者之外文「gini Rabbit」、中文「吉妮兔」與雙兔設計圖形分列圖
樣上、中、下位置，分別獨立，予人寓目印象，仍以雙兔設計圖形為主，與後
者之單兔設計圖，均係以細線條勾勒正面立姿、頭大身小、豎直長耳之抽象兔
子設計圖為構圖主體，細為比對，固可見其頭飾、鼻子及嘴形之些微差異，惟
其構圖意匠及外觀極相彷彿，異時異地隔離觀察，自易使具有普通知識經驗之
購買人施以普通所用之注意，產生同一系列產品之聯想，難謂無產生混同誤
認之虞，應屬近似之商標」；最高行政法院94年判字第526號判決：「系爭商
標係由外文「YONG」及一勾狀圖形所構成，而據以評定之商標，則是由外文
「ARGY」、中文「亞吉」及一勾狀圖形所構成。二商標雖在外文部分並不相
同；在中文部分一有一無。然二商標予消費者寓目顯然之圖形，均為一打勾圖
形，且於該圖形內均再勾勒出一細線，整體之設計、構圖意匠極相彷彿，以具
有普通知識經驗之一般商品購買者於購買當時施以普通所用之注意，難謂無使
人產生混同誤認之虞，是二商標應屬構成近似之商標」。

[299] 最高行政法院判決95年度判字第140號判決：「……而所謂外觀近似，係指商
標圖樣之構圖、排列、字型、設色等近似，有產生混同誤認之虞者；商標之讀
音有無混同誤認之虞，應以連貫唱呼為標準；觀念近似則指商標圖樣之實質意
義有產生混同誤認之虞者……」。

[300] 行政法院46年判字第92號判例：「……商標名稱『麥華』與『美華』讀音又相
近似自有混同誤認之虞，原告雖提出臺灣國語推行委員會，復函主張麥華與美
華依標準國語發音無近似可言云云。然查商標文字之讀音是否近似就通常一
般購買者之普通發音是否有足以引起混同誤認之虞為斷，其標準發音有無絲毫
差異則非所問……」。

[301] 最高行政法院93年判字第942判決：「……在臺灣地區閩南語及國語並列為二
大通用語言，而「corhea」與「酷魚」之發音與鱷魚之閩南語發音近似，且商
標具有地域性之限制，判斷商標近似與否應以商標實際使用地區之一般商品購
買人有無混同誤認之虞為斷，因之原判決以廣泛通行於臺灣地區之閩南語讀音

似者，是指商標之文字、圖形或記號表現之意義或觀念，在一般消費者之視覺或聽覺等感官作用所得之心理印象，彼此間有引起混同誤認之虞，[302]如二商標，一為卡通鱷魚造型，另為立體鱷魚造型，縱其外觀意匠造型不同，但因二者均屬鱷魚，其觀念上則為相同，[303]「LICORNE」為法文「獨角獸」之意與外文「UNICORN」及獨角獸圖形意義相同，故二者屬觀念近似。[304]

　　一般法院審理實務有見解認為，商標在外觀、觀念或讀音方面有一近似者，即為近似之商標。[305]但商標專責機關之審查實務則認為，外觀、觀

　　認定系爭審定商標與據以異議註冊商標間構成「讀音近似」，符合臺灣地區一般商品購買人之消費習慣，要無上訴人指稱違背經驗法則之情事」。

[302] 行政法院79年判字第1874號判決：「……謂觀念近似，係指商標之文字、圖形或記號表現之意義或觀念，在一般人之視覺或聽覺等感官作用所得之心理印象，有無引起混同誤認之虞而言」。

[303] 行政法院87年度判字第806號判決：「……查系爭商標圖樣上之鱷魚圖形雖為卡通造型，然與據以異議商標圖樣上鱷魚圖形相較，二者均為面向左、翹尾之形狀，其構圖意匠極其相似。且二者表彰之意義均為鱷魚，觀念上相同，縱令二商標對照比較能見其差異，然異時異地隔離觀察，實有使一般消費者產生混同誤認之虞……」。

[304] 行政法院88年判字第3660號判決：「……又外文 LICORNE為法文獨角獸之意，於一般法漢字典均有記載，國人並不難知悉其意，其與據以評定商標圖樣之外文 UNICORN及獨角獸圖形意義相同，異時異地隔離觀察，觀念上亦不無使人混同誤認之虞，兩者係屬近似之商標，且均指定使用於皮革、皮帶等同一或同類商品，原處分評決系爭第五九四七五六號「力抗 LICORNE」商標之註冊應作為無效，並無不合」。

[305] 最高行政法院95年判字第140號判決：「……應就該商標之主要部分異時異地隔離各別觀察，以辨其與另一商標是否足以引起混同誤認之虞。二者無論在外觀、讀音或觀念上有一近似者，即為近似之商標……」；最高行政法院94年判字第2107號判決：「……而判斷二者商標近似與否，應本客觀事實，依具有普通知識經驗之購買人，於購買時施以普通所用之注意，有無引致混同誤認之虞以為斷。又商標在外觀、觀念或讀音方面有一近似者，即為近似之商標」；最高行政法院92年判字第610號判決：「判斷兩標章近似與否，應本客觀事實，依具有普通知識經驗之消費者施以普通所用之注意，異時異地隔離觀察，有無

念或讀音其中之一相近者，雖可能導致商標整體印象的近似，但卻非絕對必然，即二商標外觀、觀念或讀音其中之一的近似，並非即可推論商標之整體印象即當然近似，仍應以其是否有可能引起消費者對商品或服務混淆誤認之虞者，作為判斷商標是否近似之依據。[306]本書認為，商標在外觀、觀念或讀音方面有一近似者，即屬近似商標之判斷應無不妥。惟商標近似者，並非當然有致「消費者混同、誤認之虞」之結果，故商標是否有造成消費者混淆之虞，應就商標之外觀、觀念或讀音三者，就個案綜合評價較妥，[307]如「三洋」與「山羊」二商標之讀音雖極為近似，但因二者觀念與外觀有明顯之不同，消費者就該二商標之整體印象，產生混同誤認之可能性並不高，故應無本款之適用。

一般中文文字性質屬表意文字，[308]其表達之方式著重其形意，故比

引起混同誤認之虞以為斷。服務標章在外觀、觀念或讀音方面有一近似者，即為近似之服務標章」。

306 參見智慧財產局，「混淆誤認之虞」審查基準，（前揭），5.2.5，曾舉下列例子加以說明，例如「第一」與「帝衣」，雖然讀音相同，但外觀及觀念截然不同，就二商標之整體印象而言，引起商品或服務消費者混淆的可能性極低，應認為非屬近似之商標。

307 比對文字商標之外觀、觀念或讀音時，應特別注意的是要考慮個案之不同，不宜以同一比對原則，適用於所有商標近似比對案件中。如英文字詞間，如相同字母數越多，原則上，構成近似的可能性較高，但仍依個案而定，如「house」與「mouse」間，雖有4字母相同，但二者意義差異甚大，消費者造成混淆誤認之可能性甚低，故應認為不構成商標近似。參見智慧財產局，「混淆誤認之虞」審查基準，（前揭），5.2.6.7。

308 漢字雖然還保留象形文字的特徵，但由於漢字除了象形以外，還有其他構成文字的方式，而且亦在某程度上表示語音；而漢字經過數千年的演變，已跟原來的形象相去甚遠，所以不屬於象形文字，而屬於表意文字。所謂表意文字是指字的字形多與其意義相關而不標示其讀音.所謂標音文字是指字的字形一般可直接標示其讀音而不表示其意義。參見惟基百科，http://zh.wikipedia.org/wiki/%E8%B1%A1%E5%BD%A2%E6%96%87%E5%AD%97。有關表意文字之定義，可另請參見CNKI學術定義搜索，http://define.cnki.net/define_result.aspx?searchword=%E8%A1%A8%E6%84%8F%E6%96%87%E5%AD%97。閱覽

對中文商標時應注重其外觀及觀念之差異，但如其商品或服務的行銷方式以唱呼為主者，則該中文商標應加重其讀音差異之比對。另對於注重拼音外國語商標，如英、法、德語等，消費者對其首要印象應在其讀音，故為近似之判斷時，原則上應首重其讀音之比對，惟該外國語商標如有顯著之特殊設計者，仍應以外觀之比對為重，但若我國一般消費者普遍熟悉該外國語商標之文義內容者，則應加重其觀念的比對。309

（五）其他重要考量因素

在文字商標的近似判斷中，除上述原則外，仍應注意幾項問題，如中文商標以橫列表示，且其意義不明確者，則其唱呼之方式，究從左而右或從右而左，習慣上尚無一致，310故其唱呼方式應尊重申請人使用之方式

日期，2007/10/22。

309 參見「混淆誤認之虞」審查基準，（前揭），5.2.6.3。

310 最高行政法院89年度判字第2921號判決：「……原告申請註冊之「龍珍及圖」聯合商標圖樣係由中文「龍珍」及圖形所組成，其中「龍珍」為其主要部分，雖被告據以核駁之……「真龍」商標圖樣係單純之由右至左橫書之中文「真龍」所構成，然中文因國人習慣上對橫書中文之讀寫，究係由右至左或由左至右，尚未臻一致，亦可由右至左讀成「龍真」，即與本件申請之聯合商標圖樣上主要部分之中文「龍珍」讀音混同，異時異地隔離觀察，尚難謂無使一般消費者產生混淆誤認之虞，雖原告申請註冊之商標其他附屬部分不近似，仍應認上述二者屬近似之商標」；最高行政法院89年判字第1629號判決：「一般消費者對中文橫書之唱呼，究由左至右，抑由右至左，並無一定習慣，此為眾所週知之事實，原告稱一般人均由左至右唸讀，與社會一般通念不符，自無可採，參諸一般消費者對中文橫書之唸法不一定，消費者即有可能將系爭商標「清泉」，讀為「泉清」，致與關係人名稱特取部分相同，被告因而認定有違註冊時商標法第37條第1項第11款之規定，並無不合」；參見最高行政法院88年判字第1818號判決：「……中文使用習慣自左而右或自右而左尚非一致，系爭標章圖樣自右而左即成「科特」，與據以核駁標章圖樣中異時異地隔離觀察，極易混淆，有使消費者混同誤認之虞」；參見行政法院77年判字第1311號判決：「……衡諸民間習慣對於中文橫書之起讀由右至左、或由左至右，尚未趨一致，系爭商標圖樣之中文，施以連貫唱呼，或讀以「邁博」，要難謂無與據以

及一般使用習慣，惟申請人一旦表明一定唱呼方式後，自應受其主張之拘束，另亦應考慮下列所有因素，綜合判斷之，如申請人雖主張由左而右，但如由右而左之方式可能與其他商標近似，且有致消費者混同誤認之虞者，仍應依習慣加以規範，另由高而低，由大而小之唱呼順序，亦屬一般唱呼習慣。[311]惟應注意者，依我國現行「公文程式條例」規定，公文應採由左而右之橫行格式，[312]是否影響上述法院實務見解，本書認為，「公文程式條例」之效力應僅限於公文之書寫，而不及於商標文字橫列方式與方向之強制。另如中文商標內容有並列英文或該中文商標屬英文之音譯者，自應參酌其中英文之讀音，以確定該中文商標之唱呼方式，另一般消費者，對拼音性外文商標，整體字詞之起首字母之外觀、讀音，會有較深刻

核駁商標中文之讀音混同誤認之虞，自屬構成近似，復均指定使用於同類商品，被告機關因核駁系爭商標註冊之申請，揆諸首揭法條規定，洵無違誤。原告雖主張商標圖樣有中文及外文時，一般消費者必配合外文來調整中文讀音，當不致發生混同云云，無非其主觀之私見，參諸客觀事實，要非足採」；行政法院76年判字第217號判決：「……查商標圖樣使用中文橫書者，自民國67年5月1日起申請註冊為一律由右至左書寫，固為被告機關(67)台商玖字第06213號公告有案，惟商標法中對商標圖樣中之中文橫書方式、讀法並無任何限制之規定，被告機關上開公告僅屬行政上之訓示規定而已。況被告機關亦據自承行政院於民國69年曾規定「中文橫書及排列，自左至右」而中文橫書之唱呼，究應由左至右，抑由右至左，消費者並無一定習慣等情在卷。從而被告機關遽以系爭商標中文如由右至左唱呼即與異議人公司名稱相同，遂認其有違首揭法條之規定云云，即非無斟酌餘地……」。

311 行政法院77年判字第813號判決：「……本件系爭商標圖樣「高林」二字，「高」之位置較「林」字之位置為高，並較「林」字為大，依一般消費大眾對於文字商標之唱呼，類皆由高而低，由大而小之唱呼順序，其唱呼應為「高林」，顯見其與原告公司名稱特取部分「林高」二字，不致產生混淆誤認之虞，……」。

312 「公文程式條例」(民國17年11月15日國民政府制定公布；最新修正民國93年6月14日，94年1月1日施行)第7條規定：「公文得分段敘述，冠以數字，採由左而右之橫行格式」。

之印象，故判定拼音性外文商標是否近似，應注重該等部分之比較。[313]另兩商標文字之讀音是否近似，應以兩商標本身之文字讀音為準，若應介入第三種文字讀音或須經輾轉翻譯後，始顯示其相互牽涉之情形，仍難遽認該等商標有近似關係。[314]商標如屬組合或複合字詞，且其中有主要字詞與形容字詞之分者，原則上應就主要字詞比較之，該形容字詞僅作輔助比較之用，[315]惟如該組合或複合字詞，已構成一獨立之字義、標語或已成為消費者所熟知的獨立概念時，自不宜再區分為主要字詞或形容字詞，應獨立、整體的加以進行比對，但惡意襲用他人商標，不在此限。

　　如有多數相同類型的商標，經註冊或使用後，已形成一種系列化商

---

[313] 臺灣高等法院刑事判決96年度上易字第2356號：「……告訴人商品上之商標及被告販賣之商品上之商標，被告在原子筆上所標示「O.Ball.office-pen」之字樣，與告訴人所取得商標專用權之「O.B.office-ball」商標，均為英文字體，且起首字母亦同，在文字編排上極為相似，由外觀、讀音、觀念綜合判斷，異時異地隔離觀察，其外觀上難謂無人混淆誤認之虞。且本件經送請經濟部智慧財產局鑑定結果，該局亦認定：上開商標圖樣相較，二者皆為單純之文字商標，有相同之起首字母「O.B-」，且結合外文「O」、「Ball」、「office」字串設計之外觀字形極相彷彿，以具有普通知識經驗之消費者，於購買時施以普通之注意，可能會有所混淆而誤認二商品來自同一來源或雖不相同但有關聯之來源，應屬構成近似」。

[314] 行政法院47年判字第32號判例：「……兩商標文字之讀音是否果屬相類，應以兩商標本身之文字讀音為準，若介入第三種文字讀音，輾轉翻譯，始顯示其有相牽涉之情形，仍難遽認為商標之近似。……就該兩商標本身之文字讀音而論，顯不相類，自無誤認之可能，乃原告以「ＨＡ－○」之拼音與日文「00」之音譯相似，而日文「00」與中文「霸王」之意譯相同，由中英日文展轉翻譯，不無牽涉，遂謂參加人之「冠軍ＨＡ－○」聯合商標，與原告之「霸王號」商標近似不知此種情形，縱就商品之宣傳言，不免稍有影響，然純屬商業道德上之問題，依首開說明，尚難即謂為商標法上之相同或近似，而足為禁止註冊之原因……」。

[315] 如一般商標上常見的「大、小、真、正、老、新」或外文的「pro-、new-、multi-、the、a、one」等類字詞，均屬形容字詞。參見「混淆誤認之虞」審查基準（前揭）5.2.6.6。

品之形象，並具相當程度之創意時，則他人使用之類型與該系列化商品所使用之類型，其間近似之程度，亦屬判斷商標是否近似時重要考量因素之一。316另實務上亦認為，一般商業習慣之標示方式，亦屬判斷商標是否近似之重要考量因素。

　　文字商標是否近似之比對方式，與其他不同類型商標之比對方式，並非完全相同。如就顏色商標而言，不同顏色商標其間之觀念即使相同或近似，但基於顏色商標特殊性質之考量，仍應以外觀比對為原則，另圖形商標比對之標準應參考該商標之構圖設計（或稱意匠），317如二圖形商標之構圖設計近似，雖色調稍有不同或方向相反，亦不影響其近似。318至於聲

---

316 參見「混淆誤認之虞」審查基準（前揭）5.2.10，如「日日安」與「月月安」，在外觀、觀念及讀音方面，「日日」與「月月」，固有所不同，然而由於在類型上均為時間單位的重覆，再加上同一「安」字，則當其使用在相同或極為類似之商品時，消費者誤以為同一廠商系列商品的可能性極高，自亦應屬近似態樣之一種。

317 如觀念上雖均為馬之圖形，但經比對後認為外觀設計不相似同，實務上亦准其註冊，如馬的商標圖案使用於商品組群代碼2501者，可供參考。參見主管機關商標資料檢索服務系統，http://tipo.hinet.net/TIPO_DR/BasicIPO.html，閱覽日期，2007/10/16。

318 最高行政法院94年判字第1755號判決：「本件系爭商標圖樣係由外文「gini Rabbit」、中文「吉妮兔」、及雙兔子設計圖作上中下排列之聯合式圖形所組成，與據以異議之「devicemark NIJNTJE」商標圖樣係由單純兔子圖形所構成相較，二者細為比對，固有有無中、外文部分及雙兔子設計圖與單兔子設計圖之別，惟前者之外文「gini Rabbit」、中文「吉妮兔」與雙兔設計圖形分列圖樣上、中、下位置，分別獨立，予人寓目印象，仍以雙兔設計圖形為主，與後者之單兔設計圖，均係以細線條勾勒正面立姿、頭大身小、豎直長耳之抽象兔子設計圖為構圖主體，細為比對，固可見其頭飾、鼻子及嘴形之些微差異，惟其構圖意匠及外觀極相彷彿，異時異地隔離觀察，自易使具有普通知識經驗之購買人施以普通所用之注意，產生同一系列產品之聯想，難謂無產生混同誤認之虞，應屬近似之商標」；行政法院79年判字第1874號判決：「……本件系爭商標……二者雖均以象圖形為其圖樣，然前者為「象頭」圖形，面部朝右，高舉象鼻，並戴王冠之寫實「象頭」圖形，而後者則為「整隻全象」立姿、大耳之卡通全象圖形，二者構圖意匠迥然有別，且前者商標圖樣下為中文「象

音商標，自應著重於聲音的比對，立體商標，原則上應以其整體立體形狀爲比對對象，但如有造成消費者印象深刻之主要面，或具有特殊設計而具識別性之各面，均得作爲獨立外觀比對之對象。[319]另立體商標與平面商標之間亦可能構成近似，即，立體商標與平面商標間，亦可能因觀念或外觀之雷同而構成近似，不可因二者一屬平面而另一屬立體，即遽認二者必定不構成近似。[320]

二、類似之商品或服務

　　所謂類似商品或服務，是指二不同的商品在功能、材料、產製者或其

王」，與後者商標圖樣下之外文「ZOJIRUSHI」其文字讀音及予人觀念亦完全不同；（二者）雖其文字中均有「象」字，然「象王」與「象印」其文字讀音及予人觀念，並不相同，且因系爭商標於文字「象王」之外尚附有象頭圖，而「象印」商標僅有文字，兩者自不易引起混同誤認…原處分僅以……兩者細為比對固可見其差異，惟異時異地、通體隔離觀察，易使一般購買者產生混淆誤認之虞，應屬近似之商標；且系爭商標圖樣上之中文「象王」與另一據以異議之註冊第七三八九九號「象印」商標圖樣之中文「象印」，外觀僅有一字之差，亦屬近似之商標，兩商標復均指定使用於同類商品，應有商標法第37條第1項第12款之適用等籠統含糊之詞，而不問其構圖意匠、文字讀音及其所表現之含意為何？遽予推定為近似之商標，似非無審究之餘地……」；但台北高等行政法院91年訴字第2462號判決：「……且商標在外觀、觀念或讀音方面有一近似者，即為近似之商標。系爭商標與據爭商標雖一為「象頭圖」，另一為全身象圖；系爭商標之象頭各部位包括眼部及象牙等呈現較細部之描繪，據爭象圖則呈現較抽象表現方式，兩者細加比對固可見其有所差異。但查，據爭商標之象圖其重點亦在強調其頭部之表現，象頭為引人注意部分，且兩者之臉部皆朝左，鼻子均為向上揚起之設計，二商標於異時異地通體隔離觀察，外觀上難謂無使一般消費者混淆誤認之虞，應屬近似商標」。

319 參見「混淆誤認之虞」審查基準，（前揭），5.2.7-5.2.9。

320 經濟部民國95年5月4日經訴字第09506167530號訴願決定書：「……立體商標與其他商標進行比對時，應著重其整體立體形狀之外觀構圖意匠，且立體商標與平面商標間亦可能因觀念或外觀之雷同而構成近似，不會因為二者一屬平面而另一屬立體，即遽認二者必定不構成近似，……」。另參見「混淆誤認之虞」審查基準，（前揭），5.2.9。

他因素上，具有共同或關聯之處或二不同之服務，在滿足消費者的需求上及服務提供者或其他因素上，具有共同或相關聯之處，如該等不同的產品或服務，一旦使用相同或近似的商標，依一般社會通念及市場交易情形，將容易地使商品消費者誤認該二者之產品或服務的來源屬相同或有相關聯者。

　　商品類似之判斷，應綜合該商品相關因素，以一般社會通念及市場交易情形為依據，不受本法規定的商品或服務分類之限制。（商19 V）[321] 實務上，常先就商品功能加以考量，其次考量材質，之後再斟酌產製者等其他相關因素，如二產品功能相同度越高[322]或功能互補關係越強，[323]則該二產品之類似程度就越高，另商品本身與其零組件或半成品間類似之程度，應就其對該商品經濟效用重要程度決定之，如商品缺該零組件，將嚴重減損甚或喪失其經濟上使用目的者，則該商品與零組件間可能構成「類似」關係，如其二者間無上述經濟效用之關係，則因零組件或半成品不具獨立產品之經濟性，故原則上將被認定不具類似性。另二商品如來自同性質之產製業者，其被認定為類似商品之可能性較高。[324]

　　服務與商品二者在性質上有所不同，服務是以滿足消費者特定之需求為最大目的，故判斷二不同服務是否類似，主要應以其服務功能做為判定之標準，二不同之服務，其間所能滿足消費者的需求越相近，則類似程度就越高，[325]另二不同服務如經常由同一類業者提供者，則其可能類似之程度當然較高。上述所稱商品的功能或服務所能提供滿足之需求，應以一般社會通念及消費經驗判斷之，自不得以其他附帶、不具獨立性之功能，作

---

321 類似商品或服務認定，固不受商品或服務分類限制，但商品或服務分類仍不失為判斷商品或服務類似與否重要參考。參見行政法院99年判字第1380號。

322 如原子筆、鉛筆及鋼筆，主要功能均在書寫，可滿足消費者相同之書寫需求。

323 如鋼筆、鋼筆水及鋼筆盒，功能間具有相輔之作用，可共同完成滿足消費者特定之需求。詳請參見「混淆誤認之虞」審查基準，（前揭），5.3.5之說明。

324 如地毯與壁毯。

325 如英文補習班與數理補習班。

為功能性判斷之基礎，如菜刀依一般社會經驗，係以處理、切割食材為主要功能，故應以該功能作為類似性之比對標準，自不得以菜刀偶而有用以敲擊物品，即認為菜刀與榔頭具有類似功能。

　　另商品與服務間亦有可能被認定具有類似的情形，服務標章所表彰之營業如為供應特定商品之服務，而該商品與他人指定使用之商品相同或類似者，即應認為二者同一或類似，不能以一為表彰服務之營業，一為表彰商品，即謂兩者不生同一或類似之問題。[326]

三、有致相關公眾[327]混淆誤認之虞

　　所謂混淆誤認之虞，是指商品或服務之相關消費者誤認二商標為同一

---

[326] 最高行政法院92年判字第610號判決：「……又服務標章所表彰之營業，如為供應特定商品之服務，而該商品與他人指定使用之商品相同或類似者，即應認屬同一或類似，不能以一為表彰服務之營業，一為表彰商品，而謂兩者不生同一或類似之問題。本件系爭「咖啡共和國Republic of Coffee」服務標章圖樣與「咖啡共和國COFFEE REPUBLIC」商標圖樣相較……前者指定使用之咖啡廳之服務，與後者所指定使用之咖啡商品，雖一為服務，一為商品，惟自實際交易型態觀之，經營咖啡廳業者除提供場地供消費者享用咖啡外，尚兼有陳列販售、咖啡豆、咖啡包等商品之情事，兩者除原料雷同外，其服務對象與購買者亦常重疊，依一般社會通念及市場交易情形，易使購買人誤認其來自相同或有關聯之來源，揆依前揭說明，難謂不構成相同或類似」。

[327] 世界智慧財產權組織（WIPO）於1999年9月公布關於著名商標保護規定共同決議事項（Joint Recommendation Concerning Provisions on the Protection of Well-Known Marks），該決議明確指明對著名商標之認定，應考量以商品或服務之相關公眾之認識，而非以一般公眾之認知判斷之。上該共同議決之內容，可參考智慧財產局譯文，http://www.tipo.gov.tw/trademark/trademark_law/trademark_law_7.asp，閱覽日期，2007/08/12。另我國商標法有規定以一般消費者，亦有規定以相關公眾之認知標準，作為「混淆誤認之虞」判斷依據，如（民國100年修正前）第18條：「二人以上於同日以相同或近似之商標，於同一或類似之商品或服務各別申請註冊，有致相關消費者混淆誤認之虞，而不能辨別時間先後者，……」；（民國100年修正前）第23條第1項第12、13款：「商標有下列情形枝一者，不得註冊：……12.相同或近似於他人著名商標或標章，有致相關公眾混淆誤認之虞，……13.相同或近似於他人同一或類似商品或

來源，或商品或服務之相關消費者雖不會誤認二商標爲同一商標，但極有可能誤認二商標之商品或服務爲屬同一來源之系列商品或服務，或誤認二商標之使用人間存在關係企業、授權關係、加盟關係或其他類似關係。[328]

　　商標近似、商品類似與混淆誤認間之關係，並非屬於絕對必然之關係。雖然本法諸多條文將混淆誤認之虞與商標近似及商品或服務類似併列（商22、30 I 十、十一、35 I 二、三、63 I、68 I 二、三、95 I 二、三），然而眞正形成商標衝突的最主要原因，也是最終的衡量標準乃在於相關消費者是否會混淆誤認。至於商標的近似及商品或服務的類似，應該是在判斷有無「混淆誤認之虞」時，其中的二個參酌因素，即，「混淆誤認之虞」的成立，必須具備「商標近似」及「商品或服務類似」二要素。但實務上

服務之註冊商標或申請在先之商標，有致相關消費者混淆誤認之虞者……」；（民國100年修正前）第29條第2項第2、3款：「除本法第30條另有規定外，下列情形，應得商標權人之同意：……二 於類似之商品或服務，使用相同於其註冊商標之商標，有致相關消費者混淆誤認之虞。三 於同一或類似之商品或服務，使用近似於其註冊商標之商標，有致相關消費者混淆誤認之虞者」；（民國100年修正前）第57條第1項第1、3款：「商標註冊後有下列情形之一者，商標專責機關應依職權或據申請廢止其註冊：一 自行變換商標或加附記，致與他人使用於同一或類似之商品或服務之註冊商標構成相同或近似，而有使相關消費者混淆誤認之虞者。……三 未依第36條規定附加適當區別標示者。但於商標專責機關處分前已附加區別標示並無產生混淆誤認之虞者，不在此限」；（民國100年修正前）第81條第1項第2、3款：「未得商標權人或團體商標權人同意，有下列情形之一者，……二 於類似之商品或服務，使用相同之註冊商標或團體商標，有致相關消費者混淆誤認之虞者。三 於同一或類似之商品或服務，使用近似於其註冊商標或團體商標之商標，有致相關消費者混淆誤認之虞者」。

328 參見「混淆誤認之虞」審查基準，（前揭），3。如「家麗寶」與「佳麗寶」、「Ck」與「Gk」、「HTC」與「Htc」，使用在相同商品/服務上，易消費者辨識錯誤，誤認爲同一來源之商品。另如均使用於藥品之「寧久靈」與「零疤寧」，以及均透過網路提供資訊服務之「104購物銀行」與「104人力銀行」等，極有可能被認爲二商標表彰者係同一廠商之系列商品/服務或廠商間存在前述特定關係。

必須注意，二商標加具備「商標近似」及「商品或服務類似」二要素，雖然構成有混淆誤認之虞的的機率極大，但並非是絕對必然的，有可能因為其他重要因素的存在，例如二商標在市場已併存相當時間，均為商品或服務相關消費者所熟悉，多能加以區辨，而無混淆誤認之虞。因此，在商標近似及商品類似之因素外，若存在其他相關因素，於個案判斷上應儘可能參酌考量。

　　判斷是否有致相關公眾混淆誤認之虞的參酌因素，主要有商標近似之程度[329]、商品或服務類似之程度[330]，其他應參酌因素尚包括系爭商標識別性之強弱[331]、相關消費者對各商標熟悉之程度[332]、先權利人多角化

---

[329] 參見最高行政法院99年判字第88號：「……商標近似程度，既為判斷是否混淆誤認之虞之必要因素……」。

[330] 參見「混淆誤認之虞」審查基準，（前揭），2。

[331] 參見最高法院90年度台上字第814號民事判決：「……按商標及服務標章所具識別性之強度，與其受保護之範圍密切相關，其愈具有識別性者，所受保護之範圍愈廣，其所具識別性愈低者，所受保護之範圍相對縮小。」；另商標之文字、圖形、記號、顏色、立體形狀、動態、全像圖、聲音等，或其聯合式，對於商品或服務之相關消費者所呈現識別商品來源之功能，因其商標特徵的不同而有強弱之別。原則上創意性的商標識別性最強，而以習見事物為內容的任意性商標及以商品或服務相關暗示說明為內容的暗示性商標，其識別性即較弱。聯合式或組合性商標之一部分，在類似商品或服務中已為多數不同人使用為商標之一部分而註冊在案者，得認為該部分為弱勢部分，例如美容相關商品，「佳人」或「元氣」經常被作為商標文字之一部，又如在餐飲服務上，「皇家」、「garden」等亦同，均屬較為弱勢。識別性越強的商標，商品或服務之消費者的印象越深，他人稍有攀附，即可能引起購買人產生誤認。參見「混淆誤認之虞」審查基準，（前揭），5.1。

[332] 相關消費者對相衝突的二商標於市場並存之事實，如有相當認識，且對商品或服務來源，不致有混同誤認之虞者，則該並存之事實應盡量予以尊重。但消費者如對二衝突的商標均為熟悉者，則保護之標準，自應以消費者的熟悉程度決定之，即對消費者較熟悉的商標保護程度應高於消費者不熟悉之商標。至於商標熟悉的程度，應以該商標使用是否廣泛及其程度決定之，當然其廣泛程度應由當事人舉證證明。參見「混淆誤認之虞」審查基準，（前揭），5.6。

經營之情形[333]、實際混淆誤認之情事[334]、申請人是否善意[335]及其他混淆誤認等因素。[336]按是否有混淆之虞的傳統理論，並不以商品或服務之類似性，作為唯一之參酌因素，尚需綜合考量其他因素及其間之互動關係，[337]使其判斷結果能與市場交易之實情更相契合，[338]另著名商標保護之範圍，因可能延伸及於類似程度不高的商品或服務，故應避免其延伸之範圍過大，造成過度保護著名商標。

第三目　授權使用

　　商標權人得就其註冊商標指定使用商品或服務之全部或一部，指定地區為專屬或非專屬授權。（商39 I）商標授權與商標移轉意義不同，前者

---

[333] 先權利人如有多角化經營，而將其商標使用或註冊在多類商品或服務者，因多角化經營之型態，容易使該商標有跨行業經營之特性，故於判斷先權利人之商標與其他商標間，有無混淆誤認之虞時，應將該經營型態納入考量。參見「混淆誤認之虞」審查基準，（前揭），5.4。

[334] 此事實應由先權利人提出相關事證證明之。又當事人有提出市場調查報告，經依法踐行答辯攻防程序，可認定有公信力。參見「混淆誤認之虞」審查基準，（前揭），5.5；另請參見最高行政法院95年度判字第00842號判決：「……又該調查報告並非獨立之市場調查公司所為，更未有調查方式（包括抽樣方式）及問卷設計說明，尚難認具客觀公信力。上開問卷其採樣方法、調查對象、樣本數目、問題內容及調查方式既不明確，故尚難遽予採認」。

[335] 申請註冊商標或使用商標時，若明知可能引起相關消費者混淆誤認其來源，甚或原本即企圖引起相關消費者混淆誤認其來源，而為申請註冊商標者，其申請即非屬善意，如：(1)申請人原有商標因合意移轉予他人，或者因強制執行或破產程序而移轉予他人後，又以相同或近似之商標申請註冊。或(2)申請人經他商標權人授權使用一中文商標，而後逕以該中文之英譯作為商標申請註冊。參見「混淆誤認之虞」審查基準，（前揭），7。

[336] 如商品之行銷管道或服務提供場所等，如專採直銷或郵購等銷售管道之產品，與於一般銷售管道行銷之產品，相關消費者引起混淆誤認之可能性應較低。參見「混淆誤認之虞」審查基準，（前揭），5.8。

[337] 參見「混淆誤認之虞」審查基準，（前揭），6。

[338] 參見「混淆誤認之虞」審查基準，（前揭），4。

係將使用商標之權利，依雙方約定之授權契約授予他人使用，[339]商標權仍屬於原商標權人。至於後者，商標權則由讓與人移轉至受讓人，屬權利主體之變更。商標授權行為有正面之經濟價值，商標權人可透過授權使用管理，適當監督、控管商標品品質，亦可透過商標授權提高商標知名度並增進其價值，且藉由商標品產製技術及服務流程之擴展，亦可提升產業發展及提昇商標權人競爭能力，[340]因此本法明文規定，商標權人得就其註冊商標指定使用商品或服務之全部或一部，授權他人使用其商標。[341]

一、授權型態與效力

本法將商標授權依其授權之效力，區分為專屬授權（Exclusive License）及非專屬授權（Non-Exclusive License）二種型態，[342]所謂專屬授

---

[339] 但如單純購買他人商品轉售、或代理行銷他人商品、或受他人委託製造商品者，因不屬商標授權之行為，應毋需辦理商標授權登記。

[340] 有學者認為應限制商標授權，其主要之理由如下，1.商標權係表彰商標權人營業之商品，因此與營業不可分，故不得單獨授權；2.商標權雖屬私權，似無限制商標權人自由處分其商標權（包括授權）之理論依據，但因商標授權有致消費者對商品來源產生混淆之虞，因有害商標權公益上之機能，故應限制之等。參見 三宅正雄，商標一本質とその周邊，發明協會，頁283－290，1984年。

[341] 本法原不准商標授權，至民國47年10月24日修正後之本法始例外許可之，該時第11條第3項規定：「商標專用權人除移轉其商標外，不得授權他人使用其商標。但他人商品之製造，係受商標專用權人之監督支配而能保持該商標商品之相同品質。並經商標主管機關核准者。不在此限。」，直至民國82年修正後之本法，對商標授權行為已採肯定立場，該時第26條規定：「Ⅰ商標專用權人得就其所註冊之商品之全部或一部授權他人使用其商標。Ⅱ前項授權應向商標主管機關登記；未經登記者不得對抗第三人。授權使用人經商標專用權人同意，再授權他人使用者，亦同。Ⅲ商標授權之使用人，應於其商品或包裝容器上為商標授權之標示。」

[342] 依世界智慧財產權組織關於商標授權之聯合備忘錄規定，商標授權之效力則有三種型態，分別為專屬授權、獨家授權及非專屬授權。「專屬授權」指僅授權一個被授權人使用，並禁止註冊持有人使用和授權任何其他人使用商標的授權（"exclusive license" means a license which is only granted to one licensee,

權是指，專屬被授權人在被授權範圍內，排除商標權人及第三人使用註冊商標。（商39 V）即商標僅授權給單一特定人使用，於專屬授權期間內，商標權人不得使用該商標，亦不得再授權給其他任何人使用該商標，商標權人於專屬授權範圍內，如需使用其註冊商標，應另行取得專屬被授權人之同意。非專屬授權是指，商標經授權他人使用後，商標權人得繼續使用該商標，亦得再授權給其他人同時使用該商標。

　　商標權受侵害時，於專屬授權範圍內，專屬被授權人得以自己名義行使權利。但契約另有約定者，從其約定。（商39 VI）於商標權受侵害之際，在專屬授權範圍內，專屬被授權人自得以自己名義行使民事及刑事商標權受侵害救濟之權利。但得由當事人約定商標權受侵害時行使時權利之主體或訴訟擔當。蓋商標即便因專屬授權而由專屬被授權人於授權範圍內單獨使用，惟商標所累積之信譽，於專屬授權終止後，最後仍回歸商標權人，且專屬授權契約若以一定期間內授權商品銷售金額之比例，作為權利金數額之計算方式，則專屬授權範圍內之商標侵害行為，對商標權人之權益亦有影響，況商標專屬授權僅係商標權人在授權範圍內，為被授權人設定專有排他之使用權利，商標權人並不喪失商標使用權利以外之權能，如

----

and excludes the holder from using the mark and from granting licenses to any other person;）；「獨家授權」指僅授權一個被授權人使用，並禁止註冊持有人授權任何其他人使用，但不禁止註冊持有人使用商標的授權（"sole license" means a license which is only granted to one licensee and excludes the holde from granting licenses to any other person, but does not exclude the holder from using the mark;）；「非專屬授權」指不禁止註冊持有人使用或授權任何其他人使用商標的授權（"non-exclusive license" means a license which does not exclude the holder from using the mark or from granting licenses to any other person.）參見 世界智慧財產權組織關於商標授權之聯合備忘錄，第1條，第9至11款，92年4月。譯文引自智慧財產局中譯本，http://www.tipo.gov.tw/dataserve/dataserve/public/sub10/% E5%95%86% E6%A8%99%E6%8E%88%E6%AC%8A%E9%80%A3%E5%90%88%E5%82%99%E5%BF%98%E9%8C%84.pdf，閱覽日期，2008/01/12。

商標權之移轉、設定質權等，專屬授權後之商標侵害行為，若損及商標權人此部分之權利，亦有排除侵害之需要，故專屬授權之雙方於契約另有約定者，應從其約定。

商標授權契約內容，如有不公平競爭條款，如限制使用商標地區條款、限制使用商品條款、限制商品品質條款、限制技術採用條款等等，應依公平交易法規範之。[343]商標授權契約之內容，雙方如有爭議，自應依契約內容及當事人真意決定之，但是否準用著作權法第37條之規定，[344]應對商標權人（即授權人）為有利之利益衡量與價值判斷，但實務上認為，本法並無相同或準用著作權法第37條之規定，故應採否定見解。[345]

另依授權之範圍，可分全部授權或一部授權二類型，換言之，商標權人可基於其營業、經濟利益等因素之考量，將指定使用之商品或服務，全部或其中一部授權他人使用。另商標授權期間應以商標權存續期間為限，如其所約定授權期間超過商標權存續期間者，應以商標權期間屆滿日為授權期間之終止日。

二、授權登記對抗效力

商標授權採登記主義，故應向商標專責機關登記，前項授權，非經商標專責機關登記者，不得對抗第三人。（商39 II）其登記之效力與商標移轉登記效力同，均採對抗主義。[346]亦即，當事人間授權契約本身之效力，

---

343 有關詳細論述，參見 汪渡村，公平交易法，五南出版社，頁299－303，2007年9月，三版。

344 著作權法第37條第1項規定：「著作財產權人得授權他人利用著作，其授權利用之地域、時間、內容、利用方法或其他事項，依當事人之約定；其約定不明之部分，推定為未授權」。

345 最高法院93年度台上字第1751號民事判決：「……另商標法並無相同或準用著作權法第37條之規定，上訴人主張依授權關係的利益衡量與價值判斷，商標使用之授權亦應作相同解釋，自難採信」。

346 商標之功能在於表彰商品之來源、品質及信譽，且商標權人對於本身商標之維護有最大之利益，因此是否授權他人使用商標，自應由商標權人自行考量，且

應依民法契約生效之相關規定判斷之，但是否得對第三人主張商標授權之效力，應以是否經商標專責機關核准授權登記為依據。至於登記後所生得為對抗第三人之效力，其生效點係以商標專責機關准予移轉登記，並登載於商標註冊簿之日為準。[347]

　　為保障商標授權使用之延續性，商標授權登記後，其商標權如有移轉者，其授權契約對受讓人仍繼續存在。（商39 III）於商標授權登記後，雖商標權人再將商標權移轉與第三人，原被授權人得繼續依約使用該商標，直至原授權契約有效期間屆滿，不受商標權再移轉之影響，以保障原被授權人之使用權益。另為避免經登記之非專屬授權因嗣後商標權人復將其商標專屬授權他人，所產生商標使用權利衝突之疑義，商標非專屬授權登記後，商標權人如再為專屬授權者，在先之非專屬授權登記不受影響。（商39 IV）

　　申請商標授權登記者，應由商標權人或被授權人具備申請書，載名下列事項：(1)商標權人及被授權人之姓名或名稱、住居所或營業所、國籍或地區；有代表人者，其姓名或名稱；(2)委任代理人者，其姓名及住居或營業所；(3)商標註冊號數；(4)專屬授權或非專屬授權；(5)授權始日；有終止日者，其終止日；(6)授權使用部分商品或服務者，其類別及名稱；(7)授權使用有指定地區者，其地區名稱。（商施38 I）上述授權登記由被授權人申請者，應檢付授權契約或其他足資證明授權之文件；由商標權人申請者，商標專責機關為查核授權之內容，亦得通知檢附前述授權證明文

授權契約是否生效，應屬當事人私權關係，公權力無需給予太大之干預。

[347] 參見智慧財產局（93）智商0941字第09380138390號函，認為：「商標權之移轉，應向商標專責機關登記；未經登記者，不得對抗第三人。為商標法（民國100年修正前）第35條所明定。即商標權移轉不以登記為生效要件，當事人間之讓與契約，於意思表示合致時即生效，至於對第三人之效力，則非經登記不得對抗，按此之登記，係以商標專責機關准予移轉登記，並登載於商標註冊簿之日為準。」；本書認為，為貫徹登記公示主義，應以登載於商標註冊簿之日，作為產生對抗第三人效力之始點，較為可採。

件。（商施38 II）另上項申請，應按每一商標各別申請。但商標權人有二以上商標，以註冊指定之全部商品或服務，授權相同之人於相同地區使用，且授權終止育相同或皆未約定授權終止日者，得於一授權申請案中同時申請之。（商施38 III）

三、再授權

商標是否得再爲授權，因專屬授權或非專屬授權而有不同之規定，專屬被授權人得於被授權範圍內，再授權他人使用，但契約另有約定者，從其約定。（商40 I）專屬被授權人於被授權範圍內，具有專屬使用註冊商標之權能，於授權範圍內，自得再授權他人使用，惟考量授權契約之訂定多屬當事人在信任基礎下，本於個案情況磋商訂定，因而如有特別約定限制專屬被授權人爲再授權時，應優先適用特別約定之規定。至於非專屬被授權人非經商標權人或專屬被授權人同意，不得再授權他人使用。（商40 II）

再授權，非經商標專責機關登記者，不得對抗第三人。（商40 III）再授權與專屬或非專屬授權同屬授權行爲之性質，其經商標專責機關登記者，亦有登記對抗規定之適用。因非專屬被授權人須經商標權人或專屬被授權人同意，茲爲證明確已獲得商標權人或專屬被授權人同意，故申請再授權登記時，應檢送商標權人或專屬被授權人同意之證明文件。（商施38 IV）另再授權係由原授權行爲所衍生，故再授權之商品或服務範圍、授權期間，皆應受原授權登記範圍之拘束，故再授權登記使用之商品或服務及再授權期間，不得逾原授權使用商品或服務之範圍及授權期間（商施38 V）。

商標被授權人是否應於其商品、包裝、容器上或營業有關之物品、文書上，附加商標授權標示？民國100年修正前之本法原有強制標示之規定，但是否標示應屬商標權人與被授權人依契約自由約定之事項，又參酌主要國家之立法例，亦未有強制作授權標示之規定，故修正後刪除應強制

爲商標授權標示之規定。[348]

　　證明標章、團體標章或團體商標，因涉及商標權團體之人格性質，或商標權人需具有專業能力等特性，如任意移轉或授權他人使用，恐有影響消費者利益及公平競爭之虞，故該等標章或商標，原則上不得移轉，亦不得授權他人使用，但如無損害消費者利益及違反公平競爭之虞，且經商標專責機關核准者，不在此限。（商92但）

四、授權登記之廢止

　　商標授權使用，主要是以雙方約定之商標授權契約爲依據，如因該授權契約於授權期間屆滿前，商標授權效力已提前失其效力時，當事人應可申請廢止商標授權登記，以確保商標授權當事人、利害關係人及消費者之權益，爲此，本法施行細則於民國92年修正前，即規定當事人得檢附相關證據，申請終止授權使用登記，[349]惟因商標授權之廢止，[350]攸關商標授權當事人權益甚鉅，故移至本法規定之。

　　當事人或利害關係人得申請廢止商標授權登記之法定原因如下：一、商標權人及被授權人雙方同意終止者。其經再授權者，亦同。（商41一）商標授權契約既經雙方合意終止，其商標授權契約自當失其效力，[351]故當事人可申請廢止商標授權登記。二、授權契約明定，商標權人或被授權人得任意終止授權關係，經當事人聲明終止者。（商41二）授權契約既明定

348 參見民國100年立法理由。

349 本法施行細則於民國92年修正前第21條規定：「商標授權期間屆滿前有左列情事之一者，得檢附相關證據，申請終止授權使用登記：一　當事人雙方同意終止者。其經再授權者，亦同。二　一方表示終止，他方無異議者。三　契約明定得由一方不附理由任意終止，而為終止之表示者。四　經法院判決確定或和解、調解成立，授權關係已消滅者。五經商務仲判決斷授權關係已消滅者」。

350 有關商標授權登記效力之停止，原係使用「終止」，惟為配合行政程序法之用語，特改為「廢止」，參見行政程序法第110條第3項規定：「行政處分未經撤銷、廢止，或未因其他事由而失效者，其效力繼續存在」。

351 參見最高法院65年台上字第1107號判例；最高法院70年台上字第2007號判例。

得由契約當事人一方任意終止該契約，則當事人一方如依約向另一方爲終止授權契約之意思表示，則商標授權契約效力應爲終止，因此當事人亦可廢止其商標授權登記。三、商標權人以被授權人違反授權契約約定，通知被授權人解除或終止授權契約，而被授權人無異議者。（商41三）被授權人違反商標授權契約規定，如其法律效果爲授權人得解除契約時[352]，且亦以意思表示通知被授權人解除或終止其授權關係時[353]，如被授權人無異議者，其終止或解除之意思表示既已生效，則商標授權契約失其效力（或自始無效），當事人自可申請廢止其商標授權登記。但如被授權人有異議，因屬私權爭議，當事人應循司法程序加以解決，商標專責機關不宜介入，應待司法解決後再據其結果辦理商標登記廢止之程序。四、其他相關事證足以證明授權關係已不存在者。（商41四）申請廢止商標授權登記之事由，尚包括有其他相關事證足以證明授權關係已不存在之情形，例如當事人或利害關係人持法院相關確定判決，證明授權關係已不存在等等。

第四目　讓與

　　商標權應屬財產權、私權之性質，[354]得成爲讓與及繼承之標的。所謂移轉之意義與所有權移轉效力相同，換言之，商標權移轉予受讓人後，受讓人繼受取得商標權之使用、收益、處分等權利。民法對動產之移轉並不以登記爲必要，但商標權之移轉，因涉及商標權人應登記事項之變更，故應向商標專責機關登記，如未經登記，[355]不得對抗第三人。（商42）換

---

352 如依民法第226條第1項及第256條之規定，如因可歸責於債務人之事由，致給付不能者，債權人得請求賠償損害，並得解除其契約。

353 民法第258條第1項規定：「解除權之行使，應向他方當事人以意思表示爲之」。

354 在世界貿易組織（WTO）「與貿易有關的智慧財產權協定」（Trips），前言中即明白宣示，智慧財產權性質屬私權性質（Recognizing that intellectual property rights are private rights）。

355 此所謂之登記，係以商標專責機關准予移轉登記，並登載於商標註冊簿之日爲

言之，上述移轉登記為「對抗要件」，並非「生效要件」，縱未辦理移轉登記，其移轉契約之效力並不受影響，是以移轉登記縱屬無效，仍不影響商標權實體權利之歸屬，[356]僅發生無法對抗第三人之效果，[357]另所謂第三人應包括關係人[358]且不限於善意之第三人。

另證明標章、團體標章或團體商標，因涉及商標權團體之人格，或商標權人需具有專業能力等特性之考量，故原則上不得移轉，但如無損消費者利益及違反公平競爭之虞，且經商標專責機關核准者，不在此限。（商92但）

單獨所有之商標權，如同時移轉給二人以上而成為共有狀態時，其效力為何？實務上曾採否定見解。[359]但本法於民國92年修正後，對上述問

準。參見，智慧財產局（93）智商0941字第09380138390號函。

[356] 臺灣高等法院84年度上字第190號民事判決：「……再查商標專用權，依商標法第28條（修正前第29條）規定，係以登記為對抗要件，而非以登記為取得商標專用權之要件，是以登記縱有無效之原因，仍不影響實體上商標專用權之歸屬……」。

[357] 即商標權移轉不以登記為生效要件，當事人間之讓與契約，於意思表示合致時即生效（作者註：契約生效與否之判斷，並非完全以意思表示是否合致為唯一判斷標準，而應審視是否符合契約生效要件），至於對第三人之效力，則非經登記不得對抗。參見，智慧財產局（93）智商0941字第09380138390號函。另請參見，中央標準局（84）台商字第217240號函；（86）台商字第213890號函相關見解。

[358] 最高行政法院88年度判字第347號判決：「商標權之移轉，應向商標主管機關申請登記，未經登記者，不得對抗第三人，為商標法第28條第1項所明定。本件關係人於民國85年2月2日以系爭商標變換加附記使用為由，申請撤銷系爭商標權時，系爭商標尚未移轉登記，因此，系爭商標在移轉登記前，尚不得以移轉之事由對抗第三人（包括關係人）。按關係人於申請撤銷時，系爭商標權應予撤銷之事由既經發生，自不因其嗣後移轉登記於原告而可主張免予撤銷，所訴核不足採」。

[359] 參見智慧財產局民國88年7月20日智商980字第215308號函，就關於商標權得否移轉為數人共有事宜，函釋如下：「一、按商標法第二條規定，凡因表彰自己營業之商品，確具使用意思，欲專用商標者，應依本法申請註冊，又同法第21

題已採肯定見解，即商標權可指定跨類商品或服務，並可分割商標權，又可自由移轉，如造成有二以上之商標權人使用相同商標於類似之商品或服務，或使用近似商標於同一或類似之商品或服務，而有致相關消費者混淆誤認之虞者，原則上並不禁止，僅規定各商標權人使用時，應附加適當區別標示，（商43）作為配套規定。[360]至於區別標示應達何程度，始為適當

條第1項規定，商標自註冊之日起，由註冊人取得商標專用權。從而依商標法註冊所取得之權利，係指註冊人以請准註冊之商標於所指定之商品取得專用之權利而言。為保障消費者利益，避免其對使用相同或近似商標之商品來源產生混淆誤認之虞，依同法第22條規定，限同一人得以同一或近似商標圖樣申請註冊為聯合商標及防護商標，除非經商標專用權人同意授權使用外，商標法原則上並不允許不同人以相同或近似之商標圖樣指定使用於同一或類似之商品。二、商標專用權以使用為存續保護要件，此觀商標法第31條第1項第2款之規定自明，商標專用權取得後，必須透過持續使用以累積商標信譽，始能提高商標財產權之保護價值。依民法規定，一般權利固可移轉為數人共有，惟為避免與商標法規範所取得專用權利之性質相牴觸，目前本局審查實務，固接受合夥人以公司共有之方式為申請註冊人或受讓商標專用權，惟其使用僅得以表彰同一來源之「合夥」組織型態加以標示（或併列具公司關係之共有人方式），尚難以民法上籠統之「共有」概念涵蓋之。商標法固無明文禁止將其權利移轉為多數人共有之限制規定，惟依商標法註冊所取得者既為專用之權利，解釋上其使用必須以共同之同一來源加以標示，始能符合商標法相關法規範意旨」。

360 參見本法民國92年修法理由：「本法修正後，商標權可指定跨類商品或服務，並可分割商標權，又可自由移轉，若商標移轉之結果有致相關購買人混淆誤認之虞者，應予規定，爰參考日本商標法第24條之4，明定商標移轉結果有致相關購買人混淆誤認之虞者，應附加適當區別標示」；日本商標法第24條之4規定：「移轉商標權之結果，使用於相同商品或服務之近似註冊商標或者使用於類似商品或服務之相同或近似註冊商標之商標權屬於不相同的商標權人時，依該其中之一註冊商標有關之商標權人，專用使用權人或通常使用權人使用註冊商標於指定商品或指定服務，有損害其他註冊商標之商標權人或者專用使用權人在營業上之利益（僅限使用該其他註冊商標之指定商品或指定服務有關之項目）之虞時，該其他註冊商標之商標權人或專用使用權人，得對該其中之一之註冊商標之商標權人，專用使用權人或通常使用權人，為防止該人之營業上商品或服務和自己之營業上商品或服務混淆，得請求附加適當之標示」。以上譯文引自智慧財產局資料，http://www.tipo.gov.tw/trademark/trademark_law/

之標示，本法並無明文規定，自應依一般社會通念、消費者認知及一般市場交易習慣，雙方以協議決定之，但該標示仍應足以作為消費者區別商品來源之依據，以符合本法立法規範目的，如利用平面圖像、電子媒體促銷其商品而使用商標時，應附加足資區別之文字或聲音等，或分別為不同之包裝或清楚標示各別之製造廠商及產地等。[361]一旦未附加上述所稱之適當區別標示，商標專責機關應依職權或據申請廢止其註冊，但於商標專責機關處分前，如已附加區別標示，且無產生混淆誤認之虞者，不在此限。（商63 I 三）

　　申請商標權移轉登記時，應備具申請書，並檢附移轉契約或其他移轉證明文件。（商施39 I）所謂其他移轉證明文件，如檢附死亡與繼承證明文件，以證明繼承移轉之關係，檢附法院判決書，以證明拍賣移轉之關係，或檢附合併證明文件，以證明合併移轉關係等。

第五目　設定質權

　　質權之種類因標的物之不同，可分為動產質權[362]及權利質權[363]二

trademark_law_5_7_1_4.asp，閱覽日期，2007/09/12。

361 參見中央標準局（84）台商字第200767號函：「商標法第23條第2項所稱之「附加適當之區別標示」，係指附加足以為一般消費者藉以區辨商品來源而得以避免引起混淆誤認之虞之標示。例如為不同之包裝或標示製造廠商及產地等均可。

362 民法第884條規定：「稱動產質權者，謂因擔保債權，占有由債務人或第三人移交之動產，得就其賣得價金，受清償之權」。

363 民法第900條規定：「可讓與之債權及其他權利，均得為質權之標的物」。

種，[364]商標權屬無體財產權，具經濟價值[365]與可轉讓性，應可作為權利質權之標的，本法亦採肯定立場。[366]有關商標設定質權，除本法有特別規定外，應適用民法相關規定。

依民法相關規定，設定權利質權並不以登記為必要，[367]但以商標權為質權標的者，本法規定商標權人設定質權及質權之變更、消滅，非經商標專責機關登記者，不得對抗第三人。（商44 I）以免第三人權益受損，其登記之效力與商標移轉或授權之登記效力相同，均採對抗要件而非生效要件。質權設定經登記後，其內容諸如質權人名稱、代表人或地址等資訊有所變更，應屬登記事項之變更，應辦理變更登記，如質權消滅則應辦理質權消滅登記，否則不得對抗第三人。

申請商標權之質權登記者，應由商標權人或質權人備具申請書，[368]

---

364 我國民法雖不承認不動產質權者，但實務上則有準用之例，參見內政部76年6月10日台（76）內地字第511293號函之見解：「……該不動產質權於台灣光復後，雖為保全物權公示主義之原則，保護交易之安全，而依行政院台40（內）字第1193號令補訂辦法之規定，准由權利人申請登記為臨時典權，以資過渡，但究與我民法上之典權有別，似尚無變更不動產質權性質之效力，權利人行使此項權利，似僅得依日本不動產質權之規定為之。本件典權係發生於民國前36年清朝時期，即日本民法施行於台灣前，於民國前2年辦理設定登記，民國12年依當時日據時期法令變更為不動產質權，並於台灣光復後臨時登記為典權，權利人行使權利似僅得依前開日本民法暨其施行法有關不動產質權之規定為之，而不得依我民法第924條規定，申請取得典物所有權。」

365 商標權經商標權人長期使用或宣傳廣告，可能累積相當財產價值，如屬知名品牌，更會對其商品創造高額之附加價值。

366 參見本法（民國92年修正）第37條第1項前段規定：「商標權人設定質權及質權之變更、消滅，應向商標專責機關登記」。但本法原禁止商標得設立質權，參見民國61年7月4日修正之本法第30條規定：「商標專用權，不得作為質權之標的物」，主要理由認為，商標權係無體財產權，並非具體、確定之權利，且商標附麗於商品之上，流動性廣，以之作為質權之標的，不甚相宜。

367 民法第904條規定：「以債權為標的物之質權，其設定應以書面為之。如債權有證書者，並應交付其證書於債權人」。

368 參見智慧財產局訂定之「商標設定質權登記申請須知」，http://www.tipo.

並依其登記事項檢附下列文件：①設定登記者，其質權設定契約或其他質權設定證明文件。②移轉登記者，其質權移轉證明文件。③消滅登記者，其債權清償證明文件或質權人同意塗銷質權設定之證明文件法院判決書及判決確定證明書或與法院確定判決有同一效力之證明文件。（商施40）申請質權設立登記者，並應於申請書載明該質權擔保之債權額。（商施40Ⅰ）

質權可否同時擔保數債權，其順位為何？因民法對動產質權有準用民法第878條之規定，[369、370]本法於民國92年修正時，規定商標權人為擔保數債權就商標權設定數質權者，其次序依登記之先後定之。（商44Ⅱ）此乃基於確保質權人之權益下，並使商標權人充分發揮商標權之交易價值，爰明定商標權可重複設定質權，以利商標權人可以之為債權之擔保，[371]此外，商標權人如欲以所註冊之數件商標設定質權擔保債務者，本法因無明文限制之規定，似應許可。

質權人非經商標權人授權，不得使用該商標。[372]（商44Ⅲ）茲因商標權與一般債權性質不同，商標質權之作用在於擔保，其目的應在於保障質權人之債權，並非以使用商標為其權利內容，故質權人非經商標權人授權，不得使用該商標。

---

gov.tw/trademark/921128/note/17%E8%A8%AD%E5%AE%9A%E8%B3%AA%E6%AC%8A%E7%99%BB%E8%A8%98%E7%94%B3%E8%AB%8B%E9%A0%88%E7%9F%A5new.pdf。

[369] 民法第895條規定：「第八百七十八條之規定，於動產質權準用之」。

[370] 瑞士民法典第886條規定，後位質權，須經前位質權人收到後位質權人的書面通知並得知在其受償後，應將質物交付後位質權人後，始得設定；日本民法典第355條規定，為擔保數個債權，就同一動產設定質權時，其質權的順位，依設定先後而定。

[371] 參見本法民國92年修法理由。

[372] 商標質權之作用在於擔保，並非以使用商標為其權利內容，故無論是否於質權存續期間內，質權人使用商標皆應得商標權人同意，且質權之存續期間常視其所擔保債權清償之情形而定，除客觀上難以確定外，亦無強制登記質權存續期間之必要。參見民國100年修法理由。

第四款　商標權之限制

　　商標權雖屬私權，但仍應衡量與公益間之平衡，因此本法訂有商標權效力所不及之規定，[373]其態樣包括合理使用、功能使用、善意先使用及商標權權利耗盡等行為。有關商標權所不及之事項規定之性質，應是屬商標權之限縮，亦或是商標侵權人免責抗辯事由，[374]有所爭議，如認為屬商標權之限縮，則符合商標權效力所不及事項之行為，本質上應不屬侵害商標權之行為，如認為屬於商標侵權抗辯事由，則縱符合商標權效力所不及事項之行為，其本質仍屬於侵害商標權之行為，侵權人僅得以之作為免責之抗辯。本書認為，如從「不受他人商標權之效力所拘束」之文義觀察，似可認為該規定僅排除商標權之拘束力，因此商標權人之商標權仍存在，其性質應屬於商標侵權人之抗辯事由。[375]

第一目　商標之合理使用

　　以符合商業交易習慣之誠實信用方法，表示自己之姓名、名稱，或其商品或服務之名稱、形狀、品質、性質、特性、用途、產地或其他有關商品或服務本身之說明，非作為商標使用者，不受他人商標權之效力所拘束。（商36Ⅰ一）本法於民國86年修正前，本款原規定於第23條，該條文

---

[373] 蔡明誠，論商標之合理使用，全國律師，頁64-70，1997年11月；陳昭華，商標使用規定之再探討—以我國、歐盟及德國之規定為中心，輔仁法學，第23期，頁273-339，2002年6月。

[374] 實務上似採抗辯說，參見經濟部智慧財產局（96）智商0350字第09680283960號函「……另商標權人固得依商標法主張維護其商標權益，惟商標法（民國100年修正前）第30條規定亦有商標權效力所不及之情形，若符合該條規定之態樣者，得以之作為非屬商標侵權行為之抗辯。……」。另參見台北地方法院94年度智字第64號民事判決。

[375] 依「辦理民事訴訟事件應行注意事項」（最新修正98年12月2日）第80點：「侵害智慧財產權事件，原告已證明被告有使用或侵害智慧財產權之事實，被告抗辯有權使用時，應舉證證明之。」

規定，凡以普通使用之方法，表示自己之姓名、商號或其商品之名稱、形狀、品質、功用、產地或其他有關商品本身之說明，附記於商品之上等行為，均不受他人商標專用權之效力所拘束，僅於其但書規定，就惡意使用姓名或商號時，始例外認為仍應受他人商標權所拘束。然如有惡意，仍應受他人商標權所拘束，故修正後本法刪除該但書規定，並參酌TRIPS第17條規定[376]及美國商標法第33條規定[377]，於第1項增列「善意且合理」之要件，並將「普通使用」修正為「非作為商標使用」，使其意義較為明確且周延[378]。另「商號」意義是否涵蓋商號以外之法人團體及組織，易生疑義，爰將其修正為「名稱」。民國100年又修正如上，相關構成要件說明如下：

[376] 參見TRIPS第17條有關例外之規定：「會員得對商標專用權做有限度的例外規定，如說明性用語的合理使用；但此種例外規定需考慮商標專用權人及第三人之合法權益」。參見經濟部國際貿易局譯文，http://cwto.trade.gov.tw/kmDoit.asp?CAT295&CtNode=869，閱覽日期，2007/10/14。

[377] 美國商標法第33條：(a)依1881年3月3日之商標法或1905年2月20日之商標法核發之註冊證或於本法規定之主要註冊簿註冊，而由訴訟一造當事人所有之註冊證應被視為具有依該註冊證內所述之條件及限制，於商業上有使用標章於註冊證所指定之商品或服務之專用權之表面證據及該標章業經註冊及由註冊人所有具證據力之證物；但此項規定不妨礙對造舉證主張任何如對此一標章於未註冊時所得主張之商標法上或衡平法上之抗辯或瑕疵，包括規定於(b)項之抗辯。……(4)被訴為侵害事實之姓名、字語、方式之使用，並非作為標章而使用，而係當事人本身營業上個人姓名之使用，或係與當事人有密切關係者之個人姓名，或係將當事人之商品、服務或產地平實地且善意地為說明之字語或方式者。參見經濟部智慧財產局譯文，http://www.tipo.gov.tw/trademark/trademark_law/trademark_law_5_3.asp，閱覽日期，2007/10/14。private rights）。

[378] 本法賦予商標權人有獨佔性使用商標之權利，同時又具排他性使用權，但該規範目的是為，避免消費者對商品或服務之來源產生誤認、混淆，因此該排除妨害的範圍，應僅限於第三人作為標識商品來源之用，不宜全面限制第三人其他方面的使用。

一、符合商業交易習慣之誠實信用方法

民國92年修正之條文原規定「善意且合理使用之方法」，其意是指依一般商業交易習慣之普通使用方法，且非作為商標使用者，包括知悉他人商標權存在之合理使用，惟實務上有認為此「善意」係指民法上「不知情」，因而產生爭議，為釐清適用範圍，民國100年修正為「符合商業交易習慣之誠實信用方法」。所謂符合商業交易習慣[379]、誠實信用方法[380]均屬高度不確定法律概念，仍須依個案事實認定之。

另本款似應考慮該使用人主觀上是否有作為商標使用之意圖，客觀上一般消費者有無誤信該產品為他商標權人所有之可能性等因素加以判斷，行為人如不特別強調他人商標之顯著性以吸引公眾之注意者，應認該行為人並未違誠實信用原則。但如將他人已註冊之商標置於明顯醒目之處，卻將自己之商標置於不明顯處等，該種刻意設計之作法，自難謂符合商業交易習慣之誠實信用方法。[381]

---

379 參見最高行政法院判決100年度判字第191號：「……化粧品係屬於易攜帶之物品，商家以一般旅客搭機攜帶入境方式或以小件郵遞寄送方式進入我國市場販售之情形，亦屬常見，尚難謂不符合一般商業交易習慣……」。

380 所謂誠實信用原則，係指一切法律關係，應各就其具體之情形，依正義衡平之理念加以調整，以求其妥適正當者而言。參見最高法院94年度台上字第2001號民事判決。

381 參見臺中地院94易1207判決：「……判斷時應全面考量其使用他人商標是否具有「惡意」之情事，所謂「惡意」，有謂其係指知情而仍故意為之，亦即以特別或顯著之方法所為標示而言；且應指以一般商業習慣上通常使用之方法表示於商品中。如表示自己之姓名、名稱或其商品或服務之名稱、形狀、品質、功用、產地或其他有關商品或服務本身之說明，非作為商標使用者，自不受他人商標權效力所及，但如將某一商品他人已註冊之商標置於明顯醒目之處，而將自己之商標置於不明顯處，此種刻意設計之作法，自難謂係善意且合理使用之方法，自應為商標權效力所拘束」。

二、表示自己之姓名、名稱，或其商品或服務之名稱、形狀、品質、性質、特性、用途、產地或其他有關商品或服務本身之說明

　　如以自己之姓名、名稱、或以描述其商品、服務之名稱、形狀、品質、功用、產地等說明性文字，作為商標之內容，因涉及姓名權利之行使，或為使消費者認識其商品、服務之性質或相關資訊之必要內容，自可不受商標權之拘束。本款規定之商標合理使用，包括描述性合理使用及指示性合理使用兩種。所謂描述性合理使用，指第三人以他人商標來描述自己商品或服務之名稱、形狀、品質、性質、特性、產地等，此種方式之使用，並非利用他人商標指示商品或服務來源之功能，而是純粹作為第三人商品或服務本身之說明，因商標權人取得之權利，係排除第三人將其商標作為第三人指示自己商品或服務來源之使用，故第三人所為之使用既非用以指示來源，即非屬商標權效力拘束範圍。又所謂指示性合理使用，係指第三人以他人之商標指示該他人（即商標權人）或該他人之商品或服務；此種方式之使用，係利用他人商標指示該他人商品或服務來源之功能，用以表示自己商品或服務之品質、性質、特性、用途等，類此使用情形多出現於比較性廣告、維修服務，或用以表示自己零組件產品與商標權人之產品相容，凡上述二者皆非作為自己商標使用，均不受商標權效力所拘束，且為我國實務上所肯認，故本法民國100年修正時，增訂指示性合理使用，並包括表示商品或服務之「用途」。[382]

---

[382] 參見民國100年立法理由。所謂指示性合理使用，可參見臺灣臺北地方法院95年度智字第69號民事判決「被告雖將原告商標使用於招牌、看板、櫃檯等，然其或於「BURBERRY」下加註稍小字體「TOKYO JAPAN」、「TOKYO」、「日系」等字，或於「BURBERRY」字體右方以稍小字體加註「日本東京海渡」等字，且於櫃位或招牌之「BURBERRY」字體旁又有「Chloe」、「Chloe、DARKS」、「dunhill、COACH、DARKS」等其他名品之名稱與之並列，甚且於旗幟上係記載「東京海渡BURBERRY系列商品」，顯然係使用原告商標說明被告有販賣「BURBERRY」之商品而已，並無作為商標使用之意」。

三、非作爲商標使用者

　　本款所稱「非作爲商標使用」與本法第68條各款所規定之「使用商標」之概念應加以區分，蓋未構成本法第68條之「使用商標」之行爲，即不構成商標之侵害，自不必主張本法第36條商標權效力不及之抗辯。所謂非作爲商標使用者，涉及使用人之主觀意圖，因此認定上頗爲困難，實務上，常透過是否符合前述第一、二目要件等客觀因素，作爲認定使用人主觀要件之依據。如「是所附記於商品之上者，顯係有關商品本身之說明文字，而並非做爲商標使用」[383]、「使用於商品目錄，係作爲一般使用以說明其產品，非作爲商標使用」[384]、「商標圖樣上之數字如係表示商品之型號、代號或規格，僅能使消費者認屬普通使用之方法，而非作爲商標使用」[385]、「業者將十字架立體化只是作爲銀飾本身裝飾性形狀，消費者也不會誤認該十字架銀飾品是某一特定廠商的產品時，即非作爲商標使用」[386]。

---

[383] 最高行政法院93年判字第72號判決：「……核屬以善意且合理使用之方法，表示商品上所使用之圖案係來自世界知名畫家畢卡索畫作之衍生著作，藉以倡導、提升國人生活之藝術美，是所附記於商品之上者，顯係有關商品本身之說明文字，而並非做為商標使用……」。

[384] 最高行政法院86年判字第1892號判決：「……被告認以之為商標圖樣指定使用於工作母機用冷卻機等商品，與該等商品之說明有密切關聯，洵非無稽。又原告將OILCON使用於商品目錄，係作為一般使用以說明其產品，非作為商標使用，被告以之佐證系爭商標圖樣之外文OILCON與其商品之說明有密切關聯，並無不合……」。

[385] 最高行政法院76年判字第2157號判決：「原處分及原決定機關審查結果咸以系爭商標圖樣上之數字「69173」，係表示商品之型號、代號或規格，僅能使消費者認屬普通使用之方法，而非作為商標使用，不足以引起一般消費者注意，並藉與他人商標加以區別」；最高行政法院85年判字第724號判決：「……至商品包裝容器整體之設色，若非作為商標使用之型態，縱與據以申請撤銷之商標顏色近似，亦非所得論究之範圍，無商標法第31條第1項第款規定之適用，乃為申請不成立之處分……」。

[386] 參見智慧財產局蒐集之合理使用/善意先使用案例，http://www.tipo.gov.

如構成商標普通使用，應可主張屬於本款之「非作爲商標使用」。所謂普通使用者，是指屬於商業上通常使用之方法，使用人在主觀上無作爲商標使用之意圖，且客觀上，一般商品購買人亦不致誤認其爲商標之使用行爲者而言。[387]商標註冊制度之目的，在於保障商標權及消費者利益，以促進工商企業之正常發展（商1），因此法律賦予商標權人具有獨佔之實施權與排他權，但其權利並非毫無限制，如他人使用某圖形或文字，係在表彰商品之相關說明，如屬工商企業之一般習慣使用方式，且消費者亦不視其爲區辨商品來源之商標者，則因其非作爲商標使用，既不與註冊商標權發生衝突，又不致造成消費者之混淆誤認，且爲工商企業正常運作之所需，自不應受商標專用之拘束。至於商品上所使用之圖樣，究係作爲商標

---

tw/ch/AllInOne_Show.aspx?path=3563&guid=cbaf4f12-39ff-4f9c-8f85-f27725b02e50&lang=zh-tw。

[387] 民國83年本法施行細則第18條之規定：「本法第23條第1項所稱普通使用之方法，指商業上通常使用之方法，在使用人主觀上無作爲商標使用之意圖，一般商品購買人客觀上亦不認其爲商標之使用者」。但該規定於88年修正時，則被刪除；另參見中央標準局（82）台商字第219646號函。如註冊商標若被反覆作爲商品名稱或說明，而商標權人並未積極排除他人之使用，致使一般消費者無從認識其爲表彰商品來源之標誌，即喪失其顯著性者，在他國商標法例中，有規定應撤銷該商標之專用權者，我國雖尚無此一規定，惟其他同業多可主張適用（舊）商標法第23條第1項普通使用之規定，而不受商標專用樣之限制（但依民國92年修正之商標法第57條第1項第4款規定，商標已成為所指定商品或服務之通用標章、名稱或形狀者，商標專責機關應依職權或據申請廢止其註冊），參見中央標準局（73）台商字第201468號函示。

使用抑為普通使用，[388]應就指定使用之商品性質[389]、消費者之認知、實際交易情況及同業間使用方式等綜合考量，判斷其是否足以使一般商品購買人認識其為表彰商品，並得藉以與他人之商品相區別之標識[390]等因素判斷之。[391]

---

388 是否構成合理使用，應可從下列標準判斷之：①雖使用與他人商標相同或近似之商標，但是否有其他說明性文字如「主要成分」、「功能」、「使用方法」，足以使消費者了解其係為「說明」產品而使用；②使用之商標，客觀上是否可供消費者做為識別商品或服務來源之依據；被告所使用的文字圖形是否作為商標來使用，或該文字或圖形是否足以標識、區別商品來源作為判斷標準；③是否供作商業使用，即其使用方式或型態，一般消費者不致誤認係作為商標使用者，如於相聲藝術表演中，舉某知名商標加以消遣者；④使用他人商標作為說明性文字時，對該說明性文字之使用或強調其顯著性，有無超出一般商業法則容許之範圍（如將某一商品他人已註冊之商標置於明顯醒目之處，而將自己之商標置於不明顯處，此種刻意設計之作法，自難謂係善意且合理使用之方法）……是否一併使用自己之商標（就包裝之整體觀之，包裝袋上方之「台灣田邊食品」與下方之「台灣田邊食品股份有限公司」相對應，係以中文之書法字體所構成，可認知行為人所使用之「台灣田邊食品」是該公司名稱「台灣田邊食品股份有限公司」一部之文字，非作為商標使用，故應屬以善意且合理使用之方法）；　商標權人之商譽是否因而受損，其程度為何。參見 臺中地方法院94易1207號判決；臺南高分院90上96號判決；板橋地院94重智16號判決；陳柏如，商標合理使用之研究—以實務見解為中心，http://www.is-law.com/Others/ESSAY0010BoRu.pdf，閱覽日期，2008/01/11；另請參見LISA P. RAMSEY,Intellectual Property Rights In Advertising,12 Mich.Telecomm.Tech.L.Rev.189-263,(Spring,2006).
389 臺灣高等法院90年上易字第3265號刑事判決：「被告將「青年中○晨報」字樣印製於報紙商品之頭版右上角，依報紙商品之性質、市場交易習慣，應係做為商標使用……」
390 中央標準局（73）台商字第201768號函，認為於商品上標示「FOR BMW（或其他商標）USE」字樣，需就個案，視其書寫方式是否為普通使用而予以認定，至於有無構成侵害，係屬法院職權。於汽車之門鎖鑰匙上打印他人之商標，是否有（舊）商標法第23條普通使用之適用，應視其打印方式是否為普通使用及使用人是否惡意為斷，而予認定可否排除他人商標權之拘束。
391 智慧財產局93年3月24日，(93)智商0941字第9380130440號函。

第二目　為發揮商品或服務功能所必要者（商36Ⅰ二）

因功能性問題並不限於商品或其包裝容器之立體形狀，顏色及聲音亦有功能性問題，民國92年修正之條文有關功能性之合理使用規定，未及於聲音及顏色，範圍過於狹隘，為期法律適用較為周延，故刪除「商品或包裝之立體形狀」等文字。本法已將立體商標納入保護，本款係為配套規定，認為商品或其包裝之立體形狀若為發揮其功能性所必要，應不受他人商標權效力所拘束。[392]按同法第30條第1項第1款規定，商標如屬「僅為發揮商品或服務之功能所必要者」，屬法定不予註冊之事項，因此概念上，既無法取得商標權，自無商標權效力拘束之問題，故本款應指使用人所使用之商標，雖屬於他人商標權之構成部分，但使用人使用之目的，係為發揮其商品或服務之功能性所必要者，則他人商標權之效力應不能即之。

第三目　善意先使用

善意先使用與同條第1項第1款規定之合理使用，二者本質上有所差異，[393]所謂善意先使用者，乃行為人在他人商標註冊申請日前，善意使用相同或近似之商標於同一或類似之商品或服務者，但以原使用之商品或服務為限，且商標權人並得要求其附加適當之區別標示。（商36Ⅰ三）善意先使用原則，主要係為調和商標註冊主義與商標使用主義，[394]本法因採

---

[392] 參見本法民國92年修法理由。

[393] 善意先使用與善意合理使用應屬不同之概念，因善意先使用係適用於行為人就系爭商標真正為商標使用，而善意合理使用之要件，則限於行為人對系爭商標必須非做商標使用，且使用之型態亦須構成普通使用之態樣。

[394] 臺灣高等法院高雄分院93年度上易字第199號判決：「按在他人申請商標註冊前，善意使用相同或近似之商標圖樣於同一或類似之商品，不受他人商標專用權之效力所拘束，但以原使用之商品為限；商標專用權人並得要求其附加適當之區別標示，被告行為時之舊商標法第23條第2項定有明文。考其立法意旨乃在於保護先使用商標者之使用權，蓋我國商標法係註冊主義，商標權利之取得，以註冊為要件，然則商標之實體表現，貴在於使用，惟有將商標用於商品之上而行銷市面，始能使消費者認知辨識，是為能使商標制度達到更合理之

先申請註冊主義，故商標權之取得完全以是否註冊爲決定之依據，但爲避免善意先使用該商標之人，只因未申請註冊，反而必須受到後使用但先註冊之商標權人之拘束，故有該制度之規定，換言之，對於在他人申請註冊前，已善意使用相同或近似商標圖樣之第三人，應使其在特定條件下，免受他人商標專用權之干涉，始爲公允。395

一、要件

（一）在他人商標註冊申請日前

　　所謂「在他人商標註冊申請日前」，則有二不同之見解，一認爲係指「申請日」之前，396另有認爲應指「註冊日」之前，即取得商標權之前。397前者著重於文義解釋，後者主要理由似爲，善意先使用者之效果係限縮商標權之拘束力，故應以申請人取得商標權爲前提，因此應以註冊日（取得商標權）爲時點，同時本法在民國92年修正前第23條規定之「在他人申請商標註冊前」之用語，亦有解釋之空間。該等理論雖均有所據，但本法於民國92年修正後，其用語已改爲「在他人商標註冊申請日前」，文義上已相當明確，且我國有關商標權之取得是以註冊主義爲原則，善意先使用規定應是例外制度，適用上不於過寬，故應不宜超出文義而爲擴充解釋，應採前者爲妥。

境地，並符合現今先進國家商標制度之走向，我國商標法乃兼採使用主義之優點，而特設此一規定」。

395 參見本法民國82年修正第23條增設商標善意使用原則之修法理由。

396 參見中央標準局（86）台商字第219457號函。

397 部分法院見解採此說，參見 最高法院85年度台非字第342號判決：「在他人申請商標註冊前，善意使用相同或近似之商標圖樣於同一或類似之商品，不受他人商標專用權之效力所拘束；但以原使用之商品爲限；……」故任何人於他人申請商標註冊前（即取得商標專用權前），以善意使用相同之商標於同一商品，爾後（即他人取得商標專用權後），則不受他人商標專用權之效力所拘束」。

（二）善意使用

　　所謂善意者，實務見解或有拘泥於民法相關概念者，如「善意與否之判斷，若係屬同一區域、同一市場，而依客觀事實觀察難謂誘為不知者，固不無『惡意』之嫌」。[398]日本舊商標法原本亦以善意作為先使用構成要件之一，但因該善意應指具有商業道德之意，故學者及實務見解大多認為，該善意應指對他人註冊之商標，不具不正當使用之不正競爭上之惡意，[399]因此為求明確，日本現行商標法已將原先之「善意」改為「非以不正當競爭為目的」。[400]本書認為，善意先使用之善意，其意義固然包

398 參見中央標準局（86）台商字第219457號函。但亦有實務見解認為，本法100年修正前第30條第1項第1款「善意」之要件「除視使用人是否知悉他人尚未申請註冊商標之存在以外，尚應視使用人於使用時是否意圖影射他人商標之信譽，而致影響公平競爭秩序為斷，…是此「善意」，並非民法上向來所解之「不知情」，亦不以無過失為要件。」參見台灣高等法院96年度上易第597號刑事判決。

399 參見三宅發士郎，日本商標法，嚴松堂，頁253，昭和6年（1931）；大判大9.5.21，大9（才）169，民錄26輯715頁；東京高判昭28.4.18.昭（ネ）449；兼子一、染野義信，判例工業所有權法，第一法規出版部，頁877，昭和29年（1954）。

400 日本1997修正之商標法第32條規定「1.在他人申請商標註冊以前，即在日本國內，非以不正競爭為目的，使用與該商標同一或近似商標，於與該申請註冊之指定商品同一或類似之商品上，而在該商標註冊之申請時「依第9條之4規定或者第17條之2第1項或第55條之2第2項（包括於第60條之2第1項，準用之。）準用意匠法第17條之3第1項規定，而視為該商標註冊之申請於程序補正書提出之時提出者，原商標註冊申請之時，或提出程序補正書時」需要者已廣泛認識該商標為表彰其營業之商品或服務時，若繼續使用該商標於該商品或服務，就該商品或服務有使用該商標之權利。承繼該營業者亦同。2.商標權人或專用使用權人，對於因前項規定有使用商標權利之人，為防止該人營業商品或服務與自己營業商品或服務混淆，得請求其附加適當之標示」（參見智慧財產局譯文），因此日本商標先使用權的構成要件有：(1)在他人提出商標註冊申請前，在日本國內已在該商標註冊申請指定的商品或類似商品上使用與申請註冊商標相同或近似商標；(2)非以不正競爭為目的；(3)原商標註冊申請之時，或提出程序補正書之時，需要者已廣泛認識該商標為表彰其營業之商品或服務需要者

含商業道德之意涵，因此使用人如具有不正競爭之惡意，當然不構成「善意」，然而善意先使用規範目的，是為調和註冊主義與使用主義而設，其保護範圍應限於有「先使用」之事實始謂合理，故如已明知他人已經使用該商標，則行為人在他人申請商標註冊前加以使用，縱於主觀上未具不正競爭之意圖，但事實上行為人已不具「先使用」之要件，該行為於採商標使用主義保護原則之下，仍不受保護，更何況本法仍以註冊主義為主要原則。因此，本款所謂之善意與否，應不能完全以是否具有「不正競爭之惡意」，作為判定之標準。

（三）使用相同或近似之商標於同一或類似之商品或服務者

他人申請商標註冊前，善意使用相同或近似之商標圖樣於同一或類似之商品者，其善意先使用該商標之權益應予保障。至於商標是否近似、商品或服務是否類似之判斷標準，詳見本書前揭說明。

二、善意使用之範圍

構成善意先使用之要件者，縱原使用之商標已由他人申請註冊為商標，先使用者亦得於原使用之商品或服務繼續使用該商標，但同款但書既明定「原使用之商品為限」，（36Ⅰ三 但前段）故善意先使用人僅能就原使用之商品繼續使用，不得再擴及其他類似商品，但原使用商品之原產銷或經管規模似無限制不得擴張，[401]實務上認為使用者擴大營業規模設置

廣泛認知，而非如(4)先使用人在其商品上持續使用該商標。參考日本立法例時，應注意日本商標法第32條第1項所規定之要件為，「その商標を不正競爭の目的でなく使用している」，即以不正競爭目的為商標之使用，但不正競爭法第12條第1項第3款至第4款，則規定之要件為「商品等表示を「不正の目的でなく使用している」，即以不正當之目的為商品之標示，故二者之要件仍有所不同。

401 （民國100年修正前）本法第23條第2項是民國82年修正時增訂，參見行政院函送立法院之82年商標法修正草案中，其但書原來之用語為「以原使用商品及原產銷規模為限」，但「原產銷規模」用語於立法院二讀時遭刪除，應屬有意刪除。

分店之行為，是否延續「善意使用」之意圖，應就實際個案之具體事證，由司法機關依職權審判以為斷。[402]至於原使用之商品，不論已製造或未製造者，仍可繼續使用該原使用之商標，不受他人商標專用權之效力所拘束。[403]但於商標註冊後，使用人自行變換商標圖樣或加附記，致與他人使用於同一商品或類似商品之註冊商標構成近似而使用者，無法主張本款之適用。[404]

善意先使用人於他人申請註冊為商標後，仍得於原使用之商品繼續使用原商標，其得繼續使用之資格，有認為應屬使用權，為商標法上之權利，[405]但有認為僅屬抗辯權而已。[406]本書認為，該繼續使用之性質應

---

[402] 參見智慧財產法院98年度刑智上易字第40號刑事判決；另參見智慧財產局，「有關（民國100年修正前）商標法第二十三條第二項規定適用釋疑」，http://www.tipo.gov.tw/trademark/trademark_law/explain/trademark_law_2_5.asp，閱覽日期，2007/12/19。雖上述資料已經移除，但仍可供參考。

[403] 臺灣高等法院臺中分院91年上易字第1674號判決：「按商標法對於侵害他人商標權之行為，固設有處罰之規定，惟「在他人申請商標註冊前，善意使用相同或近似之商標圖樣於同一或類似之商品，不受他人商標專用權之效力所拘束，但以原使用之商品為限；商標專用權人並得要求其附加適當之區別標示。」為商標法第23條第2項所明定，其立法意旨為在他人申請商標註冊前，善意使用相同或近似之商標圖樣於同一或類似之商品者，其善意先使用該商標之權益應予保障，故於原使用之商品，不論已製造或未製造者，仍可繼續使用該原使用之商標，不受他人商標專用權之效力所拘束」。

[404] 最高行政法院88年度判字第3803號判決。

[405] 臺灣高等法院高雄分院93年度上易字第199號刑事判決：「……按善意使用商標者，縱怠於註冊，其使用商標之事實，不容予以抹煞，而後申請註冊者，要不能追溯拘束善意先使用商標者之使用行為，但是使用商標者既怠於註冊，則自他人註冊後，其使用商標自應為適度限制，商標專用權人並得要求先使用者附加適當之區別標示，以免其擴張使用權而損及註冊者之權利……」；另請參見萼優美，条解工業所有権法，博文社，頁486，昭和31年（1956）。

[406] 台灣臺北地方法院94年度智字第63號民事判決：「在他人商標註冊申請日前，善意使用相同或近似之商標於同一或類似之商品或服務者。但以原使用之商品或服務為限；商標權人並得要求其附加適當之區別標示，不受他人商標權之效力所拘束。」係在保護商標善意先使用人，使其在因侵權涉訟時可據以作為抗

屬抗辯權之性質，主要理由為，就文義上而言，該得繼續使用之地位僅屬
「不受他人商標權效力之拘束」，另從規範目的而言，善意先使用之人，
既未申請註冊原本即無法取得商標權，且單純先使用未註冊商標之地位，
原本即無法取得任何權利，故自不得認為因他人註冊該商標後，該先使用
人因而可取得商標法之權利。惟採抗辯權者，如先使用人將該營業移轉給
第三人，則該第三人是否仍可主張繼續使用，本書認為，該第三人係承受
先使用人之地位，因此繼受人應可主張繼續使用。407

三、附加適當之區別標示

　　善意先使用制度有調和商標註冊主義與使用主義之積極功能，但亦有
造成消費者對商品或服務產生混淆之虞，因此善意先使用人雖於商標權人
註冊商標後，仍可於原使用之商品，繼續使用該系爭之商標，但商標權人
得要求善意先使用人，附加適當之區別標示，（商36 I 三 但後段）此為
法律賦予商標權人之權利，408善意先使用人應如何為適當標示，法無明文
規定，應依實際交易需要是否確能發揮區別功能為斷，即足為一般消費者
藉以區辨商品來源而得以避免引起混淆誤認之虞之標示，如為不同之包裝
或清楚標示先使用人與商標權人之不同，或二者產地、所處地區之不同等

辯事由而免責，亦即而非創設法無明文之權利，蓋善意先使用係事實行為，並
非由法所規範並以一定權利義務為內容，故本條項實未創設任何法律關係。綜
上，原告主張之善意先使用之關係，僅在其被商標權利人追訴侵權責任時，
始得引據為免責規定，並無依據該法條提出確認之訴之餘地」；另請參見網野
誠，商標，第6版，有斐閣，頁781，平成14年（2002）。

407 實務上認為縱使僅受讓債權，亦得繼受其抗辯權，參見 最高法院87年台抗字
第630號裁定要旨：「債權讓與係以移轉特定債權為標的之契約，其受讓人固
僅受讓債權，而非承受契約當事人之地位，惟對於債之同一性不生影響，因此
附隨於原債權之抗辯權，亦不因債權之讓與而喪失。且所謂得對抗讓與人之事
由，不獨實體法上之抗辯，訴訟法上之抗辯亦包括在內，如合意管轄之抗辯
及仲裁契約之抗辯等」。另可參考台灣高等法院94年度上易字第640號刑事判
決；同院97年度上易字第805號刑事判決。

408 參見中央標準局（86）台商字第219457號函示。

標示。[409]但所謂適當之區別，並不以要求善意使用人須改變其商標，而與註冊商標達到互不近似的程度。

　　善意先使用人如拒絕商標權人所為適當區別之要求時，並未如同本法第63條第1項第3款相類之規定，即得由商標專責機關應依職權或據申請廢止其商標之註冊，實乃因本款善意先使用人並未取得有效之商標權，故無從加以廢止，即該善意先使用人並不涉及註冊問題，因此無法類推適用本法第63條第1項第3款之規定。善意先使用人如拒絕商標權人所為適當區別之要求，商標權人得以本法之規定為請求權基礎，訴請善意先使用人應為適當之區別標示，或科以善意先使用人不得行使其抗辯權？本書認為，應以不得行使其抗辯權之效果為當，因前述之適當區別之義務，除關於商標權人權利之保護外，尚有避免造成一般消費者對商品之來源或出處產生混淆之公益考量。

第四目　商標權耗盡原則

一、理論依據

　　附有註冊商標之商品，由商標權人或經其同意之人於國內外市場上交易流通，商標權人不得就該商品主張商標權。但為防止商品流通於市場後，發生變質、受損，或有其他正當事由者，不在此限。[410]（商36Ⅱ）此即為一般學說所稱之商標權耗盡原則，有關詮釋商標權耗盡理論之多種學說，如重複利得機會理論、默示的實施授權理論、所有權行使理論、流通阻礙防止理論、保護交易安全理論、合理意思推認理論等。[411]就商標權耗盡之適用，持肯定見解之通說認為，商標權人對其商標雖有獨佔實施之權

409 參見中央標準局（84）台商字第200767號函示。
410 民國100年修正時認為，有關機關既得依法拍賣或處置註冊商標之商品，商標權人自不得就該商品主張商標權，應不待言，爰刪除原條文「或經有關機關依法拍賣或處置者」等文字。
411 涉谷達紀，「知的財產法講義Ⅰ」，有斐閣，頁332-333，2006年，第二版。

利,但依商標法取得排他性利得之機會應以一次為限,商標權人依最初實施商標權及銷售商標品之行為,應已獲得合理之報酬、對價,保護商標權之積極功能已獲實現,故而商標權人之專有實施權,應可不必再受保障。另有學說認為,商標權雖有具排他性效力之必要,[412]但該效力對維護商標品轉售過程之自由競爭及交易安全等法益,亦有不利之影響,為衡平商標權人權利與一般公眾之利益,似可將利用商標之態樣,區分為第一次利用行為(獨佔性實施權)及第二次利用行為(如商標品之銷售、讓與),凡商標權人從第一次利用行為,延續至第二次利用行為,並獲有利益者,應認其已獲有適當之報償。[413]另所有權理論則認為,凡合法取得商標品所有權者,依所有權法定權能而言,該取得商標品所有權人,依法自可自由使用、收益、處分該商標品,[414]但該理論,以所有權權能作為限縮商標權權能之依據,恐將造成商標權與所有權之混淆。至於默示的實施授權理論則認為,商標權人將商標品置於市場上流通時,應可認為商標權人縱無明示授權,但應已默示授權購買人得自由利用該商標品,該理論既以授權為基礎,則似不得不承認商標權人,亦得以明示之意思表示排除默示授權,一旦商標權人有明示之反對授權之意思表示者,則繼受該商標品之第三人,恐有構成侵害商標之可能,但該等結果將對交易安全造成極大之衝擊。另默示授權理論因無從登記,而本法規定商標授權是採登記對抗主義,[415]因此默示授權,如無法完成應有之登記手續,對第三人將無法生對抗之效

---

412 汪渡村,「產業經濟法研究」,中華民國全國工業總會,1994年,頁 148-159。

413 仙元隆一郎,「特許法講義」(4版),悠悠社,2003年,頁95。

414 參見我國民法第765條:「所有人,於法令限制之範圍內,得自由使用、收益、處分其所有物,並排除他人之干涉」;第767條:「所有人對於無權占有或侵奪其所有物者,得請求返還之。對於妨害其所有權者,得請求除去之。有妨害其所有權之虞者,得請求防止之」。

415 本法第39條第2項:「前項授權,非經商標專責機關登記者,不得對抗第三人」。

力，因此默示授權理論似仍有缺陷。[416]

　　商標權耗盡原則如依其有效之地域範圍加以區分，可分為國內耗盡及國際耗盡等原則。所謂國內耗盡原則，指商標權人之商標品首次交易必須於國內流通，其商標權始被耗盡，換言之，商標權人於國內首次銷售之商標品，買受人始得於國內轉售，而不受限制。國際耗盡原則，指商標權人之商標品，首次銷售區域並不以國內為限，其商標權均可被耗盡。本法則採國際耗盡理論。[417]

二、要件

（一）附有註冊商標之商品

　　於市場流通之商品未附有註冊商標者，因非屬商標之使用，自無侵害商標權之問題，但第三人於市場上取得未附有註冊商標之商品，如未得商標權人之授權，自行附加該商標並再行轉售者，亦屬侵害商標權之行為。

---

[416] 相關學說可參見，吉藤幸朔，熊谷健一補訂，特許法概説（13版），有斐閣，2001年，頁353；仙元隆一郎，「特許法講義」（4版），悠悠社，2003年，頁96；古谷栄男，特許權の消耗と默示の許諾，知財管理，日本知的財產協會，53号，1卷，頁35以下。

[417] 我國相關判決，認為真正商標品之平行輸入，可依商標權耗盡原理主張免責，其要件並不限於該商標品首次銷售必須於我國境內為之，故應採國際耗盡理論。參見最高法院81年台上字第2444號判決。但日本實務見解則認為，不宜採商標權之國際耗盡理論。蓋從保護商標本質之角度考量，真品平行輸入並不視為實質違法。因為商標保護之目的在於保護其指示商品來源的功能，及品質保證的功能，非僅保護商標權人利益尚包括公眾利益，因此其保護範圍應考量其商標功能是否受損害。參見日本1970年2月27日大阪地方法院「がパーカー事件」判決。另可參見来栖　和則，特許權、商標權および著作權に関する並行輸入に対する日本の考え方，http://homepage2.nifty.com/kurusu-patent/information_parallel_importation.htm，閱覽日期，2008/3/12。

（二）由商標權人或經其同意之人於國內外市場上交易流通

　　依前述，商標權耗盡主要之依據為，是為限制商標權人之排他性利得之機會，換言之，一旦商標權人完成商標品銷售行為，其應已取得合理之報酬，本法保護商標權之積極功能已完成，商標權人之專有實施權應不再受到保障，因此該商標品於市場上交易流通，必須由商標權人或經其同意之人為之，否則商標權人並無法獲取合理之報酬、對價，商標權自不應被耗盡。另因本項明定流通範圍為「國內外市場」故應屬商標權採國際耗盡理論之揭示。

三、耗盡原則例外不適用之規定

　　商標權人如有為防止商品流通於市場後，[418]發生變質、受損，或有其他正當事由者，第三人不得主張商標權耗盡。（商36II但）商標權耗盡係為平衡商標權人權利、社會公益、消費者利益及交易安全等法益間可能產生之衝突，因此，如為防止商標品變質或品質受損，或有損消費者利益或商標權人商譽等正當理由者，自應不適用商標權耗盡原則。[419]至於何謂其他正當理由？實務上曾有所謂「實質上差異」之概念，認為在具體個案上，是否符合例外情形，應以保護消費者為中心思想，倘商品遭變動且客觀上足以影響消費者購買該商品之意願，或影響該商品之購買價格，因有造成消費者混淆、誤認之虞，故該遭變動後之商品與原商品間，應認具有

---

[418] 本項但書規定之情形，應限於商品流通於市場後，發生變質、受損等之情形，商標權人始得就該商品主張商標權，為明確起見，民國100年修法時，爰參考2009年2月26日歐洲共同體商標條例第13條第2項及英國商標法第12條第2項規定，增訂「商品流通於市場後」之文字。

[419] 參考新加坡商標法（1999年）第29條規定，如商標品被改變或被損害或對商標權人之傷譽造成損害者，即不適用商標權耗盡原則。

實質上差異，[420]故不適用商標權耗盡之原則[421、422]，如購買人將合法購得

---

[420] 如將舊品翻製成新品，亦不得主張可使用原商標。參見臺灣高雄地方法院82年度訴字第4020號判決：「……被告係將搜購之報廢品集合拆卸、重新酸洗噴砂，然後再以購置之零件，予以重新組合成一完整之發電機及馬達，而非將之組合回復為原來未拆卸前之馬達等情，……是渠等所為顯已逾越一般舊品翻修之合理範圍，應屬重製與原舊品不同之新的中古物品，而非翻修美商通用公司生產之真品，該等翻製品自己喪失其真品之地位，被告等雖以中古品之價格銷售，惟該等製品既未經美商通用汽車公司認可之翻製程序翻修，卻仍冒充中古之真品，以該公司之商標對外銷售，已與商標在於表彰商品之品質，商標法在於保護商標專用權及消費者之利益，以促進工商企業正常發展之立法目的有違，縱更換之零件屬美商通用汽車公司原廠所生產，其擅自翻製之上開物品，仍不得未經商標專用權人同意而使用他人之合法商標……」。

[421] 臺灣高雄地方法院93年度智字第21號判決：「……按附有註冊商標之商品，由商標權人或經其同意之人於市場上交易流通，或經有關機關依法拍賣或處置者，商標權人不得就該商品主張商標權。但為防止商品變質、受損或有其他正當事由者，不在此限，商標法第30條第2項定有明文……故我國商標法第30條第2項之規定，係針對商標權耗盡原則為規範，對附有註冊商標之商品，由商標權人於市場上交易流通者，商標權人原則上不得就該商品主張商標權，然為防止商品變質、受損或有其他正當事由者，商標權人例外仍得主張商標權。而在具體個案上，是否構成此例外情形，應以保護消費者為最重要之出發點，倘商品遭變動後，客觀上足以影響消費者作出購買該商品之意願，或購買該商品之價格，該變動復有造成消費者混淆、誤認之虞則該項遭變動後之商品與原商品間，即應認有實質上差異，而構成商標權耗盡原則之例外情形。……故本件YAMAHA中古鋼琴之商標位置及弱音裝置之有無於遭被告變動後，於客觀上顯有造成消費者誤認其所購買YAMAHA中古鋼琴之生產年份之虞，並影響消費者購買該商品之價格，自足以影響消費者作出購買該商品之意願，是依前開說明，本件應構成商標權耗盡原則之例外情形，被告所為，自屬侵害原告之商標專用權……」。

[422] 我國實務上對重大差異之概念，應是參考美國法院實務見解，美國法院於Gamut Trading Co. v. United States ITC,（200 F.3d 775）一案中，即有相同之看法：「The basic question in gray market cases concerning goods of foreign origin is not whether the mark was validly affixed, but whether there are differences between the foreign and domestic product and if so whether the differences are material. The courts have applied a low threshold of materiality, requiring no more than showing

之光碟片，自行改裝成零售版，既未改變原商品品質或使原商品損壞，且其外觀、內容、品質均相同，消費者選購上開光碟片時，並未因之混淆、誤認，而購得品質較差之商品，因此應適用商標權耗盡原則。[423]但另有見

---

that consumers would be likely to consider the differences between the foreign and domestic products to be significant when purchasing the product, for such differences would suffice to erode the goodwill of the domestic source.」；另美國於2005年SKF United States, Inc. v. ITC, （423 F.3d 1307）一案中，法院主要係以消費者於購買該產品時，是否會有商品來源混淆之虞，作為判斷是否構成差異之門檻，「… The fundamental inquiry in gray market goods cases is whether there are differences between the foreign and domestic product and if so whether the differences are material. The courts have applied a low threshold of materiality, requiring no more than showing that consumers would be likely to consider the differences between the foreign and domestic products to be significant when purchasing the product, for such differences would suffice to erode the goodwill of the domestic source. That inquiry involves a question of fact…」。

[423] 臺灣高等法院90年度上易字第2726號判決：「……商標註冊人自註冊之日起取得商標專用權，惟此項權利僅賦予權利人就其商標有專用之權利，並非賦予商標專用權人壟斷市場行銷之權利，故附有商標之商品經商標專用權人或經其同意之人於市場上流通者，因商標專用權人就該商品之經濟利益以及貼附於其上之商標功能已經充分實現，商標專用權便已經耗盡，商標專用權人即不得對其後手之轉讓行為加以限制，否則將使商標專用權人之權利無限制擴張，商品之流通亦將造成極大之阻礙。又商標之功能係在保障所附商品在任何銷售階段均能維持其商品品質，維護消費者權益，因此，商品經合法流通後，如經繼受人任意改變、損壞者，將影響商標之聲譽，商標專用權人自得以其商標專用權受侵害為理由主張其權利。我國商標法第23條第3項規定：「附有商標之商品由商標專用權人或經其同意之人於市場上交易流通者，商標專用權人不得就該商品主張商標專用權。但為防止商品變質、受損或有其他正當理由者，不在此限。」即明斯旨，學理上，該項前段稱為商標專用權耗盡原則之規定，但書則為商標專用權耗盡原則之例外規定。……被告以molp方式購得之合法光碟片，再將之自行改裝成零售版，因前者價格低，後者價格高，被告因此獲取差價之利潤，造成告訴人經濟利益上之損失。惟被告出售之光碟片即Windows NT Server 4.0 與零售版相較，其外觀、內容、品質均相同，消費者選購上開光碟片時，並未因之混淆、誤認而購得品質較差之商品；（……嗣被告將以購得之

解認為，所謂由商標權人或經其同意之人，於市場上交易流通者，是指依該商品之原狀，繼續於市場上交易流通者而言，非謂買受人或第三人得將附有商標之商品之原狀，加以改變或改裝後繼續流通者。[424]

四、真品平行輸入之適用

　　真品平行輸入行為是否有商標權耗盡原則之適用，曾引起爭論，認為構成商標權侵害者，認為基於商標獨立原則與商標權屬地主義（本法採註冊主義及屬地主義），須依本法註冊公告始能於我國取得商標權，凡在他國取得商標權，但未在我國註冊公告者，即無法享有我國之商標權，因此外國之商標品於該外國境內雖具有商標使用權，但對我國商標權人而言，屬外國發生之事實，於判斷在我國國內是否構成侵害商標權之行為，並無影響，因此國外之商標，如由第三人於我國國內依法取得商標註冊公告，並指定使用於相同之商品或服務，則從國外輸入於該國合法註冊之商標品至國內時，如未得國內商標權人同意，因國外與國內之商標分屬二獨立之商標，故應構成侵害國內商標權之行為。

　　認為真品平行輸入不構成侵害商標權者，主要理由認為依商標權消耗理論而言，商標係以區別自己商品與其競爭者之商品為目的，具有使購買人認識商品來源及特質之功能，只要滿足此等功能，且在商品流通過程中之第三人，並無加工、改造該商品等情事，則商標權人因販賣附有商標之

　　上開光碟片商品以零售價方式出售，既未改變原商品品質或使原商品損壞，並無耗盡原則例外規定之適用」。

[424] 有學者認為最高法院84年度台非字第408號判決之內容與臺灣高等法院90年度上易字第2726刑事判決，二者見解不同，最高法院認為，商標權耗盡要件中所稱，由商標專用權人或經其同意之人，於市場上交易流通者，係指依該商品之原狀，繼續於市場上交易流通者而言。非謂買受人或第三人得將附有商標之商品之原狀，加以改變或改裝繼續流通者。參見石木欽，我國商標法犯罪法律問題研究，發表於智慧財產局於95年11月16日舉辦之「95年度商標學術研討會」。但該文所舉最高法院84年度台非字第408號判決，本書作者歷經多次搜尋並無所獲，特此註明。

商品得有對價，其商標權即已消耗淨盡，對流通過程中之第三人，不得再基於商標權而有所主張；另依功能說而言，商標權之功能是為表彰來源功能及品質保證功能，內國之註冊商標權與外國之註冊商標權雖是各自獨立的，但在屬於同一關係企業下，真正商品之平行輸入，即不構成商標權之侵害，換言之，並非內國由何人為商標註冊，而是依內國之交易通念，只要產品為同一來源且品質相同，消費者即無來源、品質不同或混淆誤認之虞，即不成立商標權之侵害。[425]另有認為真品平行輸入之行為，可防止市

---

[425] 參見臺灣高等法院法律座談會，民國81年10月13日(81)廳民一字第16977號函，民事法律問題研究彙編第8輯，頁1287-1299。法律問題：美國C公司分別於美國及我國註冊之C牌汽水商標，為碳酸飲料類之國際著名商標，原產地為美國，C公司為該商標之專用權人。C公司在美國授權A公司；在臺灣則授權甲公司，使用該商標，生產該飲料行銷。惟台灣所生產者，每罐容量較美國生產者多三十分之一，價格貴三分之一，但有拉環贈獎促銷活動。而美國生產者，並無該項促銷活動。茲有我國貿易商乙公司未經C公司及甲公司之授權或同意，逕自美國A公司之經銷商處，進口A公司所生產，印有該C商標，並標示容量、製造日期，及生產公司之該罐裝飲料，至台灣銷售，銷售價格較甲公司所生產者便宜三分之一，致甲公司之飲料滯銷。則乙公司之真品（俗稱為水貨）平行輸入銷售行為，是否侵害C公司及甲公司之商標專用權？

甲說：乙公司之行為構成商標權之侵害。按西元1883年之保護工業財產權巴黎公約，於西元1934年6月2日在倫敦修正時，在第6條第4項規定：「商標，除在本國依法註冊以外，復在其他締約國依法註冊者，其商標各自註冊之日起，為獨立之商標，但以適合於輸入國之國內法規者為限。」明文規定商標權之獨立原則。其後於西元1958年10月6日在里斯本修正該公約時，在第6條第3項規定：「已在本同盟之一國依法註冊之商標，應視為與在本同盟其他國家（包括在其原申請國）註冊之商標，互為獨立之商標。」使商標獨立之原則更明確。所謂商標獨立原則，即同一個商標所有人，可能在世界各國就同一商標取得數個以上之商標專用權；亦可能發生同一商標在不同之國家由不同之所有人各自取得專用權，而各該商標專用權之取得、存續、變更喪失、無效、撤銷等效力，均依各該承認該商標國家之法律規定，而相互並存，且各自獨立，互不關連。而商標獨立原則之基礎，則為商標權之屬地主義。所謂屬地主義，乃商標專用權之效力，及該專用權之受保護，僅限於承認該商標之本國領域內，而不得逾越該國國家領域之範圍。依屬地主義之原則，任何國家非惟不適用外國法

律來規範本國已取得專用權之商標;且在本國領域內,並不承認依據外國法律所創設之商標權。商標權之屬地主義,及商標獨立原則,已成為國際間商標法上之共通原則。美國之蘭哈姆法案(L-anham Act)即採屬地主義。我國商標法採註冊主義及屬地主義。依商標法第2條規定,欲在我國取得商標專用權者,須依我國之商標法註冊。凡外國商標依我國商標法註冊而取得商標專用權者,其效力與保護,原則上與本國商標同。至於在他國取得商標專用權,但未在我國註冊者,即無法享有商標專用權,本件依屬地主義,C牌汽水之商標,在台灣,僅依法註冊之C公司,及其授權使用之甲公司有專用權,A公司及乙公司均無權使用該商標。乃乙公司未經我國商標專用權人之授權或同意,逕自美國輸入A公司生產之C牌罐裝汽水,在台灣銷售,其使用與C公司在台灣註冊相同之C商標,自屬侵害C公司及甲公司之商標專用權。至於該商品在美國,A公司雖有商標使用權,然對我國商標專用權人而言,此為在外國發生之事實,對於在我國構成之侵害商標專用權行為,並無影響。(近年之實例方面,我國就真品平行輸入行為,採屬地主義,認為侵害在我國註冊之商標專用權者,有台灣台北地方法院79年訴字第2822號確定判決,惟係一造辯論,一審判決確定者。

乙說:乙公司真品平行輸入之行為,不構成商標權之侵害。(一)由消耗論而言商標係以區別自己商品與其競爭者之商品相區別為目的,具有使購買人認識商品來源及特質之功能,只要滿足此等功能,而在商品流通過程中之第三人,並無加工改造商品等情事則商標權人之商標權,因販賣附有商標之商品得有對價,即已消耗淨盡,對流通過程中之第三人,不得再基於商標權而有所主張。乙公司平行輸入之C牌飲料商品,其商標權已在美國被消耗,內國商標專用權人C公司及甲公司自不能再基於內國商標權,對平行輸入之商品有所主張。故乙公司平行輸入C牌罐裝汽水,對C公司及甲公司不構成商標權之侵害。(二)就功能說而言,商標之功能,為表彰來源功能及品質保證功能,此由商標法第2條規定觀之即明。甲公司在台灣生產行銷之C牌飲料,係經C公司授權生產者,依商標法第26條規定,應保持與C公司C牌商標商品相同之品質。而乙公司所輸入之C牌飲料,亦係經C公司授權生產者,兩者來源同一,品質相同,自不生來源、品質不同或誤認之問題。雖然兩者實際生產公司有別,容量不一,且有無贈獎亦屬不同,惟來源是否相同,應以授權使用商標權之授權人是否相同為準,並非以使用商標人是否相同為準。況且兩者罐上均有經授權使用商標之原生產公司、容量、生產日期之標示;標示之語文,復有中文與英文之別,一望而知,消費者不致混淆。消費者可選擇買受其中之任一種,而無誤認混淆之虞。是則乙公司並未侵害C公司和甲公司之商標專用權。(三)就商標法保障消費者之利益而言,准許乙公司平行輸入該C牌飲料真品,使消費者可選

擇買受較廉價之商品，對消費者有益，於商標法保護商標權之目的並無違背。反之，如禁止真品之平行輸入，將造成C公司及甲公司之壟斷市場，控制市場價格，使消費者無選擇餘地，則超過商標法保護商標權之目的。(四)就侵權行為之不法要件而言，真品平行輸入之行為必須違反商標法，始構成侵權行為之不法要件。然其刑事部分，實務上見解，大部分認為不構成違反商標法第62條、第62條之2之罪行，亦即認為不構成侵害在我國註冊之商標權（參照法務部公報第89期第76頁、79頁所載之法務部司法官訓練所司法實務研究會第28期法律座談會法律問題研討結論。另實例方面，本院79年上更(1)字第539號、刑事確定判決，亦判決真品平行輸入藥品之被告無罪。）則民事部分殊無不法侵害商標權之可言。(五)就著名之外國商標而言，我國商標法雖採註冊主義及屬地主義，但對於未在我國註冊之外國著名商標，亦予以保護（見商標法第62條之1），是為註冊主義及屬地主義之例外。按外國之著名商標，未在我國註冊者，尚且受到我國商標法之保護，在我國不得侵害該外國著名商標。則該外國著名商標專用權人至我國為商標註冊後，其在外國授權他公司所生產使用同一商標之商品，輸入我國販賣，自難謂為侵害該商標專用權人在我國之商標專用權。是則乙公司之平行輸入美國C牌著名商標飲料，至台灣銷售，自難謂為侵害C公司之商標專用權。而甲公司即係C公司之授權使用商標人，不得有大於C公司之權利，從而，乙公司自亦未侵害甲公司之商標專用權。(六)就法理而言，專利法第43條第6款規定：自國外輸入之物品，係原發明人租與或讓與他人實施所產製者，不適用同法第42條之規定。亦即平行輸入原發明人在外國讓與他人產製之專利品，在我國申請專利之專利權人，不得對該真品平行輸入者，主張專利權受侵害（實例上，本院79年上易字第318號民事判決採此見解，經最高法院80年台上字第421號判決維持，而告確定）。商標法雖無類似專利法第43條第6款之規定，惟就同為真品平行輸入之法理而言，應類推適用該款規定，作同一之解釋，始符公平。

丙說：另一種功能說，認為乙公司之真品平行輸入及銷售行為，不構成商標權之侵害。按商標權之功能，為表彰來源功能及品質保證功能，此由商標法第2條規定：「凡因表彰自己所生產、製造、加工、揀選、批售或經紀之商品，欲專用商標者，應依本法申請註冊。」觀之即明。內國之註冊商標權與外國之註冊商標權雖是各自獨立的，但在屬於同一關係企業下，真正商品之平行輸入，即不構成商標權之侵害。蓋具有決定性者，並非內國由何人為商標註冊，而是依內國之交易通念，該商標在事實上表示如何之來源。本件乙公司所輸入之C牌商標飲料，與甲公司所生產之C牌飲料，同為母公司C公司授權之子公司所生產，於我國交易通念上，來源均為美國C公司之C牌飲料，且品質相同，自

場之獨佔、壟斷，促使同一商品價格之自由競爭，消費者亦可蒙受以合理價格選購之利益，在未違背本法之立法目的範圍內，應許可之。[426]

我國目前實務上曾有認為真品平行輸入行為，如具備下列情形，則不構成商標侵權行為，「平行輸入產品之商標需源於商標權人之授權」[427]；

商標之功能而言，消費者並無來源，品質不同，或混淆誤認之虞，即不成立商標權之侵害。

審查意見：採丙說。理由補充如左：(一)構成侵害商標權之平行輸入行為，除主觀上須有故意或過失外，客觀上尚須具備被授權人已在當地發展出獨立之商譽（商標權附加價值之建立）且消費者已生混淆、誤認（商標權附加價值之損害）為必要。如被授權人之商品與其他進口水貨於品質及服務上並無差異，或水貨進口業者已善盡標示義務，使消費者得充分明辨商品之正確來源，不再對水貨發生混同誤認時，則進口商應不致構成侵害商標之賠償責任。(二)本件乙公司所輸入之C牌商標飲料，與甲公司所生產之C牌飲料，同為母公司C公司授權子公司所生產，其來源均為美國C公司之C牌飲料，品質相同，且該商品印有該C商標，並標示容量、製造日期，及生產公司，足見已善盡標示義務，一望即知非甲公司所生產之C牌飲料，消費者得明辨商標之正確來源及品質，不致對乙公司所輸入之C牌商標飲料發生混同、誤認之虞，即不成立商標權之侵害。

研討結果：(一)法律問題末句修正為「……是否侵害C公司之商標專用權及甲公司之商標使用權？」。(二)照審查意見通過。司法院民事廳研究意見：研討結果，尚無不合。

[426] 最高法院82年台上字第5380號刑事判決。
[427] 最高法院民事判決83年度台上字第2321號判決：「……且被上訴人取得之註冊商標，並非源於日本蜻蜓牌樂器廠商之授權，與日本蜻蜓牌有別，是本件與真品平行輸入之情形即不相同。次按商標法之制定，係為保障商標專用權及消費者利益，以促進工商業之正常發展。是商標之作用，乃在表彰自己所生產、製造、加工、揀選、批發或經紀之商品，以使一般購買者認識該商標之產品，並藉以辨別商品之來源與信譽，故商標法所稱商標之使用，係指將商標用於商品或其包裝或容器之上，行銷國內市場或外銷而言。查被上訴人取得上開商標專用權後，僅自行製造些許產品，其餘均自日本進口與上訴人所進口者為同一廠牌，同一商標之口琴銷售，為原審認定之事實。則上訴人辯稱：被上訴人取得上開商標專用權後，未見其自行製造之產品行銷市場，反而大量進口日本製口琴銷售，意圖寡佔該日本製口琴之國內市場，脅迫合法代理商退出競爭行列，

「需與商標法之目的不違背之範圍內，始認為不構成侵害商標使用權。即真正商品之平行輸入，其品質與我國商標使用權人行銷之同一商品相若，且無引起消費者混同、誤認、欺矇之虞者，對我國商標使用權人之營業信譽及消費者之利益均無損害，並可防止我國商標使用權人獨佔國內市場。控制商品價格，因而促進價格之競爭，使消費者購買同一商品有選擇之餘地，享受自由競爭之利益」[428]；「真正商品平行輸入之進口商，對其輸入之商標專用權人所產銷附有商標圖樣之真正商品，未為任何加工、改造或變更，並以原裝銷售時，且其商品來源正當，不致損害商標專用權人或其授權使用者之信譽」[429]；實務上並認為，構成侵害商標權之平行輸入行為

實有阻礙該日本優良品牌產品流通國內市場之嫌，伊係首先在國內善意行銷該日本產品者，應受肯定，自不受被上訴人所謂之商標專用權之拘束云云……，自屬重要之防禦方法，原審未於判決理由項下詳為說明其何以不足採，自難昭折服……」。

[428] 最高法院81年台上字第2444號判決：「……按真正商品之平行輸入，其品質與我國商標使用權人行銷之同一商品相若，且無引起消費者混同、誤認、欺矇之虞者，對我國商標使用權人之營業信譽及消費者之利益均無損害，並可防止我國商標使用權人獨佔國內市場。控制商品價格，因而促進價格之競爭，使消費者購買同一商品有選擇之餘地，享受自由競爭之利益，於商標法之目的並不違背，在此範圍內應認為不構成侵害商標使用權」。

[429] 最高法院82年台上字第5380號刑事判決：「……故在不違背商標法之立法本旨範圍內，應認為商標專用權人為達銷售商品之目的，於產銷其附有商標圖樣之商品時，除其指定之代理商、經銷商外，亦已概括授權一般進出口商、批發商、零售商等其他中間商，在不致使消費者發生混同，誤認為該商品之製造商、出品人，或其指定之代理商、經銷商之前提下，得原裝轉售商品，並得以為單純商品之說明，適度據實標示該商標圖樣於商品之廣告、標帖、說明書、價目表等文書上，使消費者足以辨識該商品之商標。揆之同一法理，「真正商品平行輸入」之進口商，對其輸入之商標專用權人所產銷附有商標圖樣之真正商品，苟未為任何加工、改造或變更，逕以原裝銷售時，因其商品來源正當，不致使商標專用權人或其授權使用者之信譽發生損害，復因可防止市場之獨佔、壟斷，促使同一商品價格之自由競爭，消費者亦可蒙受以合理價格選購之利益，在未違背商標法之立法目的範圍內，應認已得商標專用權人之同意為之，並可為單純商品之說明，適當附加同一商標圖樣於該商品之廣告等同類文

者，除主觀上須有故意或過失外，客觀上尚須具備被授權人已在當地發展出獨立之商譽（商標權附加價值之建立）且消費者已生混淆、誤認（商標權附加價值之損害）爲必要。[430]本書認爲，眞品平行輸入是否侵害商標權，學說上雖有爭執，[431]但於本法之適用上，仍應視其是否構成本法第36條第2項之規定，並以之作爲判斷之標準，即應先認定其是否具有商標權耗盡之要件，即該產品須經商標權人或經其同意之人於國內外市場上交易流通，且無但書所稱之爲防止商品變質、受損或有其他正當事由。上述我國實務認爲合法之眞品平行輸入之各項要件，如不違反本法立法目的範圍內、未爲任何加工、改造或變更，並以原裝銷售時，且其商品來源正當，不致損害商標權人或其授權使用者之信譽等等，應屬於判斷是否構成本法第36條第2項但書規定之範疇。

第五款　商標權之共有

商標實務是允許數人共有商標權，而共有商標權之授權、再授權、

書上……」；台灣高等法院台南分院76上訴字第2405號判決：「……按商標專用權之主要功能即在表彰商品之來源及商品之品質，故凡因欲表彰自己所生產、製造、加工、檢選、批售或經紀之商品而欲專用其商標者，皆須依法註冊，苟未得原生產商之同意，將產品加工改造、增減零件、變更外型或電鍍改變顏色，該商品實際上即已非原廠商之同一商品，如仍使用同一商標行銷，以足妨礙他人商標之信譽，自已構成侵害他人商標權」。

430 臺灣高等法院法律座談會，民國81年10月13日(81)廳民一字第16977號函，同前揭。

431 蔡明誠，論商標之合理使用，萬國法律，94期，民國86年8月，頁74-82；陳昭華，論專利品之平行輸入--專利權保護與自由貿易原則之利益衝突與權衡，國立臺灣大學法學論叢，32卷5期，民國92年9月，頁171-232；許雅雯，真品平行輸入之商標權侵害研析，法律評論，69卷7-9期（合併號），頁39-53，民國92年9月；王睦齡，我國專利法上之平行輸入與耗盡原則的探討，法令月刊，53卷6期，民國91年6月，頁33-44。

移轉、拋棄、設定質權或應有部分之移轉或設定質權,應經全體共有人之同意。但因繼承、強制執行、法院判決或依其他法律規定移轉者,不在此限。(商46 I)有關共有商標權之授權、再授權、移轉、拋棄、設定質權或應有部分之移轉或設定質權,影響共有人之權益甚鉅,故應得全體共有人之同意。又共有商標權之共有關係可有分別共有及公同共有二種,依民法第831條規定,共有商標權應準用民法分別共有或公同共有之規定。惟商標權為分別共有之情形,如果允許共有商標權人未經其他共有人全體同意而自由處分其應有部分,將嚴重影響共有商標指示來源與品質之能力,故本法規定,共有人未得其他共有人之同意,不得以其應有部分讓與他人或設定質權,以排除民法第819條第1項規定之適用。至於商標權如為數人公同共有時,其權利之行使,仍適用民法第828條第3項規定,原則上亦應經全體共有人同意,自不待言。惟因繼承、強制執行或依其他法律規定移轉者,則無須全體共有人之同意。

　　共有商標權人應有部分之拋棄,準用本法第28條第2項但書及第3項規定。(商46 II)即有關共有人拋棄商標權之應有部分,並不影響其餘共有人之權益,自不需得全體共有人之同意,該拋棄之應有部分,由其他共有人依其應有部分比例分配之。

　　共有商標權人死亡而無繼承人或消滅後無承受人者,其應有部分之分配,準用本法第28條第4項規定。(商46 III)即共有商標權人死亡而無繼承人或法人消滅後無承受人之情形者,其商標權應有部分亦歸由其他共有人依其應有部分比例分配之。

　　共有商標權指定使用商品或服務之減縮或分割,準用本法第28條第5項規定。(商46 IV)共有商標權指定使用商品或服務之減縮或分割,影響共有商標權利之範圍,為保障共有人權益,共有商標權指定使用商品或服務之減縮或分割仍應得全體共有人之同意。

第六款　商標權之分割

　　商標權人得就註冊商標指定使用之商品或服務,向商標專責機關申請分割商標權。(商37)換言之,本法明定,商標權人得就一商標權所指定使用之商品或服務,向商標專責機關申請分割成數個商標權,但商標權分割並不包括註冊商標圖樣之分割。有關商標分割之規定,是本法於民國92年修正新增之事項,主要是配合國際潮流,[432]並作為本法一申請案可指定多種類別制度(商19 IV)之配套措施。

　　商標權分割制度,可使商標權人可更有效率、彈性地利用其商標權,如將原商標分割成數商標後再個別移轉、授權或分別提供擔保,另註冊商標如遭受他人異議或有爭議時,亦可利用商標權分割制度,使無爭議之部分能儘快確定。商標權分割制度係以商標獲准註冊後,商標權人得就註冊商標所指定使用之商品或服務,分割為二以上之商標權而言,而商標於申請階段並未取得權利,因此商標註冊申請案之分割並不適用本條之規定,應依本法第26條之規定辦理。

---

[432] 參考本法民國92年修法理由:「參考商標法條約第7條第2項規定,商標註冊後,於商標專責機關就應否准予註冊之決定期間內,或提起訴訟救濟之期間內,均可就原註冊申請分割。第1項雖規定商標權人得申請分割商標權,惟若有他人就註冊商標提起異議或評定,經審定異議成立或評定成立而撤銷其註冊者,在未確定前,商標權人若欲申請分割商標權,會因標的不存在而無從分割,故若審定異議或評定成立而仍可分割,有明定之必要,為配合國際趨勢,爰於第2項明定商標權人於異議或評定案件確定前,均可申請分割商標權」;有關商標法條約第7條第2項之規定如下:「(2)〔註冊的分割〕第(1)款(申請的分割)在細節上作必要修改後也適用於註冊分割。這種註冊分割①在第三方就註冊效力向商標主管機關提出任何爭議的程序期間,②在對前訴訟期間商標主管機關作出的決定進行任何上訴期間,應得到允許,但締約方法律允許第三方在商標註冊之前對商標的註冊提出異議的,締約方可排除註冊分割的可能性。」商標法條約譯文,引自智慧財產局譯文,http://www.tipo.gov.tw/trademark/trademark_law/trademark_law_5_1_2.asp#b。

　　如上述，商標權分割制度是以註冊公告之商標權爲標的，如註冊商標經人提出異議或評定時，其效力將產生爭議，一旦異議案件經審定異議成立者或評定案件經評決成立者，應撤銷其註冊，（商54、60）該商標權將溯及消滅，因此進入爭議程序之註冊商標，是否得進行商標權分割，是有討論之餘地，故本法明訂註冊商標涉有異議、評定或廢止案件時，申請分割商標權者，應於處分前爲之。（商38 III）申請分割之商標，如涉有異議、評定或廢止案件，經交叉答辯，已有足夠時間讓商標權人斟酌考量有無必要申請分割商標權，復爲衡平當事人權益，並使後續爭議之事實狀態及早確定，自應就涉有異議、評定或廢止案件而請求分割之時點予以限制。

　　一商標權經由分割而成爲數個商標權時，因僅就原商標指定之商標或服務分割成數商標，故其商標權人、商標圖樣與分割後數商標整體指定之商品或服務均無改變，[433]其權利範圍亦無變化。商標權經核准分割後，商標專責機關應依分割件數另發給新的註冊號數，核發新的商標註冊證（商施36 II），並於商標註冊簿上之原註冊號數，註明已分割及分割後之商標號數，原核發之商標註冊證應即作廢，以利商標權人後續之利用，但分割前商標權如有授權登記、質權登記或禁止處分等情形，因其法律主體、權利範圍均無變動，故其效力應仍繼續存在於各分割後之商標，因此於商標權縱經核准分割公告後，對分割前之註冊商標仍可提出異議。（商施44）

　　商標權人申請商標權分割時，應備具申請書，載明分割後各件商標之指定使用商品或服務，並按分割件數檢送申請書副本。（商施36 I）共有商標申請人、共有商標權人，依本法申請分割指定之商品或服務時，影響共有商標權利之範圍，爲保障共有人權益，須經全體共有人之同意。（商28 V、46 IV）

---

433 分割前之原商標與分割後之數商標，其整體之指定商品或服務，如有減少，應屬指定商品或服務減縮之問題，如有擴增，應重新申請、審查。如商標分割後，數商標之商標權人有所不同，則屬商標權一部移轉之問題。

第七款 商標權之拋棄

商標權屬私權,原則上應可拋棄[434],但須兼顧相關特定第三人之利益,故本法明定商標權人雖得拋棄商標權,但有授權登記或質權登記者,應經被授權人或質權人同意。(商45Ⅰ)依民法規定,權利拋棄者應以意思表示為之,明示或默示均可,[435]經權利人為單獨、一方意思表示即可成立,依民法規定商標權人拋棄商標權者,應屬非要式行為,一有拋棄之意思,即生拋棄之效力。但商標權之拋棄應考量公益,且為避免對拋棄商標權真意產生疑義,拋棄商標權者,應以書面向商標專責機關為之。(商45Ⅱ)即商標權之拋棄,本法採要式原則,不同於民法之非要式原則,故若商標權人未以書面向商標專責機關表示拋棄者,因拋棄行為不具備法定要式,應屬無效。[436]另拋棄商標權既應以意思表示為之,因本法無特別規定,其效力之發生應採到達主義,[437]解釋上應認為,於拋棄商標權之書面意思表示到達商標專責機關之時起,商標權即生消滅效果。

但商標權已授權登記或已設定質權,且權利尚屬存續者,商標權人未經被授權人或質權人之同意,仍以書面向商標專責機關表示拋棄,則其拋棄之效力如何?因本法無明文規定,易生疑義。本書認為,上述被授權人或質權人之同意,應屬商標權拋棄生效要件之一,而非僅屬對抗質權人或被授權人之要件,否則一旦拋棄生效,商標權將絕對消滅,其上設定之質權與被授權之標的均不復存在,對質權人與被授權人權益影響過大,故商標權如已授權他人使用或已經設定質權,且授權期間或質權權利尚屬存續

---

434 民法第764條規定:「物權,除法律另有規定外,因拋棄而消滅」。另請參見王澤鑑,民法總則,三民書局經銷,2003年,頁261。

435 最高法院86年台上字第2707號民事判決。

436 民法第73條:「法律行為,不依法定方式者,無效。但法律另有規定者,不在此限」。

437 民法第95條第1項:「非對話而為意思表示者,其意思表示,以通知達到相對人時,發生效力。但撤回之通知,同時或先時到達者,不在此限」。

者，商標權人如未經被授權人或質權人同意，不得拋棄其商標權，否則應屬無效。

共有商標權之拋棄影響共有人之權益甚鉅，故應得全體共有人之同意。（商46 I）另有關共有人拋棄商標權之應有部分，並不影響其餘共有人之權益，自不需得全體共有人之同意，該拋棄之應有部分，由其他共有人依其應有部分比例分配之。（商46 II）並應辦理權利移轉登記。[438]

第八款　商標權當然消滅事由

所謂當然消滅事由，是指如構成該等事由者，不待任何人主張，亦無庸經商標專責機關之通知，即生商標權權利消滅之效果。法定當然消滅事由為：一、未依第34條規定延展註冊者，商標權自該商標權期間屆滿後消滅。二、商標權人死亡而無繼承人者，商標權自商標權人死亡後消滅。三、依第45條規定拋棄商標權者，自其書面表示到達商標專責機關之日消滅。（商47）

商標自註冊公告當日起，由權利人取得商標權，商標權期間為10年，但商標權期間得申請延展，每次延展專用期間為10年，（商33）如於期間屆滿前六個月起至屆滿後六個月內未申請該商標權延展時，其商標權應自商標權期間屆滿之次日當然消滅。

商標權人死亡而無繼承人者，其商標權應當然消滅。本款所稱之商標權人應指自然人而言，因法人並無繼承之適用。按商標屬一般私權並為財產權之一種，應屬被繼承之標的，而依民法規定如無繼承人承認繼承時，其遺產於清償債權並交付遺贈物後，如有賸餘，歸屬國庫，[439]但商標權之無人繼承事件，性質上似應不適用民法相關規定，因商標應與其所表彰之

---

438 智慧財產局，商標共有申請須知（民國95年6月26最新修正），第5點。
439 民法第1185條之規定：「第1178條所定之期限屆滿，無繼承人承認繼承時，其遺產於清償債權並交付遺贈物後，如有賸餘，歸屬國庫。」

商品或服務相結合，故如將無人繼承之商標權歸入國庫，該商標所表彰之商品或服務勢必無法行銷或運作，因而本法明文規定，商標權人死亡而無繼承人者，爲商標權當然消滅事由，且以商標權人死亡之時爲其商標權之消滅日。

物權法上之拋棄，係依權利人之意思表示，使物權歸於消滅之單獨行爲。在動產所有權之拋棄，僅須拋棄人一方之意思表示，並有拋棄之表徵，即生效力，[440]故本法參照專利法第66條第4款，規定拋棄商標權爲商標權當然消滅之事由。

第五節　異議

第一款　意義

商標異議制度，具公眾審查之精神，依本法規定，商標之註冊違反本法第29條第1項、第30條第1項或第65條第3項規定之情形者，任何人得自商標註冊公告日後三個月內，向商標專責機關提出異議。（商48 I）按商標註冊制度主要的目的，是爲避免消費者的混淆、誤認，因此禁止商標權人以外之第三人，使用與註冊商標同一或近似之商標於相同或類似之商品或服務上，而致消費者有混淆誤認之虞者，該禁止是對第三人課以不作爲之義務，[441]故應公告並使第三人對該商標註冊處分有陳述意見之機

---

[440] 最高法院民事判決98年度台上字第1928號。

[441] 此即行政法所謂第三人效力處分，參見蔡志方，訴願制度，載於翁岳生編行政法下冊，1998年3月，頁949以下；吳庚，行政法之理論與實用，民國82年7月，頁271、468；另請參見 最高行政法院75年判字第362號判例：「……因不服中央或地方機關之行政處分而循訴願或行政訴訟程序謀求救濟之人，依現有之解釋判例，固包括利害關係人而非專以受處分人爲限，所謂利害關係乃指法律上之利害關係而言，不包括事實上之利害關係在內。訴外人陳某雖爲原告同財共

會，[442]此即商標異議及評定制度存在理由之一。另一理由則認為，因現行商標審查人員及資源均有不足，致審查結果恐不甚周延，故以公眾審查機制輔助之，而異議制度即屬典型之公眾審查制度，也因異議制度屬公眾審查之輔助性質，故商標專責機關不必然受到異議申請理由之拘束。[443]

　　本法規定之異議與評定制度，該二制度雖有提起的期間、提起的資格是否限於利害關係人，及是否應合議審查等差異，[444]然該二者爭議之標的

居之配偶，但並未因此使陳某違反廢棄物清理法致受罰鍰之處分，與原告有當然之法律上利害關係，而得以其自己之名義對陳某之處分案件為行政爭訴」。

442 行政程序法第102條規定：「行政機關作成限制或剝奪人民自由或權利之行政處分前，除已依第39條規定，通知處分相對人陳述意見，或決定舉行聽證者外，應給予該處分相對人陳述意見之機會。但法規另有規定者，從其規定」。

443 參見經濟部經（87）訴字第87631894號訴願決定書：「……商標法第46條（民國92年修正後為第40條第1項之規定）賦予任何人得對審定公告中之商標提出異議之權利。是以，本件系爭商標雖經原處分機關審定公告，惟任何人認有違反本法規定，自得於審定公告中檢具相關事證向原處分機關提起異議，乃公眾審查制度設立之目的，用以輔助商標主管機關之不足，商標主管機關於審查時自非不得採取與前申請程序不同之見解，尚非所訴有審查不一致之情形」。

444 異議制度與評定制度之比較表

事項	異議制度	評定制度
立法目的	透過公眾審查，以提高獲准註冊商標權之可信度	解決當事者間之糾紛
申請人	任何人	限於利害關係人
申請期間	註冊公告日後3個月內	自註冊公告日後滿5年為原則，但違反第30條第1項第9款、第11款規定之情形，係屬惡意者，不受前項期間之限制。
事由	違反第29條第1項、第30條第1項或第65條第3項	同左
審查主體	未曾參與審查原案的審查人員	指定評定委員三人以上評定之
審查方式	獨任制	合議制

以上資料，參考經濟部智慧財產局資料，http://www.tipo.gov.tw/dataserve/dataserve/public/sub10/sub10-1-3d.asp，閱覽日期，2007/12/20。

皆是針對已取得註冊的商標，且爭議的理由又完全相同，復以實務上對利害關係人的認定標準又頗爲寬鬆，[445]致使該二制度有關提起資格限制幾乎已無差異。

<h2 style="text-align:center">第二款 提出異議之人</h2>

本法異議制度因採公眾審查之精神，故不以具利害關係人資格爲限，[446]即任何人均有提出異議之機會。[447]本法於民國82年修正前，原規定僅對於審定商標有利害關係之人，始能對審定之商標提出異議，但民國82年本法修正時，認爲本法規定審定公告三個月無人異議，始予註冊之目的，乃欲藉公眾審查之程序，阻止違法商標之註冊，如規定僅得由利害關係人提出異議，顯與公眾審查之本旨相違，另參諸美、日等商標先進國家對異議人之資格亦未加限制，故刪除第2項關於利害關係人之限制。[448]另

---

[445] 參見經濟部智慧財產局，「商標法利害關係人認定要點」（最新修正生效日，民國101年7月1日）。該要點對利害關係人資格之限制相當寬鬆，如其中第2點第10款規定：「其他主張因系爭商標之註冊，而其權利或利益受影響之人。」範圍即相當廣泛。

[446] 本法於民國82年修正前第46條規定：「對於審定商標有利害關係之人，得於公告期間內，向商標主管機關提出異議」，原來規定惟具有利害關係之人，始能提出異議。

[447] 參見本法民國92年修法理由：「依TRIPS第15條第5項之規定，於商標註冊前或註冊後，應立即公告商標，並提供撤銷該註冊之合理機會，現行條文所提供撤銷註冊之機會爲註冊前異議制度，而依修正條文第25條規定，經核准審定，且繳納註冊費後即予註冊公告，商標註冊前即無予外界申請撤銷該註冊之機會，雖商標於註冊後，有評定制度可資救濟，惟其須爲利害關係人始得申請評定，並非任何人均得爲之，參考日本商標法第43條之2及德國商標法第42條於註冊後仍有異議之規定，故仍保有公眾審查之制度，予任何人提出異議之機會。而異議制度與評定制度不同之處，在於異議爲任何人均可提出，其審定由審查人員一人爲之；評定則須利害關係人始得申請，其評決由評定委員三人爲之」。

[448] 參見本法民國82年第46條修法理由。

本法於民國92年修正後，規定商標經核准審定，且繳納註冊費後即予註冊公告，（民國92年修正商25II、27I）因此，商標註冊前外界並無申請撤銷該註冊之機會，雖商標於註冊後有評定制度可資救濟，但因利害關係人始得申請評定，並非任何人均得為之，故本法雖廢除審定公告制度，但仍參考外國相關法例，[449]保留任何人於商標註冊後仍可對之提出異議之規定，以保有公眾審查之精神。

第三款　法定期限

提起異議之期限，應於商標註冊公告日後三個月內為之，（商48I後段）因異議制度主要是提供第三人可對商標註冊表達異議之機會，因此須於公告後，一般人始有機會了解商標註冊之內容，並進一步提出異議。另三個月期限，應自商標註冊公告日後起算，但期間末日如為星期日、紀念日或其他休息日時，則以其休息日之次日代之。[450]

第四款　法定提出事由

商標之註冊如有違反本法第29條第1項、第30條第1項或第65條第3項規定之情形者，得對之提出異議。（商48I）本法第29條第1項、第30條第1項規定之事由，屬不得註冊之事項，因此如原屬不得註冊之事項，但商標專責機關誤准其註冊者，自得允許任何人提出異議，並撤銷其商標

---

449 參考日本商標法第43條之2及德國商標法第42條之規定。

450 行政程序法第48條第4項：「期間之末日為星期日、國定假日或其他休息日者，以該日之次日為期間之末日；期間之末日為星期六者，以其次星期一上午為期間末日」；民法第122條規定：「於一定期日或期間內，應為意思表示或給付者，其期日或其期間之末日，為星期日、紀念日或其他休息日時，以其休息日之次日代之」。

之註冊。至於異議商標之註冊有無違法事由，除第106條第1項及第3項規定[451]外，依其註冊公告時之規定認定之。（商50）

　　本法第65條第3項規定，註冊商標如有自行變換商標或加附記，致與他人使用於同一或類似之商品或服務之註冊商標，二者構成相同或近似，而有使相關消費者混淆誤認之虞者，（商63Ⅰ一）並經廢止其註冊者，原商標權人於廢止日後三年內，不得註冊、受讓或被授權使用與原註冊圖樣相同或近似之商標於同一或類似之商品或服務，其於商標專責機關處分前，聲明拋棄商標權者，亦同。依上述規定，本法既規定原商標權人於廢止該商標註冊之日後三年內，不得再行註冊，如商標專責機關誤准其註冊者，自應允許任何人對之提出異議，並於異議確定後，據以撤銷之。

第五款　異議之範圍

　　商標申請註冊時，因可同時指定多項或多類別之商品或服務，故可能只有一部分指定使用之商品或服務，具有異議之法定原因，如必須就全部指定之商品或服務始能提出異議，不僅對商標權人造成不當之損害，亦非異議人之原意，更浪費商標審查資源，故本法規定第三人得僅就註冊商標指定使用之部分商品或服務提出異議。（商48Ⅱ）但異議人就部分商品或服務主張異議時，應具體聲明主張其應予撤銷註冊之商品或服務之範圍，否則商標專責機關將無從進行審查。若部分異議確定者，因其撤銷之事由僅存在部分指定使用之部分商品或服務，依本法第55條規定，得僅撤銷該部分商品或服務。

　　異議者，應就每一註冊商標各別申請之，（商48Ⅲ）即異議人若認為二以上之註冊商標，均有異議之法定事由，仍不得於同一異議案，申請對

---

[451] 本法第106條第1項及第3項以系爭商標於註冊時及修正後之規定而言，均屬違法事由者，始得撤銷其註冊等規定，故有除外規定之必要。

該二以上之商標案進行異議程序，即每一個異議案僅能對單一註冊商標提出異議。

於商標要經核准分割公告後，以分割前註冊商標提出異議者，商標專責機關通知異議人，限期指定被異議之商標，分別檢附申請文件，並按指定被異議商標之件數，重新核計應繳納之規費；規費不足者，應爲補繳；有溢繳者，異議人得檢據辦理退費。（商施44）而於異議處分前，被異議之商標權經核准分割者，商標專責機關應通知異議人，限期聲明就分割後之各別商標續行異議；屆期未聲明者，以全部續行異議論。（商施45）

第六款　應備之文件與審理程序

凡對註冊商標提出異議者，應以異議書載明事實及理由，並附副本，異議書如有提出附屬文件者，副本中應提出，（商49 I）且異議申請書上須記明法定事項，[452]設有代理人時應附委任書，相關聯案件及繳納規費單據等，並應檢附相關證據二份，至於異議人之身分證明文件，僅於商標專責機關認有必要時，始通知申請人檢送。[453]如異議人所提異議之事實

---

452 應記載之事項為，異議標的註冊號數、商標或標章名稱、異議人公司、行號、工廠或身分證統一編號、名稱或姓名、地址、代表人等、設有代理人者，代理人之身分證統一編號、姓名、地址、電話等、異議聲明、主張法條及據以異議商標/標章。參見 經濟部智慧財產局，異議商標/標章申請須知，http://www.tipo.gov.tw/trademark/921128/note/21異議申請須知.pdf。

453 本法施行細則第34條第1項：「依（民國100年修正前）本法第40條規定提出異議者，應備具異議書及副本，並檢附相關證據二份。但商標專責機關認有必要時，得通知異議人檢附身分證明或法人證明文件。」；依96年修正前之商標施行細則第34條第1項第1款規定提出異議者，應檢附異議人之身分證明文件，惟商標註冊申請人之身分證明或法人證明文件，在商標申請實務上，僅於商標專責機關認有必要時，始通知申請人檢送。另專利法施行細則於91年修正發布時，已刪除依該法所為申請應檢附身分證明或法人證明文件之規定，且國際間亦多無異議人應檢附相關文件之要求，基於商標、專利法制一致性及法規鬆

及理由有不明確或不完備者，商標專責機關得通知異議人限期補正（商施42），同時提出異議之人亦須提出相關之證據，以釋明其主張為真實，自不能憑空任意申請，致破壞本法保護正當商品之效能。[454]

商標異議事件涉及商標權人權利甚鉅，商標專責機關必須賦予並保障雙方當事人權益並提高審查結果之正確性，自應令雙方當事人充分提出事實、證據並給予陳述意見之機會，為此，商標專責機關應將異議書送達商標權人限期答辯；商標權人提出答辯書者，商標專責機關應將答辯書送達異議人限期陳述意見。（商49 II）。異議申請人提出申請後，如有變更、追加或補正其主張之事實及理由者，[455]商標專責機關自應將該等變更、追加或補正之內容送請商標權人限期答辯，商標權人答辯時應提出答辯書及副本，商標專責機關應將該副本送達異議人，以使異議人得就商標權人之答辯內容有陳述意見之機會。[456]另為促使商標異議案件爭訟早日確定，如當事人所提出答辯書或陳述意見書有遲滯程序之虞，而其事實已臻明確時，參照行政程序法第103條第5款規定，得不給予陳述意見機會之意旨，故本法規定商標專責機關得不通知相對人答辯或陳述意見，逕行審理。（商49 III）

為求商標異議案件審理過程中，雙方之爭點、事實與證據等均能完整呈現，以確保商標核准註冊之正確性，自應提供商標爭議案件當事人及利

綁、簡化申請程序等考量，應予以修正。復因同細則第36條規定，申請評定或廢止他人商標註冊之案件，準用第34條第1項規定，故96年修正亦有全面簡化商標爭議案件申請與審查程序之效果。

[454] 最高行政法院67年判字第685號判決：「利害關係人申請撤銷他人已註冊之商標，應提供相當之前提証據，以釋明其主張為真實，不能憑空任意申請，致破壞商標法保護正當商品之效能」。

[455] 本法施行細則第42條第2項規定：「異議人於商標註冊公告之日起三個月內，得變更或追加其主張之事實及理由」。

[456] 本法施行細則第43條：「商標權人或異議人依本法第49條第2項規定答辯或陳述意見者，其答辯書或陳述意見書如有附屬文件，副本亦應附具該文件。」

害關係人，就爭議事由、證據及法律見解等有進行言詞辯論的機會，而承審審查人員亦可斟酌聽證所調查的全部事實、證據及言詞辯論之結果，根據論理及經驗法則判斷事實真相，形成內心確信，並據此作成決定。[457]

　　商標權人應於期限內就商標異議案提出答辯，（商49 II）如商標權人遇有特殊情況，無法於指定的期間內完成答辯行為時，應以書面敘明事由申請延長，商標專責機關應斟酌相關事實及雙方權益，決定是否核准延長。另商標權人未於期限內提出答辯，本法未如第65條第2項規定，得逕行為不利之處分。故本書認為，商標權人屆期或於延長期間屆滿後仍未答辯者，商標專責機關不得逕行對商標權人為不利之處分，仍應就主、客觀之事實及證據，妥為審理。[458]

　　異議如不合程式，但商標專責機關認為可補正者，應通知限期補正。（商8 I）如未繳相關規費、未敘明主張之法條、未依規定一併檢送副本者，應限期令其補正，不得逕予駁回，如逾期仍未補正，始可不受理駁回其申請。

第七款　審查人員之資格與迴避

　　異議案係對已經核准註冊之商標為對象，要求撤銷其註冊，既係爭商標已經原審查委員審定合法，因此該原審查委員對該係爭商標，或有先入為主之主觀印象，如由該原審委員繼續審理係爭商標之異議案，恐有偏頗之虞。商標異議為公眾審查制度，以彌補商標專責機關資訊之不足，具輔助商標審查之功能，為避免原註冊案之審查人員分配到經其審查核准註冊

---

457 參見智慧財產權局，「商標爭議案件聽證作業要點」（最新修正生效日，民國101年7月1日），1.2。

458 參考「商標審查人員提請評定商標註冊無效作業要點」（最新修正生效日，民國101年7月1日），第6點規定：「提請評定案於商標權人答辯後或逾期未答辯者，應即簽請指定評定委員，並於指定後，將全案移送評定委員進行評定。」

之商標案件，減弱異議審查之效益。因此本法規定，商標異議案件，應由未曾審查原案之審查人員審查之。（商51）

　　審查人員於審查異議時，事後始發現曾參與申請註冊案件之審查時，是否該主動迴避？就此問題，本法於民國92年修正前第40條規定有審查員應行迴避事項，[459]但因該迴避事項之規定，行政程序法第32條及第33條[460]已有完整之規定，故於本法於民國92年修正時爰予刪除，[461]因此商標審查人員自應遵照行政程序法相關迴避之規定。

第八款　異議人地位之承受

　　異議程序進行中，被異議之商標權移轉時，因商標權人主體已變更，

---

[459] 本法（民國86年）第40條規定：「審查員有左列情事之一者，應行迴避：一、配偶、前配偶或與其訂有婚約之人，為該商標註冊之申請人或其商標代理人者。二、現為該商標註冊申請人之五親等內之血親，或三親等內之姻親，或曾有此親屬關係者。三、現為或曾為該商標註冊申請人之法定代理人或家長、家屬者。四、曾為該商標註冊申請人之商標代理人者。五、與商標註冊之申請人有財產上直接利害關係者」。

[460] 行政程序法第32條規定：「公務員在行政程序中，有下列各款情形之一者，應自行迴避：一 本人或其配偶、前配偶、四親等內之血親或三親等內之姻親或曾有此關係者為事件之當事人時。二 本人或其配偶、前配偶，就該事件與當事人有共同權利人或共同義務人之關係者。三 現為或曾為該事件當事人之代理人、輔佐人者。四 於該事件，曾為證人、鑑定人者」；第33條規定：「Ⅰ公務員有下列各款情形之一者，當事人得申請迴避：一 有前條所定之情形而不自行迴避者。二 有具體事實，足認其執行職務有偏頗之虞者。Ⅱ前項申請，應舉其原因及事實，向該公務員所屬機關為之，並應為適當之釋明；被申請迴避之公務員，對於該申請得提出意見書。Ⅲ不服行政機關之駁回決定者，得於5日內提請上級機關覆決，受理機關除有正當理由外，應於10日內為適當之處置。Ⅳ被申請迴避之公務員在其所屬機關就該申請事件為准許或駁回之決定前，應停止行政程序。但有急迫情形，仍應為必要處置。Ⅴ公務員有前條所定情形不自行迴避，而未經當事人申請迴避者，應由該公務員所屬機關依職權命其迴避」。

[461] 參考本法於民國92年修正之理由。

其是否會影響商標異議案之審查？按商標異議之標的，應是指違反本法第29條第1項、第30條第1項或第65條第3項規定之註冊商標，與商標權權利主體為何，應無直接關聯，故而本法規定，於異議程序進行中，如被異議之商標權轉壞給第三人時，該異議程序不受影響。（商52Ⅰ）

如於商標異議期間，商標權移轉與他人，原被異議之商標權人，是否仍會盡全力維護被異議之商標權，誠有疑義，但被異議商標之受讓人，其權益則可能受有重大影響，因該異議案件經審定後如判定異議成立者，其註冊商標將被撤銷，（商54）因此本法明定，商標權受讓人得聲明承受被異議人之地位，續行異議程序，（商52Ⅱ）以維護其合法之權益。

第九款　撤回

商標異議提出後，異議人有不欲續行異議程序者，如因自認異議證據不足或雙方當事人達成和解等情形，應允許撤回其異議，否則徒然浪費商標審查資源，且無任何實益。然商標專責機關之異議審定後，如允許其撤回，已投入之行政資源形同浪費，自屬不宜，因此本法明定，異議人僅得於異議審定前，撤回其異議。（商53Ⅰ）

商標異議申請一旦經撤回，則後續是否可再行申請異議或評定？為避免異議人不當地反覆提出商標爭議程序，影響商標權人權利之安定性及審查資源無謂之浪費，因此本法明定，異議人撤回異議者，不得就同一事實，以同一證據及同一理由，再提異議或評定，（商53Ⅱ）此即一事不再理原則。但異議人如在未提任何事實、證據及理由之前，即已撤回其異議者，因無從判斷其事實、證據及理由是否為同一，故如從形式解釋，似無本款規定之適用。但本書認為，如商標異議申請人，於未提事實、證據及理由之前，即撤回其異議案，事後反而可不受一事不再理原則之規範，則惡意商標異議申請人，更可能以不當爭議程序，干擾合法商標權人權利之安定，因此對上述情形似仍應有適當加以規範之必要。另事實、證據及理

由，須同時具備同一性，始有一事不再理原則之適用，故再提異議之主張內容，如爲不同事實或不同理由，或同一事實、理由但不同證據者，似仍非屬本法所不許。

　　同一事實、同一證據及同一理由，應如何判斷？實務上有認爲，應其內容及待證事項，實質上是否相同等事項加以審查，不得僅拘泥於其形式是否同一，換言之，縱證據資料形式上有所不同，但其內容實質上仍屬同一者，應認爲係同一證據。[462]

第十款　確定後之效果

　　商標異議案件，經異議成立者，因屬商標註冊自始瑕疵事由，故其註冊應予撤銷。（商54）其撤銷之事由，如存在於註冊商標所指定使用之部分商品或服務者，得僅就該部分商品或服務撤銷其註冊。（商55）同時經異議確定之案件，亦有一事不再理之適用，即經過異議確定後之註冊商標，任何人不得就同一事實，以同一證據及同一理由，申請評定。（商56）

第六節　商標之評定

第一款　意義

　　商標評定者，是利害關係人或審查人員，對專責機關違法核准商標註冊之處分，表示不服之制度，帶有公眾審查之性質。換言之，商標評定制

---

[462] 最高行政法院76年判字2008號判決；最高行政法院85年判字第1341號判決；最高行政法院89年判字第480號判決。

度應是立法者爲彌補商標專責機關職權審查之不足,而賦予利害關係人得申請評定,或商標審查員得自行提請評定之權利,以維護合法商標專用權之正常運作,俾使眞正權利人獲得保障之制度。[463]商標評定制度與異議制度,雖同爲訴願先行行爲,且均有輔助專責機關審查商標之功能,但其二者之申請人資格、程序、事由、期限、法律效果等,或有不同,其主要之差異比較,詳見本書前揭說明。

第二款 申請人

商標註冊之評定係以生效、確定之商標權爲對象,[464]故對商標權利安定性之影響較大,因此並非任何人均得提起,惟屬利害關係人或審查人員始得申請或提請商標專責機關評定其註冊。(商57Ⅰ後)所謂利害關係人者,指因系爭商標涉訟之訴訟當事人、與系爭商標相關之其他商標爭議案當事人等。[465]爲維持商標註冊之合法性與正確性,審查人員如發現商標註冊有違法事項,自應依職權衡酌其違法性輕重、侵害權益、註冊人信賴利益保護及既存商業秩序等影響因素,爲合理、公正之裁量、審酌是否提起評定,以爲主動救濟。另專責機關爲使審查人員於依職權提起商標註冊評定時,有可遵循之規範,茲訂有「商標審查人員提請評定商標註冊無效

---

463 最高行政法院95年度判字第01183號判決。

464 依舊有制度,商標異議與評定之對象係有所不同,商標異議係以尚未生效之商標申請案爲對象,嚴格而言,其與商標權安定性性並無牽涉,且其功用亦註重於公眾審查,用以補專業審查之不足,故商標異議規定任何人均可提起。

465 參見智慧財產局,「商標法利害關係人認定要點」(最新修正生效日,民國101年7月1日)第2點之規定。另參見最高行政法院73年判字第1412判決:「未經註冊之外國著名商標,該商標所屬國家依其法律、條約、協定,對在中華民國註冊之商標予以相同之保護者,該著名商標之外商自係具有商標法上之利害關係」。

作業要點」，[466]作為依據。

第三款　法定申請事由

　　商標之創設註冊[467]如有違反本法第29條第1項、第30條第1項或第65條第3項規定之情形者，[468]利害關係人或審查人員得申請或提請商標專責機關評定其註冊。（商57 I）。評定商標有無違法事由之判斷時點，實務上爭議頗多，[469]為使其明確，[470]本法規定其註冊是否違反本法相關規定，應

---

[466] 參見智慧財產局，「商標審查人員提請評定商標註冊無效作業要點」（最新修正生效日，民國101年7月1日），第1條規定：「為使商標審查人員依商標法第57條第1項之規定，依職權提請評定商標註冊無效作業有所準據，特訂定本要點」。

[467] 最高行政法院67年判字125號判決：「商標法第52條第1項所謂「商標之註冊」，係指商標權之創設註冊而言，其有違反該條之規定者，利害關係人始得申請評定。至於在專用期間內為移轉註冊者，僅係商標權人之更易，其移轉註冊本身，並無該條項規定之適用」。

[468] 民國100年修正前本法第50第2項原規定「商標註冊前，侵害他人之著作權、專利權或其他權利，於註冊後經法院判決侵害確定者，準用前項之規定」，惟民國100年修正時認為，關於商標之註冊，若有侵害他人之著作權、專利權或其他權利之事實，依修正條文第30條第1項第15款規定，只要經法院判決侵害確定者，即應不准其註冊，已可涵括本項規定，爰予刪除。

[469] 有關商標異議或評定案件認定其違法性時點之基準，實務上曾有詳細之論述，參見臺北高等行政法院93年度訴字第981號判決：「……按現行商標法第90條規定：「本法中華民國92年4月29日修正施行前（應為92年11月28日施行），已提出異議，尚未異議審定之案件，以本法修正施行前及本法修正施行後之規定均為違法事由為限，始撤銷其註冊；其程序依修正後之規定辦理。」明文規定，商標異議案件，尚未審定結案之案件，應以商標註冊時及異議審定時之法律狀態為準。但對於如本件之情形，商標法係在異議審定後才修正，且當事人因不服異議審定之結果而進行後續之行政爭訟程序者，現行法並未規定。基於行政爭訟程序係對於原處分之違法性審查，且修正前之商標異議程序僅係商標申請註冊程序前之公眾審查程序，與現行商標法改為係申請註冊核准後之公眾審查制度不同（以上參酌現行商標法第25、40、42、46條文規定及立法理

由），再考量法安定性及人民對法規信賴保護原則，上開現行法商標法第90條關於基準時規則，應不影響修法前所已審定之商標案件，亦即不應回溯適用已審定之商標案件。行政爭訟之案件，仍應適用異議審時之基準時規則，……雖學者有認應以商標申請時法規狀態為法令基準時（林三欽教授著行政訴訟中商標案件之違法判斷基準時），惟無法說明商標異議程序既為原處分違法性審查，為何於修法後卻異於修正前之法令基準時，以致於行政爭訟階段應適用之法令提前至商標申請時，與異議審定時適用之法規不同，是該觀點為本院所不採……惟按我國部分行政訴訟學者或教科書就行政法院審理各種類之行政訴訟，分列各種訴訟之違法判斷基準時，亦即「行政訴訟法之撤銷訴訟之判決以行政處分作成時，課予義務訴訟與一般給付訴訟之判決，以事實審行政法院言詞辯論終結時之法律及事實狀態為基準時」之見解，但該判斷基準僅係為處理行政訴訟之便宜，從大多數行政訴訟案件歸類之概略準則，並非不變之行政訴訟法理或行政訴訟法規之明文規定，上開概略準則純以訴訟類型為判斷基準之理由在於：撤銷訴訟之訴訴訟標的在於行政處分之違法性。但訴訟種類之選擇，僅屬程序之事項，不應僅因當事人程序選擇之不同，導致實體判斷結果相異，所以在具體適用上，除訴訟類型外，尚應考量個案案情、相關其他行法原理原則（如信賴保護、法律不溯及既往原則、程序經濟原則等等）以及各該案例所涉及之實體法個別特性，殊無從將上開概略準則作為廣泛原則機械性地適用，而應就各個法律領域由實務及學說逐漸形成如何於個案及各個行政實體法認當適用法令。又我國行政訴訟新制關於撤銷訴訟係承襲德國，故探討撤銷訴訟判決基準時之問題，自有必要參酌德國學說及實務上就此問題之法律見解，德國有力學說及聯邦行政法院持續判決見解認為：訴訟法上並不存在上開概略準則，決定性之時點，仍應依循個案應適用之實體法規定（司法院編，德國行政法院法逐條釋義第113條，陳愛娥譯，頁1247）。我國國內亦漸採此見解者（如林三欽教授者行政訴訟中商標案件之違法判斷基準時一文）；撤銷審定商處分後，於行政救濟中，其據以異議之事由，因情事變更而不存在者，如依異議審定時商標法第37條第1款異議成立，但於行政救濟程序中，據以異議之法人名稱不應繼續使用者，原處分即屬無所依憑，自應予撤銷，是就商標異議之事實狀態判斷基準時，應以行政法院事實審終結前時為準，始合於程序經濟原則。否則若機械性的以異議審定時之事實狀態為判斷基準，勢必因行政爭訟事實狀態判斷時點之不當切割無法正確審判，滋生後續其他訴訟，因程序之解釋而阻礙實體正義之實現，殊無必要。至於最高行政法院92年12月份第2次庭長法官聯席會議決議雖有以：「按撤銷訴訟中，當事人係以撤銷之訴要求撤銷違法之行政處分，故行政處分之違法性判斷，必須以行政處分作成時之事實及法

依其註冊公告該時點，作爲判斷相關違法事實之時點。（商62準用商50）本書認爲，本法既以註冊公告當日爲取得商標權之時點，（商33 I）則以註冊公告日，作爲註冊商標是否違法之相關事實之判斷時點，應屬適當，至於公告日後產生之違法事由，應屬廢止商標之範疇。

　　至於本法修正實施前已申請，但尚未評定案件其過渡期間之處理原則，對此，本法明定，凡於本法修正施行前，已申請或提請評定，但尚未評決之評定案件，以本法修正施行前及本法修正施行後之規定，均屬違法事由爲限，始可撤銷其註冊，至於程序部分，則依程序從新原則，應依修正後之規定辦理。（商106 I、III）

第四款　舉證責任

　　申請撤銷他人已註冊之商標，自應提供相當證據，以釋明其主張爲眞實，不能憑空任意申請，致破壞商標法保護正當商品之效能。[470]如以商標之註冊違反本法第30條第1項第10款規定，[471]向商標專責機關申請評定，其據以評定商標之註冊已滿三年者，則更應檢附於申請評定前三年有使用於據以主張商品或服務之證據，或其未使用有正當事由之事證。（商57 II）依前述規定提出之使用證據，應足以證明商標之眞實使用，並符合一般商業交易習慣。（商57 III）

　　本法採註冊保護原則，申請商標註冊時，不以商標已於市場上實際使用爲要件，惟商標係交易來源之識別標識，必須於市場上實際使用始能發

　　律狀態爲基礎。」應僅係對該決議之商標評定個案所爲之闡釋，該決議據以評定商標乃經被告行政機關撤銷（廢止）處分，而本件係經民事確定判決而有既判力，二者不同，本件應無適用上開決議之餘地，附此敘明」。

[470] 最高行政法院67年判字第685號判決。

[471] 本法第30條第1項第10款本文：「相同或近似於他人同一或類似商品或服務之註冊商標或申請在先之商標，有致相關消費者混淆誤認之虞者」。

揮其商標之功能，進而累積商譽，創造商標價值。因此，兩造商標是否在
市場上造成混淆誤認之虞，應回歸兩造商標在市場上實際使用情形加以判
斷，始符合商標保護必要性。此亦為商標註冊申請案與商標評定案件考量
基礎不同之所在。[472]故而，評定案件若據以評定商標註冊已滿三年，本應
善盡其註冊商標之使用義務，於市場上實際加以使用，以維護其商標權。
因此，在判斷相衝突商標間是否有致相關消費者混淆誤認之虞時，自應將
其市場上實際使用之情形納入考量。此外，實務上常發生申請評定人以未
於市場上實際使用之註冊商標為據，主張撤銷已於市場上長久使用且頗具
規模之註冊商標，最後甚至排除其註冊之情形，致影響工商企業之正常發
展，為避免未於市場上使用之商標可排除他人註冊之不合理現象，故本法
明訂據以評定商標之註冊已滿三年，應檢附申請評定前三年之使用證據，
或其未使用有正當事由之事證，以資適用。

　　利害關係人申請評定時，如未能檢附據以評定商標申請評定前三年於
市場實際使用之證據，例如申請評定人以註冊已滿三年之A商標主張B商
標之註冊違反本法第30條第1項第10款規定，申請評定，A商標與B商標均
指定使用於同類商品或服務，卻未檢附A商標之使用證據，則其評定之申
請應不受理；又如申請評定人以註冊已滿三年之C、D兩件商標主張E商標
之註冊有違本法第30條第1項第10款規定，但僅檢附C商標之使用證據時，
商標專責機關即毋庸審究D商標與E商標間實體上是否有近似、混淆誤認
之情形，僅就C商標與E商標間進行實體審查。至以商標之註冊違反本法
第30條第1項第10款以外之相對事由申請評定者，因該等條款多以商標使
用已臻著名（如同條項第11款、第13款、第14款）或先使用商標（如同條
項第12款）為其要件，故均須舉證有使用之事實。[473]

　　申請評定人依上述規定應提出足以證明其商標有真實使用之證據資

472 參見2009年2月26日歐洲共同體商標條例第57條第2項、英國商標法第47條第2A
　　項及德國商標法第55條第3項等規定。
473 參見民國100年修法理由。

料。若只是爲維持商標註冊而臨時製作或象徵性之使用證據，不符合商標係用來指示商品或服務來源之功能，不具商標保護必要性。[474]

第五款　評定之期限

商標評定係以公告生效之商標權爲標的，故評定程序可能使商標權處於長期不確定之狀態，對商標權安定性恐有莫大損害，甚而影響商標權人對其商譽之投資。因此，本法基於各方權益之衡量並爲兼顧公益與私益之保障，[475]而有提請評定期限[476]之規定。即商標之註冊違反第29條第1項第1款、第3款、第30條第1項第9款[477]至第15款或第65條第3項規定之情形，自註冊公告日後滿五年者，不得申請或提請評定。

---

[474] 參見美國商標法第45條、2009年2月26日歐洲共同體商標條例第15條第1項及德國商標法第26條第1項等規定。

[475] 參見大法官會議第370號解釋：「……利害關係人得申請商標主管機關評定其註冊爲無效，係爲維持市場商品交易秩序，保障商標權人之權益及避免消費大眾對於不同廠商之商品發生誤認致受損害而設。關於其申請評定期間，參諸同法第52條第3項及第25條第2項第1款規定之意旨，可知其需受註冊滿10年即不得申請之限制，已兼顧公益與私益之保障，與憲法第15條保障人民財產權之規定並無牴觸」。

[476] 該期限之性質，實務上有認爲應屬本法所規定之除斥期間。參見最高行政法院72年判字1234號判決：「商標法上除斥期間係規範申請人之請求期限，爲申請人行使權利之不變期間，屬於法律上之特別規定，該權利存在之一定期間，法律如無特別規定，依法律不溯及既往原則，自不能適用新法所定較短之期間」。

[477] 民國100年修正前之條文第51條第1項關於申請或提請評定五年除斥期間之適用範圍，並未包括註冊違反修正前條文第23條第1項第18款規定之情形，惟參照與貿易有關之智慧財產權（TRIPS）協定第24條第7項關於救濟期間限制之規定，並未排除註冊商標相同或近似於國內外葡萄酒或蒸餾酒地理標示，而指定使用於葡萄酒或蒸餾酒商品之註冊違法情形。故民國100年修正時，增列商標之註冊違反修正條文第30條第1項第9款規定者，亦應受申請或提請評定五年除斥期間限制之規定。

以相同或近似於我國或外國葡萄酒或蒸餾酒地理標示，且指定使用於與葡萄酒或蒸餾酒同一或類似商品申請獲准註冊者，（商30 I 九）或商標之註冊如有相同或近似於他人著名商標或標章，有致相關公眾混淆誤認之虞，或有減損著名商標或標章之識別性或信譽之虞者，（商30 I 十一）其可提起評定之期限原則上亦為五年，但如商標申請人具有不正競爭之惡意者，因其使用期間愈久，減損著名商標或標章商譽之程度將愈嚴重，故對該惡意行為得提請評定之期間，如為自註冊公告之日起滿五年者，並不合理，故本法明訂，商標之註冊違反第30條第1項第9款、第11款規定之情形，係屬惡意者，例外不受五年除斥期間限制。（商58 II）

第六款　評定之合議制

商標評定案如經評決成立者，應撤銷其註冊，對商標權人之權益影響甚鉅，因此審理過程應力求客觀、公正且不偏頗，故商標評定案件，應由商標專責機關首長，指定審查人員三人以上為評定委員評定之。（商59）上該審查人員應未曾參與被評定商標申請註冊案之審查，如有應迴避事項亦應自行迴避，[478]且其評定結果應採多數決，以維公平。

---

478 參見「商標審查人員提請評定商標註冊無效作業要點」（前揭），其中第3條：「商標之註冊有違反本法有關規定者，利害關係人申請評定時，商標主管機關應先為程序上之審查，並將申請書副本函知被申請人限期答辯，俟答辯完備或逾期未答辯時，由首長指定三人以上之評定委員為實體上之評定」；第4條：「商標之註冊商標審查員發現有違反本法有關規定者，應製作提請評定書提請評定，以副本函知商標專用權人限期答辯，俟答辯完備或逾期未答辯時由商標主管機關首長指定三人以上之評定委員作實體上之評定」；第5條「商標專用權人依本法54條申請評定商標專用權範圍者，商標主管機關首長應指定三人以上之評定委員作實體上之評定」；第6條：「評定商標案件，承辦之審查員及指定之評定委員如有本法所規定應行迴避情事者，應簽報另行指派」。

第七款 評決成立之效力

　　得提請商標評定之法定事由（見前揭說明），依本法規定原即已不得申請註冊，因此評定案件如經評決成立者，自應撤銷其註冊，（商60本文）商標權應溯及消滅，始能達到救濟之目的。惟撤銷商標權使其自始失其效力，將損及交易安全，故本法雖無明文規定，但本書認為，商標專責機關於評決時，仍應個案考量行政程序法第117條第2項規定之適用，[479]即，如因撤銷系爭商標註冊，致所損害之交易安全過大時，應不予撤銷處分較妥。[480]

　　至於商標於申請註冊或註冊公告時雖有違法事由，但於評決時，該

---

[479] 行政程序法第117條第2項規定：「違法行政處分於法定救濟期間經過後，原處分機關得依職權為全部或一部之撤銷；其上級機關，亦得為之。但有下列各款情形之一者，不得撤銷：……二、受益人無第119九條所列信賴不值得保護之情形，而信賴授予利益之行政處分，其信賴利益顯然大於撤銷所欲維護之公益者」。

[480] 參見法務部(89)民國89年9月20日法律字第032577號函釋：「按行政程序法（88年2月3日公布，90年1月1日施行）第117條規定：「違法行政處分於法定救濟期間經過後，原處分機關得依職權為全部或一部之撤銷；其上級機關，亦得為之。但有下列各款情形之一者，不得撤銷：……二、受益人無第119條所列信賴不值得保護之情形，而信賴授予利益之行政處分，其信賴利益顯然大於撤銷所欲維護之公益者。」核其立法意旨係因基於依法行政之原則，行政機關本應依職撤銷違法之行政處分，即使該處分已發生形式上之確定力，亦然。惟於行政處分發生形式確定力後，違法行政處分是否撤銷，原則上仍應委諸行政機關之裁量，但行政機關行使裁量，仍應遵守有關裁量之一切限制。此外，基於信賴保護原則，行政機關之撤銷權應予限制，爰設但書第2款規定。適用本款規定時，除應注意原授益處分受益人有無同法第119條信賴不值得保護之情形外，並應注意受益人是否因信賴該授益處分而處理財產等正常之信賴表現。此外，有關是否「信賴利益顯然大於撤銷所欲護之公益」之判斷，宜就具體個案情形，斟酌撤銷原授益處分對受益人將因而造成如何之財產上損失、原授益處分存續期間已多久、不撤銷授益處分對公益（如來函所示之社會交易安全等）有何影響等因素，經權衡之結果，必信賴利益顯然大於公益，始符合此要件。

違法事由已不存在者，是否仍須撤銷其註冊，就此本法規定，不得註冊之
情形已不存在者，經斟酌公益及當事人利益之衡平，得為不成立之評定。
（商60但）上述條文但書係情況決定之規定，著重於公私利益之平衡，主
要在於考量商標註冊時之違法情形，於評定時，因既存之客觀事實促使構
成違法事由不存在者，得為不成立之評決。至註冊商標經評定撤銷註冊之
處分，於行政救濟程序中，發生評定當時所未能預料之情事，例如引據商
標另案遭撤銷註冊確定在案，或引據商標已移轉予系爭商標權人等事實變
更，商標主管機關或法院依當事人申請，變更原法律效果之處分或判決，
則屬情事變更原則適用，二者性質上有所不同。

　　如商標申請註冊時雖屬於著名之法人、商號或其他團體之名稱，但
評決時該法人等已非著名，因消費者對其來源已無誤認之虞，故似無救濟
之必要性，且該商標經過一定時間之使用，可能已累積一定之商譽，商標
權人對其商標註冊之合法性，亦產生一定之信賴，故如堅持撤銷其商標註
冊，對商標權人亦不盡公平，[481]因此於評定時，如該違法事由已不存在
者，自應斟酌公益、情勢變更原則及當事人利益等，[482]審慎判斷是否為評

---

[481] 德國商標法第50條第2項前段與第3項第2款有類似之規定，可為比較法上之參
考。第2項前段：「商標之註冊違反第3條、第7條或第8條規定者，應撤銷其註
冊，但以該禁止註冊事由於撤銷之決定作成時仍存在者為限」；第3項第2款：
「禁止註冊事由於撤銷決定作成時仍存在者」應依職權撤銷，換言之，如於撤
銷決定作成時已不存在者，得不撤銷之。參見經濟部智慧財產局譯文，http://
www.tipo.gov.tw/trademark/trademark_law/1998德國商標法.doc.

[482] 臺北高等行政法院93年度訴字第1223號判決：「……縱認系爭商標與據以評定
商標為近似，亦因系爭商標於註冊後之使用，於評定時，已無混同誤認之虞：
1、按評定行使之期間甚長，修正前規定短者2年，長者10年，（修正前商標
法第52條第3項及53條規定），修正後之規定則有5年或不限期限（修正後本法
第51條規定），與異議僅得於註冊公告後3個月內為之不同，是以對於註冊後
使用多年，其因持續使用所建立之商譽，基於情事變更之原則及當事人既得權
利之信賴保護，自應予以斟酌考量，此由新修正之商標法第54條規定：「評定
案件經評決成立者，應撤銷其註冊。但於評決時，該情形已不存在者，經斟酌
公益及當事人利益後，得為不成立之評決。」容許商標主管機關於處理評定案

定不成立之決定。至於商標異議案件，須於商標註冊公告日起三個月內爲之，其短期間內公益與私益變動較爲輕微，故無適用上述情況決定規定之必要。

　　爲避免商標專責機關審查行政資源無謂之浪費，及商標權人因他人反覆提起評定程序，造成商標權長期之不安定，故本法明定，評定案件經處分後，任何人不得就同一事實，以同一證據及同一理由，申請評定。（商61）本法於民國92年修正前第59條規定，須待商標事件評定之評決確定後，始有一事不再理原則之適用，[483]但商標評定事件於評決後，若允許就同一事實、同一證據及同一理由再申請評定，不僅浪費行政資源，亦對註冊人迭生困擾，故不問該評定是否確定，均無再行評定之必要，故本法於民國92年修正時，即將原規定「確定」二字刪除，換言之，一旦評定案件經處分後，縱對處分結果不服，提出行政救濟，致該處分尚未確定，但此時任何人亦不得就同一事實，以同一證據及同一理由，再次申請評定。

　　有關「同一事實、證據及理由」之意義與適用，[484]請參見本書前揭

　　件時，考量評定程序開始後，在被評定商標申請註冊後至評決前所發生之事實變化，立法者乃將之明文化可知」。

[483] 本法於民國92年修正前第59條規定：「關於商標事件評定之評決確定後，任何人不得就同一事實、同一證據及同一理由，申請評定」。

[484] 行政法院60年判字第570號判例（現已不再援用）：「……關係人迄今使用該商標，係行爲之繼續，而非另發生之新事實，自屬同一事件，依法不得再行評定」；行政法院85年判字第1341號判決：「……所謂同一證據係指具有同一性之證據而言，而認定證據是否同一，應審查其內容實質上是否相同，不得僅拘泥於其形式是否同一。系爭「辭海」商標，其「辭海」一辭屬商品性質之說明之主張。其證據力實質同一，自屬同一證據，原告謂非同一云云，尚不足採……」；行政法院76年判字第2008號判決：「所謂同一證據，係指具有同一性之證據而言。縱證據資料本身不同，而其內容實質上同一，例如甲刊物記載之內容與乙刊物記載之內容實質上相同者，仍屬同一證據，應有首揭法條之適用。蓋案件於確定後，基於法之安定性，不得再持以爭執，即所謂一事不再理之原則。而商標法第51條乃係對於商標事件異議之審定確定後，爲防止持憑實質相同形式不同之證據，反覆請求評定，影響商標專用權之安定而設之規定，

商標異議一事不再理一節之說明。

第八款　準用商標異議之規定

　　如前所述，商標異議與商標評定二制度間有部分相同之處，故本法以準用規定之立法技術，以避免重複累贅。有關商標之評定準用商標異議之事項分別為，第48條第2項、第3項、第49條至第53條及第55條之規定。（商62）。

第七節　廢止

第一款　意義

　　廢止制度是以另一行政處分使原先合法取得商標註冊之效力終止，應屬「廢止」行政處分之概念，為統一用語及意義，故將原先規定「撤銷商

故認定證據是否同一，應審查其內容實質上是否相同，不得拘泥於其形式是否同一，原告主張所提出證據，僅需形式上不同，不問其內容是否相同，即可申請評定云云，自非可採…。其餘各項證據，均於原異議程序及行政救濟中提出，其所欲證明之事項相同，僅數量多寡與形式不同而已，二者之內容實質上並無不同，依上說明，自屬於同一證據……」；行政法院72年判字648號判決：「……所謂同一證據係指具有同一性之證據而言，縱證據資料本身不同，而其內容實質上同一，例如甲刊物記載之內容與乙刊物記載之內容實質上相同者，仍屬同一證據，應有首揭法條之適用。蓋所謂「同一證據」若解為同一形式內容之證據資料，則任何事件（不論司法事件或行政事件）於確定後，基於法之安定性，不得再持以爭執，乃係當然之理，無待法律明文之規定。而商標法第59條乃係對於商標事件評定之評決確定後為防止持憑實質相同形式不同之證據，反覆請求評定，影響商標權之安定而設之規定，故認定證據之是否同一，應審查其內容實質上是否相同，不得僅拘泥於其形式是否同一」。

標專用權」之用語修正為「廢止其註冊」。[485]商標廢止制度與商標異議、商標評定等制度，應有所區別，如商標異議或評定之對象，為違法註冊之商標，但廢止之對象則屬合法註冊之商標，其違法之事由是於註冊後始發生者。另異議或評定成立之法律效果，將使商標權溯及失其效力，但廢止之法律效果，是使商標註冊之效力對將來失其效力。

第二款　申請人

　　商標註冊之廢止，是對已經依法註冊公告商標於註冊後未合法使用，或基於公益之考量，商標專責機關得依職權或依任何第三人之申請，終止該商標註冊效力之制度。（商63Ⅰ）本法於民國92年修正前，原規定：「商標主管機關應依職權或據利害關係人申請撤銷商標專用權」，[486]但廢止制度乃以促使商標權人於商標依法註冊後，應繼續合法使用該商標為主要目的，並基於公益考量，宜開放公眾監督，不宜限制提起人之資格，故民國92年修正後之本法，廢除原先以利害關係人為限之規定，改為任何人皆得申請廢止。[487]

---

[485] 依行政程序法第117條規定、第122條與第123條規定意旨可知，商標註冊之撤銷與商標註冊之廢止，二者之法性質有所不同。按行政處分撤銷之對象為「違法行政處分」，而廢止之對象則為「合法行政處分」。考量信賴保護原則及依法行政原則，對違法行政處分之處理方式應為「原則上得撤銷、例外不得撤銷」，但對合法行政處分之廢止，則應採「原則上不得為之、例外始可廢止」之處理方式。另商標權之撤銷處分，應使商標權溯及自始失其效力，但廢止之效力是對將來失效。

[486] 本法民國92年修正前之原條文規定於第31條。

[487] 參見本法民國92年修法理由。

第三款　法定事由

本法規定商標廢止法定事由有：①自行變換商標或加附記，致與他人使用於同一或類似之商品或服務之註冊商標構成相同或近似，而有使相關消費者混淆誤認之虞者。（商63 I 一）如該商標之被授權人爲上述行爲，商標權人明知或可得而知而不爲反對之表示者，亦同（商63 II）；②無正當事由迄未使用或繼續停止使用已滿三年者。但被授權人有使用者，不在此限（商63 I 二）；但如於上述申請廢止時該註冊商標已爲使用者，除因知悉他人將申請廢止，而於申請廢止前三個月內開始使用者外，不予廢止其註冊（商63 III）；③未依本法第36條規定附加適當區別標示者。但於商標專責機關處分前已附加區別標示並無產生混淆誤認之虞者，不在此限（商63 I 三）；④商標已成爲所指定商品或服務之通用標章、名稱或形狀者（商63 I 四）；⑤商標實際使用時有致公眾誤認誤信其商品或服務之性質、品質或產地之虞者。（商63 I 五）至於商標註冊後有無廢止之事由，應適用申請廢止時之規定。（商66）以下分述之：

第一目　自行變換商標或加附記

自行變換商標或加附記，致與他人使用於同一或類似之商品或服務之註冊商標構成相同或近似，而有使相關消費者混淆誤認之虞者，（商63 I 一）得廢止其商標。[488]如該商標之被授權人爲上述行爲，商標權人明知或可得而知而不爲反對之表示者，亦同（商63二）。

所謂自行變換商標或加附記使用，是指商標權人就註冊商標本體之文字、圖形、色彩等，加以變更或添加其他文字、圖形等，[489]或更改、刪除

---

[488] 參見智慧財產局，「註冊商標使用之注意事項」（最新修正生效日，民國101年7月1日），4.2.之說明。

[489] 臺北高等行政法院90年度訴字第4889號判決：「……其適用固應以商標專用權人有於其註冊商標自行變換或加附記使用之事實始足當之，而所謂「變換或加附記」係指專用權人就註冊商標本體之文字、圖形、色彩等加以變更或添加其

註冊商標本體之一部分，而另以其他文字、圖形、顏色補充之，或於該註冊商標本體之外，另增附其他文字、圖形、記號或色彩，[490]或刻意合併使用二商標並與他人之註冊商標構成相同[491]等情形而言。[492]但若於自己註冊商標本體之外，以普通使用方法，表示自己之姓名、名稱，或其商品或服務之名稱、形狀、品質、性質、特性、用途、產地或其他有關商品或服務本身之說明，因屬本法規定不受他人商標權效力所拘束之行為，（商36

他文字、圖形等而言……」。

[490] 行政法院69年度判字第639號判決：「……所謂變換或加附記係指就該註冊商標本體加以一部分之更改，或刪除其中一部分，另易以其他文字、圖形、顏色補充之；以及就該註冊商標本體之外，另增附文字、圖形、記號或色彩等而言……」。

[491] 最高行政法院93年度判字第1457號判決：「……顯係刻意合併使用系爭二商標，使之組合後與參加人註冊第597053號「贊成」商標構成相同，且與據以撤銷之註冊商標均使用於電焊機商品，自有使相關消費者產生混淆誤認之虞，而有上開商標法第31條第1項第1款規定之適用，經核於法並無違誤。上訴人主張「變換或加附記」，應不包括「合併」使用二註冊商標在內云云，殊無足採」。

[492] 變換或加附記使用例，可參見「註冊商標使用之注意事項」（前揭），4.2所舉之例子；另可參見臺北高等行政法院90年度訴字第4889號判決「……又因系爭附圖一之商標圖樣與該附圖三之商標圖樣，經比對結果，可以發現，將系爭附圖一之商標圖樣中之「Ｖ」字圖樣除去，再把近似三角形外框實心線條，予以加粗鏤空呈現，即成為附圖三之商標圖樣，易言之，附圖三之商標圖樣即係附圖一之商標圖樣變換後之結果，……仍為行銷之目的，持續印製及使用如附圖三之商標圖樣，而生產、製造、銷售、持有標示該變換商標圖樣之壁板商品……，無異是將系爭附圖一商標圖樣本體之文字、圖形加以變換使用，……自與商標法第31條第1項第1款規定之要件相符……」；參見最高行政法院94年判字第1233號判決：「……系爭參加人所檢附二款鞋子之鞋舌上分別載有「NONO-S」及「」圖樣，前者係「NONO」加上「S」，顯以「NO NO」為主，而後者則係將「NO NO」放大置於上方，再將「HOUSE 2000」字體縮小置於下方，其欲特別顯著「NO NO」字樣之心態，甚為明顯，核與系爭「朝寬NONOHOUSE」聯合商標，上置中文「朝寬」、下置外文「NONOHOUSE」聯合組成之圖樣，顯已變更使用……」。

I一）故不得作為撤銷商標註冊之原因。[493]

　　上述所稱之變更或添加，其程度是否應達到與變更或添加前之原商標不具同一性，始受本款規範？實務上有採肯定見解者，[494]本書認為，本款規範之重點，應視商標權人有無變更或添加其原有商標之內容，致與他人使用於同一或類似之商品或服務之註冊商標，構成相同或近似，而有使相關消費者混淆誤認之虞，如商標權人變更其註冊商標內容，或添加其他文字、圖形等，致變更後之商標與其原註冊商標，該二者已不具同一性者，則其使用變更後之商標應與其原註冊之商標無涉，應構成使用另一商標侵害他人商標權之問題。

　　另實務上認為，「自行變換或加附記使用」，是否須以故意為要件？是否限於商標權人親自為之？始可對商標權人處以廢止商標註冊之行政處分。實務上曾認為，並不以故意為要件，另對於變換商標圖樣或加附記之結果，致與他人使用於同一商品或類似商品之註冊商標，二者間構成近似之事實，亦無須有預見或認識。[495]如對商標加以變換或加附記，是由商標

493　行政法院60年判字第399號判例：「……所謂「變換或加附記」，係指就註冊商標本體之文字、圖樣、色彩等加以變更或加添其他文字圖樣，足以使其與他人之註冊商標相混淆而言。若於自己註冊商標本體之外，以普通使用方法，附記文字以表示其商品之名稱、產地、功用及品質，依同法第12條前段規定，不受他人商標權效力之拘束，自不得據為撤銷商標註冊之原因」。

494　行政法院69年度判字第639號判決：「……良以商標之使用並非專供產銷廠商表明其商品，實以保護消費大眾識別各種商品之同異為其主要目的，故商標權人倘以異於與原註冊商標之同一性而為變換或加附記使用者即易引起混同誤認損害消費大眾之利益，自應撤銷其商標權，以示制裁，俾可保障交易之安全與營業主體之權益」；最高行政法院93年度判字第1457號判決：「……所謂「變換或加附記」，係指商標權人於商標註冊後，變更或轉換為其他商標圖樣，或就其註冊商標添加其他文字、圖形等使用，而失其原註冊商標圖樣之同一性者而言。準此，商標與其他商標自行合併使用，而失其原註冊商標圖樣之同一性者，即屬轉換為其他商標圖樣……」。。

495　最高行政法院94年判字第1233號判決：「……司法院釋字第275號解釋，係闡釋行政罰須以過失為其責任條件，本件兩造之爭點為系爭商標有無自行變換商

權人之代理人、使用人或經其同意而實際負責利用該商標行銷商品之人所為者，實務上曾有認為，因其行為之效果與名義上之商標權人自行為之，並無二致，只要有與他人使用於同一商品或類似商品之註冊商標，構成近似且有使用之客觀情形存在，即應由該名義上之商標權人，承擔廢止商標註冊之行政法責任，始符合權責相隨之法理，並能保障商標權及消費者利益，以促進工商企業之正常發展。[496]但有關商標權授權人應否承擔其被授權人違法行為之不利行政責任之見解，本法採較嚴格之要件，即被授權人為上述自行變換或加附記使用之行為時，商標權人必須處於明知或可得而知之狀態下，且不為反對之表示者，商標專責機關始可廢止其商標註冊。（商57二）蓋基於行為人責任個別之法理，原不宜將行為人違法使用之不利益歸由他人承擔，然商標授權人對於被授權人使用商標之情形，應負有保持品質同一性之實質監督責任，[497]故本法明定於商標權人明知（包含實質授意行為在內）或可得而知（需達幾近於明知或難以諉為不知的情形[498]）被授權人有違法使用之情事，而不為反對之表示時，商標權人即屬可歸責之狀態，故明文加以規範。[499]至其變換或加附記之行為完成後，

標圖樣使用，致與參加人使用於同一或類似商品之據以撤銷商標，構成近似之情事，核與上開司法院之解釋無涉……」。

496 臺北高等行政法院90年度訴字第4889號判決。

497 雖本法無明文規定，商標授權人對於被授權人使用商標之情形，應負有保持品質同一性之實質監督之責任，但透過解釋方法，以授權人之監督義務責任，形成其作為（註意）義務之基礎，就消費者保護而言，應有其規範上之意義。

498 最高行政法院91年度判字第1811號判決：「註冊商標自行變換或加附記者，係指商標權人本人或其所授權之人有變換或加附記之行為者而言，上訴人要難諉稱不知被授權使用人對系爭商標變換加附記使用而卸責」。

499 最高行政法院94年判字第1233號判決：「……如被授權使用註冊商標之人，有本條第1項第1款所定「自行變換商標或加附記，致與他人使用於同一或類似之商品或服務之註冊商標構成相同或近似，而有使相關消費者混淆誤認之虞」之行為時，基於行為人責任個別之法理，原不宜將行為人違法使用之不利益歸由他人承擔，然商標授權人對於被授權人使用商標之情形應負有保持品質同一性之實質監督責任，故法條明定於商標權人明知（包含實質授意行為在內）

始將商標權轉讓他人者，因該商標權受讓人依法應概括承受系爭商標之權利、義務，故受讓人自不得以並無對受讓商標，為不法變換或加附記行為為理由，而主張免予廢止。[500]

　　另如商標權人違反本款規定，經商標專責機關通知其限期答辯或陳述後，如該商標權人於限期內，自行取消其所變換或所加附記，則商標專責機關可否廢止其商標權？就此，本法並無如同法第63條第3項之規定，賦予無正當事由迄未使用或繼續停止使用已滿三年之商標權人，於他人申請廢止時已使用該註冊商標者，不予廢止其註冊；或同條第1項第3款但書之規定，未依第36條規定附加適當區別標示者，如於商標專責機關處分前，已附加區別標示，並無產生混淆誤認之虞者，可不予廢止之規定。因此該商標權人於答辯之限期內，如自行取消其所變換或所加附記者，如基於同一法條中另為不同文義規定之考量，商標專責機關似無作成不予廢止處分之法律依據。[501]

或可得而知（需達跡近於明知或難以諉為不知的情形）被授權人有違法使用之情事，而不為反對之表示時，商標權人即屬可歸責，商標專責機關應廢止其註冊。」

[500] 參見最高行政法院73年判字565號判決：「本條第1項第1款之規定，係以商標本身為審定基準。故其變換或加附記之禁止行為，於條件成就時發生效力。至其變換或加附記之行為完成後，其商標使用權已移轉他人使用，該使用人不得以非其變換或加附記為由，而作免予撤銷之主張。況該使用人既為系爭商標之受讓人，其對系爭商標應享之權利及應負之義務，依法即均由該使用人承受」。

[501] 實務上雖有不同見解，但結論則採不可免予廢止其商標權之見解，參見行政法院63年4月份庭長評事聯席會議。(1)法律問題：商標專用權人違反修正商標法第31條第1項第1款規定，經商標主管機關依同法第三項通知其限期答辯或陳述後，倘該商標專用權人於限期內自行取消其所變換或所加附記，商標主管機關可否撤銷其商標專用權？(2)討論：甲說：修正商標法第31條第3項規定與舊法第16條第3項規定相似，依本院判決先例，如違法之商標專用權人接獲商標主管機關之通知後，在限期內自行取消其所變換或所加附記，即無再撤銷其註冊商標之必要（本院50年度判字第33號及57年度判字第313號判決採此見解）。

　　另本款所稱，同一或類似之商品或服務、相同或近似，相關消費者混淆誤認之虞，等相關判斷標準與理論，詳見本書前揭說明。

第二目　無正當事由迄未使用或繼續停止使用已滿三年者

　　我國對商標權之取得雖採註冊主義，但取得商標權後，如商標權人持續不使用，則不僅對該商標權人無任何價值，亦有不利於公益之效果，甚至不當剝奪他人可使用該商標之機會，[502]故在採註冊主義為原則之國家，大多兼採使用主義之精神，[503]而課以商標權人有義務持續、合法使用該已

乙說：修正商標法第31條第3項明定「……限期提出書面答覆或陳述」，所謂「限期」係答辯或陳述之限期而非通知改正之限期，故商標主管機關如認為涉嫌違法之商標專用權人或其代理人之答辯或陳述不足採取，自應撤銷其商標專用權；況就法理言，該條規定，旨在制裁違法之商標專用權人，藉以保障合法之商標權益，進而維護社會之交易安全。若違法之商標專用權人於主管機關或利害關係人發覺其違反商標法之事實，並通知其答辯（陳述）後，自行取消其所變換或所加附記，即可免予撤銷其商標專用權，似與立法本旨有違。(3)決議：採乙說（本則決議經行政法院82年8月份庭長評事聯席會議第83則作文字修正）。

[502] 網野 誠，商標，有斐閣，頁883-884，2002年，第六版。

[503] 參見德國關於商標及其他標示之保護法（1994年12月25日制定，最新修正1998年7月16日）第49條第1項前段：「商標之註冊，依申請得因該商標未依第26條所定連續5年被使用而生撤銷之原因時，予以廢止」(1) The registration of a trade mark shall be canceled upon request on grounds of revocation if, within a continuous period of five years after the date of registration, the trade mark has not been put to use in accordance with Section 26……）；英國商標法（1994年）第46條第1項第a款、第b款：「商標之註冊得基於下列事由而撤銷之一（a）自註冊程序完成之日起之五年之期間內並未由商標專用權人或得其同意之人於英國真正使用於註冊時所指定使用之商品或服務上，且並無不使用之正當理由（b）商標已有持續五年不間斷之期間停止使用，且無不使用之正當理由」；日本商標法（最新修正2006年6月7日法律第55号）第50條第1項：「商標權人、專用使用權人或通常使用權人繼續3年以上在日本國內不使用註冊商標（包括字體變更之相同文字所形成之商標、平假名、片假名及羅馬文字之表示相互變更，被視為產生相同的稱呼及觀念之商標，外觀之圖形所形成的商標及其他該註冊商標和在

經註冊之商標。商標權人如違反該義務，自應賦予一定之不利益，本法亦明定，如無正當事由商標權人迄未使用或繼續停止使用已滿三年者，其商標之註冊將被廢止。（商63Ⅰ二）其要件分述之：

一、未使用商標

商標之使用，可區分為商標權人為維持其權利所為之使用及他人侵害商標權之使用兩種樣態，二者之規範目的雖有不同，惟實質內涵皆應就交易過程中，其使用是否足以使消費者認識該商標，判斷之，故而，本款有關商標之使用與否之判斷，主要仍依本法第5條之規定為據（詳參本書第一章第六節之說明述）。

本法規定，商標權人於經註冊指定之商品或服務，取得商標權，（商35Ⅰ）故商標權人實際使用之商標圖樣，原則上應與註冊之商標圖樣一致，[504]商標圖樣若係中、外文與圖形之聯合式，亦應一併使用及整體使用，[505]不得僅單獨使用其中之一部分，如欲單獨使用外文之部分作為商標

社會通念上被認為相同之商標。以下各條商標，同此意義。）於各指定商品或指定服務時，任何人得請求審判撤銷該指定商品或指定服務之商標註冊」（継続して3年以上日本国内において商標権者、専用使用権者又は通常使用権者のいずれもが各指定商品又は指定役務についての登録商標（書体のみに変更を加えた同一の文字からなる商標、平仮名、片仮名及びローマ字の文字の表示を相互に変更するものであつて同一の称呼及び観念を生ずる商標、外観において同視される図形からなる商標その他の当該登録商標と社会通念上同一と認められる商標を含む。以下この条において同じ。）の使用をしていないときは、何人も、その指定商品又は指定役務に係る商標登録を取り消すことについて審判を請求することができる。）。以上中文譯文，引自智慧財產局譯文，http://www.tipo.gov.tw/trademark/trademark_law/trademark_law_5.asp，閱覽日期，2008/01/25。

504 參見智慧財產局，「註冊商標使用之注意事項」（前揭），3.註冊商標使用的認定之說明。

505 最高行政法院75年判字第575號判決：「……查商標係為表彰自己之商品，且為保障消費者之利益而設，故商標除法律另有規定外，必需整體使用，俾消費者易於辨認，不致有誤認之情事發生，原告既非以系爭商標用於外銷商品，而

圖樣者，應依本法規定另行申請註冊，如原申請註冊之商標圖樣係以中文為主，若欲單獨使用商標之外文部分於外銷商品者，仍應依相關規定申請商標之註冊。[506]如上述，商標權人雖應完全依所註冊之商標內容使用之，惟商標權人於實際使用商標時，如因配合商品，或其包裝、容器設計，或營業上標示之需要，而與註冊商標雖非完全相同，如在商標之設色、比例或字體的有些許變化，但依社會一般通念，其實際使用所形成的商業印象如與註冊商標仍屬相同，[507]且仍可認識與註冊商標為同一者，仍應屬註冊商標之使用，[508]故本法規定，商標權人實際使用之商標與其註冊商標不同，而依社會一般通念並不失其同一性者，應認為有使用其註冊商標。（商64）有關上述之社會通念應就該特定事件，當時社會大多數消費者可接受之評價、認知為準，[509]因其具高度之不確定性，故依社會一般通念

僅使用商標外文部分，自非使用系爭商標，則原告持所檢送之上述衣服商品實物及銷貨統一發票摘要欄之記載，主張其有使用系爭商標云云，委無可取」。

506 參見智慧財產局，「商標使用之注意事項」（前揭），3.2.1.2。

507 參見智慧財產局，認識商標（95年更新版），8.1.3。另可參考日本商標法第50條第1項，認為如使用字體變更之相同文字所形成之商標、平假名、片假名及羅馬文字之表示相互變更，被視為產生相同的稱呼及觀念之商標，外觀之圖形所形成的商標及其他該註冊商標和在社會通念上被認為相同之商標，均可認為仍構成同一商標之使用。

508 臺北高等行政法院90年度訴字第5153號判決：「……依商標法第37條第11款前段之反面解釋，商標權人在同一性範圍內，自非不得自由變化「玉珍齋」之字形字體，申請註冊於第三人所同意分派之便利商店服務市場……」。

509 註冊商標實際使用時，僅變更商標圖樣的大小、比例、字體或書寫排列方式等，通常屬於形式上略有不同，不失其同一性。但實際上是不是具有同一性，仍然應依一般社會通念及消費者的認知，就其體個案個別認定。如以下(1)僅變更商標圖樣文字的書寫排列方式、(2)僅變更商標圖樣的書寫字體(3)僅變更商標圖樣的附屬（非主要）部分等情形，原則上具有同一性，可認為有使用註冊商標。至於(1)使用註冊商標應依原註冊商標圖樣顏色使用。變更原註冊商標圖樣顏色使用，是否具同一性，應依實際使用情形個案判斷。(2)顏色商標圖樣是以顏色為主要訴求，由單一顏色或顏色組合所構成，依其圖樣之描述在特定位置施以顏色。是以，顏色是其圖樣主要識別的特徵，如果實際使用墨色或其他

是否不失其同一性，於商標爭議案件聽證會中，可檢具資料進行調查與辯論，[510]最後如有爭議仍應依司法加以審查。

本款所稱商標之使用，不限由商標權人為之，如可證明被授權人有為商標之使用者，即不得依本款規定廢止該商標。（商63 I 二但）

已註冊之商標，使用於註冊時非指定之商品或服務者，仍應認為未使用該註冊商標。[511]另如屬服務商標則應使用於所指定之服務上，若僅係專為處理自己之事務或商品，並非對一般不特定與多數人提供之服務，縱有使用該服務商標之事實，仍非謂已合法使用。[512]

二、迄未使用或繼續停止使用商標已滿三年者

所謂「迄未使用」或「停止使用」者，必其自註冊後完全未經使用或完全停止使用滿三年者，[513]始構成廢止之原因。若其使用商標之商品，已有產銷，僅未能普及於各地市場，則難謂構成商標廢止之要件。[514]另商標延展註冊，性質上雖屬更新註冊，然其效果僅是「專用期間」之延長，並

顏色，依一般社會通念及消費者的認知，已實質改變其圖樣主要識別的特徵，就不具同一性。參見智慧財產局，「註冊商標使用之注意事項」（前揭），3.2.1.1。

[510] 參見智慧財產局，「商標爭議案件聽證作業要點」（最新修正生效日，民國101年7月1日），第6點之規定。

[511] 最高行政法院58年判字87號判例：「商標法6條第1項第2款之立法意旨，要在不妨礙其他申請註冊者之權益，故已註冊之商標，雖經使用，而其所使用之商品，非註冊時所指定之商品者，仍應認為「未使用」。本件原告註冊之「孔雀牌」商標，並未使用於所指定之「化學品」商品，而擅自改為使用於染料類之「染髮劑」商品，自應視同原註冊之商標並未使用，如已滿1年以上，即已構成上開法條所定撤銷之原因」。

[512] 最高行政法院78年判字第627號判決。

[513] 參見智慧財產局，「註冊商標使用之注意事項」（前揭），4.1之說明。

[514] 最高行政法院48年判字26號判例：「……所謂「迄未使用」或「停止使用」，必其自註冊後完全未經使用滿1年，或完全停止使用滿2年者，始足為撤銷之原因。若其使用此項商標之商品，已有產銷，僅未能普及於各地市場，則難謂與該條款規定之情形相合，而許由利害關係人呈請撤商標之註冊」。

非因延展註冊即產生另一獨立、新的商標權，是以，對於商標註冊後有無「繼續停止使用已滿三年」之判斷，並不因其在該三年期間內，是否曾經延展註冊而有不同。[515]至於上述迄未使用或停止使用之判斷，是屬於事實認定問題，應依主、客觀證據加以判斷，不可憑空主張。[516]另商標權人縱未使用商標，但被授權人如已有使用者，且該商標於市場上已實際流通、使用，則仍以不得廢止該商標為宜[517]。（商63Ⅰ二但）

　　商標權人無正當事由，迄未使用或繼續停止使用商標已滿三年者，任何人均得申請廢止該商標註冊，但於他人申請廢止前，商標權人或其被授權人已為使用者，則其未使用之違法事實即有變更，自無廢止其註冊之必要。但商標權人或其被授權人，如係因知悉他人即將申請廢止，而於申請廢止前三個月內始開始使用該商標者，其目的應非基於真正使用之目的，而是為免除被廢止所為之使用，故仍應廢止該商標之註冊。[518]（商63Ⅲ）

---

[515] 經濟部經訴字第09306213320號訴願決定書：「……商標權係依其創設註冊時之法律所賦予，而商標延展註冊性質上固屬更新註冊，然其效果僅是「專用期間」之延長，並非因此產生另一新的商標權。是以，對於商標註冊後有無「繼續停止使用已滿3年」之判斷，並不因其在該3年期間內是否曾經延展註冊而有不同。本件系爭商標延展註冊雖未滿3年，然其客觀上已註冊逾20年乃不爭之事實，自仍應審酌其是否有無正當事由迄未使用或繼續停止使用已滿3年之情事……」。

[516] 最高行政法院50年判字23號判例：「按商標於註冊後，無正當事由，迄未使用已滿1年，或停止使用已滿2年者，商標主管機關固得依職權或據利害關係人之申請，撤銷其商標權。但是否迄未使用或停止使用，係屬事實問題，非可憑空主張」。

[517] 民國75年5月行政院聯席會會議決議：「商標權既已合法授權他人使用，即應認為已合法使用，從而縱令商標權人合法授權他人使用後，其本身未使用該商標已滿2年，亦無商標法第31條第1項第2款之適用」。

[518] 參考德國商標法第49條第1項：「商標之註冊，依申請得因該商標未依第26條所定連續五年被使用而生撤銷之原因時，予以廢止。但於五年期間屆滿時至撤銷之請求提出時，商標專用權人依第26條之規定開始或回復其使用者，商標專用權人之權利不得廢止。但連續五年不使用及請求撤銷提出前三個月間之使用之開始或回復，如係商標專用權於知悉撤銷請求已經提起而為之者，

三、無正當理由不使用商標

　　所謂「正當理由」，當指商標權人由於事實上之障礙或其他不可歸責於己之事由，致無法使用註冊商標，以生產製造、加工、揀選、批售或經紀其指定之商品而言，[519]如因海運斷絕、原料缺乏、法規政策之限制或天災地變等原因，致廠房機器有重大損害，一時不能開工生產或銷售等[520]屬之，但如因同類商品生產過剩，外貨充斥市場致商標權人未使用該商標者，因非由於客觀事實上之障礙或其他不可歸責於己之事由所致，故與本款正當理由不合。[521]

　　不予採納。如撤銷之請求係依第53條第1項向專利局提出者，此項向專利局提出之申請，對於計算本項第三句之三個月期間有決定性之作用。但以該依第55條第1項之撤銷訴訟係於通知依第53條第4項送達後三個月內提起為之」；日本商標法第50條第3項：「於第一項審判請求前三個月至該審判請求之日止，在日本國內，商標權人、專用使用權人或通常使用權人之一，使用註冊商標於該請求有關連之指定商品或指定服務者，如請求人證明該註冊商標之使用係在明知無效被請求審判之後者，該註冊商標之使用非屬第一項所規定之註冊商標之使用。但被請求人敘明有正當理由使用該註冊商標者，不在此限」。以上譯文引自智慧財產局資料，http://www.tipo.gov.tw/trademark/trademark_law/trademark_law_5_7_1_5.asp。

[519] 參見智慧財產局，「註冊商標使用之注意事項」（前揭），3.3.之說明。

[520] 最高行政法院55年判字301號判例：「……按商標法第16條第1項第2款規定，商標專用權在註冊後並無正當事由，迄未使用已滿一年或停止使用已滿二年者，商標主管機關得依職權或據利害關係人之申請撤銷之，所謂「利害關係」，係指對現已存在之權利或合法利益有影響關係而言。所謂「正當理由」，當指商標專用權人由於事實上之障礙或其他不可歸責於己之事由，以致無法使用註冊商標以生產製造、加工、揀選、批售或經紀其指定之商品而言（例如海運斷絕，原料缺乏或天災地變，以致廠房機器有重大損害，一時不能開工生產或銷售等）……」。（本則判例經最高行政法院91年11月份庭長法官聯席會議決議修改判例要旨文字內容，並經司法院以92年1月3日（92）院台廳行一字第00267號函准予備查。其修改之部分，係將判例括號內文字即：「本院50年判字第36號及同年判字第44號判例參照」刪除，並加註適用時應注意當時有效之商標法第31條第2款。

[521] 最高行政法院56年判字第71號判例：「……原告在中央標準局提出之台南市百

　　申請人如主張商標權人有無正當事由，迄未使用或繼續停止使用商標已滿三年時，於申請時應舉證具體事證，[522]不可憑空主張。[523]如其主張顯無理由者，商標專責機關得不受理其申請案，逕予駁回。（商65 I）如申請人已舉出商標權人未使用商標等符合廢止商標要件之具體事證時，商標專責機關應將廢止申請之情事通知商標權人，並限期答辯；其答辯通知經送達者，商標權人應證明其有使用之事實；屆期未答辯者，得逕行廢止其註冊。（商65 II）因商標曾於何時、何地以何項方式使用，惟商標權人

　　貨商業同業公會54年5月22日證明書，僅足說明原告出產之該項香水商品，迄54年5月間市面上尚未銷罄，而不能否定原告停止生產發售該項商品已逾二年之事實。原告雖辯稱其所以多年無該項商品產製行銷，係因台省化粧品生產過剩，外貨充斥市場所致，但此種理由，非由於客觀事實上之障礙或其他不可歸責於己之事由所致，純係原告工廠產品本身不夠水準之主觀原因所致之惡果，核與商標法第16條第1項第2款之「正當事由」之規定，顯不相合」

[522] 第三人如欲主張商標權人有本款之情事者，通常可提出下列之証據：1.就其指定商品全部或部分逐一調查註冊商標有無未使用之事實。如下列情形之一者：(1)有證據文件足證商標專用權人停止營業已滿3年者。應檢附：停業證明及其他調查徵信報告。(2)查訪商標專用權人或其代表人、家屬、相當經理主管級以上之受僱人明確表示未使用之事實，並有證據資料者。應檢附：商標專用權人或其代表人、家屬、相當經理、主管級以上之受僱人簽署有未使用之書件。或檢附：①現場照片②受訪者名片③查訪時間內容記錄。(3)有於商標專用權人住所、營業所等地實施調查之明確證據，足證註冊商標有未使用滿3年之合理可疑者。應檢附：①現場照片②受訪者名片③商品型錄④查訪時間內容記錄。(4)商標專用權人於中華民國無住所或營業所者，有其商品未進口之證明文件，及查訪各大百貨公司與國內多數同業證明，足認註冊商標有未使用之事實者。應檢附：①至主管商品進口機關（如國貿局）查明確無註冊商標指定商品進口之文件。②至經濟部查明無專用權人經認許或設立分公司之調查證據。③查訪各大百貨公司及國內多數同業證明。（應有主管級以上之受僱人簽名或名片或其他證據佐證之）。如正商標有未使用之事實，同一商品有聯合商標者，有無迄未使用或繼續停止使用已滿3年之事實，應一併主張。參見智慧財產局有關「商標撤銷案之申請」之說明，http://www.tipo.gov.tw/service/about/service/service_4.asp.，閱覽日期，2007/11/28。上該資料雖遭移除，但仍有參考價值。

[523] 參見最高行政法院50年判字23號判例。

或其授權人知之，而商標專責機關於無具體資料可供查證時，並無知悉之可能，[524]故商標權人應證明其商標已有合法使用之事實。另商標權人對其商標已有合法使用事實所提出之使用證據，應足以證明商標之真實使用，並符合一般商業交易習慣。（商67 III 準用57 III）即應提出曾在交易市場上確實使用該商標行銷等相關佐證資料，不得提出形式上不符合商業交易習慣之使用資料如廣告等。[525]另為避免未於市場上實際使用之據爭商標，仍能主張他人商標註冊後使用與據以廢止商標構成相同或近似，而有混淆誤認之虞（商63 I 一），而產生不合理現象，所引據廢止之商標註冊已滿3年者，亦須舉證有使用事實，或未使用有正當事由之事證（商67 II 準用57 II、III）。

524 行政法院78年判字第987號判決。

525 參見智慧財產局，「註冊商標使用之注意事項」（前揭），3.5。商標三年未使用之廢止案，應就指定商品逐一審查是否有使用。實務見解（智慧財產法院98年度行商訴字第43號判決）曾有認為，「案商標法第57條第1項第2款（100年修正後，第63條第1項第2款），與同法第57條第4項（100年修正後，第63條第4巷）所規定之審查範圍不同，前者係指摘系爭商標全部位合法使用，後者係指摘系爭商標部分未合法使用，在前者之情形，如商標舉證證明有部分使用之事實，則被各級駁回原告廢止之申請，反之在後者之情形，如原告申請時系主張第57條第4項部分未使用，則被告即應一一審酌該部分是否確實有使用，俾決定其申請廢止是否有理由。」但現已改採應就商標指定使用之商品逐項審查是否確實有使用之事實（參見司法院99年智慧財產法律座談會提案及研討結果行政訴訟類第1號）：「…商標法第57條第4項規定：『廢止之事由僅存在於註冊商標所指定使用之部分商品或服務者，得就該部分之商品或服務廢止其註冊。』因此，同條第1項第2款規定所稱『未使用』註冊問標，係指未使用於其所指定之各類商品或服務而言，換言之，只要有任何一種指定之商品或服務未使用系爭註冊商標，即足當之。…本件商標權人僅提出其中一種指定商品之使用證據，其他指定商品之使用證據則未提出，自難謂已盡證明使用之責。智慧財產局應續令商標權人提出全部指定商品之使用證據，如商標權人不能提出其他指定商品之使用證據時即應依商標法第57條第4項規定，就該部分之商品廢止系爭商標之註冊，其餘則為申請（廢止）不成立之審定」；另請參最高行政法院99年度判字第1380號判決。

第三目 未附加適當區別標示者

移轉商標權之結果，有二以上之商標權人使用相同商標於類似之商品或服務，或使用近似商標於同一或類似之商品或服務，而有致相關消費者混淆誤認之虞者，各商標權人使用時應附加適當區別標示。（商43）商標權可指定跨類商品或服務，並可分割商標權，又可自由移轉，且不禁止商標移轉之結果變成商標權共有，即二以上之人同時有權使用相同商標，於類似之商品或服務，或使用近似商標於同一或類似之商品或服務。但上述情形極易造成相關購買人混淆誤認，故本法明定，如有上述情形，商標權人應附加適當區別標示。另為確保當事人確能附加適當之區別標示，本法明定違反應附加適當區別標示之義務者，構成廢止商標註冊之事由。另商標權人如於商標專責機關對各該商標為廢止處分前，已附加適當區別標示而使用者，因已無使相關消費者產生混淆誤認之虞，應無廢止其商標註冊之必要。（商57Ⅰ三但）

第四目 商標已成為所指定商品或服務之通用標章、名稱或形狀者[526]

按商標係表示商品或服務之形狀、品質、功用或其他說明者或為其所指定商品或服務之通用標章或名稱者，基於公益及缺乏識別性等因素考量，自不准該等商標註冊。惟商標經合法註冊商後，商標權人應有義務維持其商標之識別性，[527]本法雖無明文對商標權人課以該項義務，但解釋

---

[526] 參見智慧財產局，註冊商標使用之注意事項，前揭，4.3.之說明。

[527] 實務上常透過下列之方式避免商標淡化而遭廢止註冊之危機：①選擇顯著性強的標識；②申請防禦性商標，如「可口可樂」即在一切商品上都註冊了的防禦商標，以避免其商標弱化；③規範商標的使用，如商標在使用上有所疏忽，尤其是未將商標之標示與商品相關說明予以區隔，極易發生淡化的情形。因此，企業在商標使用上應有一套管理規範，對商標的標示方式、設色、位置、比例等加以明文規範，如：在商標一旁加註「註冊商標」、「®」、「TM」等，以與商品說明或廣告用語等相區別，尤其要注意區隔商標與商品名稱，並

上應屬當然結果,因商標之識別性功能為其基本功能之一,因此商標註冊後,如該商標已成為商品或服務之通用名稱或形狀,或成為商品或服務之通用標章者,[528]因其已失其識別性,致不具商標功能,如繼續使該已成為通用標章等之商標,成為特定商標權人專用之標的,將造成市場同業推廣同類商品之成本過高,且不利於整個行業良性之發展,[529]故本法將之明定

向消費者提示;④定期檢閱商標公告,以及早發現並禁止自己的商標標識被其他企業普遍採用,而避免本身商標之識別力遭弱化其保護力度。如我國雄獅公司,在筆類商品註冊有「奇異」商標指定使用於筆類商品,其產品使用上亦稱為「奇異筆」,之後我國商標專責機關擬將「奇異筆」作為商品名稱,列於商品分類參考資料中,但遭雄獅公司要求更正,成功避免其商標被繼續淡化之危險。參見 張慧明,商標顯著性沖淡之預防,智慧財產權管理季刊,第11期,頁15-18,85年10月;袁真富,商標淡化的風險管理,2005年8月22日,知識產權律師網,http://www.iprlawyers.com/old/readArticle.asp?ArticleID=1718)閱覽日期,2007/12/13。另請參見「註冊商標使用之注意事項」(前揭),4.3。

528 商標當作商品名稱來使用而使商標淡化,最著名的例子為「Aspirin」(阿斯匹靈)。「Aspirin」(阿斯匹靈)商標原為「拜耳」(Bayer)公司於1899年申請註冊,並指定使用於藥品,之後,許多藥廠直接販賣標有「Aspirin」(阿斯匹靈)之藥錠之商標品給消費者,致使該商標逐漸成為acetylsalisylic acid之一般性通稱,另一著名之案例是「Cellophane」,因有極高比例之受訪者認為「Cellophane」為為一般玻璃紙商品名稱名稱,最後美國法院認為商標權人無權將一個眾所周知的商品名稱據為己有,因而喪失了「Cellophane」之商標權。 參見 聖島,國際智慧財產權報導,第7卷第7期,2006.7.1,http://www.saint-island.com.tw/ch/ip_report/IPR_200507.htm;另如google之商標目前亦有逐漸變成「於網路搜索資料服務」之通用名稱之危機,因第11版「韋氏大學詞典」,其中將首字母小寫的「google」定義成一個動詞,解釋為「使用Google搜索引擎,在國際互聯網上獲得資訊」。「牛津英語辭典」也已把Google作為動詞收錄,而且收入的時候就是首字母大寫的Google。除此之外,第4版「澳大利亞麥考瑞詞典」也收錄google,並將google定義為及物動詞也是不及物動詞,還是名詞。而這些現象會使Google喪失商標之保護。以上,參見Google被收錄為動詞 引發商標淡化危機?發表於中國經濟網綜合2006/7/11,http://big5.ce.cn/cysc/ceit/hlw/200607/11/t20060711_7685240.shtml。

529 參見中國大陸電子商業公會,向國家工商總局商標評審委員會所提交之「關於「優盤」已經成為產品通用名稱不宜再作為註冊商標使用之情況反應」,載於

為廢止商標註冊事由之一[530]（商63 I 四）。另註冊商標雖因業界或消費者長期、廣泛使用而喪失識別性，但如於他人申請廢止時，該商標已恢復其識別性時，是否仍應加以廢止？就此，本法雖無明文規定，但該商標既已恢復其主要功能，自不宜廢止。[531]

中國商標信息中心，http://www.cta315.com/infor_vewe.asp?infor_id=3667&class1_id=19&class2_id=87，閱覽日期，2008/01/12。

[530] 相關立法例可參考，美國商標法第14條：「任何人認為依本法或1881年3月3日之商標法或1905年2月20日之商標法將標章註冊於主要註冊簿上，致受有損害或將有受損害之虞，並符合下列規定者，得檢具理由，繳交規費申請撤銷該註冊：……(3)註冊之標章，已成為一部或全部商品或服務之普通名稱，或已被放棄，……如註冊之標章成為部分商品或服務之普通名稱，較其註冊時所指定使用之商品或服務範圍為小，則僅可申請撤銷就該部分商品或服務之註冊，不得僅因該標章亦為一特殊商品或服務之名稱或可供識別該特殊商品或服務，即謂該註冊標章為該商品或服務之普通名稱。於決定該註冊標章是否已成為使用該標章之商品或服務之普通名稱，應就使用註冊標章對相關大眾之主要意義而非購買者之動機而定」；德國商標法第49條：「……(2)商標之註冊，依申請，得因下列具廢止之理由而予撤銷：1.因專用權人之作為或不作為之結果，該商標交易過程中已成為其所表彰之商品或勞務之一般名稱；2.因專用權人本人或經其同意，該商標之使用已產生對公眾就其所表彰之商品或勞務之誤導作用，尤其係關於商品或勞務之種類、品質或原產地等……」；英國商標法第46條：「(1)商標之註冊得基於下列事由而撤銷之……（c）因其後商標專用權人之行為或不行為，致商標變為其註冊時所指定使用之商品或服務於交易上之普通名稱」。

[531] 商標顯著性淡化而變為通用名稱時，亦有回復其顯著性之可能，如美國法院於1888年及1896年曾分別判決縫紉機之Singer商標及汽車輪胎之Goodyear商標，在其專利期間屆滿時，均已成為表示各該商品之普通名稱而欠缺顯著性。然而，由於其長時間的專用與廣告，Singer商標於1938年被判決重新取得顯著性商標之地位。Goodyear商標也因廣泛而長期之專用，而於1959年被判決回復其具有顯著商標之特質。參見袁真富，商標淡化的風險管理，同上註。

第五目　商標實際使用時有致公眾誤認誤信其商品或服務之性質、品質或產地之虞者[532]

商標如有使公眾誤認誤信其商品或服務之性質、品質或產地之虞者，應不准其註冊之事由。（商30 I⑧）然如商標註冊公告當時，並無致公眾誤信其商品或服務之性質、品質或產地之虞，故獲核定註冊，但於註冊後，商標權人經由不當之實際使用，而致公眾有誤認誤信其商品或服務之性質、品質或產地之虞者，因該使用商標之行為，對正常之交易秩序影響重大，已喪失保護商標註冊之意義，故本法於民國92年修正時，對該等行為明定賦予廢止之法律效果，以避免商標權人有相關不當之使用行為。[533]惟應注意者，因商標之使用而致公眾對商標品之品質或產地等有所混淆或誤認時，是否以商標權人具故意為必要，始可廢止之？按本款主要立法意旨，是為規範商標權人對原註冊商標有不當使用行為，致使消費者有混淆

---

532 參見智慧財產局，「註冊商標使用之注意事項」（前揭），4.4.之說明。

533 可參考下列立法例：日本商標法第51條：「1.商標權人故意在指定商品或指定服務上使用近似註冊商標之商標或於類似指定商品或指定服務之商品上使用註冊商標或與其近似之商標，致令他人對商品之品質發生誤認或與他人營業商品發生混淆時，任何人均得請求審判撤銷該商標之註冊。」；德國商標法第49條：「(2)商標之註冊，依申請，得因下列具廢止之理由而予撤銷：1.因專用權人之作為或不作為之結果，該商標交易過程中已成為其所表彰之商品或勞務之一般名稱；2.因專用權人本人或經其同意，該商標之使用已產生對公眾就其所表彰之商品或勞務之誤導作用，尤其係關於商品或勞務之種類、品質或原產地等」；美國商標法第14條：「任何人認為依本法或1881年3月3日之商標法或1905年2月20日之商標法將標章註冊於主要註冊簿上，致受有損害或將有受損害之虞，並符合下列規定者，得檢具理由，繳交規費申請撤銷該註冊：(3)……或註冊標章因註冊人或經其允許之人之使用，其方式足使使用該標章之商品或服務之出處發生混淆誤認者，得於任何時日提出撤銷申請。」；英國商標法第46條：「(1)商標之註冊得基於下列事由而撤銷之——……(c)因其後商標專用權人之行為或不行為，致商標變為其註冊時所指定使用之商品或服務於交易上之普通名稱……」。

之虞，既稱商標權人不當使用，應以商標權人具有故意為原則，[534]但基於市場交易秩序之維持、商標應具有識別性之要求及保障消費者之權益，凡商標實際使用後，有使公眾誤認誤信其商品或服務之性質、品質或產地之虞者，即應加以規範，自不以商標權人對有致消費者混淆之虞有所故意為必要。但考慮對商標權人不具故意之實際使用行為，一旦有致公眾誤認誤信其商品或服務之性質、品質或產地之虞者，即必須廢止其商標註冊，似過於嚴苛，故本書認為，對不具故意之該等行為，商標專責機關可令其改正，不從者，始廢止其商標註冊，當然，上該見解與商標權屬私權性質，似有衝突，惟商標權之行使既與公益及市場交易秩序密切相關，公權力自有適當介入之必要。另本款規範對象為商標權人，如果是被授權人之行為，是否有本款之適用？本書認為，如因被授權人之行為而欲對商標權人課以廢止商標註冊之不利益，應以有明文規定為宜，本法既無明文規定，自以否定見解為宜，但被授權人如有不當使用商標之行為，對市場交易秩序同樣有不利之影響，自有規範之必要，惟本文應明定其規範之方式與要件為宜。

第四款　程序

　　商標廢止案對商標權人之權益影響甚大，因其商標權益可能遭剝奪，故商標專責機關自應通知商標權人，給與答辯之機會，故他人提出廢止商標申請案時，商標專責機關應將廢止申請之情事通知商標權人，並限期使相對人有完全陳述、答辯之機會，此乃行政機關所應履行之正當法律程序[535]。商標權人如於限期內或於延長之期限屆滿後，仍未提出答辯者，因

---

534 日本立法例亦採相同之見解，見前註。
535 主管機關欲剝奪已經註冊之商標權，依法應當提供商標權人正當程序之保障，依學者通說，該程序保障應有如下三項基本要求：(1)告知當事人相關之事實和權利；(2)提供當事人有效之聽證機會；(3)主持程序活動之主管機關之立場必

本法第65條第1項，並未如同條第2項有「屆期未答辯者，得逕行廢止其註冊」之規定，故除非商標專責機關認定，商標廢止案之申請人，並無提出具體事證或其主張顯無理由者，得逕為駁回外，（商65Ⅰ但）仍應就相關之事證與資料為適當之審酌。

　　如前述，商標專責機關為節省行政成本，同時為保護商標權人，不必受到顯無理由之不當商標廢止申請案之無謂困擾，故本法明定，如商標廢止案之申請人，其申請無具體事證或其主張顯無理由者，得逕為駁回申請案。（商65Ⅰ但）所謂無具體事證，係指申請人並無主張任何具體之證據，足以使商標專責機關基於一般經驗法則或社會上一般人通常之認知，[536]得以產生構成廢止商標權法定事由之合理懷疑者，如僅以空言指稱

須是獨立且公正。參見 王錫鋅，正當法律程式與"最低限度的公正"—從行政程式角度的考察，北大法律信息網，http://article.chinalawinfo.com/article/user/article_display.asp?ArticleID=27144，閱覽日期，2008/01/05。

536 參見經濟部經訴字第09306213320號訴願決定書：「……而本件由訴願人所檢送之使用證據民國90年8月6日之統一發票影本觀之，該發票並非電子計算機統一發票或經核准使用自行印製之二聯式收銀機統一發票，而係由營業稅主管稽徵機關統一印製之格式，訴願人自行將系爭商標圖樣標示於發票備註欄，不能證明該筆交易之貨物上即標示有系爭商標圖樣，而標示有品牌之冷氣機商品其交易價值僅需新台幣1,000元，亦與社會上一般人通常之認知不符，顯不合理，該發票自不可採，是訴願人並無法舉證證明其確有使用系爭商標於指定使用之「冷氣機、冷風機、熱風機、乾燥機」商品……」；行政法院79年判字第1153號判決：「……況查系爭商標圖樣自申請並獲准註冊，以迄於關係人於78年2月1日申請評定，相距將近九年之久，兩者併存於消費市場如此之久，如謂系爭註冊商標足使人產生混淆誤認，依普通經驗法則當不致全無具體事證，茲關係人既尚未就此舉出任何證據，……一再訴願之決定，亦隨之遞予維持，自商標之安定性言，均尚不無速斷……」。

系爭商標不具有識別性，[537]或所提之事證其證據力明顯不足[538]等情即屬無具體事證。另所謂顯無理由者，是指申請人所指稱之事實，顯然不構成本法規定之廢止事由者。[539]換言之，只要申請人所提出之證據方法，已可使商標專責機關產生薄弱之心證，信為大概如此者，應可認為已盡其釋明之責，其主張即非顯無理由。[540]

另如以商標權人無正當事由迄未使用或繼續停止使用已滿三年為廢止理由，因涉及商標權人有無合法使用其商標之問題，而商標之曾於何時、何地以何項方式使用，惟其商標權人知之，商標專責機關或申請人於無具體資料可供查證時，並無知悉之可能，故為防杜商標專責機關流於武斷及

---

[537] 行政法院76年判字第2081號判決：「……若無具體事證證明已有類似之圖樣申請註冊，似非無特別顯著性，尤難謂無引起一般鄉賈者對其商品之注意，或無從與他人商品加以區別，被告機關既未舉出實例空言此等圖形人物，常作為民間祭祀之對象，並為一般業者常用於同類商品之裝飾圖，認不具「特別顯示」要件，予以核駁，……似非無推求之餘地」。

[538] 行政法院85年度判字第2520號判決：「……本件被告以原告所檢送商品型錄、購物袋、名片等證物之圖樣……惟該等證物並無日期可稽，由於型錄、名片均可隨時印製，在無其他相關具體事證可資佐證該型錄、名片確切之印製、使用日期前，要難僅憑型錄、名片上印有，遽認系爭商標於……註冊後有自行變換或加附記」。

[539] 行政法院86年度判字第854號判決：「……再審原告雖執詞主張其為非以普通使用之方法表示自己之姓名、商號等之文字，惟既非適用法規之範疇，亦不生適用法規顯有錯誤之問題。又再審原告對系爭商標申請撤銷，再審被告以其主張顯無理由，乃未通知關係人答辯，而遽為處分，核與商標法第31條第3項之規定尚無不合，原判決認其並未違法……」。

[540] 臺北高等行政法院91年度訴字第3432號判決：「……揆參加人提出之證據方法，已可使商標主管機關即被告產生薄弱之心證，信為大概如此，盡其釋明之責，其主張即非顯無理由，且非無具體事證，被告乃依前揭商標法第31條第3項規定通知原告於30日內提出書面答辯，並舉證證明其有使用系爭商標之事實，依前開說明，其所為舉證責任之分配，於法並無不符。原告主張原處分及原訴願決定有悖於證據法則云云，其所持理由，無非要求參加人就其主張之原告未使用系爭商標之消極事實，負證明責任，容有誤會……」。

商標權人有意拖延，[541]實務上認為，只要申請人之主張並非毫無具體事證或其顯無理由，[542]並已釋明其主張為真實，即非憑空任意申請，[543]換言之，申請人對商標權人未使用商標之事實，並不必負「證明」責任，即不必使商標專責機關產生強固心證，並信為確係如此之程度。[544]一旦申請人

---

[541] 參見行政法院78年判字第987號判決：「……按商標法之所以特設應通知商標專用權人於30日內答辯之規定，蓋因商標之曾於何時何地以何項方式使用，惟其專用權人知之，而商標主管機關於無具體資料可供查證時則無知悉之可能，為防杜主管機關流於武斷及專用權人拖延之故，是以原告如確無於系爭註冊商標無正當事由迄未使用或繼續停止使用已滿二年之情事，為保護自身之權益，自應於收到上述被告機關通知後，於法定限期內提出書面答辯並陳明使用之事證以供調查……」

[542] 臺北高等行政法院91年度訴字第3432號判決：「……系爭商標撤銷處分時商標法第31條第3、4項明定…足見利害關係人以上開商標法第31條第1項第2款情事申請撤銷商標權者，只要其主張非顯無理由，且非無具體事證，商標主管機關即應通知商標權人或其商標代理人，於30日內提出書面答辯，商標權人並應證明其有使用之事實……」。

[543] 行政法院67年度判字第685號判決：「……商標有無停止使用之事實，應依證據認定之，非可徒託空言之主張，故利害關係人依前開法條規定，申請撤銷他人已註冊之商標，應提供相當之前提證據，以釋明其主張為真實，不能憑空任意申請……」。

[544] 臺北高等行政法院91年度訴字第3432號判決：「……利害關係人申請撤銷他人已註冊之商標，只需提供相當之前提證據，以釋明其主張為真實即可（所謂釋明係指「提出證據方法，使法院得生薄弱心證之行為，即使其可信為大概如此」，民事訴訟法第284條原條文立法理由參照），故利害關係人就其所主張「商標註冊後，無正當事由迄未使用或繼續停止使用已滿3年」之消極事實向商標主管機關為釋明者，其主張即非顯無理由，且非無具體事證，依上開商標法第31條第4項規定，商標權人便應就其有使用系爭商標之積極事實，負舉證責任。改制前行政法院67年度判字第685號判決意旨（非判例）謂「商標有無停止使用之事實，應依證據認定之，非可徒託空言之主張，故利害關係人依前開法條規定，申請撤銷他人已註冊之商標，應提供相當之前提證據，以釋明其主張為真實，不能憑空任意申請」，其時施行之商標法第31條第3項雖僅規定「商標主管機關為第1項之撤銷處分前，應通知商標權人或其商標代理人，於30日內提出書面答辯」，而無如前揭商標法第31條第3項但書及第4項相似之規

已為之釋明，並符合前述之要求，商標專責機關即應限期要求商標權人，提出證據證明其在交易市場上確實使用該商標行銷之事實，商標權人如屆期未答辯者，商標專責機關得逕行廢止其註冊。（商65Ⅱ）

第五款　法律效果

依行政程序法第125條之規定，合法行政處分經廢止後，自廢止時或自廢止機關所指定較後之日時起，失其效力，[545]因此，商標註冊經廢止者，原則上應自廢止起，喪失其商標權效力，與商標註冊遭撤銷時，應溯及既往失其效力，[546]有所不同。另廢止之事由，如僅存於註冊商標指定使

定，但該判決所揭示之舉證責任法則，亦僅要求「利害關係人申請撤銷他人已註冊之商標，應提供相當之前提證據，以釋明其主張為真實」，並未要求利害關係人負「證明」責任（即提出證據方法，使商標主管機關得生強固心證，信為確係如此），仍與前揭商標法第31條第3項及第4項所規定者相同……」。

[545] 參見行政程序法第125條：「合法行政處分經廢止後，自廢止時或自廢止機關所指定較後之日時起，失其效力。但受益人未履行負擔致行政處分受廢止者，得溯及既往失其效力」；另參見法務部，法律決字第0930047797號函示：「……二、按行政處分之撤銷者，係指對違法處分使其效力歸於消滅；至於廢止，則係對合法處分而言，行政程序法（以下簡稱本法）第117條至第126條定有明文。判斷行政處分是否合法，原則上應以行政處分「作成時」之事實狀態與法律狀態為準；例外情形為法規事後變更而具有溯及效力，或是自始有程序或方式違法之行政處分，因依法得補正而予以補正，成為自始合法（林錫堯著，行政法要義，88年8月第2次增修版，第210頁參照）。次按非授予利益之合法行政處分，固得由原處分機關依職權為全部或一部之廢止；但廢止後如仍應為同一內容之處分或依法不得廢止者，則不在此限）本法第122條規定參照）。……三、至於合法行政處分經廢止後，原則上係自廢止時或自廢止機關所指定較後之日時起，失其效力；但受益人未履行負擔致行政處分受廢止者，得溯及既往失其效力，本法第125條定有明文。準此，罰鍰之行政處分如經廢止者，自上開規定所定時點起該罰鍰處分既已失其效力，原罰鍰繳納義務亦自該時點起不存在，原處分相對人自無須繳納罰鍰」。

[546] 參見行政程序法第118條本文：「違法行政處分經撤銷後，溯及既往失其效力。」

用之部分商品或服務者，為符合比例原則，本法於民國92年修法時，特增訂僅得就該部分之商品或服務廢止其註冊之規定。（商63 IV）

另註冊商標如因「自行變換商標或加附記，致與他人使用於同一或類似之商品或服務之註冊商標構成相同或近似，而有使相關消費者混淆誤認之虞者」，經廢止其註冊者，原商標權人於廢止之日起三年內，不得註冊、受讓或被授權使用與原註冊圖樣相同或近似之商標於同一或類似之商品或服務。然如為迴避上述規定，商標權人有可能於廢止處分前，自行拋棄系爭商標，以避免該系爭商標被廢棄，以逃避其三年內不得使用之限制，為此，本法明定，商標權人如於商標專責機關處分前，聲明拋棄商標權者，亦有廢止之日起三年內不得註冊等限制，（商65 III）以避免上述可能之脫法行為。

第六款　準用商標異議之規定

申請廢止案，在程序架構上與異議相仿，除本節特有之規定外，其程序之進行，亦應準用異議部分之相關規定，有關異議一節之規定，第48條第2項、第3項、第49條第1項、第3項、第52條及第53條[547]規定，於廢止案之審查，準用之。（商67 I）

以註冊商標有第63條第1項第1款規定申請廢止者，準用第57條第2項及第3項規定。（商67 II）商標之註冊有第63條第1項第1款規定申請廢止者，為避免未於市場上實際使用之據爭商標，仍能廢止他人商標註冊，而產生不合理現象，故規定訂準用第57條第2項及第3項規定。

商標權人依第65條第2項提出使用證據者，準用第57條第3項規定。（商67 III）本法第57條據以評定之商標權人應提出足以證明其商標有真實

---

[547] 申請廢止案件並無不許撤回之規定，然並無得撤回之期間限制規定，不利於當事人之權益保護，爰規定準用第53條之規定。

使用之證據資料，並符合商業交易習慣之規定，與第65條第2項規定，商標權人應舉證證明商標有使用之證據條件相同，爲精簡條文，故明定準用之。

第八節　權利侵害之救濟

商標權爲具有財產權性質之私權，自屬我國憲法第15條規定所保障之財產權，[548]商標權人對於因故意或過失侵害其商標權者，得請求損害賠償。（商69 III）。但民法規定之侵權行爲體系是否當然適用於商標侵權行爲，論理上，應有下列見解：(1)普通法與特別法之關係：因侵害商標權之侵權行爲，應屬於民法上廣義侵權行爲類型之一，但基於商標權與一般財產之權利性質，二者有所不同，因此商標侵權要件，應有異於民法相關規定。換言之，如本法有特別規定者，應優先適用，無特別規定者，始適用民法之規定。[549](2)商標法應有獨立之侵權行爲規範體系：本法「權利侵害之救濟」專節，已足夠作爲商標侵權行爲之法律規範體系。民法之規範對象爲私法上行爲，主要的權利型態爲物權及債權，雖商標權具有財產上價值，而有私法之權利屬性，得爲民法上權利之標的，並爲民法所保護的權利範圍。但本法與民法上對侵權行爲之規範目的，雖均爲保護權利人之權利，然二者各自所保護之利益，一般財產權與商標權二者權利性質與法的機能並不完全相同，[550]故或有區分一般財產之侵權與商標侵權而爲不同評價之必要。

---

[548] 參見大法官會議釋字第594號解釋。

[549] 詹森林，專利權受侵害時之排除侵害與損害賠償，月旦法學雜誌第13期，頁47-48，民國85年6月。氏認爲，由於專利權亦爲私法上財產權之類型之一，則專利法上侵權行爲亦成爲民法侵權行爲之特別規定故無疑義。

[550] 參考汪渡村，專利侵權損害計算標準之研究—以所失利益爲中心—，銘傳大學法學論叢，第2期，頁129以下。

　　本法關於商標權利侵害民事責任，有侵害除去或防止請求權、損害賠償請求權、消滅時效及損害額計算方式等規定，以下分述之。

第一款　侵害除去或防止請求權

　　我國私法體系上對於財產權之保護，設有侵害除去或防止請求之請求權者，以民法第767條[551]對於所有權之保障為主要。惟民法第767條規定所保護之客體所有權是最典型的絕對權，所有權基於其對世性，故能享有此一排他之權利，其他權利能否享受此一排他性請求權，不無疑問[552]。學說上有所謂「受忍限度論」，認為凡是侵害行為超過一般人於社會共同生活關係中應該忍受之侵害限度時，則該侵害行為即帶有違法性而應負侵權行為之責任。此一理論在噪音、震動、日照及垃圾處理等相鄰關係，被廣泛使用。換言之，在侵權行為承認防衛請求之情形，必須是就被侵害利益之種類與程度、性質、社會的影響比較衡量後，超過得以忍受之程度時，始得承認侵害排除與預防之請求權。[553]但在智慧財產權之部分，基於一旦發生侵害，其範圍可能無限擴大，因此本法訂有侵害除去或防止請求權之明文規定，即商標權人對於侵害其商標權者，得請求除去之；有侵害之虞者，得請求防止之。（商69 I）。另本法規定之侵害排除請求權之範圍並物以不作為請求權為限，尚包括商標權人得請求銷毀侵害商標權之物品及

---

551 民法第767條：「所有人對於無權占有或侵奪其所有物者，得請求返還之。對於妨害其所有權者，得請求除去之。有妨害之虞者，得請求防止之。」

552 物權請求權之權利機能應是藉由剝奪侵害人的「權利篡奪地位」，以實現私人之間應有之法益分配狀態。因此其與侵權行為損害賠償請求權有獨立不同之權利機能。因此賦予物權請求權之實質依據，應是維持權利分配規範之法秩序。參見大橋、敏道，独占禁止法の差止請求制度：法施行後6年目における判例と理論の問題点，福岡大学法学論叢，第52卷第1号（通卷第182号），平成19年6月，頁197-231。

553 參見大橋、敏道，前揭文，同上註。

從事侵害行為之原料或器具。（商69 II本文）。

第一目 構成要件

　　一、義務人、請求權人（即商標權人[554]或商標權專屬被授權人，此部分請詳見本書前揭商標權授權章節之相關說明）、侵害行為、因果關係等一般要件，請詳見本書後述損害賠償請求權章節之說明。

　　二、權益侵害或有侵害之虞：

　　（一）就除去侵害請求權須有商標權之侵害

　　被害人之商標權須受有侵害。至於何謂義務人之「侵害行為」等要件，請詳見本書後述損害賠償章節之說明。

　　（二）防止侵害請求權須有商標權侵害之虞

　　就「防止侵害請求權」而言，被害人之商標權須有遭受侵害之虞。所謂有侵害之虞，係指侵害雖未發生，但就現在既存之危險狀況加以判斷，其商標權自有被侵害之可能，而有事先加以防範之必要，但不以侵害曾一度發生，而有繼續被侵害之虞為必要。[555]

　　三、以故意過失為主觀要件：

　　除去侵害請求權與防止侵害請求權之主張，客觀上以有侵害事實或侵害之虞為已足，毋須再論行為人之主觀要件。

第二目 法效果

一、除去侵害

　　除去侵害請求權之法律效果，為被害人得請求行為之事業除去其侵害。進一步言，「除去侵害請求權」之請求內容，乃是請求加害人排除加

---

[554] 最高法院民事判決99年度台上字第59號：「觀諸商標法第61條第1項規定，商標權人對於侵害其商標權者，得請求損害賠償，並得請求排除其侵害；有侵害之虞者，得請求防止之。由此可知，請求主體以商標權人為限，自屬當然」。
[555] 參考最高法院87年度台上字第2319號判決。

害行為所造成被害人權益受損害狀態之持續，在功能上，除去侵害請求權其實是不作為請求權之補充與延伸。[556]

二、請求防止其侵害

侵害防止請求權成立後，其請求之內容自然多為商標侵權行為人之不作為。而被害人可請求者，一般即為行為人不為或不再為某一違反本法之行為。防止侵害請求權之行使，須具有足夠之具體性，惟防止侵害請求權乃禁止加害人對未來有再侵害之虞之特定行為，故被害人行使侵害防止請求權時，須具體指出禁止加害人特定行為之具體範圍，如過於空泛，可能不當限制被害人相關活動自由，反而不宜。[557]

三、對於侵害商標權之物品或從事侵害行為之原料或器具，得請求銷毀或為其他必要處置

商標權人依本法第69條第1項規定請求規定為侵害除去或防止請求時，得請求銷毀侵害商標權之物品及從事侵害行為之原料或器具。但法院審酌侵害之程度及第三人利益後，得為其他必要之處置。（商69 II）按從事侵害商標權之物品或從事侵害行為之原料或器具，如任令其繼續存在，恐有持續侵害商標權之虞，因此請求銷毀前述物品、原料或器具，應屬於「商標權人對於有侵害其商標權之虞者，得請求防止之」（商69 I 後段）

---

556 「除去侵害請求權」與損害賠償請求權上之「回復原狀請求權」，有時不易區別。然二者卻有重大之區別實益，因前者為無過失責任，而後者則為過失責任。整體而言，應視請求權所針對除去或回復之內容與性質，分別其為何者。除去侵害請求權所針對者，乃侵害行為所造成對被害人權益之持續性、甚至「在未來」仍然不斷會產生之影響、干擾與破壞；而損害賠償之回復原狀請求權，則在於回復侵害行為所「已經造成」被害人損害以前之原狀，通常無前述「侵害行為之後續效果排除」之問題。參見吳秀明，公平交易法民事責任基本問題概說，收於氏著競爭法研究，元照出版公司，2010年6月，頁313-326。

557 參見吳秀明，前揭文，同上註。

之內涵。而本條文所稱侵害商標權之「物品」，應指仿冒商標品而言，[558]
至於供作侵害商標權之包裝物、容器、標帖、說明書、價目表、文書、相
關廣告物或其他相關物件等，均有可能屬於從事侵害行為之原料或器具。
另若為排除侵害或防止侵害商標權之必要，自得請求銷毀或為銷毀外之其
他處置。

　　惟法院所命之救濟方式、第三人利益間之衡平與比例原則均應納入考
量，即法院為本項處分時，應依比例原則，參酌侵害人之犯意、侵害情節
之嚴重性、相關物品之性質等各項因素斟酌之，[559]而不宜侷限於違禁品或
供商標犯罪之概念。對於侵害行為，商標權人固得請求銷毀侵害商標權之
物品及從事侵害行為之原料或器具，惟如得以對相對人及第三人權益侵害
較小之手段而能同樣達成保障商標權人利益者，法院即應採取其他較小侵
害手段以代替銷毀，俾符合比例原則。例如，對於侵害商標權之物品，以
避免對權利人造成任何損害之方式，命於商業管道外處分之；對於不以製
造侵害商標權物品為主要用途之原料或器具，固無須命為銷毀，對於主要
用於製造侵害物品之原料或器具，亦得以將再為侵害之危險減至最低之方

---

[558] 經濟部智慧財產局（92）智商0941字第9280594990號函：「……關於上開侵權
行為之仿冒品，商標權人得依商標法第61條規定請求排除侵害，並對於侵害商
標權之物品或從事侵害行為之原料或器具，請求銷毀或為其他必要處置。所詢
查封之手錶仿冒品，依商標法規定，是否禁止拍賣之疑義乙節，按查封之手
錶，既屬仿冒註冊商標之商品，若逕將其拍賣，因拍賣亦屬商品買賣行為之一
種，依商標法第61條第1項規定，自仍有侵害該商標權之虞，是除經商標權人
同意外，拍賣前，應先將仿冒品上之商標除去，較為妥適。」；參見財政部台
財訴字第09400113060號訴願決定書：「……且該2項貨物皆為仿冒品。訴願人
顯有進口侵害商標權之物品之行為，原處分機關乃依行為時關稅法第45條第5
款及第54條之規定，將系爭貨物沒入。揆諸首揭規定，並無不合。」
[559] 參見依行政程序法第7條規定：「行政行為，應依下列原則為之：一、採取之
方法應有助於目的之達成。二、有多種同樣能達成目的之方法時，應選擇對人
民權益損害最少者。三、採取之方法所造成之損害不得與欲達成目的之利益顯
失均衡」。

式，命於商業管道外處分之。法院雖被賦予命令銷毀之權力，但並無義務採用銷毀方式，而得選擇侵害性較低之方式。至於法院為前述考量時，雖得審酌侵害之程度與當事人以外第三人（例如不知情之受委託製造人）利益等因素[560]，然應注意與「貿易有關之智慧財產權協定」（TRIPs）第46條之規定，即必須確保該等侵害商標權之物品及主要用於製造侵害物品之原料或器具不致再進入商業管道。

　　另侵害人如不執行法院之侵害除去或防止請求權之確定判決結果時，請求之被害人得依強制執行法相關規定辦理。[561]

第二款　損害賠償請求權

第一目　一般構成要件

　　法院實務上常認為，因商標侵權屬特別法上之侵權行為，故商標權人之損害賠償請求權，亦應符合民法侵權行為損害賠償之要件。[562]本書認

---

560 參見臺灣臺北地方法院民事判決97年度國貿字第25號，該案原告請求「被告等應將其所有業已輸入之ROYALCHARIS 30威士忌酒（即皇家查理士30威士忌酒）內、外包裝盒、酒袋、包裝容器全部收回。」「被告等應將載有ROYAL CHARIS 30威士忌酒（即皇家查理士30威士忌酒）之產品型錄、廣告文書全部收回。但法院認為，上開物品既已銷售予第三人並移轉所有權，則原告對「皇家查理士30威士忌」無處分權之內、外包裝盒、酒袋、包裝容器產品型錄、廣告文書等，並無處分之權利，有處分權之第三人亦不受本件判決拘束。如雖交付第三人，但原告仍有處分權者，該物品之具體情形為何，亦不確定。是以，原告此部分請求亦無理由。

561 強制執行法相關法條有第127條、第128條第一項、第129條及第129-1條。

562 臺灣彰化地方法院90年度重訴字第208號民事判決：「按商標權，為專有使用商標於自己營業之商品之權，商標法第61條第1項規定之侵害商標權，為特別法上之侵權行為，商標權人之損害賠償請求權，僅須侵害行為符合民法侵權行為損害賠償之要件，商標權人即得請求損害賠償，不以侵害人意圖欺騙他人為必要；至商標權人之排除侵害請求權、侵害防止請求權，其侵害人有無故意或

爲，商標權性質雖屬私權，但與民法保護之私權之間仍有性質上之不同，因商標權具公益之性質，除保護商標權人商標權益外，亦具有維護識別產品或服務來源之功能，且商標權需註冊公告具公示性，故完全適用民法侵權行爲之構成要件，似非完全妥適。

依民法第184條第1項前段規定，一般侵權行爲成立要件而言，應可分爲：(1)須有加害行爲；(2)須侵害權利或利益；(3)須有損害；(4)行爲與損害之間須有因果關係；(5)行爲須爲違法；(6)須有責任能力；(7)須有故意或過失等。[563]本書擬依民法一般侵權行爲要件爲據，分析商標侵權行爲要件，並討論相關要件之妥當性。（有關請求權人、義務人，參見上揭說明）

一、侵害行爲

商標權爲具有財產權性質之私權，應屬我國憲法第15條規定所保障之財產權，[564]因此商標權人對於因故意或過失侵害其商標權者，得請求損害賠償。（商69Ⅲ）上述所稱之侵害商標權是指，未經商標權人同意，爲行銷目的而有下列情形之一者，①於同一商品或服務，使用相同於其註冊商標之商標者或；②於類似之商品或服務，使用相同於其註冊商標之商標，有致相關消費者混淆誤認之虞者或；③於同一或類似之商品或服務，使用近似於其註冊商標之商標，有致相關消費者混淆誤認之虞者。（商68）另本法第70條亦有商標權侵害之擬制規定（詳後述）。

過失，更非所問。」

563 參見臺灣臺北地方法院87年重訴字第146號判決；參照最高法58年台上字第1421號判例、最高法院80年度台上字第1462號判決、最高法院92年度台上字第267號判決。黃立，民法債編總論（2版1刷），1996年10月，國立政治大學叢書41，頁237頁-270。另雖有學者亦認爲可採刑法理論之分類，採三階層論，即分爲1.構成要件：(1)行爲(2)侵害他人權利(3)造成損害(4)因果關係、2.違法性、3.故意或過失（及責任能力）。但本書爲分析方便仍採一般傳統見解。

564 參見大法官會議釋字第594號解釋。

　　所謂商標侵害者，是指第三人不法妨礙商標權之圓滿行使，且商標權人無忍受之義務。另侵害必須已現實發生，且繼續存在，如屬過去之侵害，則爲損害賠償之範疇。至於有侵害之虞，是指侵害雖未發生，然就現在既存之危險狀況加以判斷，系爭商標權在客觀上被侵害之可能性極大，而有事先加以防範之必要者，始足構成有侵害之虞，但不以侵害曾一度發生，而有繼續被侵害之虞爲必要。[565]是否構成侵害商標權應就個案認定之，因不同商標其識別力有所不同，是否會影響商標權之圓滿行使似應個別認定之，但商標權性質不同於有形之財產權，換言之，商標權如受侵害是否均當然妨礙其商標權得圓滿行使商標權，不無疑問，[566]因此如以「妨

---

[565] 台灣高等法院94年智上易字第5號判決：臺灣高等法院89年度上更）一）字第110號民事判決：「所謂：「有妨害所有權之虞，其決定標準乃是就具體事實，依社會上一般觀念決定之，申言之，如何始構成對所有權有妨害之虞，須就現在既存之危險狀況加以判斷，所有人之所有權在客觀上，被妨害之可能性極大，而有事先加以防範之必要者，始足當之。且此項妨害不以曾一度發生，而有繼續被妨害之虞爲必要」（謝在全著「民法物權論」上冊第156頁參照）。本件被上訴人大量製造仿冒上訴人之16-BIT電視遊樂器，並銷售至中東及海外各地。而從被上訴人之公司規模及被上訴人先前在各雜誌上所刊登之廣告可知，被上訴人公司是以生產電視遊樂器為主要營業項目，因此被上訴人不僅有能力製造仿冒之商品，也曾經大量製造仿冒之商品。因此上訴人請求被上訴人不得製造、販賣、陳列、輸出、輸入或為銷售之邀約任何標示「SEGA」、「MEGA DRIVE」、「MD」商標之電視遊樂器（以上商標均在中華民國註冊有案），實有其必要」。

[566] 如從經濟特性層次，商標權具有不耗盡性（inexhaustible）與可同時被使用之特性，換言之，商標權不同於一般有體（tangible）財產，其不當然因他人之使用而耗損商標權本身之價值。另商標權本身被使用，其本身價值並不當然一定遭耗損，甚至會有擴張的現象。法律經濟分析可參見 理查德.A.波斯納（Posner, R. A.）著，蔣兆康 譯，法律的經濟分析（上），中國大百科全書出版社，1997年，頁38以下；WERNER Z. HIRSCH , Law And Economics, An Introductory Analysis,）New York: Academic Press, Inc.,1979）at.17-28.; See RICHARD H. STERN，Post-Sale Patent Restrictions After Mallinc-krodt--An Idea In Search Of Definition，5 ALB. L.J. SCI. & TECH.1,3-5）1994）「If a more sensible intermediate rule could be formulated, it might appear wiser and more

礙商標權之圓滿行使」作爲侵害與否之判斷要件，似有不宜。本書認爲，整體法規範係由各種不同之法律所組成，各法律性質雖有不同，惟對於社會共同生活中之行爲，在適法或違法之價值判斷上必須一致，並就整體法秩序之價值觀予以評價，方能發揮法規範之功能而建立整體法秩序。[567]故爲因應商標權無體性之特殊考量，凡構成本法所規定之侵權行爲類型者，不僅具有違法性亦當然具有侵害性，似不應於個案中再行判斷系爭行爲，是否具有「妨礙商標權之圓滿行使」之情形。

　　侵害商標獨佔使用權[568]或排他性使用權[569]者，雖均屬侵害商標權之行爲，但其理論依據並非完全相同，因商標排他權範圍，並非商標權之固有範圍，其主要功能是爲確保相關消費者不致發生混淆誤認之虞，故對排他性使用權之行使，須以有致相關消費者混淆誤認之虞爲要件，但對獨佔使用權之保護，自不以有致相關消費者混淆誤認之虞爲必要。

　　商標侵權之行爲類型，是否僅限於本法第68條規定之一般商標侵權類

conducive to the public good than either the exhaustion doctrine or the Mallinckrodt doctrine. However, a preliminary point deserves mention. In discussing the relative wisdom of the Mallinckrodt and exhaustion doctrines, nothing has been said so far of who should gauge the wisdom. The patent statute represents a carefully negotiated bargain between the public and inventors. The public trades a limited amount of monopoly power and economic reward to inventors (and those who subsidize invention) as the quid pro quo for increased inventive disclosures. The bargained-for consideration reflects a century of case law under the exhaustion doctrine, which the legislature has ratified by not changing the consideration by statute. If the consideration is inadequate and should be increased, ordinarily we may expect that the legislature should undertake that determination and provide corrective action.」.

567 臺灣士林地方法院88年度訴字第887號判決。

568 獨佔使用權：未經商標權人同意，於同一商品或服務，使用相同於其註冊商標之商標者。

569 排他性使用權：未經商標權人同意，於類似之商品或服務，使用相同於其註冊商標之商標，有致相關消費者混淆誤認之虞者；或於同一或類似之商品或服務，使用近似於其註冊商標之商標，有致相關消費者混淆誤認之虞者。

型及本法第70條所規定之擬制侵權行為？有認為商標權之侵害類型千變萬化，且本法第70條既已有視為侵害商標權之規定，則本法第68條所規定之侵權類型應屬例示規定[570]，即凡屬本法未規定者，仍應依法民法侵權行為之要件加以衡酌，[571]並認為，例示原則較能符合商標侵權民事責任的思考，但於商標侵權刑事責任，則應考量罪刑法定主義禁止類推適用之原則。[572]本書認為，上述之例示原則之見解並非完全妥適，按本法第68規定之商標權侵害行為之內容，包含商標獨佔使用權與商標排他權，範圍已相當廣泛，於無例示原則之明文下，實不宜再行擴充商標權權利（或保護）類型。至於為因應商標侵權之多樣化，自可透過嚴謹之法律解釋原則，適當擴充商標民事侵權之適用，以避免產生高度不確定性及再次過度擴充商標權範圍[573]之弊。且如將本法第68條認為屬例示規定性質，則本法第70條即可能成為贅文，因本法第70條規定之內容，即可透過解釋而納入本法第68條規定內容。至於他人行為雖顯有侵害商標權人其他權益，但如已明顯超出本法規定之商標侵害行為類型時，應適用民法、公平交易法等相關法律加以規範。

　　商標權人對明知屬於本法第95條規定之商品，[574]仍加以販賣、意圖

---

[570] 台灣高等法院94年智上易字第5號判決：「……前揭「為侵害商標權」、「視為侵害商標權」所規定者，僅為（民國100年修正前）商標法第61條第1項「侵害商標權」之例示態樣，雖修正前後文字稍有差異，然均應屬商標法第61條第1項「侵害商標權」之內涵……」；台灣台北地方法院92年智字第87號判決。

[571] 參見智慧財產局編，商標法逐條釋義，94年5月，頁159。

[572] 張哲倫，商標侵權類型案例研究，發表於智慧財產局舉辦之「95年度商標學術研討會」，95年11月16日，頁9。

[573] 本書認為，本法第68條之規定，已保護商標排他權，實質上已擴充商標權人保護範圍，如再採例示原則，則商標權人保護範圍又更形擴大，似有不妥。

[574] 本法第95條：「未得商標權人或團體商標權人同意，為行銷目的而有下列情形之一，處三年以下有期徒刑、拘役或科或併科新臺幣二十萬元以下罰金：一、於同一商品或服務，使用相同於註冊商標或團體商標之商標者。二、於類似之商品或服務，使用相同於註冊商標或團體商標之商標，有致相關消費者混淆誤

販賣而陳列、輸出或輸入者，是否應負民事責任？如依本法民國92年修正前第67條規定，[575]因故意或過失而有第63條規定[576]之行為，即明知屬於第62條規定[577]之商品而販賣、意圖販賣而陳列、輸出或輸入之行為者，應與侵害商標權者負連帶賠償責任。但該應負連帶賠償責任之明文，於民國92年修正時被刪除，主要理由認為，民法第185條共同侵權行為之規定，已足資規範該行為。[578]因此似可解釋，如商標權人對明知屬於本法第95條規定之商品，仍加以販賣、意圖販賣而陳列、輸出或輸入者，如符合民法共同侵權行為之要件，仍需負連帶賠償責任。但本書認為，上述爭議，應先行釐清被侵害之法益究為商標權人之商標權，或是應由民法加以保護之權益，因民法第185條共同侵權行為所保護之權利客體，應為民法第184條所

認之虞者。三、於同一或類似之商品或服務，使用近似於註冊商標或團體商標之商標，有致相關消費者混淆誤認之虞者」。

[575] 本法於民國92年修正前第67條規定：「因故意或過失而有第63條之行為者，應與侵害商標權者負連帶賠償責任。但其能提供商品來源者，得減輕其賠償金額或免除之」。

[576] 本法於民國92年修正前第63條規定：「明知為前（62）條商品而販賣、意圖販賣而陳列、輸出或輸入者，處一年以下有期徒刑、拘役或科或併科新臺幣五萬元以下罰金」；

[577] 本法於民國92年修正前第62條規定：「意圖欺騙他人，有左列情事之一者，處3年以下有期徒刑、拘役或科或併科新臺幣二十萬元以下罰金。一、於同一商品或類似商品，使用相同或近似於他人註冊商標之圖樣者。二、於有關同一商品或類似商品之廣告、標帖、說明書、價目表或其他文書，附加相同或近似於他人註冊商標圖樣而陳列或散布者」；民國92年修正前商標法第61條規定：「Ⅰ商標權人對於侵害其商標權者，得請求損害賠償，並得請求排除其侵害；有侵害之虞者，得請求防止之。Ⅱ有第62條第1款或第2款規定之情事者，視為侵害商標權。Ⅲ商標權人依前2項規定為請求時，對於侵害商標權之物品或從事侵害行為之原料或器具，得請求銷毀或為其他必要之處置」。

[578] 參見民國92年修正本法時行政院提案理由：一、本條刪除。二、現行條文之規定，依民法第185條共同侵權行為之規定，已足資規範，而但書規定亦不符民事賠償之法理，爰予刪除。審查會：照案刪除。

保護之權利，故如侵害之客體如商標權者，⁵⁷⁹應優先適用本法之規定，論

---

579 具體而言，商標權範圍，並不包含商標權人對商標品之販賣、或意圖販賣而陳
列、輸出或輸入商標品之行為具有專有權，且販賣或意圖販賣而陳列、輸出或
輸入商標品，性質上亦不屬使用商標之行為，同時該等行為，商標法亦未有視
為商標權侵害之擬制規定，因此，縱使因故意、過失而不知係屬於侵害商標權
之產品，而加以販賣或意圖販賣而陳列、輸出或輸入者，該行為應不屬於侵
害商標法所規定之「商標權」之行為。但實務上有採不同見解，認為從歷來
之商標法相關條文之修法理由可直接肯定的表示販賣、陳列、輸入或輸出仿冒
商標商品等行為，亦屬侵害商標權，僅係其情節較輕而已。且如認為因故意或
過失而販賣、陳列、輸出或輸入仿冒商標商品之行為，並非侵害商標權，則
商標權人將無法對其行使第61條第1項規定之排除侵害請求權及侵害防止請求
權，顯與法律明文保障商標權之意旨，大相違背。本書認為上述之實務見解，
頗值商榷，蓋其所引用之修法理由，僅能認為因故意或過失而販賣、陳列、輸
出或輸入仿冒商標商品之行為，屬侵害商標權人於民法上可受保護之權益之行
為（此可從民國92年刪除該規定之理由更得證明），並無法得出「亦屬侵害商
標權，僅係其情節較輕而已」之結論。至於商標權人將無法對其行使第61條第
1項規定之排除侵害請求權及侵害防止請求權，更屬誤解，蓋既然商標權人可
對該行為依民法侵權行為主張損害賠償，自可行使商標法第61條第1項規定之
排除侵害請求權及侵害防止請求權。該實務見解，參見臺灣彰化地方法院90年
度重訴字第208號民事判決：「第67條係74年11月29日修正公布之商標法新增
訂之條文，列為第64條之1，規定內容為：「非明知而有第62條之2（相當於現
行法第63條）之行為者，仍應與侵害商標權者負連帶賠償責任。但其能提供商
品來源，使商標權人因而獲得賠償時，得減輕其賠償金額或免除之。」立法理
由謂：「不知其為仿冒商標商品而販賣或意圖販賣而陳列等行為，現行法並無
處罰之規定，惟販賣或意圖販賣而陳列等行為，足以助長仿冒之氣勢，又商標
之註冊依法應公告於商標公報，販賣者等對其進貨之欠缺註意，不能謂無過失
責任，故應令其負損害賠償責任，以保護商標權人之權益。其能提供商品來源
使被害人獲得賠償者，得酌減其賠償金額或免除之。」明確表示增訂該條文，
乃為保護商標權人之權益，並無否定此為對於商標權之侵害。嗣於82年12月22
日修正公布為現行條文第67條，其立法理由係認為：「侵權行為除法律另有規
定外，以有故意或過失為歸責條件。侵害商標權者，本法並無特別規定須負無
過失責任，故仍以有故意或過失為限，負賠償責任。然本條現行條文對於販
賣、陳列、輸出或輸入等情節較輕之人，反而規定即使是『非明知』亦負者連
帶賠償責任，立法上有失平衡，亦與一般侵權責任法則不符，爰修正以有故意
或過失為要件使負連帶賠償責任。為減輕一般販售者之責任，爰將但書修正為
能提供商品來源者，得減輕其賠償金額或免除之。」更直接肯定的表示販賣、
陳列、輸入或輸出仿冒商標商品等行為，亦屬侵害商標權，僅係其情節較輕而

理邏輯上，應先確定系爭侵害行為本法並未規定，且其性質與民法並非不相容者，始可適用民法侵權行為相關之規定。

二、須有損害

　　所謂損害者，是指被害人之財產狀態或精神狀態發生不利益之情形而言，[580]且依本法第71條規定之意旨，商標權人主張損害賠償，仍應以損害為構成要件之一。

　　依本法第71條第1項第1款前段規定，商標權人得依民法第216條規定請求損害賠償，因此其損害包括所受損害及所失利益。所受損害者，是指現存財產因損害事實之發生而被減少，屬於積極的損害。所失利益者，是指新財產之取得，因損害事實之發生而受妨害，屬於消極的損害。[581]所失利益應符合下列要件：(1)屬於損害：所失利益性質上應屬於損害之一種，故應先判斷商標侵害人之特定行為，其是否造成商標權人受有法律意義上之損害；(2)可得預期之利益：所失利益之意義，係指因損害事實之發生，

　　已。況如認為因故意或過失而販賣、陳列、輸出或輸入仿冒商標商品之行為，並非侵害商標權，則商標權人將無法對其行使第61條第一項規定之排除侵害請求權及侵害防止請求權，顯與法律明文保障商標權之意旨，大相違背。故商標法第67條、第66條第4項，將侵害商標權者與因故意或過失而有本法第63條之行為者分別規定，其所稱「侵害商標權者」，係指本法第62條所定產製侵害商標商品之狹義的侵害商標權人而言，不能因此解為後者非屬侵害商標權。從而，商標法第68條規定之侵害商標權者，其所稱侵害商標權之事實，既係「依本章而為認定，自應採廣義之解釋，即包括因故意或過失而有本法第63條之行為者在內……」。

580 參見若林三奈，法的概念損害意義（一）─ドイツにおける判例の檢討を中心に，立管法學，248號，1996年，頁684以下。

581 最高法院48年台上字第1934號判例：「……民法第216條第1項所謂所受損害，即現存財產因損害事實之發生而被減少，屬於積極的損害。所謂所失利益，即新財產之取得，因損害事實之發生而受妨害，屬於消極的損害。本件被上訴人以上訴人承攬之工程違約未予完成，應另行標建，須多支付如其聲明之酬金，並非謂房屋如已完成可獲轉售之預期利益，因上訴人違約而受損失，是其請求賠償者，顯屬一種積極損害，而非消極損害……」。

致受害人原本應增加之財產或利益,因而未增加者,但上該所失利益並非以被害人已確定取得之利益爲限,只要依一般或特別之情事,認已具有「客觀蓋然性」或「客觀確定性」[582]之利益(屬可得預期之利益)者,均屬所失利益。實務上認爲,凡依外部客觀情事觀之,足認其已有取得利益之可能,但因責任原因事實之發生,致不能取得者,即爲所失之利益,應由侵害人負損害賠償責任,不以確實可取得之利益爲限,[583]故如單純之希望或可能之利益[584]、僥倖偶然可能之事[585],均非屬所失利益之範圍;(3)

[582] 最高法院79年台上字第249號判決:「按侵權行爲損害賠償請求權,以受有實際損害爲要件,若無損害,即無賠償可言。而損害分爲積極損害與消極損害,前者指既存財產之減少,後者指新財產之取得,因他人之侵權行爲而受損害。又所謂「所失利益」,必須依通常情形或依已定之計劃、設備或其他一切情事,可得預期之利益;故必須有客觀的確定性,若僅有取得利益之希望或可能,則無「所失利益」可言……」;另參見最高法院92年度台上字第444號民事判決;最高法院91年度台上字第100號民事判決。

[583] 最高法院89年台上字第249號判決:「損害賠償,除法律另有規定或契約另有訂定外,須填補債權人所受損害與所失利益。而依通常情形,或依已定之計劃、設備,或其他特別情事,可得預期之利益,視爲所失利益,民法第216條第1、2項定有明文。準此,凡依外部客觀情事觀之,足認其已有取得利益之可能,因責任原因事實之發生,致不能取得者,即爲所失之利益,應由債務人賠償,不以確實可取得之利益爲限。」

[584] 如買賣契約生效後因債務人遲延履行,致債權人無法轉售,期間該產品轉售價格上漲,債權人因無法轉售,致原本可能因轉售而可獲得之利益,無法獲得。性質上債權人之轉售利益僅屬一種不具客觀確定性之可能,故非屬所失利益。參見 孫森焱,民法債編總論,前揭,頁328;王伯琦,民法債編總論,前揭,頁143;另請 參見最高法院91年台上字2576號判決:「損害賠償,除法律另有規定或契約另有訂定外,應以填補債權人所受損害及所失利益爲限。依通常情形,或依已定之計劃、設備或其他特別情事,可得預期之利益,視爲所失利益。民法第216條第1項、第2項定有明文。所失利益之範圍,既以該條規定者爲限,則債權人是否受有該項消極之損害,自應依具體事實認定之。原審依據買賣雙方交易及履約情形,認上訴人所稱系爭房地嗣後經法院拍賣之價額與其買受價額之差額,非屬上開規定所稱「所失利益」之範圍,關於此項事實之認定,自無違背法令可言。」

[585] 雙方約定應於特定日前返還約定之借款,債權人於約定返還日前,以債務人應

具有因果關係保護之利益：為避免所失利益範圍之不確定性，通說均以相當因果關係理論確定所失利益之損害範圍。雖有學者認為，以相當因果關係說，作為確定損害賠償範圍之概念技術，近時受到頗多之質疑，蓋損害範圍是否相當，實無法從客觀事實加以衡量，而應以損害當時之社會存在之一般價值、人民之法律、經濟、社會意識為基礎，由法院衡量決定之，因其本質屬一種主觀之價值判斷，故與其拘泥於因果關係客觀之假象，不如直接正視價值衡量之實質正義。[586]但本書認為，基於法規目的說或上述價值衡量等理論，仍無法有效克服損害賠償範圍不確定之缺點，故現行仍以相當因果關係說，確定所失利益之損害範圍較為妥當。

三、行為與損害之間須有因果關係

實務上認為商標侵權構成要件中，其侵害行為與損害結果之間應具相當因果關係。[587]所謂相當因果關係者，謂無此行為，雖必不生此種損害，有此行為，通常即足生此種損害者，為有相當因果關係；如無此行為，必

返還之資金預購彩券，結果因債務人違約未於期限內返還該借款，致債權人無法購買該彩券。然而於開獎時該彩券　獲得頭獎，因該彩券所贏得之彩金，屬僥倖、偶然可能之事，並不符合所失利益之概念，故而債務人就該彩券之獎金自不必負責。參見史尚寬 債法總論，自版，民國62年，頁291。

[586] 平井宜雄，損害賠償法の理論，東京大學出版會，1971年，頁429以下。

[587] 最高法院88年度台上字第1944號判決：「……何況損害賠償之債，以有損害之發生及有責任原因之事實，並二者之間，有相當因果關係為成立要件。所謂相當因果關係，謂無此行為，雖必不生此種損害，有此行為，通常即足生此種損害者，為有相當因果關係；如無此行為，必不生此種損害，有此行為，通常亦不生此種損害者，即為無相當因果關係。是縱如上訴人所稱被上訴人對於資訊產品特輯未予更正，為有過失，仍應就其因此受有損害，且其損害與被上訴人之行為間有相當因果關係，舉證證明，方得要求被上訴人賠償。」；臺灣高等法院94年度智上字第29號民事判決：「……惟甲公司無法證明乙公司取消系爭訂購單與其銷售仿品之行為有相當因果關係，尚難遽認甲公司得請求取銷訂單之所失利益，甲公司復無法舉證證明其所失利益為50萬8,800元。是甲公司所為之上開主張，委不足取……」。

不生此種損害，有此行為，通常亦不生此種損害者，即為無相當因果關係。[588]惟商標侵權構成要件之相當因果關係，與認定損害賠償額（損害賠償範圍）所應考量之因果關係，雖屬連續不可分之概念，但性質上仍有其獨立性。[589]

四、行為須為違法

行為是否具有違法性，向有二主要學說，即，結果違法說與行為違法說。所謂結果違法說認為，造成侵害結果之侵害行為當然構成違法，即違法性之判斷，乃取決於是否侵害商標權，如已侵害商標權，除有阻卻違法

---

[588] 最高法院80年台上字第1773號判決：「……按損害賠償之債，以有損害之發生及有責任原因之事實，並二者之間，有相當因果關係為成立要件。所謂相當因果關係，謂無此行為，雖必不生此種損害，有此行為，通常即足生此種損害者，為有相當因果關係；如無此行為，必不生此種損害，有此行為，通常亦不生此種損害者，即為無相當因果關係」。

[589] 實務上有少數之見解亦注意及此，臺灣臺北地方法院87年度國貿字第25號判決：「……要主張「損害」，首先應就「損害」與「損害額」（或損害範圍）之不同予以說明及區分。就損害之發生及其性質而論，一般侵權行為損害賠償之觀念，於證明被害人受有損害時，即分析且涵射侵權行為之構成要件時，被害人僅須證明其確有權利，或其他法律所保障之利益存在，且該權益確係受到他人不法之侵害，即完成證明權利人受有損害之舉證責任。換言之，損害之發生與權益之受侵害本係一體之兩面，當權益受他人侵害時，亦同時代表著權利人之權益因他人之侵害而產生不完滿之狀態。此一不完滿狀態之嚴重性高低，則決定下述損害額或損害賠償之範圍。易言之，我們可以說證明損害發生之舉證責任，就是在證明權利人合法權益遭受他人不法侵害之事實。誠如曾世雄教授於其「損害賠償法原理」一書中所言，「損害即被害人對該特定損害事故之利害關係。」一旦發生權益遭受侵害之特定事故，權利人與其權益間之利害關係即遭受破壞，亦即表示權利人已生損害。2.次就損害額而論，權利人係於已證明其權益確受他人侵害致生損害後，於實際請求損害賠償時，則再對損害之範圍盡其舉證責任，證明所受之損害額，進而向侵權行為人求償。即便如非財產上損害賠償性質之慰撫金，縱客觀上無法正確估量一明確之數字，亦屬損害額計算層次之問題，絕不可將「損害額」之不易計算與「無損害」畫上等號……」。

事由存在外，均構成商標侵權行為。另行為違法說認為，有關侵害行為是否具違法性，應就每一個案個別討論，並非任何產生損害之每一行為，均屬不法。如屬故意行為，應推定為違法，因法律不可能容許故意之侵權行為，如屬過失行為，則應客觀的加以觀察、個案認定，行為人為系爭行為時，有無違反避免損害發生所應有之一般注意義務。[590]我國實務見解[591]與通說應採結果違法說，認為權利之內容如可得明確界定者，則侵害權利原則上即屬違法，但若權利之內容過於廣泛難以界定時，則應依利益衡量原則及社會一般價值判斷，認定其是否具有違法性。[592]

　　如認為本法第68條所規定之商標侵權類型應屬例示規定者（詳見本書前揭相關論述），則不屬本法明定之商標侵權行為類型，其違法性之認定似應採行為違法說之見解。但如前述，例示規定之見解，並非完全妥適，因此如已構成本法第68條規定之商標權侵權行為，或第70條之擬制商標侵權行為時，除該系爭行為符合本法第36條規定不受他人商標權之效力所拘束之行為，而具有違法阻卻性之外，均應認定其具有違法性。[593]

---

590 參見黃立，民法債編總論（前揭），頁239－240。

591 實務見解認為，民法侵權行為是指違法以及不當加損害於他人之行為而言，至於侵害係何權利，要非所問。而所謂違法及不當，不僅限於侵害法律明定之權利，即違反保護個人法益之法規，或廣泛悖反規律社會生活之根本原理的公序良俗者，亦屬之。參見最高法院55年台上字第2053號民事判例：「……民法第184條第1項前段規定，以權利之侵害為侵權行為要件之一，故有謂非侵害既存法律體系所明認之權利，不構成侵權行為。惟本法條後段規定，故意以背於善良風俗之方法加害於他人者，亦同。則侵權行為係指違法以及不當加損害於他人之行為而言，至於侵害係何權利，要非所問。而所謂違法以及不當，不僅限於侵害法律明定之權利，即違反保護個人法益之法規，或廣泛悖反規律社會生活之根本原理的公序良俗者，亦同」；另可參見最高法院95年台上字第395號民事判決；94年台上字第168號民事判決；最高法院92年台上字第2406號民事判決。

592 參見江俊彥，民法債編總論，新學林出版社，頁216，2007年5月。

593 商標法雖屬私權，但仍應衡量與公益間之平衡，因此商標法訂有商標權效力所不及之規定，其態樣包括合理使用、功能使用、善意先使用及商標權權利耗盡

五、責任能力

　　責任能力又稱為侵權行為能力，是指足以判斷識別本身行為之結果及是非能力，依法侵權行為能力是以具有識別能力為必要條件，換言之，無識別能力即無侵權行為能力。[594]另法人之一切事務，對外均由其代表人代表為之，故代表人代表法人所為之行為，即屬法人之行為，其因此所加於他人之損害，該行為人須與法人負連帶賠償責任，且為使受害人多獲賠償之機會，[595]故應認為法人有侵權行為能力。[596]

　　等，惟其性質應是對商標權之限縮，亦或是商標侵權人之免責之抗辯事由。如認為屬商標權之限縮，則構成商標權效力所不及事項之行為，應不屬商標權之侵權行為，如認為屬於商標侵權人之抗辯事由，則縱屬商標權效力所不及之行為，其本質仍屬侵害商標權之行為，僅得為免責之抗辯。本書認為，如從「不受他人商標權之效力所拘束」之文義觀察，似可認為，該規定僅排除商標權之拘束力，因此商標權人之商標權仍存在，僅是侵權人得抗辯主張，其行為不受其商標權所拘束。另請參見，蔡明誠，論商標之合理使用，全國律師，1997年11月，頁64-70；陳昭華，商標使用規定之再探討—以我國、歐盟及德國之規定為中心，輔仁法學，第23期，2002年6月，頁273-339。

594 民法第187條第1項：「無行為能力人或限制行為能力人，不法侵害他人之權利者，以行為時有識別能力為限，與其法定代理人連帶負損害賠償責任。行為時無識別能力者，由其法定代理人負損害賠償責任」。

595 最高法院93年台上字第1956號判決：「法人之一切事務，對外均由其代表人代表為之，故代表人代表法人所為之行為，即屬法人之行為，其因此所加於他人之損害，該行為人尚須與法人負連帶賠償之責任，此觀民法第27條、第28條自明，是應認法人有侵權行為之能力」。

596 臺灣高等法院臺中分院95年度智上字第16號判決：「……按民法第185條前段規定：數人共同不法侵害他人之權利者，連帶負損害賠償責任；公司法第23條第2項亦規定：公司負責人對於公司業務之執行，如有違反法令致他人受有損害時，對他人應與公司負連帶賠償之責；民法第8條則規定，法人對於其董事或其他有代表權之人因執行職務所加於他人之損害，與該行為人連帶負賠償之責任。……上訴人洪○○係上訴人○○公司及○○公司之負責人，上訴人張○○係上訴人○○公司之負責人，此為兩造所不爭。被上訴人據此主張上訴人洪○○係上訴人○○公司及○○公司之負責人，上訴人張○○係上訴人○○公司之負責人，應依民法第28條、公司法第23條第2項規定負連帶責任；而上訴人

六、故意、過失

商標侵權應以具備故意、過失等主觀要件為構成要件之一。（商69 III）本法在民國100年修正前，就此雖無明文規定，法院實務見解則常認為，商標侵權為特別法上之侵權行為，故商標侵權行為應符合民法侵權行為要件之規定，[597]商標專責機關亦採相同見解。[598]按民法侵權行為以過失責任為原則，主要基於下列理由：(1)如無任何人對損害之發生有過失，

張○○、洪○○共同侵害其商標權，應依民法第185條規定負連帶責任，洵屬有據。惟前述連帶債務，係各基於法律規定之不同原因，而對被上訴人公司負全部給付之責任，其給付雖具有同一之目的，但其中一方為給付，另一方即同免其責任，其性質應屬不真正連帶債務」。

[597] 臺灣高等法院臺中分院95年度智上字第16號判決：「……以上訴人洪○○經營汽車零件銷售業務達10餘年之經驗與專業程度，應有管道獲取相關資訊，當可於進貨前後逕向被上訴人在臺代理商○○公司或○○公司查詢，或向銷售經合法授權使用「CONTITECH」商標於車用皮帶或類似商品之廠商查詢。殊無向證人王○○查詢，卻未表明其所進口販售之實際商品之名稱為車用輸送皮帶之道理。是上訴人洪○○辯稱其於進口該批汽車用皮帶之時曾委託聖島專利商標事務所查詢CONTITECH商標註冊與否，主觀上並無侵害被上訴人系爭商標權行為之故意或過失云云，即難採信」；臺灣高等法院88年度上易字第139號判決：「……依上所述，上訴人擅自申請得系爭「益哺」商標權，係違反其與來福公司間之經銷合約，其行為已違誠信，而被上訴人公司因上訴人之通知而知悉上訴人業已取得「益哺」商標權後，已採取適當之補救措施，即難認被上訴人主觀上有故意或過失侵害上訴人「益哺」商標權之不法意思，則上訴人本於侵權行為之法律關係訴請被上訴人連帶賠償其損害，於法即非有據」；臺灣彰化地方法院90年度重訴字第208號民事判決：「……按商標權，為專有使用商標於自己營業之商品之權，商標法第61條第1項規定之侵害商標權，為特別法上之侵權行為，商標權人之損害賠償請求權，僅須侵害行為符合民法侵權行為損害賠償之要件，商標權人即得請求損害賠償，不以侵害人意圖欺騙他人為必要；至商標權人之排除侵害請求權、侵害防止請求權，其侵害人有無故意或過失，更非所問」。

[598] 參見王美花，商標法修正之芻議，我國商標法修正之芻議，民國96年5月23日，http://www.tipo.gov.tw/trademark/trademark_lawforum_2.asp，閱覽日期，2007/12/13。

則該損害由被害人負責的規定，屬最有效率之制度。且法律預先設定，個人為避免發生損害其所需執行之防護措施，屬成本最小、效率最高之損害賠償制度；(2)具法律倫理之正當性[599]。因此過失責任主義於損害歸屬中具有優越原則，換言之，如法律對損害賠償責任是否須具備故意、過失要件，未明文規定者，解釋上，仍應採過失責任原則。[600]

　　本法雖明定商標侵權以行為人具故意、過失為構成要件之一，本書認為，商標權性質雖屬私權，但與民法保護之私權之間仍有性質上之不同，因商標權具有公益之性質，除保護商標權人商標權益外，亦具有維護識別產品或服務來源之功能，又因商標權需註冊公告，故具有公示性，基上考量，完全適用民法之規定以故意、過失為商標侵權之要件，似非妥適。為解決此一問題，有認為，可類推適用民法第184條第2項，因違反保護他人

---

[599] 參見簡資修，故意侵權法經濟分析-兼評 Lander & Posner模型，中研院法學期刊，第1期，2007年9月，頁191-212。

[600] 侵權行為責任如要求負無過失責任者，必須法有明文規定責任者為限，本法上並未明定專利侵害係無過失責任，則雖未要求主觀上責任要件，亦不應解為無過失責任。再者，民法上所定之侵害人格權、身分權之規定亦為過失責任主義下，商標權在本質上亦為財產權之一，相較之下無由令其負較人格權保護之責任。基於上述理由，應肯認侵害商標權之損害賠償責任應以行為人有故意或過失為前提，參見黃茂榮，公平交易法理論與實務，植根出版，頁518，1993年；許朱賢，解析醫療損害民事責任之規則事由－過失責任與危險責任的兩個端點（上），軍法專刊，49卷9期，頁33。

之法律，[601]故而推定侵害商標之人具有過失，[602]但此一見解仍以商標侵權應適用民法相關規定為前提，就本法與民法之關係應為何，並無釐清之

---

[601] 所謂保護他人之法律者，係指以保護他人為目的之法律，亦即一般防止妨害他人權益或禁止侵害他人權益之法律而言，若專以保護國家公益或社會秩序為目的者，則不包括在內。另保護他人之法律固包括公法與私法在內，惟若公法法規之目的係在維持社會秩序，而個人不過由其反射作用，享受利益時，則不在此限。同時亦須審酌保護法律之規範目的，於該規範目的所直接保護之人員及法益，其被害人始得主張適用違反保護法律類型。參見最高法院95年度台上字第1174號民事判決：「……按民法第184條第2項前段之規定，違反保護他人之法律，致生損害於他人者，負賠償責任。所謂違反保護他人之法律者，係指以保護他人為目的之法律，亦即一般防止妨害他人權益或禁止侵害他人權益之法律而言」；最高法院95年度台上字第301號民事判決：「……又違反保護他人之法律者，推定其有過失，修正前民法第184條第2項亦定有明文。本件上訴人所屬公務員違反職務義務之法令，其法規目的具有保護面臨具體傷害之特定或可得特定之人之生命、身體、健康之利益，即屬保護他人之法律，應推定有過失」；臺灣南投地方法院91年訴字第448號民事判決：「……何謂保護他人之法律？最高法院77年度台上字第1582號民事判決及86年度台上字第3076號判決認為所謂保護他人之法律，係指保護他人為目的之法律，亦即一般防止危害他人權益或禁止侵害他人權益之法律。惟此解釋仍嫌抽象，通說認為，道路交通安全法規、勞動基準法有關保護勞工安全之規定均屬之。然由於福利國家理念之落實，此類法規已然多如牛毛，且發展快速，若廣泛納入違反保護法規類型，則侵權行為勢必將朝全面推定過失化發展，此在現階段而言尚非妥適。台灣高等法院89年度上易字第499號判決即認為，民法第184條第2項所謂之「保護他人之法律」乃指以保護個人或特定範圍之人為其規範目的之法律而言；若專以保護國家公益或社會秩序為目的者，則不包括在內。學者並進一步認為，保護他人之法律固包括公法與私法在內，惟若公法法規之目的係在維持社會秩序，而個人不過由其反射作用，享受利益時，則不在此限（見鄭玉波著，前揭書，第154頁），並有認為，須審酌保護法律之規範目的，於該規範目的所直接保護之人員及法益，其被害人始得主張適用違反保護法律類型（見邱聰智著，新訂民法債篇通則，上冊，89年9月新訂1版）……」。

[602] 實務上對商標法是否屬保護他人之法律，並無明確之案例，但對專利法則有明確之見解，參見臺灣臺中地方法院93年度智字第44號民事判決「……新型專利權人，專有排除他人未經其同意而製造、販賣之權利，本條文旨在保護新型專利權人之智慧財產權，自屬民法第184條第2項保護他人之法律……」。

功能。基於商標權性質之考量，本書認為，應直接於本法明文規定，推定商標侵權人具有過失較妥，[603]而非採類推適用民法第184條第2項規定之解釋方法。為適用明確考量，本法於民國100年修正時，明文規定「商標權人對於因故意或過失侵害其商標權者，得請求損害賠償」，而將故意、過失列為損害賠償請求權之要件。[604]惟如同前述，本書認為此一規定，尚有商榷餘地。

民法對侵權行為之故意、過失之定義並無明文規定，一般通說，常引用刑法之規定加以說明，認為行為人對於損害之發生，明知並有意使其發生者，或預見其發生而其發生不違背其本意者，即屬故意者。行為人對於損害之發生雖無認識但按其情節應注意並能注意但不注意者，[605]或雖預見

---

603 日本商標法第39條規規定準用日本特許法第103有關過失推定之規定；日本特許法第103規定：侵害他人之發明專利權或專屬實施權之人，推定其侵害行為具有過失（他人の特許権又は専用実施権を侵害した者は、その侵害の行為について過失があつたものと推定する）。日本最近之法院實務，參見大阪高等判決所，損害賠償請求控訴事件，2005年7月14日，第8民事部／判決，平成17（2005）年（ネ）第248号。

604 其立法理由為「有關商標侵權行為是否須具備主觀上之故意或過失之要件，現行條文並未規範。實務上對此看法分歧，有主張本法為民法之特別法，特別法未規定者，自應適用民法規定，是以民法有關侵權行為之主觀要件亦應適用於商標侵權行為；亦有認現行條文未規範商標侵權行為之主觀要件，係有意不作規定，因商標註冊須公告，既已公告周知，即足以說明行為人具備故意過失，而無庸再加規定。惟商標侵權不限於以相同商標，使用於相同之商品或服務上，尚及於以近似商標，使用於同一或類似之商品或服務上，而有致混淆誤認之虞之情形，其判斷常因個案存在不同之參酌因素而有不同之認定。因此，本項明定關於損害賠償之請求，應以行為人主觀上有故意或過失為必要，爰予釐清，以杜爭議」。

605 實務上認為所謂過失，乃應注意能注意而不注意即欠缺注意義務之謂。參見最高法院93年度台上字第851號民事判決：「……所謂過失，乃應注意能注意而不注意即欠缺注意義務之謂。構成侵權行為之過失，係指抽象輕過失即欠缺善良管理人之注意義務而言。行為人已否盡善良管理人之注意義務，應依事件之特性，分別加以考量，因行為人之職業、危害之嚴重性、被害法益之輕重、防

其能發生一定之損害結果,但確信其不發生者,即屬過失。[606]但有關過失是否成立,學說上主要又可分屬二說,分述如下:(1)預見可能性:本理論認為,過失之成立須行為人心理有所欠缺,因此所謂過失,是以加害人對致生損害之事實,依其個人能力,能預見而怠於預見為成立前提,因以上述心理狀態之欠缺為前提,學理上有稱為「主觀過失」者。(2)損害防止可能性:本理論認為,法律期待行為人應注意防止、迴避其行為可能造成之損害,故法律之價值判斷應注重其有無防止損害之發生,而非注重於行為人是否能預見損害之發生。換言之,應以行為人是否已盡一定程度之注意義務,以防止其行為可能產生之損害,作為判斷是否成立過失之標準。[607]

　　商標侵權如以具過失為構成要件,則究應採預見可能性抑或損害防止可能性為理論基礎,即有疑問。如以預見可能性為原則,就本法保護之特質而言,恐有商榷之餘地。詳言之,因商標須公告註冊後始取得商標權,基於公示原則,可否認定第三人理應認識已經公告之註冊商標,故如無權使用人縱使事先不知商標已經註冊而加以使用者,仍可認定其具有過失。目前本法並無明文課以第三人有事先閱覽商標公報之行為義務,故如以擴張解釋方法,課以行為人本法無明文規定之注意義務,並不十分妥當。另商標權之侵害,亦涉及諸如「類似之商品或服務」、「近似於其註冊商標之商標」、「有致相關消費者混淆誤認之虞」等不確定之法律概念之認定,因涉及專業,一般使用人恐無法事前確實認知或理解其判斷標準,故事先課予使用人應審核其使用之商標,是否與被侵害之註冊商標構成近似之作為義務,恐亦不甚妥當。因此本書認為,不宜以民法預見可能性之理

範避免危害之代價,而有所不同」。

606 黃立,民法債編總論(前揭),頁245-247。

607 最高法院86年台上字第3626號民事判決:「侵權行為損害賠償責任,須以故意或過失不法侵害他人之權利為要件,而過失之有無,應以是否怠於善良管理人之注意為斷,苟非怠於此種注意,即不得謂之有過失,被害人自不得依侵權行為法則請求賠償損害。由此可知,實務上對侵權行為之過失要件係採客觀化或類型化之認定標準」。

論，作爲判定使用人是否有過失之基礎。而實務上似亦採防止可能性作爲判斷是否具有過失之標準，[608]如未盡必要之查證程序、[609]怠於追查其經手商品之商標權歸屬、[610]或明知系爭商標爲相關大眾所共知，而未要求相對人提出授權書[611]等均屬之。另如知悉可能侵害他人商標時，即採適當補救措施者，即可認爲當事人主觀上並無故意或過失侵害商標權之不法意思。[612]

---

608 臺灣高等法院臺中分院83年度訴字第21號民事判決中，原告雖主張：「販賣、陳列、輸出、輸入侵害商標權商品之行為，直接幫助仿品流通，足以助長仿冒之氣勢，而商標註冊公告制度，將註冊商標公告於商標公報，為一般公眾（包括經銷業者）可知悉之事項……」，但法院仍就其他之事證證明被告知悉該商標係他人所註冊，而非單純認為註冊商標因有公告於商標公報，即認為一般公眾（包括經銷業者）即應知悉。

609 臺灣高等法院臺中分院95年度智上字第16號判決：「……上訴人洪○○另辯稱：伊於93年2月3日報關進口後，曾先後向馬來西亞MSB公司求證「○○」車用皮帶是否合法授權，及○○商標事務所臺中分所之王○○查詢「○○」已否在臺註冊，確認該批車用皮帶是否合法云云。……以上訴人洪瑞明經營汽車零件銷售業務達10餘年之經驗與專業程度，應有管道獲取相關資訊，當可於進貨前後逕向被上訴人在臺代理商○○公司或○○公司查詢，或向銷售經合法授權使用「○○」商標於車用皮帶或類似商品之廠商查詢。殊無向證人王○○查詢，卻未表明其所進口販售之實際商品之名稱為車用輸送皮帶之道理。是上訴人洪○○辯稱其於進口該批汽車用皮帶之時曾委託○○專利商標事務所查詢「○○」商標註冊與否，主觀上並無侵害被上訴人系爭商標權行為之故意或過失云云，即難採信……」。

610 臺灣高等法院臺中分院83年度訴字第21號判決「……劉○○怠於追查其經手商品之商標歸屬，顯有過失，應負民法第185條第2項之共同行為人（幫助人）及民法第184條第1項之侵權行為責任」。

611 臺灣高等法院90年度訴字第28號判決：「……被告蔡○○以不知情為抗辯；惟查原告註冊之「ＬＡＮＣＯＭＥ」（蘭蔻）及「ＴＲＥＳＯＲ」之商標，為相關大眾所共知之化妝品牌商標，在被告詹○○未提出授權書之情況下，受委託鑄造鋼板、鑄印於香水瓶上，其諉為不知情，顯係卸責飾詞，不足採信」。

612 臺灣高等法院88年度上易字第139號判決：「依上所述，上訴人擅自申請得系爭「益哺」商標權，係違反其與來福公司間之經銷約，其行為已違誠信，而被上訴人公司因上訴人之通知而知悉上訴人業已取得「益哺」商標權後，已採

第二目 特別構成要件

依本法第68條規定，「未經商標權人同意，爲行銷目的而有下列情形之一，爲侵害商標權：一、於同一商品或服務，使用相同於註冊商標之商標者。二、於類似之商品或服務，使用相同於註冊商標之商標，有致相關消費者混淆誤認之虞者。三、於同一或類似之商品或服務，使用近似於註冊商標之商標，有致相關消費者混淆誤認之虞者。」，因此，商標侵權行爲之構成要件，因此其相關構成要件，可分（一）未經商標權人同意、（二）爲行銷之目的、（三）商標之使用、（四）該當法定之商標使用行爲。以下分述之：

一、未經商標權人同意

第三人行使商標獨佔使用權[613]或排他性使用權，[614]應經商標權人之同意，未經同意而使用，屬商標侵權構成要件之一。有關之「同意」要件，應適用民法相關規定。[615]

二、爲行銷目的

所謂「爲行銷目的」是指在交易過程（in the course of trade）使用商標

取適當之補救措施，即難認被上訴人主觀上有故意或過失侵害上訴人「益哺」商標權之不法意思，則上訴人本於侵權行為之法律關係訴請被上訴人連帶賠償其損害，於法即非有據」。

[613] 獨佔使用權：未經商標權人同意，於同一商品或服務，使用相同於其註冊商標之商標者。

[614] 排他性使用權：未經商標權人同意，於類似之商品或服務，使用相同於其註冊商標之商標，有致相關消費者混淆誤認之虞者；或於同一或類似之商品或服務，使用近似於其註冊商標之商標，有致相關消費者混淆誤認之虞者。

[615] 參見智慧財產法院民事判決99年度民商訴字第25號：「商標權人同意與否，得視當事人雙方是否具備民法第153條第1項規定，達成使用商標之合意而成立契約為斷。又民法第88條、第92條第1項等規定，對於意思表示錯誤因詐欺而為之意思表示得撤銷之，然對於表示錯誤或受詐欺情事之存在，即應由主張撤銷之人負舉證責任」。

之行為而言，並不包括單純購買商品之消費行為，換言之，上述單純消費之行為，並不構成侵害商標之行為。

三、商標之使用

本法所稱之商標使用，是指為行銷之目的，而有下列情形之一，並足以使相關消費者認識其為商標：一、將商標用於商品或其包裝容器。二、持有、陳列、販賣、輸出或輸入前款之商品。三、將商標用於與提供服務有關之物品。四、將商標用於與商品或服務有關之商業文書或廣告。上述各款情形，以數位影音、電子媒體、網路或其他媒介物方式為之者，亦同。（商5）。因此構成本法所稱之商標之使用，應具備下列要件，(1)以行銷為目的；(2)於媒介物上積極標示商標之行為；(3)足以使相關消費者認識其為商標等要件。本法所稱商標之「使用」，第5條雖有定義性之規定，但規範目的如有不同，其概念上亦應有所差異，依本法相關「使用」之規定而言，其規範意旨應有二主要不同之範疇，一是課以商標權人應有維持其商標之義務，另一則是屬於不法「使用」他人商標。二者規範意旨既有不同，則其間之解釋亦應有所差異，就前者而言，既為課以商標維持之義務，則其使用之認定應採較嚴格之立場，應須達到真正的使用，始足以構成。至於後者，解釋上，只要第三人之不法使用行為，妨礙到商標權人之圓滿行使其商標權者，即可構成。但是否構成商標使用行為，雖有上述概念上之區分，惟仍應以本法第5條規定為主要之依據。

一般商標侵權之使用行為，實務見解雖認為應符合本法第5條規定「使用」之要件，但不以此為限，如僅單純製造商標圖樣或標籤，因尚未至「使用」商標階段，故無本法第68條、第70條規定之適用。但如已將商標圖樣貼附於商品，如有繼續銷售或意圖供未來銷售之用，雖尚未實際銷售僅堆放於倉庫，則屬為行銷之目的而持有附商標之商品，構成商標使用行為，但仿冒品置於倉庫內，無繼續銷售或意圖販賣而陳列行為，則不構

成商標侵權行為。[616]將他人委託之微處理器之商標及標示之速度型號磨除，未經原告之授權擅自重刻其商標及較高之速度型號，偽造該公司標示速度型號之私文書，轉手圖利或賺取加工費用，應已構成商標之使用，且系爭行為亦已侵害原告之生產高階商品之信譽，亦已不法妨害原告對系爭商標權之圓滿行使。[617]另實務上認為，商標使用應將「商標」用於「商品」始足當之，[618]而所謂「商品」，一般乃指商場買賣之貨品而言，故查扣系爭仿冒商標品之處所，如屬私人倉庫，並非可共聞共見之公共場所，僅止於改包裝狀態，尚未推出於市場，應不構成本法所稱之「商品」，自不構成商標之侵害。[619]換言之，本法所稱商標之使用，係指將商標用於商

---

[616] 最高法院94年度台上字第1320號民事：「……上訴人確實將回收之皮件置於倉庫內，無繼續銷售或意圖販賣而陳列行為。應認上訴人…對被上訴人不構成侵權行為……」。

[617] 臺灣高等法院88年度重訴字第53號判決：「……乙○○、丙○○將他人委託之微處理器交由甲○○將原有之「INTEL」、「PENTIUM」之商標及標示之速度型號磨除，未經原告之授權擅自重刻其商標及較高之速度型號，偽造該公司標示速度型號之私文書，轉手圖利或賺取加工費用，應已構成商標之使用。……查，原告於微處理器標示商品之速度型號，即為對消費者對微處理器所具有一定品質之保證，該保證之內容及等級亦隨商品之速度型號而有不同階層，消費者對原告所生產之某型號之微處理器，具有何等級之品級，亦具有一定之相當認識，是以乙○○等三人在原告生產低速度型號之商品，磨除既有之商標及型號，而重新刻印商標及高速度之品質，顯已使消費者對原告生產高階之微處理器品質產生疑慮，進而影響原告之商譽，是故乙○○、丙○○、甲○○重新打造之商標縱令係使用於原告生產之低階商品上，亦已侵害原告之生產高階商品之信譽，已不法妨害原告對系爭商標權之圓滿行使，而有侵害原告之商標權之情事……」。

[618] 最高法院91年度台上字第1411號民事判決。

[619] 台灣高等法院臺中分院93年度再易字第21號判決：「按修正前商標法……第6條第1、2項規定：「本法所稱商標之使用，係指為行銷之目的，將商標用於商品或其包裝、容器、標貼、說明書、價目表或其他類似物件上，而持有陳列或散布；商標於電視、廣播、新聞紙類廣告或參加展覽會展示以促銷其商品者，視為使用」。申言之，該條條文要件，乃必須是「商品」，而將「商標」用於「商品」始足當之（最高法院91年度台上字第1411號，92年度台上字第295號

品或其包裝或容器上行銷國內市場或外銷而言。倘只將他人商標用於商品
或包裝容器上，尚未行銷國內市場或外銷，尚難謂為商標之使用。[620]惟實
務上另有認為，本法於民國82年修正後，第62條第1款侵害他人商標權罪
所謂之「使用」，已不再以商品行銷於外為必要。[621]

四、該當法定之使用商標行為類型

依本法第68條規定，其侵權行為類型為，一、於同一商品或服務，使
用相同於註冊商標之商標者。二、於類似之商品或服務，使用相同於註冊
商標之商標，有致相關消費者混淆誤認之虞者。三、於同一或類似之商品
或服務，使用近似於註冊商標之商標，有致相關消費者混淆誤認之虞者。

及92年5月28日新修正商標法第6條參照）。又按所謂「商品」，一般乃指商場
買賣之貨品而言，是僅將商標用於「包裝箱」，而未及於商品（酒品）者，則
無修正前商標法第61條第2項視同侵害商標權之適用……況查扣酒品處所，乃
私人倉庫，……並非可共聞共見之公共場所，上開進口酒品。僅止於改包裝狀
態，尚未推出於市場，得否認係商標法所稱之「商品」，非無疑義……」。

[620] 最高法院90年度台上字第324號判決：「本法所稱商標之使用，係指將商標用
於商品或其包裝或容器上行銷國內市場或外銷而言。倘只將他人商標用於商品
或包裝容器上，尚未行銷國內市場或外銷，尚難謂為商標之使用。本件所偽造
STIHL 外國商標之商品，係裝箱於貨櫃內預備外銷至奈及利亞，於上訴人甲○
○未及報關外銷之前，即為警員在貨櫃場查獲，為原審所認定之事實，則上訴
人甲○○似無修正前商標法第6條第1項所規定之情形，乃原審逕引修正前商標
法第6條第2項後段規定，遽為上訴人不利之認定，尚嫌速斷。」

[621] 臺灣高等法院88年度重訴字第53號判決：「商標之使用，依修正前之商標法
（82年12月22日公布修正）第6條第1項之規定，係指將商標用於商品或其包裝
或容器之上，行銷國內市場或外銷者而言，修正後之商標法第6條第1項則明
定：「本法所稱商標之使用，係指為行銷之目的，將商標用於商品或其包裝、
容器、標帖、說明書、價目表或其他類似物件上，而持有、陳列或散布」可見
商標法修正後，該法第62條第1款侵害他人商標權罪所謂之「使用」，已不再
以商品行銷於外為必要……」。

（一）類似之商品或服務

　　所謂類似商品或服務，是指二不同的商品，在功能、材料、產製者或其他因素上，具有共同或關聯之處，或二不同之服務，就消費者需求的滿足、服務提供者或其他因素上，具有共同相關聯之處。如該等不同但具共同或關聯之處的產品或服務，一旦使用相同或近似的商標，依一般社會通念及市場交易情形，易使消費者誤認，該二產品或服務的來源屬相同或相關聯者。

　　商品類似之判斷，應綜合該商品相關因素，以一般社會通念及市場交易情形為依據，不受本法規定的商品或服務分類之限制。[622]（商19 V）另請詳見本書第二章第三節第三款第二目相關敘述。

（二）近似商標

　　判斷二者商標近似與否，應本客觀事實，依具有普通知識經驗之購買人，於購買時施以普通所用之注意，有無引致混同誤認之虞作為判斷基準。即，商標近似是指二商標予人之整體印象有其相近之處，若其標示在相同或類似的商品或服務上時，以具有普通知識經驗之消費者，於購買時如施以普通之注意，仍可能會有所混淆，致誤認二商品或服務來自同一來源，或雖可區分屬不同來源但可能誤認其間有關聯者，該二商標應構成近似。[623]另請詳見本書第二章第三節第三款第二目相關敘述。

---

[622] 類似商品或服務認定，固不受商品或服務分類限制，但商品或服務分類仍不失為判斷商品或服務類似與否重要參考。參見行政法院99年判字第1380號。

[623] 行政法院49年判字第3號判例：「判定兩商標之近似與否，應就構成各商標之主要部分，隔離觀察，是否足以引起混同誤認之虞以為斷；最高行政法院94年判字第2107號判決：「判斷二者商標近似與否，應本客觀事實，依具有普通知識經驗之購買人，於購買時施以普通所用之注意，有無引致混同誤認之虞以為斷。又商標在外觀、觀念或讀音方面有一近似者，即為近似之商標。另判斷商標是否有混同誤認之虞，應就其主要部分隔離觀察。所謂主要部分，指商標中具有識別不同商品之部分而言。經查，系爭商標圖樣於異時異地隔離通體觀察

（三）致相關消費者混淆誤認之虞

　　所謂混淆誤認之虞，是指商品或服務之相關消費者誤認二商標為同一來源，或商品或服務之相關消費者雖不會誤認二商標為同一商標，但極有可能誤認二商標之商品或服務為同一來源之系列商品或服務，或誤認二商標之使用人間存在關係企業、授權關係、加盟關係或其他類似關係者。[624]

　　識別商品、服務來源為商標最主要之功能，而禁止商標之內容有致消費者混淆誤認之虞，是為確保商標的識別功能，同時也是限制第三人使用商標的範圍。構成商標衝突的最主要原因，是相關消費者對系爭商標是否會有所混淆、誤認，而實際判斷是否構成「混淆誤認之虞」時，雖應以商標近似及商品或服務類似程度為重要判斷標準，但並非唯一之標準，審查實務上認為，「混淆誤認之虞」之構成，應同時具備商標近似或商品、服務類似等二要件，但具備商標近似或商品、服務類似二要件，雖造成「混淆誤認之虞」的機率極大，但並非是絕對必然的，實際判斷上，仍須考量下列重要因素，[625]如，有商標近似之程度、商品或服務類似之程度、[626]

　　之際，有產生混同誤認之虞，應屬構成近似之商標，二者復均指定使用於茶葉、茶葉製成之飲料等相同或類似商品，該二商標應屬近似之商標」。

624 參見「混淆誤認之虞」審查基準（前揭），3。如「家麗寶」與「佳麗寶」、「Ck」與「Gk」、「HTC」與「Htc」，使用在相同商品/服務上，易引起消費者辨識錯誤，誤認為同一來源之商品。另如均使用於藥品之「寧久靈」與「零疤寧」，以及均透過網路提供資訊服務之「104購物銀行」與「104人力銀行」等，極有可能被認為二商標表彰者係同一廠商之系列商品/服務或廠商間存在前述特定關係。

625 參見「混淆誤認之虞」審查基準（前揭），4。

626 於判斷有無「混淆誤認之虞」時，商標的近似及商品或服務的類似，固為重要參酌因素，且為成立「混淆誤認之虞」之必要構成要件，但並非為絕對必然的要件，如二商標在市場已併存相當時間，且均為相關消費者所熟悉，並能加以區辨，則該二商標應可認為無混淆誤認之虞。故除上述商標的近似及商品或服務的類似之因素外，於判斷二商標有無「混淆誤認之虞」時，尚應盡量參酌考量其他相關因素，始能適當判斷之。參見「混淆誤認之虞」審查基準（前揭），2。

系爭商標識別性之強弱、[627]相關消費者對各商標熟悉之程度、先權利人多角化經營之情形、實際混淆誤認之情事、系爭商標之申請人是否善意及其他混淆誤認之因素等。[628]至於各參酌因素之斟酌，應依個案而有不同之考量。[629]請詳見本書第二章第三節第三款第二目相關敘述。

第三款 擬制商標侵權行為

本法為加強對著名商標之保護及對商標侵權之準備、加工或輔助行為有所規範，故將未得商標權人同意之下列情形，均視為侵害商標權之行為，一、明知為他人著名之註冊商標，而使用相同或近似之商標，有致減損該商標之識別性或信譽之虞者。二、明知為他人著名之註冊商標，而以該著名商標中之文字作為自己公司、商號、團體、網域或其他表彰營業主體之名稱，有致相關消費者混淆誤認之虞或減損該商標之識別性或信譽之虞者。三、明知有第68條侵害商標權之虞，而製造、持有、陳列、販賣、輸出或輸入尚未與商品或服務結合之標籤、吊牌、包裝容器或與服務有關之物品。上該行為與固有之商標使用行為有所不同，惟為保護著名商標而言有其必要性，故擬制上該行為屬侵害商標權之行為。本條之構成要件，

---

[627] 參見最高法院90年度台上字第814號民事判決：「……按商標及服務標章所具識別性之強度，與其受保護之範圍密切相關，其愈具有識別性者，所受保護之範圍愈廣，其所具識別性愈低者，所受保護之範圍相對縮小。依原審所論營業者以『中興』作為商標圖樣申請註冊或以之為公司名稱特取部分登記在案者，早逾十家云云，可見經此多數不同之營業者長期之使用，以『中興』作為商標或服務標章，其所具識別性自較低。上訴人指定使用於證券業務之「中興」服務標章與被上訴人之「中興商業銀行股份有限公司」名稱，客觀上應不致使一般消費者對其營業服務之性質、來源或提供者產生混淆誤認之虞，是被上訴人以「中興」為公司名稱特取部分，殊不足以侵害上訴人之「中興」服務標章專用權。」

[628] 參見「混淆誤認之虞」審查基準（前揭），4。

[629] 參見最高行政法院判決99年度判字第178號。

除未得商標權人同意之共同要件外，以下分述之。

第一目 明知爲他人著名之註冊商標，而使用相同或近似之商標，有致減損該商標之識別性或信譽之虞者。（商70一）

依文意分析其主要構成要件可分爲如下：(1)「明知」爲他人著名之註冊商標、(2)有使用相同或近似之商標、(3)有致減損該著名商標之識別性或信譽之情形。

一、明知爲他人著名之註冊商標

所謂「明知」者，應指行爲人確知其所使用之商標，屬於著名商標者，[630]應與民法侵權行爲中主觀歸責要件中，有關「明知而有意使其發生」之故意概念[631]有所區別。即，行爲人除須明知商標權人之商標業經註冊公告外，亦應知悉該商標已達著名之程度，始足當之。惟我國對著名商標之認定，並不採事先審核制，雖商標專責機關訂有「商標法第30條第1項第11款著名商標保護審查基準」，[632]作爲著名商標審查基準，但如系爭商標非經個案認定已屬著名商標者，一般人於事前恐難透過相關審查準則，明確認知系爭商標是否屬於著名商標，如此，如何認定行爲人已符合本款所稱明知之要件，恐有其難度。當然，有關行爲人是否構成「明知」之主觀構成要件，應由請求賠償之著名商標權人負舉證之責任。

所謂著名商標者，是指有客觀證據足以認定，該商標已廣爲相關事業

---

630 經濟部智慧財產局（96）智商0350字第09680283960號函。

631 最高法院92年台上字第535號判決：「……按因侵權行爲所發生之損害賠償請求權，以有故意或過失不法侵害他人之權利，或故意以背於善良風俗之方法，加損害於他人爲成立要件，此觀民法第184條第1項規定即明。所謂故意，係指行爲人對於構成侵權行爲之事實，明知並有意使其發生；或預見其發生，而其發生並不違背行爲人之本意而言。」

632 智慧財產局民國96年11月9日經濟部經授智字第09620031171號令訂定發布，最新修正生效日，民國101年7月1日。

或消費者所普遍認知。按本法對未於國內註冊之著名商標之保護，僅有消極效力之保護，[633]即相同或近似於他人著名商標或標章，有致相關公眾混淆誤認之虞，或有減損著名商標或標章之識別性或信譽之虞者，不得申請註冊。（商30 I十一）但如著名商標於我國內已經註冊，則可依本法第70條第1、第2款之規定享有積極保護。

　　本款保護之著名商標包括國內外著名商標、但以已在我國註冊者爲限，如未經註冊之國外著名商標，則應適用公平交易法第20條第1項第3款[634]相關規定尋求保護。

　　有關著名商標之意義與認定標準，請詳見本書第二章第二節第一款第十一目之說明。

二、有使用相同或近似之商標

　　有關商標之使用、近似商標之相關說明，詳見本書前揭說明。應注意者，本款之使用之對象，並不以使用於與該著名商標指定之同一或類似之商品或服務爲必要。

---

[633] 有關未註冊著名商標之積極保護方面，主要以適用公平交易法第20條第1項第1款之規定予以保護就此商標專責機關有不同意見，認為，就有關著名商標混淆誤認之虞的保護方面，依巴黎公約及TRIPS協定著名商標不論註冊與否皆予以保護，我方將對著名商標保護依註冊與未註冊分別以不同法律提供保護，由於不同的法律有不同的立法目的與構成要件，依註冊與否區分適用的法律並不妥適，因此，在積極阻止他人使用方面，修正草案針對未註冊著名商標的保護方面，擬於商標侵權條款增訂：「未經商標權人同意，而於同一或類似之商品或服務，使用相同或近似於他人著名商標之標識，致相關消費者混淆誤認之虞者，為侵害商標權」的規定參見王美花，商標法修正之芻議，我國商標法修正之芻議，民國96年5月23日，http://www.tipo.gov.tw/trademark/trademark_lawforum_2.asp，閱覽日期，2007/12/13。

[634] 公平交易法第20條第1項第3款：「事業就其營業所提供之商品或服務，不得有左列行為：三、於同一商品或同類商品，使用相同或近似於未經註冊之外國著名商標，或販賣、運送、輸出或輸入使用該項商標之商品者」。

三、致減損著名商標之識別性或信譽之虞

所謂「減損著名商標識別性之虞」係指著名商標之識別性有可能遭受減弱，亦即當著名商標使用於特定之商品或服務，原本僅會使人產生某一特定來源之聯想，但當未取得授權之第三人之使用行為，逐漸減弱或分散該商標曾經強烈指示單一來源的特徵及吸引力時，最後該曾經強烈指示單一來源的商標很有可能將會變成指示二種或二種以上來源的商標，或使該商標在社會大眾的心中不會留下單一聯想或獨特性的印象。所謂「減損著名商標信譽之虞」係指著名商標之信譽有可能遭受污損，亦即因未取得授權之第三人之使用行為，使消費者對著名商標所代表之品質、信譽產生貶抑或負面之聯想[635]。

有關減損著名商標之識別性或信譽之虞其意義與相關理論，請詳見本書前揭說明。

第二目　明知為他人著名之註冊商標，而以該著名商標中之文字作為自己公司、商號、團體、網域或其他表彰營業主體之名稱，有致相關消費者混淆誤認之虞或減損該商標之識別性或信譽之虞者。

依文義分析，本款主要之構成要件為：(1)明知為他人著名之註冊商標、(2)以該著名商標中之文字作為自己表彰營業主體之名稱、(3)致相關消費者混淆誤認之虞或減損該商標之識別性或信譽之虞。有關要件(1)的部分，及要件(3)有關「減損該商標之識別性或信譽之虞」部分，詳見上款之說明，以下僅就要件(2)及「致相關消費者混淆誤認之虞」說明如下。

一、以該著名商標中之文字作為自己表彰營業主體之名稱

如明知為他人著名之註冊商標，則不得以該著名商標中之文字作為自己公司、商號、團體、網域或其他表彰營業主體之名稱。著名商標中之

---

635 智慧財產法院行政判決98年度行商訴字第132號。

「文字」，應指與著名商標中具有識別性之文字而言，即侵權人使用該等具有識別力文字做為自己公司名稱、商號、團體名稱、網域名稱者，始有可能使消費者對著名該商標與侵權人公司之間，產生錯誤之聯想。也唯有如此，始有保護著名商標之必要。至於文字內容是否須以完全「相同」為限？本書認為，應不論是否屬相同或近似之文字內容，凡有造成有減損著名商標之識別性或信譽者，即應屬之。

　　所稱「公司名稱」者，應指依法成之立公司法人，規定於章程並於主管機關登記之名稱。636所稱「商號名稱」者，「商號」應指依商業登記法登記，並以營利為目的，以獨資或合夥方式經營之事業。637商號名稱雖可屬足以表彰營業之主體，638但獨資商號不具法人人格或非法人團體之資格。639所稱「團體名稱」應指依我國人民團體法成立之各類團體，並依法

---

636 公司法第18條第1項：「公司名稱，不得與他公司名稱相同。二公司名稱中標明不同業務種類或可資區別之文字者，視為不相同。」同法第18條第4項：「公司不得使用易於使人誤認其與政府機關、公益團體有關或妨害公共秩序或善良風俗之名稱」；同法第18條第5項：「公司名稱及業務，於公司登記前應先申請核准，並保留一定期間；其審核準則，由中央主管機關定之。」同法第41條第1項第1款：「無限公司章程應載明左列事項：一、公司名稱。」及同法101條第1項第1款、129條第1項第1款。另請參見公司名稱及業務預查審核準則（民國98年7月1日最新修正）第2、5、9條之規定。

637 商業登記法（民國98年1月21日最新修正）第3條：「本法所稱商業，謂以營利為目的，以獨資或合夥方式經營之事業」；第27條：「商業之名稱，得以其負責人姓名或其他名稱充之。但不得使用易於使人誤認為與政府機關或公益團體有關之名稱。以合夥人之姓或姓名為商業名稱者，該合夥人退夥，如仍用其姓或姓名為商業名稱時，須得其同意」；第28條：「I商業在同一直轄市或縣（市），不得使用相同或類似他人已登記之商號名稱，經營同類業務。但添設分支機構於他直轄市或縣（市），附記足以表示其為分支機構之明確字樣者，不在此限。II商號之名稱，除不得使用公司字樣。……」。

638 最高法院92年度台簡上字第37號判決：「……又商號名稱既足以表彰營業之主體，則在票據發票人欄加蓋商號印章，即足生發票之效力」。

639 最高行政法院88年度判字第3677號判決：「……獨資商號不具法人人格或非法人團體之資格，其與商號經營人實為同一人格體……」

記載於其章程之名稱。[640]所稱「網域名稱」者，是指網路上的一特定識別碼，它是由一連串數字組合而成，是網路使用者的技術編碼。因所有與網際網路連線的電腦都有其特定的識別碼，因此只要網際網路使用者輸入某特定的識別碼，即可透過網路找到該特定識別碼的電腦或網路進行聯結，換言之，可依「識別碼」而找到相對應的電腦或網路的功用，與一般日常生活中「地址」的功用相類似。[641]

商標所使用之文字固多以中文為主，然本款規定之擬制侵害行為態樣並不以使用中文為限，若該著名註冊商標中之文字係外文，如未得商標權人同意，而以該外文作為自己公司、商號或團體之外文名稱，或作為進出口廠商向貿易局登記之公司英文名稱時，則相當於本款所規定以著名商標中之文字作為表彰營業主體名稱。[642]

公司名稱、商號名稱[643]與網路名稱，均可使消費者認識自己的營業主體或與其產品產生聯結，同時該等名稱均有一定程度之專用權，[644]可

---

[640] 依人民團體法（最新修正，民國100年6月15日）第12條第1款規定，團體名稱為章程應載明事項之一。

[641] 參見汪渡村，論網域名稱之法律性質及其保護之道，銘傳學刊，第12卷，民國91年6月，頁79-104。另請參見 網際網路位址及網域名稱註冊管理業務監督及輔導辦法）民國92年02月11日發布）第2條第1項第1款、第2款：「本辦法用詞定義如下：一、網際網路位址（Internet Protocol Address）：指為辨識網際網路主機號碼位置所在，依網際網路協定TCP/IP（Transmission Control Protocol/Internet Protocol）所規劃用以分配予主機之位址。二、網域名稱（Domain Name）：指用以與網際網路位址相對映，便於網際網路使用者記憶TCP/IP主機所在位址之文字或數字組合」。

[642] 參見民國100年修法理由。

[643] 臺灣臺東地方法院86年簡上字第4號：「按商號名稱，既足以表彰營業主體，故在票據正面加蓋商號印章，而為發票行為者，已足生簽發票據之效力，不以另經商號負責人簽章為必要，系爭本票上被上訴人公司印文既屬真正，即屬應依票上所載負責。」

[644] 如公司法第18條第1項前段；商業登記法（前揭），第28條：「商業在同一直轄市或縣（市），不得使用相同或類似他人已登記之商號名稱，經營同類業

藉此識別其他相同之營業主體，故有作為表彰營業主體或來源標識之功能，至於其他表彰營業主體或來源之標識者，是指非屬於公司名稱、商號名稱與網路名稱者，但仍具有識別不同營業主體之功能者，如民宿名稱屬之。645

二、致相關消費者混淆誤認之虞

本款所稱「致相關消費者混淆誤認之虞」之情形，係指行為人之公司、商號、團體或網域名稱與著名註冊商標中之文字相同，且其經營之業務範圍與著名註冊商標使用之商品或服務構成相同或類似，有致相關消費

務。」；依「網際網路位址及網域名稱註冊管理業務監督及輔導辦法」授權財團法人台灣網路資訊中心訂定之「註冊管理業務規章」第10條前段：「網域名稱之註冊採先申請先發給原則」。但網域名稱惡意搶註之行為，因屬不法，故無專用權。參見臺灣臺北地方法院91年度訴字第5864號民事判決：「……財團法人台灣網路資訊中心所頒布網域名稱爭議處理辦法第五條規定精神，與美國反網路蟑螂法相去不遠，於認定以他人商標註冊網域名稱者是否具有惡意時，亦係審酌先註冊者所設置之網站是否確實從事經濟活動，以及該網站設置後之目的等因素。因此，原告此一搶先註冊行為，已妨礙被告利用其已登記使用數十年之商標作為網域名稱之權利，而原告註冊系爭網域名稱後，並未從事任何經濟活動，顯見原告註冊之目的，純係用以妨礙被告公司利用其商標註冊為網域名稱，足認原告之行為自有不法」。

645 經濟部智慧財產局民國95年10月03日智商字第09500094440號函：「……復依「民宿管理辦法」第12條及第14條之規定，民宿之名稱為應登記之事項，並不得使用與同一直轄市、縣（市）內其他民宿相同之名稱。因此，具有識別不同民宿來源之功能，應屬前揭商標法第62條所稱：公司名稱、商號名稱、網域名稱以外，表彰營業主體或來源之標識。」；有關以著名商標或表徵作為自己之公司、商號名稱的侵害行為態樣上，經濟部商業司之意見認為，如商標權人依照商標法第62條規定對於侵害行為人取得勝訴確定判決，而被告拒絕辦理公司名稱變更登記時，目前並無相關規範，未來考慮納入公司法第10條規定，增加一款命令解散事由，以落實執行保護智慧財產權之判決。參見智慧財產局，2008年3月25日舉辦之「智慧局協調釐清著名商標及表徵被侵害之法律救濟途徑」會議之決議意見，http://www.tipo.gov.tw/service/news/ShowNewsContent.asp?wantDate=false&otype=1&postnum=15479&from=board，閱覽日期2008/3/01。

者混淆誤認之虞之情形。有關「混淆誤認之虞」其意義與相關理論，請詳見本書前揭說明。

三、明知有本法第68條規定之侵害商標權之虞，而製造、持有、陳列、販賣、輸出或輸入尚未與商品或服務結合之標籤、吊牌、包裝容器或與服務有關之物品

除認定直接侵害商標權之行為外，商標侵權之準備、加工或輔助行為，本法認為亦有規範之必要，故將明知有本法第68條侵害商標權之虞，卻仍予以製造、持有、陳列、販賣、輸出或輸入尚未與商品或服務結合之標籤、吊牌、包裝容器或服務有關之物品之行為，視為侵害商標權之行為。另除侵權人以外第三人所為商標侵權之加工或輔助行為外，侵權人本身所為之準備行為亦屬本項規範之行為。

第三款　損害額之計算

商標權人請求損害賠償時，得就下列各款擇一計算其損害：(1)依民法第216條規定。但不能提供證據方法以證明其損害時，商標權人得就其使用註冊商標通常所可獲得之利益，減除受侵害後使用同一商標所得之利益，以其差額為所受損害。(2)依侵害商標權行為所得之利益；於侵害商標權者不能就其成本或必要費用舉證時，以銷售該項商品全部收入為所得利益。(3)就查獲侵害商標權商品之零售單價一千五百倍以下之金額。但所查獲商品超過一千五百件時，以其總價定賠償金額。(4)以相當於商標權人授權他人使用所得收取之權利金數額為其損害。（商71 I）如依上述各款決定之賠償金額顯不相當者，法院得予酌減之。（商71 II）所謂賠償金額顯不相當，是指依上述各款所計算之賠償金額，顯然與侵權人實際因侵權所得之利益相差甚大時，本法為兼顧雙方公平，特賦予法院得斟酌減少賠償

金額之權。[646]

　　依本法規定商標權人得主張損害賠償範圍之計算方法，應可分為，差額說（具體損害說，包括所受損害及所失利益）、總價額說、總利益說、零售價多倍賠償制、授權金說等。以下分述之：

第一目　具體損害及差額說

一、所受損害

（一）意義

　　依本法第71條第1項第1款規定，商標權人可依民法第216條規定主張其損害賠償範圍。但不能提供證據方法以證明其損害時，商標權人得就其使用註冊商標通常所可獲得之利益，減除受侵害後使用同一商標所得之利益，以其差額為所受損害。按民法第216條規定之損害包括所受損害及所失利益，[647]稱所受損害者，是指現存財產因損害事實之發生而被減少，屬於積極的損害。所失利益者，是指新財產之取得，因損害事實之發生而受有妨害，屬於消極的損害。[648]不論「所受損害」或「所失利益」，性質上均屬於「損害」的一種，而所謂損害者，並無法精確的加以定義，一般應

---

646 臺灣高等法院86年度上字第516號民事判決。

647 民法第216條：「1.損害賠償，除法律另有規定或契約另有訂定外，應以填補再權人所受損害及所失利益為限。2.依通常情形或依已定計畫、設備或其他特別情事，可得預期之利益，視為所失利益」。

648 最高法院48年台上字第1934號判例：「……民法第216條第1項所謂所受損害，即現存財產因損害事實之發生而被減少，屬於積極的損害。所謂所失利益，即新財產之取得，因損害事實之發生而受妨害，屬於消極的損害。本件被上訴人以上訴人承攬之工程違約未予完成，應另行標建，須多支付如其聲明之酬金，並非謂房屋如已完成可獲轉售之預期利益，因上訴人違約而受損失，是其請求賠償者，顯屬一種積極損害，而非消極損害……」。

指被害人之財產狀態或精神狀態發生不利益之情形，[649]基於上述抽象定義，損害之概念遂有「差額說」與「規範意義的損害論」兩主要理論之對立。差額說認為，應比較被害人損害事故發生後與如其損害未發生時，兩者間財產狀況之差額，並以該差額作為被害人之損害額，考量之因素應及於被害人全部有利、不利之因素，甚或被害人個人特殊之因素。[650]另「規範意義的損害論」則認為，損害之決定或成立，應以法律規範之意義或立法政策、價值為基礎判斷之，凡法律所保護之客體遭受侵害時，縱被害人財產利益無差額損失，亦不影響其損害之成立。[651]無論採「差額說」與「規範意義的損害論」之見解，均有應商榷之處，批評差額說理論主要論點為：①差額說僅論利益受損之多寡，未論個別損害狀態，與一般社會生活經驗有別；②非財產上之損害難以適用差額說理論計算其損害額，因其無法以客觀數據作為計算之基礎；③差額說常因其他法律規定而無法完全適用，如損益相抵問題等。[652]至於規範意義之損害論最受批評之處，是該理論對損害之意義，並未提出特定法律規範之意涵，諸多學者之見解亦屬分歧，致無法以統一之法律概念加以說明。[653]本書認為，就概念完整性而言，似採差額說為當。

（二）損害範圍之決定

損害之範圍如何確定？如屬約定之賠償範圍爭議較少，法定賠償之

---

649 若林三奈，法的概念損害意義（一）－ドイツにおける判例の檢討を中心に，立管法學，248號，1996年，頁684以下。
650 有關差額說理論，詳見 曾世雄，損害賠償法原理，自版，1989年，頁30以下；詹森林，物之抽象使用利益之損害賠償，台大法研所碩士論文，1984年。
651 曾世雄，損害賠償法原理，同前註，頁38-42；詹森林，物之抽象使用利益之損害賠償，同前註，頁106-108。
652 曾世雄，同前註。
653 曾世雄，同前註。

損害範圍，則常產生爭議。上述爭議之解決，學說上有限制賠償原則[654]與完全賠償原則[655]等主要理論，我國民法似採完全賠償原則，[656]但如嚴格貫徹完全賠償原則之理論，將造成加害人之損害賠償義務漫無限制等不妥之結果，故有必要以因果關係理論限制完全賠償原則之損害賠償範圍之必要。[657]本書認為，商標權人主張損害賠償範圍時，仍應舉證證明損害之發生與有責任原因之事實間具有因果關係。[658]按因果關係之存在，雖亦屬商標侵權行為構成要件之一，[659]但因果關係亦有限制商標侵權損害範圍之機能，[660]因此，侵權行為之因果關係，可分為構成要件與侵權責任二獨立階

---

654 限制賠償原則主要內容是指，債務人因債務不履行致債權人受有損害者，債務人僅就其行為之直接結果負損害賠償義務，換言之，賠償範圍僅限於違約行為於通常情形下所造成之損害，然損害之發生賠償義務人於訂約時已預見或可得而見者，則不在此限。上該原則於侵權行為損害賠償制度亦有適用。參見森島昭夫，損害賠償の範圍，ジュリスト，885期，1987年5月，頁50-57。

655 完全賠償原則係指，損害賠償義務人有回復原狀之損害賠償義務，如無法回復原狀者，債權人得請求一定必要之金額以代賠償，因此無論損害是否屬直接抑或間接、是否可預見，均屬損害之範圍。參見 吉田信一，H.L.A.ハートとT.オノレの法的因果関係論，国際教養学部紀要，VOL.1，2005年3月，頁179-180。。

656 民法第213條第1項：「負損害賠償責任者，除法律另有規定或契約另有訂定外，應回復他方損害發生前之原狀」。

657 邱聰智，民法債編通則，自版，1993年8月，頁225。。

658 臺灣高等法院94年度智上字第29號民事判決：「……查○○公司雖銷售印有「KINKI」商標之外包裝盒其內裝有仿品軟管染髮劑，已如前述。惟○○公司無法證明○○公司取消系爭訂購單（見本院卷第82頁之訂單）與其銷售仿品之行為有相當因果關係，尚難遽認○○○公司得請求取銷訂單之所失利益，○○○公司復無法舉證證明其所失利益為50萬8,800元。是○○○公司所為之上開主張，委不足取」。

659 最高法院23年上字第107號判例：「……甲之行為與乙之死亡間，縱有如無甲之行為，乙即不致死亡之關係，而此種行為，按諸一般情形，不適於發生該項結果者，即無相當因果關係，自不得謂乙係被甲侵害致死」；最高法院87年台上字第154號判決；最高法院96年度台上字第2032號民事判決。

660 德國學說即將之區分為「責任成立的因果關係」和「責任範圍的因果關係」，

段加以討論，661以下就侵權責任之因果關係加以論述。

（三）侵權責任因果關係之內涵

　　有關侵權責任範圍因果關係之內涵，有下列主要學說，(1)直接結果說：該說認為，侵權人僅就其行為之直接損害結果負賠償責任，至於對該結果是否有其預見性，並非所問。662(2)可預見性理論：該說認為，侵權

　　前者屬於侵權行為構成要件部分，後者屬於侵權行為損害賠償範圍之法律效果部分。參見水野　謙，因果關係概念の意義と限界—不法行為帰責論の再構成のために，有斐閣，2000年，頁112-130；王澤鑑，侵權行為第一冊-基本理論-一般侵權行為，自版，1998年，頁212-216。

661 實務上亦有少數之見解明示其旨，參見臺灣臺北地方法院87年度國貿字第25號民事判決：「……要主張「損害」，首先應就「損害」與「損害額」（或損害範圍）之不同予以說明及區分。就損害之發生及其性質而論，一般侵權行為損害賠償之觀念，於證明被害人受有損害時，即分析且涵射侵權行為之構成要件時，被害人僅須證明其確有權利，或其他法律所保障之利益存在，且該權益確係受到他人不法之侵害，即完成證明權利人受有損害之舉證責任。換言之，損害之發生與權益之受侵害本係一體之兩面，當權益受他人侵害時，亦同時代表著權利人之權益因他人之侵害而產生不完滿之狀態。此一不完滿狀態之嚴重性高低，則決定下述損害額或損害賠償之範圍。易言之，我們可以說證明損害發生之舉證責任，就是在證明權利人合法權益遭受他人不法侵害之事實。…次就損害額而論，權利人係於已證明其權益確受他人侵害致生損害後，於實際請求損害賠償時，則再對損害之範圍盡其舉證責任，證明所受之損害額，進而向侵權行為人求償。即便如非財產上損害賠償性質之慰撫金，縱客觀上無法正確估量一明確之數字，亦屬損害額計算層次之問題，絕不可將「損害額」之不易計算與「無損害」畫上等號」。

662 所謂直接結果，是指在既有條件，且無獨立的外力原因介入下，由被告行為之效用導致之結果，而本理論最大之缺憾是如何判斷何謂直接結果或是間接結果，並非容易。Beale Joseph,The Proximate Consequences of an Act, 33 HARVARD LAW REW.633,635（1920）；Carpenter Charles,Workable Rules for Determining Proximate Cause, 20 CALIFORNIA LAW REW.229,230-232（1932）；Edgarton Henry,Legal Cause ,72 UNIVERSITY OF PENNSYLVANIA LAW REW.221,225（1924）；Epstein Richard,Theory of Strict Liability,2 JOURNAL OF LEGAL STUDIES.151,161-162（1973）.

人僅就其可預見之損害後果承擔賠償責任，如事先無法預見，則無庸承擔賠償責任。[663]該理論主要內容為：①於通常情形下，被害人發生之損害須屬於可被合理預見之侵權行為危險範圍內，即如屬於可預見的損害，被告應負賠償責任；②對人身權、財產權等絕對權之損害，侵權人僅合理預見其損害之種類即應負責，如屬財產損失之損害，則侵權人僅就其合理預見範圍內之損失負損害賠償責任；③如發生損害的可能性相當明顯且相對預防措施之成本不高，則縱使侵權人預見損害發生的可能性低，仍需負擔賠償責任；④繼續性之損害如與已被預見且與侵害人應採取預防措施的損害屬相同之種類，則縱侵害人原預見範圍不包括該繼續性侵害，侵害人仍需負全部賠償責任。[664](3)相當因果關係說：該說認為，侵權行為與損害間具有因果關係，應具備二要件：①行為發生之時間為損害發生之不可欠缺的條件；②該侵權行為使損害發生的客觀、實質可能性昇高。相當因果關係理論主要重點，是著重侵權行為人之不法行為對社會產生影響之現實狀態，且該不法行為增加或改變現實之危險程度，因此適用該理論時應注意：①應先決定發生結果之條件，其就損害之發生而言是否為不可欠缺的條件；②侵權人之行為是否增加被害人客觀上發生損害之可能性；③無其他異常獨立之原因介入[665]；④決定是否屬相當因果關係時，不應以事實上因果律之標準判定之，應基於符合一般人民法律感情之法律政策觀為基

---

663 FORESEEABILITY -「A key issue in determining a person's liability.If a defendant could not reasonably have foreseen that someone might be hurt by his or her actions,then there may be no liability.」,available at,http://www.lectlaw.com/def/f053.htm,last visit,2008/02/08.

664 Symeon C. Symeonides ,Rome II and Tort Conflicts: A Missed Opportunity,56 AM. J. COMP. L.173,211-213（2008）；參見孫相義、孫衛國，論侵權行為法中的因果關係，www.dokg.com，閱覽日期，2008/02/12。

665 植田 博，判例にあらわれた因果理論について，修道法学28巻1号，2005年，頁48-49。

礎，公平地認定行為人之賠償責任。[666](4)法規目的說：該說認為，應以法規範之意旨及其保護之法益為何，決定侵權行為所產生之損害賠償責任範圍。換言之，並非侵權人之行為，一旦形式上違反契約或法律規定者，即須負擔全部之法律責任，必須被侵害之法益屬法規範保護之目的或侵害人違反法律規定之行為義務者，始負損害賠償責任。[667](5)義務射程說：該說認為侵權行為責任原因可分為，具故意的意思性侵權行為與過失侵權行為。[668]於具故意之意思性侵權行為，侵權人不僅對其意圖性之結果，且須就與其具有事實性因果關係之所有的損害，負損害賠償責任。至於過失侵權行為應考慮：①被侵害法益之程度；②比較侵權行為對社會產生之危險性與可能產生之效益，並依此判斷被害人之損害，是否處於侵權行為人避免義務所及的射程距離內，以決定該損害是否應受保護。[669]

商標權人因特定之商標侵權行為所受積極損害其因果關係應如何決定，為相當複雜之問題，本書認為，應綜合前述之相當因果關係理論與法規目的說理論，個案決定之。

二、所失利益

(一)意義

如前所述，所失利益者是指因損害事實之發生，而使新財產之取得受有妨害，性質上屬於消極的損害。民法第216條所稱所失利益損害，應

---

666 中野貞一郎，相当因果関係の蓋然性と損害賠償額，別冊ジュリスト，36号，続民事訴訟法判例百選，1973年，頁169；王千維，民事損害賠償責任法上因果關係之結構分析以及損害賠償之基本原則，政大法學評論，60期，1998年，頁204-205。

667 參見蕭乃菁，相當因果關係說與法規範目的說，中興大學（現為台北大學）法研所碩士論文，1986年。

668 孫相義、孫衛國，論侵權行為法中的因果關係，同註22。

669 平井宜雄，因果関係論，現代損害賠償法講座1，日本評論社，1976年，頁109-110。

符合下列要件，①屬於損害：所失利益性質上屬於損害之一種，故應先確定被害人受有損害。換言之，應先判斷侵害人之特定侵害行為，是否造成被害人法律意義上之損害，再以相當因果關係及法規目的說等理論（如前述），確定損害賠償之範圍；②所失利益必須是可得預期之利益：所失利益之意義，是指因損害事實之發生，致受害人原本應增加之財產或利益，因而未增加者，惟所謂所失之利益，範圍頗難確定，故以依通常情形或依已定之計劃、設備或其他特別情事，可得預期之利益為準，以防無益之爭議。[670]但上該所失利益亦不以被害人已確定取得之利益為必要，只要依一般或特別之情事，認為已具有「客觀蓋然性」或「客觀確定性」[671]之利益（屬可得預期之利益）者，即屬所失利益。換言之，凡依外部客觀情事觀之，足認其已有取得利益之可能，但因責任原因事實之發生，致不能取得者，即為所失之利益，應由侵害人負賠害賠償責任，因此單純之希望或可

[670] 參見民法第216條規定立法理由（民國18年11月22日）：「查民律草案第386條理由謂賠償損害者，不外填補債權人所失法律上之利益而已，其範圍以填補債權人所受之損害及已失之利益為限。惟所謂已失之利益，範圍頗難確定，故以依通常情形或依已定之計劃、設備或其他特別情事，可得預期之利益為準，以防無益之爭議。此本條所由設也。」；另請參見馬維麟，損害賠償之範圍（上），萬國法律，86期，1996年4月，頁14-29；馬維麟，損害賠償之範圍（下），萬國法律，87期，1996年6月，頁25-32；馬維麟，損害賠償法之原理—我國最高法院歷年來判決之檢討與分析，法學叢刊，41卷1期，1996年1月，頁40-60。
[671] 最高法院79年台上字第249號判決：「按侵權行為損害賠償請求權，以受有實際損害為要件，若無損害，即無賠償可言。而損害分為積極損害與消極損害，前者指既存財產之減少，後者指新財產之取得，因他人之侵權行為而受損害。又所謂「所失利益」，必須依通常情形或依已定之計劃、設備或其他一切情事，可得預期之利益；故必須有客觀的確定性，若僅有取得利益之希望或可能，則無「所失利益」可言。」

能之利益、[672]僥倖偶然可能之事，[673]均非屬所失利益之範圍。

（二）所失利益範圍之決定

損害賠償所失利益中之範圍，於一般財產侵權損害賠償時較容易決定，但抽象商標權受侵害時，何者屬所失利益，將有討論空間，本書認為，商標侵權之所失利益，除應符合上述所失利益之要件外，同時亦須考量商標權之特性決定之，而下列情形應可屬商標侵權所失利益之範圍：①商標品原先於市場上之占有率，因侵害商標權之商品進入市場參與競爭，所造成市場占有率下降之範圍；②因侵害商標權之商品之不當競爭，致商標品之價格無法提高甚或下降、商標品之銷售量因而減少或應提昇而未提昇等損失；③為使消費者分辨商標品與侵權商品間之區別，商標權人因而

---

[672] 最高法院89年台上字第249號判決：「損害賠償，除法律另有規定或契約另有訂定外，須填補債權人所受損害與所失利益。而依通常情形，或依已定之計劃、設備，或其他特別情事，可得預期之利益，視為所失利益，民法第216條第1、2項定有明文。準此，凡依外部客觀情事觀之，足認其已有取得利益之可能，因責任原因事實之發生，致不能取得者，即為所失之利益，應由債務人賠償，不以確實可取得之利益為限」。另如買賣契約生效後因債務人遲延履行，致債權人無法轉售，期間該產品轉售價格上漲，債權人因無法轉售，致原本可能因轉售而可獲得之利益，無法獲得。性質上債權人之轉售利益僅屬一種不具客觀確定性之可能，故非屬所失利益。參見孫森焱，民法債編總論，三民書局，1990年修訂版，頁328；王伯琦，民法債編總論，三民書局，1985年9月，頁143；另請參見最高法院91年台上字2576號判決：「損害賠償，除法律另有規定或契約另有訂定外，應以填補債權人所受損害及所失利益為限。依通常情形，或依已定之計劃、設備或其他特別情事，可得預期之利益，視為所失利益。民法第216條第1項、第2項定有明文。所失利益之範圍，既以該條規定者為限，則債權人是否受有該項消極之損害，自應依具體事實認定之。原審依據買賣雙方交易及履約情形，認上訴人所稱系爭房地嗣後經法院拍賣之價額與其買受價額之差額，非屬上開規定所稱「所失利益」之範圍，關於此項事實之認定，自無違背法令可言。」

[673] 如因彩券所贏得之彩金，屬僥倖、偶然可能之事，並不符合所失利益之概念。參見史尚寬 債法總論，自版，1973年，頁291。

所付出之額外費用等。[674]另商標權通常可以獲得之授權金、因商標侵權行為致損及商標權人在同一時、地銷售商標品獲利之機會等因素，於考量商標侵權事件之可預期利益範圍時，應加以斟酌。[675]

第二目　差額說

一、意義

差額說理論是比較商標權人於侵害行為發生前通常可獲得之利益，與侵害發生後實際所獲得的利益，以其間之差額做為商標權人損害之範圍。該理論最大之困難點是商標權人必須證明，其實施商標權通常所可獲得之利益為何？受害後實施同一商標權所得之利益為何？因上述事項之計算與舉證相當困難，故難有實效。[676]本法第71條第1項第1款但書有關「不能提供證據方法以證明其損害時，商標權人得就其使用註冊商標通常所可獲得之利益，減除受侵害後使用同一商標所得之利益，以其差額為所受損害」之規定，似採差額說之理論。但本法第71條第1項第1款係以民法第216條作為損害額之計算標準，其內容應已包括所受損害及所失利益等損害，其所受損害範圍之判斷，亦以差額說為主要理論依據（見本文前述）。故詮釋本法第71條第1項第1款但書之規定時，可能產生下列疑義，即商標權人

---

[674] 王謝春編，知識產權侵害賠償，中國經濟出版社，1997年，頁73。

[675] 最高法院93年度台上字第385號民事判決：「……究竟拼圖製造業之利潤如何？銷售系爭拼圖通常可得利益若干？謝00在授權期間內是否毫無出貨？銷售量是否因拼圖有其流行性而隨時間下降？均攸關所失利益之計算，即應由原審詳為調查審認」；臺灣高等法院86年度重上字第273號民事判決：「……上訴人主張依該條項第一款前段以授權使用商標之權利金為計算方法，雖此權利金與該款前段所規定依民法216條之所受損害及所失利益尚屬有間，惟要非不可據此為酌減賠償額之依據」。

[676] 蔡東廷，論我國侵害商標權之民事責任及商標權人應有之準備，http://www.tipo.gov.tw/attachment/monthly/91-48/論我國侵害專利權之民事責任及專利權人應有之準備）91-48）.doc，閱覽日期2006/11/02/。

得主張「使用註冊商標通常所可獲得之利益，減除受侵害後使用同一商標所得之利益」之差額損害，其究屬「所受損害或所失利益」之範圍？或是獨立於「所受損害或所失利益」以外之損害範圍？另依民法第216條之規定，有關損害賠償之計算範圍，應由被害人負舉證責任，但因被害人就所失利益之舉證相當困難，故民法第216條第2項始特別規定，凡依通常情形，或依已定之計劃、設備或其他特別情事，可得預期之利益，「視為」所失利益，用以減輕被害人之舉證責任，但本法第71條第1項第1款但書卻規定，凡「不能提供證據方法以證明其損害時」，即可「……以其差額為所受損害」，如就上述但書文義解釋而言，可否認為，被害人必須不能提供證據方法以證明其損害時，始得以其差額作為所受損害？另被害人是否仍須證明其差額之範圍？[677]如此，既以被害人不能提供證據方法證明其損害為前提，則如何要求被害人應舉證證明其差額損害之範圍，其間似有嚴重矛盾。

---

[677] 實務上採肯定見解，參見最高法院93年度台上字第358號民事判決：「按修正前商標法第66條第1項第1款但書規定，商標專用權人不能提供證據方法以證明其損害時，商標專用權人，得就其使用註冊商標通常所可獲得之利益，減除受侵害後使用同一商標所得之利益，以其差額為所受損害。準此，商標專用權人訴請賠償損害時，仍應就其使用註冊商標通常所可獲得之利益，及因該商標受侵害後使用同一商標所得之利益之利己事實負舉證之責」；但本書認為，受害人如已證明受有損害而不能證明損害之數額時，法院應斟酌損害之原因及其他一切情事，依自由心證定其數額。參見最高法院86年度臺上字第2582號民事判決：「次按損害賠償，除法律另有規定或契約另有訂定外，不僅須填補債權人所失利益，並須填補債權人所受損害，民法第216條規定甚明。又當事人已證明受有損害而不能證明損害之數額時，法院應斟酌損害之原因及其他一切情事，依自由心證定其數額，最高法院著有21年上字第972號判例。四維公司仿造被上訴人獲有新型專利之免刀膠帶，在市場上競銷，使被上訴人獲利因而減少，自受有損害，參酌被上訴人與中日塑膠有限公司及亞洲化學股份有限公司間就仿造系爭專利品請求損害賠償之另案民事確定判決，均係以財政部所頒營利事業各業同業利潤標準作為計算被上訴人所受損害及所失利益之標準，認本件亦應以此標準計算，始為相當。」

如上述，民法第216條第1項所稱「所失利益」，是指因損害事實之發生而使其新財產之取得受有妨害，屬消極的損害。[678]故「商標權人得就使用註冊商標通常所可獲得之利益，減除受侵害後使用同一商標所得之利益」之差額利益損失，應屬「所失利益」之範圍。[679]但同條項之本文既已規定被害人可依民法第216條之規定，作為計算損害額之標準，但卻於同條項之但書規定，商標權人不能提供證據方法以證明其損害時，得就其實施商標權通常可獲得之利益，減除受害後實施同一商標權所得之利益，以其差額為所受損害，則立法體例上可否認為，有意將本法第71條第1項第1款但書規定，作為獨立計算方法之類型。本書認為，如從文義規定而言，應以肯定見解為宜，因同條項但書規定之差額利益，其性質雖屬民法第216條規定所失利益之範圍，但既以但書形式加以規定，兩者應為獨立、不同之適用。

二、適用要件

受侵害之商標權人，是否須以不能提供證據方法用以證明其損害為要件，始可主張差額利益作為其損害額，如依嚴格之文義解釋，似應以肯定說為宜。換言之，如有證據足以證明商標權人所受之實際損害（包括積

---

[678] 最高法院48年台上字第1934號判例。

[679] 實務上似採相同見解，參見最高法院93年度台上字第358號民事判決：「按修正前商標法第66條第1項第1款但書規定，商標專用權人不能提供證據方法以證明其損害時，商標專用權人，得就其使用註冊商標通常所可獲得之利益，減除受侵害後使用同一商標所得之利益，以其差額為所受損害。準此，商標專用權人訴請賠償損害時，仍應就其使用註冊商標通常所可獲得之利益，及因該商標受侵害後使用同一商標所得之利益之利己事實負舉證之責。……於謝OO未就其銷售系爭拼圖通常所可獲得之利益為售價四成之主張為舉證前，原審未遑詳加調查，徒以系爭拼圖售價不高、多重製作流程以及拼圖市場之獲利有限，遽為通常可獲利益為售價一成而分別為謝OO及笙旺公司等一部不利之認定，亦嫌率斷。究竟拼圖製造業之利潤如何？銷售系爭拼圖通常可得利益若干？謝OO在授權期間內是否毫無出貨？銷售量是否因拼圖有其流行性而隨時間下降？均攸關所失利益之計算，即應由原審詳為調查審認。……」。

極損害及消極損害）之範圍，則商標權人自應以實際損害為請求範圍，惟因商標權人無法提供證據方法證明其損害額時，商標權人始得以上述之差額利益做為損害額。但本書認為，如如採上述肯定解釋，可能產生謬誤之結論，因商標權人原已可依民法第216條之規定，主張該差額利益為損害額，但如依本法第71條第1項第1款但書規定，商標權人如有證據方法證明其損害額時，則反而不能以上述之差額利益作為其損害之範圍。本書認為，本法第71條第1項第1款但書之性質既屬損害賠償範圍之計算標準，[680]故商標權人仍須證明其確有遭受損害，惟於無法證明其損害數額時，則可以上述差額利益，作為請求損害賠償之最低範圍，惟法院實務上，仍認為商標權人訴請賠償損害時，仍應就其使用註冊商標通常所可獲得之利益，及因該商標受侵害後使用同一商標所得之利益之利己事實負舉證之責，但誠如上述，商標權人既能舉證上述之利己事實，則實際上應已能證明其實際之損害額，故上述實務見解，頗值商榷。[681]

三、舉證責任

依實務見解，[682]商標權人主張本法第71條第1項第1款但書規定之差額利益，仍有「使用註冊商標通常所可獲得之利益」、「減除受侵害後使用同一商標所得之利益」等待證事項。然有問題者，上述待證事項應由誰負

---

680 最高法院89年台上字1754號判決。

681 本書認為，商標權人請求損害賠償時，原則上固應證明其損害之範圍，但實際上無法證明時，只要已證明確實受有損害，法院仍應斟酌損害之原因及其他一切情事，依自由心證定其損害之數額，但商標權人可主張本法第63條第1項但書規定，要求法院應斟酌損害之原因及其他一切情事，以自由心證決定商標權人實施商標權通常可獲得之利益，減除受害後實施同一商標權所得之利益，作為被害人之損害額。參見最高法院21年上字第972號判例：「⋯⋯當事人已證明受有損害而不能證明損害之數額時，法院應斟酌損害之原因及其他一切情事，作自由心證定其數額，不得以其數額未能證明，即駁回其請求」；參見最高法院86年度臺上字第2582號民事判決。

682 最高法院93年度台上字第358號民事判決。

舉證責任？如依請求人應負舉證責任之舉證責任基本分配原理而言，自應由商標權人負舉證責任。[683]本書認為，商標權人至少須就下列事項加以舉證：①商標權人具有滿足市場需求之使用註冊商標之能力：依同條項但書規定，既以商標權人「使用註冊商標」通常可獲得之利益為計算基礎，則

---

[683] 最高法院93年度台上字第358號民事判決：「……按修正前商標法第66條第1項第1款但書規定，商標專用權人不能提供證據方法以證明其損害時，商標專用權人，得就其使用註冊商標通常所可獲得之利益，減除受侵害後使用同一商標所得之利益，以其差額為所受損害。準此，商標專用權人訴請賠償損害時，仍應就其使用註冊商標通常所可獲得之利益，及因該商標受侵害後使用同一商標所得之利益之利己事實負舉證之責」。但本書認為，該但書適用要件既明訂為，商標權人「無法提供證據方法證明損害」，始請求但書規定之差額利益，然商標權人既能證明其差額損失範圍，因差額損失既屬損害範圍之概念，則商標權人既能證明差額損害之範圍，似不能符合「無法提供證據方法證明損害」之要件。另有關舉證責任之分配，雖當事人主張有利於己之事實者，就其事實有舉證之責任，然依民事訴訟第277條規定：「當事人張有利於己之事實者，就其事實有舉證之責任。但法律別有規定，或依其情形顯失公平者，不在此限」。為因應傳統型及現代型之訴訟型態，尤以公害訴訟、交通事故，商品製造人責任及醫療糾紛等事件之處理，如嚴守本條所定之原則，難免產生不公平之結果，使被害人無從獲得應有之救濟，有違正義原則。是以受訴法院於決定是否適用該條但書所定公平之要求時，應視各該具體事件之訴訟類型特性暨待證事實之性質，斟酌當事人間能力、財力之不平等、證據偏在一方、蒐證之困難因果關係證明之困難及法律本身之不備等因素，透過實體法之解釋及政策論為重要因素等法律規定之意旨，較量所涉實體利益及程序利益之大小輕重，按待證事項與證據之距離、舉證之難易、蓋然性之順序（依人類之生活經驗及統計上之高低），並依誠信原則，定其舉證責任或是否減輕其證明度，進而為事實之認定並予判決，以符上揭但書規定之旨趣，實現裁判公正之目的。若與該條但書所定之本旨不相涉者，自仍適用該本文之規定。另縱有同條但書所定，依其情形顯失公平之情事，僅不受上述舉證責任分配原則之限制而已。亦即於斯時該當事人之舉證責任，究應減輕或予以免除？或轉換由他方當事人為之？法院應本於誠實信用原則，斟酌各種具體客觀情事後，以為認定。非謂因此得將舉任責任一概轉換予否認其事實之他方當事人負擔，始符公平正義之本旨。參見最高法院99年台上字第408號；最高法院99年度台上字號第575號判決。

被害人自應以有使用註冊商標爲前提，故如商標權人自始無使用註冊商標
之能力，自無從因使用該註冊商標而獲利[684]；②市場對商標產品之需求程
度：欲探求使用註冊商標通常可獲得之利益，須先探求市場對商標品之需
求程度（市場占有率）。按使用商標之獲利範圍，應以其交易數量與交易
價格爲計算基礎，如單純以使用商標商品之供給量爲基礎，並無法決定商
標品其於市場上可能之交易量或交易價格，尚須一併考量商標品市場之需
求量。至於市場需求量之評估標準，往往以商標品可能之市場占有率爲基
準，學理上衡量市場佔有率常用的方法有整體市場佔有率、服務市場佔有
率、相對市場佔有率、對比市場佔有率等方法[685]；③市場上存在可被消費
者接受之合法商標代替品之情形：市場上如有合法存在之商標代替品時，
因消費者可自由選擇非商標品之代替品，故一旦市場存有該代替品將影響
商標權人獲利之空間。至於是否構成代替品之判斷方法，經濟學上常以產

---

[684] 最高法院93年度台上字第358號民事判決：「……關於給付金錢之損害賠償部
　　分：按修正前商標法第66條第1項第1款但書規定，商標專用權人不能提供證據
　　方法以證明其損害時，商標專用權人，得就其使用註冊商標通常所可獲得之利
　　益，減除受侵害後使用同一商標所得之利益，以其差額為所受損害。準此，商
　　標專用權人訴請賠償損害時，仍應就其使用註冊商標通常所可獲得之利益，及
　　因該商標受侵害後使用同一商標所得之利益之利己事實負舉證之責。…再者，
　　於謝00未就其銷售系爭拼圖通常所可獲得之利益為售價四成之主張為舉證前，
　　原審未遑詳加調查，徒以系爭拼圖售價不高、多重製作流程以及拼圖市場之獲
　　利有限，遽為通常可獲利益為售價一成而分別為謝00及笙旺公司等一部不利之
　　認定，亦嫌率斷。究竟拼圖製造業之利潤如何？銷售系爭拼圖通常可得利益
　　若干？謝00在授權期間內是否毫無出貨？銷售量是否因拼圖有其流行性而隨時
　　間下降？均攸關所失利益之計算，即應由原審詳為調查審認。兩造各就其不利
　　部分（謝00僅就其被駁回之一千零五十萬元本息部分），指摘原判決此部分不
　　當，求予廢棄，非無理由。」
[685] 常用市場佔有率的衡量方法有如下四種：1.整體市場佔有率、2.服務市場佔有
　　率、3.相對市場佔有率、4.對比市場佔有率。參見胡建績，企業經營戰略管
　　理，復旦大學出版社。http://www.beidabiz.com/bbdd/kmsjk/kmsjk_zlgl/1005/100
　　54/100542/1005424/5006.htm，閱覽日期2007/5/12。

品替代彈性係數，作爲認定產品替代性相關程度的衡量標準，但法律實務上，通常以價格或產品之機能作爲衡量比較之基礎。[686]

如上所述，商標權人應證明其使用商標通常可獲得之利益，與被侵害後實際所得之利益範圍後，始能計算兩者之差額。如依文義「減除受害後使用同一商標權所得之利益」之規定而言，商標權人似亦應證明其商標權受害後，使用其商標實際上所得之利益，而不能僅主張可能、抽象之獲利，但採上述嚴格之文義解釋，將嚴重限縮商標權人得請求之範圍，本書認爲，商標權人如已證明受有損害而不能證明其數額或證明顯有重大困難者，法院仍應依上述原則審酌一切情況，依所得心證定其數額。[687]

第三目　總利益說及總價額說

商標權人可以侵害商標權行爲所得之利益作爲其損害之範圍，如侵害商標權之人不能就其成本或必要費用舉證時，以銷售該項商品全部收入爲

---

[686] 經濟學上常以產品替代彈性作爲認定產品替代性相關程度的衡量標準，可分需求面與供給面不同之因素作爲考量基準。需求彈性面考量之因素較重要者有：消費者主觀的感覺與好惡、大眾消費習慣、產品價格彈性、價格差距與交叉彈性、產品品質特性及用途的近似程度、產品生命週期、行銷管道與方式、市場結構、景氣循環等因素；供給彈性面考量之因素較重要者有：經營策略與追求利潤之動機、產品可否從國外進口與時效、產品供給價格之彈性、原料來源、生產技術與方法之相似程度、產品耐久性與生命週期、產品價值、成本結構、相關產品之產業政策、相關產品轉換生產之可能性。參見 汪渡村，公平交易法，五南出版社（二版），2008年，頁28。

[687] 臺灣高等法院臺中分院95年度智上字第16號民事判決：「……按當事人已證明受有損害而不能證明其數額或證明顯有重大困難者，法院應審酌一切情況，依所得心證定其數額，爲民事訴訟法第222條第2項亦有明定。……」；另參見日本商標法第39條準用特許法第105条の3「特許權又は專用実施權の侵害に係る訴訟において、損害が生じたことが認められる場合において、損害額を立証するために必要な事実を立証することが当該事実の性質上極めて困難であるときは、判決所は、口頭弁論の全趣旨及び証拠調べの結果に基づき、相当な損害額を認定することができる」。

所得之利益。（商71 I 二）上述規定係以總利益說為原則並兼採總價額說理論，如依民法第216條規定主張損害賠償，商標權人要證明因果關係，以確定其損害額並獲得完全之賠償，並不容易。因此，為強化商標權之保護與減輕商標權人因果關係之舉證責任，遂有將商標侵權人因侵權所得之利益，推定為商標權人損失之規定。[688]

所謂總利益說，是指以侵害商標權行為所得之所有利益作為其損害之範圍，而總價額說，是指以商標侵權人銷售該商標品全部收入作為商標權人之損害，但商標品是否銷售成功，商品本身價值雖屬關鍵，然侵害人本身所投下之勞力、行銷甚或創意等無形之成本亦屬重要，[689]故完全採總價額理論，對侵害人相當不利，本法因此規定，侵害人所能舉證之成本及必要費用可從總價額內扣除，僅以侵害人侵害商標權所得之淨利作為賠償數額。但總利益說主要缺失為，商標權人之損害可能因為扣除侵害人所舉證證明之成本後，因商標侵權人已無利益，致商標權人無從求償。另以侵害人之利得，作為被害人計算損害範圍之依據，與民法填補損害之損害賠償基本法理間如何調和之相關理論尚待建立。[690]

---

688 參見日本特許法第102條第2項、実用新案法第29條第2項、意匠法第39條第2項，商標法第38條第2項、不正競爭防止法第5條第 1 項、著作權法第114條第1項，均有「侵害者が侵害行為により利益を受けているときには、その利益の額は、権利者が受けた損害と推定する」之規定。但該等規定是以侵害人獲有利益為前提。

689 水谷直樹，小売店が商品を小分けした後に再度同一の商標を付して販売する行為が登録商標の無断使用にあたると判断された事案，発明　Vol.92，知的所有権判例ニュース，1995年8月；該文中引用之日本大阪地方判決所實務見解如下：「なお、一般に、侵害者の利益が商標侵害行為によってのみ生ずるということはむしろ稀であり、侵害者の努力、経営力，販売力，資本力，労力，経済状況，需要者の趣向等々の大きく関係していることは常識であり、その上，侵害者が市場を開拓してくれたお蔭で権利者の製品もより多く売れるようになることすらあり得る。つまり，販売量は商標だけで決定されるものではない」。

690 類似學說可參見 蔡明誠，發明專利之研究，台灣大學法學院圖書部，2000年，

第四目　零售價多倍賠償制

　　賠償金額範圍可就查獲侵害商標權商品之零售單價一千五百倍以下之金額定之。[691]但所查獲商品超過一千五百件時，以其總價定賠償金額。（商71 I 三）其主要理由是為避免受害人因能查獲之商品為數不多，且無法證明實際損害，致不能獲得應得之補償，如此不僅有失公平，且可能助長此類侵害行為之滋生，故以法律明定其法定賠償額。另該款已明定以「零售單價」為計算賠償額之基礎，自不能主張以實際之「市價」作為計算之基礎，[692]換言之，本款所稱之「零售單價」，是指侵害他人商標權之商品其實際出售之單價，而非商標權人自己商品之零售價或批發價。所謂「總價」，是指侵害他人商標權之商品零售總價，並非商標權人自己商品之零售總價或批發總價。[693]但商標侵權人如拒不提出其實際出售侵害商標

頁234以下；陳佳麟，專利侵害損害賠償之研究：從美國案例檢討我國專利損賠制度之設計與實施，國立交通大學科法所碩士論文，2002年，頁23-26；許忠信，從德國法之觀點看我國專利權侵害之損害賠償責任，臺北大學法學論叢，61期，2007年3月，頁79-109。

[691] 本法民國100年修正時，將原條文之最低損害賠償即單價五百倍部分刪除，由法官依侵權行為事實之個案為裁量，以免實際侵權程度輕微，仍以零售單價五百倍之金額計算損害賠償額，而有失公平。

[692] 台灣高等法院94年度智上字第29號民事判決：「……自應依被告……被查獲侵害原告商標專用權之商品零售單價計算損害額；經查被告詹文龍被查獲侵害原告商標專用權之商品，原告之零售單價為三百元之事實為原告所不爭執，並經證人即張若萱到場結證在卷，原告主張仍應以香精之價格二千四百五十元計算、被告詹文龍抗辯市價為八十元，即均無可採……」。

[693] 最高法院91年度台上字第1411號判決：「茲修正前商標法第64條第1項第3款但書規定：「查獲商品超過一千五百件時，以其總價定賠償金額。」，而此零售單價係指侵害他人商標專用權之商品實際出售之單價，並非指商標專用權人自己商品之零售價或批發價，被上訴人欲證明上訴人侵害其商標專用權之商品實際出售之單價，顯有重大困難，然當事人已證明受有損害而不能證明其數額或證明顯有重大困難者，法院應審酌一切情況，依所得心證定其數額，為民事訴訟法第222條第2項所明定，因審酌上訴人拒不提出其被查獲商品零售價，而被上訴人以查扣當時其他台灣貿易商向其訂購同型壓力環所付之單價，較諸被上

品之單價時，商標權人欲證明之恐有困難，故解釋上，商標權人如已證明
受有損害，雖不能證明侵權人之實際出售之單價，此時法院亦應審酌一切
情況，依所得之心證定其數額。[694]另本款所稱之「查獲」，有認為應不以
在市場或侵害人之場所實際查獲之實物為限，凡以任何方法查知獲悉確屬
侵害商標權之產品數量並確有所據者，則可構成該款之查獲數，並據以計
算損害額。[695]但另有認為，比較觀察本法同條第1項第1至3款之規定，所
稱「查獲」者，雖非以經扣押者為必要，但仍應以經被害人「實際查獲」
之仿冒商品為限，[696]本書認為應以後者見解為當。

第五目　授權金說

　　被害人得以相當於商標權人授權他人使用所得收取之權利金數額為
其損害。（商71 I 四）商標權人以外之人，如欲合法使用註冊商標，本應
透過商標授權之方式，於經授權之範圍內，支付對價後方能使用。就此而
言，未經商標授權之侵害使用行為，對於商標權人所造成之損害，就相當
於侵害商標權人透過授權條件所可以取得之客觀財產價值。另依「辦理民
事訴訟事件應行注意事項」第87點第2項[697]已規定，關於侵害智慧財產權

訴人同型之壓力環於非洲地區之零售單價為低，即以經銷商之批發價格請求賠
償，應屬合理有據」。

694 同前註。

695 臺灣高等法院86年度重上字第273號民事判決：「按商標法第66條第1項第3款
之「查獲」，應不以在市場或侵害人所有場所實際查獲其實物為限，凡以任何
方法查知獲悉其侵害他人商標專用權而生產之貨品數量，只要確有所據，即應
構成該款之查獲數，據以計算損害額」。

696 最高法院84年度台上字第2151號民事判決：「……商標法第66條第1項第3款所
謂查獲侵害商標權商品，雖非以經扣押者為必要，但以經受害人實際查獲之仿
冒商品為限，此比較觀察該法條第一項第一至三款之規定自明。」

697 該應行注意事項（最新修正98.12.02）第2點：「於侵害智慧財產權之損害賠償
事件，得依原告之聲請囑託主管機關或其他適當機構估算其損害數額或參考智
慧財產權人於實施授權時可得收取之合理權利金數額，核定損害賠償之數額，
亦得命被告提出計算損害賠償所需之文書或資料，作為核定損害賠償額之參

損害賠償事件損害額之認定，得參考智慧財產權人於實施授權時可得收取之合理權利金數額，核定損害賠償之數額。惟法院如何決定何謂相當之授權金之數額，屬複雜之問題，美國實務之通常所採之分析法（analytical approach）[698]或假設協商法（hypothetical willing-licensor-willing-licensee approach或hypothetical negotiation approach）[699]以計算合理權利金額度，以供參考。

考」。

[698] 所謂分析法係指於專利侵權期間，可依專利侵害人所有內部文件所紀錄之相關資料，分析專利侵害人之銷售額或可預期之預期毛利或該特徵技術標準於該產業一般標準之權利金，之後法院可用預期毛利減去專利侵權人經常支出之成本與標準權利金，用以計算合理權利金之範圍，參見 陳佳麟，專利侵害損害賠償之研究：從美國案例檢討我國專利損賠制度之設計與實施，國立交通大學科技法律研究所碩士論文，91年7月，頁12；另請參見PAUL M. JANICKE，Contemporary Issues In Patent Damages，42 Am. U.L. Rev. at 691-736 (Spring, 1993)，「…The decade saw the court refine the law of damages in patent cases to a degree never before known in patent jurisprudence. ... The section still provides for an award adequate to compensate the patent owner for an infringement of his or her patent, but in no event will the award be less than a reasonable royalty. ... Patent damage cases fall into two broad categories, which may be labeled lost profits recovery and reasonable royalty recovery. ... For example, in State Industries, Inc. v. Mor-Flo Industries, Inc., a patent owner sought to obtain a proportion of an infringer's sales income based on market share as a lost profits recovery and a reasonable royalty for the rest of the defendant's sales. ... The courts have now made clear that in the proper circumstances "tag-along" or "convoyed" sales, while not directly protected by a patent, are nevertheless fair game for damage calculations when infringement is found. ... If a profit sharing approach is taken to the setting of a reasonable royalty, the patentee's royalty will typically be one-fourth to one-third of the profit earned by the infringer. ... From this figure, some "standard" or "acceptable" level of profit is subtracted and left to the infringer; the remaining portion of the anticipated profit is awarded to the patentee as a reasonable royalty. ...」。

[699] GERALD SOBEL，A Review Of Recent Decisions Of The United States Court Of Appeals For The Federal Circuit: Article: The Court Of Appeals For The Federal Circuit: A Fifth Anniversary Look At Its Impact On Patent Law And Litigation.，37

Am. U.L. Rev. at 1128,（Summer, 1988）「While the Second Circuit affirmed the district court's findings concerning the factors relevant in hypothetical negotiations, it held that the district court had committed "basic error" by failing to allow the licensee "a reasonable profit after paying the suppositious royalty" despite its "professed intention to do so." The method of calculating a royalty enunciated by the Second Circuit has become known as the "analytical approach."（Tektronics, Inc. v. United States, 193 U.S.P.Q. at 384,（Ct. Cl. 1977）（computing a 10% reasonable royalty by subtracting from the sales price of the patented item the cost of manufacture and the infringer's usual rate of profit））；另實務上適用假設協商法時，尚須考慮下列諸因素，用以決定合理金額之範圍：1.權利人可證明就該專利所能獲得權利金之既存事實；2.被授權人如有利用其他性質相近似之專利者，則其支付之權利金範圍；3.其專利授權之性質或範圍，如是否為專屬授權或是非專屬授權、其授權區域、有無限制銷售對象等；4.專利授權人本身之企業形象、行銷政策等；5.授權人與被授權人間是否為競爭關係或合作關係；6.授權行為對專利權人於專利產品或相關非專利商品之銷售是否有所助益；7.專利權之有效存續期間；8.專利產品既有之獲利狀況；9.專利技術對專利權人固有產品所增進之功效或市場優勢之程度；10.專利技術被市場接受之程度；11.侵害專利之人利用專利技術程度與獲得之利益；12.鑑定證人之意見；13授權人與被授權人對於該專利實際上雙方可能達成之合理金額（Georgia Pacific Corp. v. United States Plywood Corp.446 F. 2d at 295（2nd Cir. 1971））。另可參見汪渡村，職務發明適當報酬金之研究，銘傳大學法學論叢，第5期，2005年12月，頁1-29。至於我國實務上有關專利授權之合理價格，是否應加以規範？規範標準為何？行政院公平會在荷蘭商飛利浦公司一案，行政院公平交易委員會）九十）公處字第〇二一號處分書中，最早之處分書曾認為，「被處分人等因在CD-R可錄式光碟授權專利技術市場，因聯合行為而取得獨占地位，在全球CD-R市場規模遠超出預期的大幅成長及市場供需已改變之情況下，仍繼續維持其授權金之計價方式，使被授權人實際繳納權利金占出廠價格之比例遠高於授權人所預估者，未能做有效之變更，以因應市場需求，違反公平法第十條第二款有關獨占事業禁制行為之規定」。但最高行政法院並不支持行政院公平會之原處分，最後行政院公平交易委員會於公處字第100008號處分書）2011年01月20日）認定，有關授權金之約定並不違反公平法之相關規定，理由如下：「(1)關於被處分人訂定授權金價格之行為，涉及公平交易法第10條第2款部分……因本案以製造CD-R之技術為特定市場範圍，則被處分人非為該特定市場之獨占事業……按市場價格之決定，除生產成本外，尚須考量其競爭情況、產業結構、產品需求

第四款　消滅時效

　　本法第69條第3項規定，損害賠償請求權，自請求權人知有損害及賠償義務人時起，二年間不行使而消滅；自有侵權行為時起，逾十年者亦同。（商69 IV）關於商標侵權行為請求權消滅時效之規定，本法原未明文規定，主要認為商標侵權為侵權行為之一種，其消滅時效，適用其他法

彈性、產品替代性等諸多因素，產品或服務價格之高低，倘無涉及聯合行為或獨占濫用情形，市場價格機能運作之結果應多尊重，俾健全市場之公平競爭。專利權雖有法律所賦予之保護期間，但專利之商業價值尚非不變，專利並無一定之認定標準，專利權人欲以產品售價之一定比例收取權利金或收取定額權利金，專利權人與被授權人間就授權金額高低之議價，倘非涉及聯合行為或獨占事業不當決定，或悖於商業倫理之足以影響交易秩序顯失公平行為，議約雙方本於自由意思簽定之交易條件，核屬民事契約之規範。本案被處分人於CD-R技術市場既非獨占事業，該授權金之高低係經由市場供需、競爭而形成，尚難遽認被處分人違反公平交易法規範獨占事業不當訂價行為之規定，……(2)關於被處分人訂定授權金價格，涉及公平交易法第18條規定乙節……本案被處分人所提供者為生產CD-R光碟片之專利權，檢舉人所提供者係實施該專利後所製造之CD-R光碟片產品，其交易態樣與公平交易法第18條所規範同一產品轉售情形尚有不同，故應無公平交易法第18條規定之適用……(3)關於被處分人訂定授權金價格，涉及公平交易法第19條第2款規定乙節……被處分人將權利金訂為美金6分、4.5分、4分及3.5分，一般權利金為美金6分，持續遵守合約之被授權人則可適用美金4.5分之優惠權利金，另美金4分及美金3.5分之權利金係分別適用於被授權人於2002年及2001年製造之光碟片，此一規定既一體適用於全部被授權人，即無差別待遇或歧視之情；至於生產規模較小之廠商不必然即應享有較優惠之權利金價格，從而尚難遽認被處分人有違反公平交易法第19條第2款之行為……(4)另就檢舉人所認定之「一般業界水準」之授權金，係以產品售價之1%至2%間計算乙節，按高科技產業之產品類型眾多，其所需專利之數目及重要性各不相同，且個別專利研發活動之投入成本及回收投資之速度亦不盡相同，再者最終產品售價亦常隨市場供需狀況而變動，故授權金占最終產品售價之比例應如何為宜，尚難以比例數字作機械式的比較，從而尚難以授權金占最終產品售價之比例遽認專利權人有獲取巨額利潤之情事……尚難認被處分人有違反公平交易法第19條第2款之規定。」可供參考。

律，尤其是民法侵權行為消滅時效規範即可。惟我國現行專利法第84條第5項及著作權法第89條之1對消滅時效均有明文規定，為求智慧財產權法相關規定之一致性，本法於民國100年修正時特予增訂，至於本法第69條第1項侵害除去或防止請求權之消滅時效，自應回歸適用民法相關規定。

民國100年修正前本法第63條第2項：「商標權人之業務上信譽，因侵害而致減損時，並得另請求賠償相當之金額。」[700]及第64條：「商標權人得請求由侵害商標權者負擔費用，將侵害商標權情事之判決書內容全部或一部登載新聞紙。」[701]於民國100年修正時均刪除。

第五款　專業法庭之設置

商標訴訟案件專業之複雜度高，為利該等訴訟案之進行，本法明定法院為處理商標訴訟案件，得設立專業法庭或指定專人辦理。（商79）司法院為保障智慧財產權，妥適處理智慧財產案件，促進國家科技與經濟發展，特於民國96年3月28日制定「智慧財產法院組織法」（最新修正日，民國100年11月23日），該法院依法掌理關於智慧財產之民事訴訟、刑事

---

[700] 參見民國100年修法理由：「依現行條文之規定，業務上信譽因侵害而減損之情形，司法實務上適用，認為其性質仍為財產上之損害。然而，本法七十四年十一月二十九日修正時，係參照民法第一百九十五條之體例所作之修正，當時規範之基礎係建立在商標與營業結合之前提下，故賦予商標權人對於因商標侵權行為所導致其營業信譽減損之情形，得另行主張非財產上損害賠償之法律依據。另本法八十二年十二月二十二日修正時，已刪除商標應與其營業一併移轉之規定，商標已獨立於營業之外，為單純財產上之權利，適用第一項之損害賠償計算方式，爰予刪除。」

[701] 參見民國100年修法理由：「有關被侵害人聲請將判決書全部或一部登報一事，訴訟實務上，原告起訴時，即得依民法第一百九十五條第一項後段『其名譽被侵害者，並得請求回復名譽之適當處分』之規定，在訴之聲明中一併請求法院判決命行為人登報以為填補損害，本條應無重複規定之必要，爰予刪除，回歸適用民法相關規定。」

訴訟及行政訴訟之審判事務（組織法2）；其管轄範圍包括商標相關爭議之民、刑事、行政訴訟；[702]該院所屬法官應有智慧財產法相關專業與素養（組織法13、14）；並設技術審查官室，置技術審查官或具有智慧財產專業知識或技術之人員，充任技術審查官（組織法15），以輔助相關案件之審理。

第六款 邊境輸入及輸出管制

第一目 意義

　　商標權人對輸入或輸出之物品有侵害其商標權之虞者，得申請海關先予查扣。惟該項申請，應以書面為之，並釋明侵害之事實，及提供相當於海關核估該進口貨物完稅價格或出口貨物離岸價格之保證金或相當之擔保。海關受理查扣之申請，如認符合前項規定而實施查扣時，應以書面通知申請人及被查扣人。但被查扣人得提供前述之保證金二倍之保證金或相當之擔保，請求海關廢止該查扣，並依有關進出口貨物通關規定辦理之。如查扣物經申請人取得法院確定判決，屬侵害商標權者，被查扣人應負擔查扣物之貨櫃延滯費、倉租、裝卸費等有關費用。（商72）

　　本規定是為強化對商標權之保護，加強執行TRIPs第51條至第60條

---

[702] 智慧財產法院組織法第3條規定，智慧財產法院管轄案件如下：「一、依專利法、商標法、著作權法、光碟管理條例、營業秘密法、積體電路電路布局保護法、植物品種及種苗法或公平交易法所保護之智慧財產權益所生之第一審及第二審民事訴訟事件。二、因刑法第253條至第255條、第317條、第318條之罪或違反商標法、著作權法、公平交易法第35條第1項關於第20條第1項及第36條關於第19條第5款案件，不服地方法院依通常、簡式審判或協商程序所為之第一審判決而上訴或抗告之刑事案件。但少年刑事案件，不在此限。三、因專利法、商標法、著作權法、光碟管理條例、積體電路電路布局保護法、植物品種及種苗法或公平交易法涉及智慧財產權所生之第一審行政訴訟事件及強制執行事件。四、其他依法律規定或經司法院指定由智慧財產法院管轄之案件」。

關於侵害商標權物品邊境管制措施之規定，爰參照著作權法第90條之1規定，明定對侵害商標權物品邊境輸入及輸出管制之相關規定。[703]近年來，智慧財產權之保護已成世界潮流，在我國加入世界貿易組織（WTO）後，全球市場對我國進一步開放商品與服務，相對的，我國也必須承擔更多的責任。但智慧財產權（包括商標權）性質頗為複雜，諸如商標授權、轉授權、真品平行輸入等問題，且又涉及權利人與涉嫌侵權人雙方之權益，更非執法機關在短期間內所能判定，另商標權屬於私權性質，因此主管機關對有侵害商標權之虞之物品，執行具公權力干預性質之邊境管制措施時，更應本於公平公正之原則依法行政，避免介入權利人與進出口人權益紛爭，並給當事人適當、即時之救濟管道。[704]現行對侵害商標權之虞物品之邊境管制措施，為避免對正常貿易造成障礙及對海關原有業務產生排擠，原則上採檢舉保護方式，但經權利人或其授權代理人、權利人團體提示或其他機關通報之案件，得依本法、民事訴訟法及刑事訴訟法等有關規定辦理[705]。

---

[703] 參見本法民國92年修法理由。

[704] 參見財政部關稅總局「海關配合執行專刊商標權及著作權保護措施作業要點」（民國92年6月10日訂定；最新修正生效日，民國97年8月22日）之總說明。

[705] 依「海關配合執行專利商標及著作權益保護措施作業要點」（前揭），第4點規定：「本要點檢舉保護方式之作業程序如下：（一）凡權利人等對進出口貨物有侵害商標權或著作權之虞者，應以書面向財政部關稅總局或輸出入地關稅局提出檢舉，檢舉時並應提供下列資料：1.侵權事實及足以辨認侵害物之說明。2.進出口廠商名稱、貨名、進出口口岸及日期、航機（船舶）航次、貨櫃號碼、貨物存放地點等相關具體資料。3.商標註冊文件、著作權證明或其他明顯足以認定著作應通知權利人等；如不受理亦應通知（必要時，得通知權利人等到場說明）及說明不受理之理由。（三）經查核進出口貨物與檢舉內容相符時：1.海關即以電話及電話傳真通知權利人等，權利人等應於接獲通知後一定時間內（空運出口：四小時；海運進出口及空運進口：一個工作日）至海關進行認定，並於接獲通知之日起三個工作日內提出侵權證明文件，但權利人等有正當理由，無法於上開期限內提出者，得以書面釋明理由向海關申請延長，且以一次為限。2.海關另以電話及電話傳真通知進出口人，進出口人應於接獲通

第二目　查扣程序

　　商標權人對輸入或輸出之物品有侵害其商標權之虞者，得申請海關先予查扣。前項查扣之申請，應以書面為之，並釋明侵害之事實，及提供相當於海關核估該進口物品完稅價格或出口物品離岸價格之保證金或相當之擔保。海關受理查扣之申請，應即通知申請人；如認符合前項規定而實施查扣時，應以書面通知申請人及被查扣人。但被查扣人得提供上述商標權人所提供保證金之二倍或相當之擔保，請求海關廢止查扣，並依有關進出口物品通關規定辦理。另查扣物經申請人取得法院確定判決，屬侵害商標權者，被查扣人應負擔查扣物之貨櫃延滯費、倉租、裝卸費等有關費用。（商72）本法明定商標權人[706]為防止有侵害其商標權之虞之物品自邊境輸

知之日起三個工作日內提出授權文件或其他證明無侵權情勢之文件，但進出口人有正當理由，無法於上開期限內提出者，得以書面釋明理由向海關申請延長，且以一次為限。（四）經權利人等提出侵權證明文件認定疑似侵害商標權者：1進出口人無法於前款第2目規定期限提出授權文件或其他證明無侵權情事之文件，海關依商標法第進出口人於前款第2目規定期限內提出授權文件或其他證明無侵權情事之文件，海關依商標法第82條規定全案移送法辦（副知經濟部智慧財產局）2.進出口人於前款第2目規定期限內提出授權文件或其它證明無侵權情勢之文件，海關應即通知權利人等。3.權利人等得於接獲前目通知之日起三個工作日內，依商標法第65條第1項規定申請海關先予查扣，或向法院聲請保全程序，海關配合執行查扣。被查扣人亦得依商標法第65條第4項規定請求海關廢止查扣，或向法院聲請撤銷保全程序。4.權利人等未於前目規定期限內，依標法第65條第1項規定申請海關先予查扣，或向法院聲請保全程序者，若無違反其他通關規定，海關於取具代表性樣品後，將貨物放行。5.權利人等向海關申請查扣後，於海關通知受理查扣之日起十二日內，未依商標法第61條規定就查扣物為侵害物提起訴訟，並通知海關者，海關應廢止查扣，若無違反其他通關規定，於取具代表性樣品後，將貨物放行。前開期限，海關得視需要延長十二日。…（六）經權利人等認定無侵害商標權或著作權情事或逾期未至海關認定或未提出侵權證明文件者，若無違反其他通關規定，海關即予放行。」

706 本法規定惟有商標權人或其授權人，得依法申請對涉嫌侵害商標權之物品加以查扣，海關並無法依職權查扣，但為對侵害商標權之行為採行更有效之嚇阻救

入或輸出，造成損害，得申請海關查扣該侵權之物品。[707]主要規範目的是為，使有正當理由懷疑進口物品有仿冒商標之商標權利人，[708]得以書面向海關提出申請暫時查扣該侵權之物品，以避免仿冒商標品流入國內市場，致侵害商標權人之權益。另為顧及申請人與被查扣人雙方權益之衡平，並防止其濫用權利，申請人向海關申請查扣之程序及應提供保證金或擔保，但該保證金或相當之擔保，不得阻礙申請人對此等程序之行使，貨主、進口商或收貨人於繳交原保證金之二倍或相當之擔保，以保護權利人免於受侵害後，得要求該批貨物予以放行。[709]另為兼顧貨主、進口商或收貨人之

濟措施，本法於民國100年修正後第75條；即規定有海關於「執行職務」時，應有積極之通知義務。

707 參見WTO「與貿易有關之智慧財產權協定，Trips」第51條規定（海關之暫不放行措施）：「會員應依照下述規定，訂定程序（對於由權利人自行或經其同意已在外國市場販售之物品進口，及轉運中之物品，無義務採取此項措施），俾使有正當理由懷疑進口物品有仿冒商標或侵害著作權之權利人（執行本協定之規定，（a）仿冒商標物品係指任何之物品（含包裝），附有與有效註冊使用於該類物品相同之商標，或與該註冊商標主要部分無法區別，而未經授權致依照進口國之法律對商標專用權人之權利造成侵害者；（b）侵害著作權貨品，係指任何物品，於生產國未經權或其合法授權人同意而製造，且係直接或間接自某項物品製造，而其製造依進口國法律已構成侵害著作權或相關權利者。），得以書面向行政或司法主管機關提出申請，要求海關對此類物品暫不放行。會員得將此種申請程序適用於涉及智慧財產權其他行為之物品，但應符合本節之規定。會員亦可提供類似程序，由海關對於自其領域出口之侵權物品暫不予放行。」，參見經濟部國際貿易局譯文，http://ekm92.trade.gov.tw/BOFT/OpenFileService，閱覽日期，2008/01/14。

708 依（民國100年修正前）本法第65條第1項規定：「商標權人對輸入或輸出有侵害其商標權之物品，得申請海關先予查扣」，其中「有侵害其商標權之物品」之文字，易使人誤以為輸入或輸出之物品須確有侵害商標權之情事，但其應指有涉嫌侵害商標權之物品，故本法民國100年修正後第72條第1項，即修正原條文為「商標權人對輸入或輸出之物品有侵害其商標權之虞者，得申請海關先予查扣」。

709 參見WTO「與貿易有關之智慧財產權協定Trips」第53條規定，（保證金或相當之擔保）：「1.主管機關應有權要求申請人提供足夠之保證金或相當之擔

權益，並提出救濟之程序，本法第72條第3項明定，海關受理其申請及實施查扣之通知義務，[710]同時申請人與被查扣人雙方亦可瞭解查扣物之狀況，繼而就該查扣物主張權利。

海關依申請所為查扣，設計上著重商標權人行使侵害防止請求權之急迫性，並未對其實體關係作判斷，即查扣物是否為侵害物，尚不得而知，故參酌民事訴訟法第527條、第530條第2項規定，允許債務人供擔保後撤銷假扣押，同另法第536條規定如有特別情形，亦得許債務人供擔保後撤銷假處分。另本法第72條第4項明定，被查扣人亦得提供同條第2項規定保證金二倍之保證金或相當之擔保，向海關請求廢止查扣，以作為被查扣人敗訴時之擔保。蓋被查扣人敗訴時，商標權人得依本法規定請求賠償，而賠償數額可能超過查扣貨物價值甚多，是以若被查扣人未提供相當之擔保，隨即放行，則日後求償將因被查扣人業已脫產或逃匿將無法獲償。[711]

保，以保護被告及主管機關，並防止其濫用權利。但該保證金或相當之擔保不得阻礙對此等程序之行使。2.依據本節規定提出申請而由海關暫不放行之貨品，其內容涉及工業設計、專利、電路布局及未公開之資訊，海關係基於非司法或其他非獨立機關所作之決定而暫不予放行，且依第55條規定之期間已屆滿而未獲得法律授權給予暫時救濟措施，並符合其他有關進口之規定者，貨主、進口商或收貨人應有權於繳交足夠之保證金，以保護權利人免於受侵害後，要求該批貨物予以放行。保證金之繳納不得損及權利人之其他救濟措施，權利人未於合理期間內行使訴訟時，保證金應發還。」，參見經濟部國際貿易局譯文，同上註。

[710] 參見WTO「與貿易有關之智慧財產權協定Trips」第54條規定（暫不放行通知）：「依第51條對貨品暫不予放行者，應立即通知進口商及申請人。」，參見經濟部國際貿易局譯文，同上註。

[711] 參見本法民國92年修法理由：「海關依申請所為查扣，設計上著重商標權人行使侵害防止請求權之急迫性，並未對其實體關係作判斷，即查扣物是否為侵害物，尚不得而知，爰參酌民事訴訟法第527條、530條第2項規定許債務人供擔保後撤銷假扣押，同法第536條規定有特別情形，亦得許債務人供擔保後撤銷假處分之精神，於第4項明定被查扣人亦得提供與第2項保證金二倍之保證金或相當之擔保，向海關請求廢止查扣；定二倍之保證金，以作為被查扣人敗訴時之擔保。蓋被查扣人敗訴時，商標權人得依現行條文第61條之規定請求賠償，

　　海關於執行職務時，發現輸入或輸出之物品顯有侵害商標權之虞者，應通知商標權人及進出口人。（商75 I）海關於執行職務時，若發現輸入或輸出之物品顯有侵害商標權之虞者，應分別通知商標權人及進出口人。所稱「執行職務」，包含海關受理商標權人申請檢舉特定人可能輸出入侵害其商標權之貨物、商標權人提示或其他機關通報非特定人可能輸出入侵害其商標權之貨物，或海關主動執行輸出入物品外觀顯有侵害商標權之邊境保護措施。

　　海關為前項（本法75條第1項）之通知時，應限期商標權人至海關進行認定，並提出侵權事證，同時限期進出口人提供無侵權情事之證明文件。但商標權人或進出口人有正當理由，無法於指定期間內提出者，得以書面釋明理由向海關申請延長，並以一次為限。（商75 II）海關為前項之通知時，應指定期間限期商標權人及進出口人，至海關進行認定，並提出侵權之事證或提供無侵權情事之證明文件，於受通知者有正當理由，無法於指定其間內提出者，得以書面釋明理由，向海關申請延長指定期間。

　　商標權人已提出侵權事證，且進出口人未依前項規定提出無侵權情事之證明文件者，海關得採行暫不放行措施。（商75 III）商標權人已提出侵權之事證，且進出口人未提出無侵權情事之證明文件，經海關認定為疑似侵害商標權物品者，本法賦予海關得依職權採行暫不放行措施之權力。

　　商標權人提出侵權事證，經進出口人依本法第75條第2項規定提出無侵權情事之證明文件者，海關應通知商標權人於通知之時起三個工作日內，依第本法72條第1項規定申請查扣。（商75 IV）若權利人提出侵權之事證，而進出口人亦提出無侵權情事之證明文件，因兩造皆有證明文件，海關無法認定是否有侵權情事，此時不宜由海關依職權採行暫不放行措

而賠償數額依現行條文第66條之規定，超過查扣貨物價值甚多，是以若被查扣人未提供相當之擔保，隨即放行，則日後求償將因被查扣人業已脫產或逃匿而無法獲償，爰有斟酌被查扣人應提供之保證金額度，及查扣人權利之衡平，予以修正之必要，故定為二倍。」

施，而應轉換成由商標權人依本法第72條規定，於通知之時起三個工作日內申請查扣之程序，海關始能繼續查扣物品。商標權人未於上述規定期限內，依本法第72條第1項規定申請查扣者，海關得於取具代表性樣品後，將物品放行。（商75 V）

海關在不損及查扣物機密資料保護之情形下，得依本法第72條所定申請人或被查扣人或前條所定商標權人或進出口人之申請，同意其檢視查扣物。（商76 I）本法參考「世界海關組織」（World Customs Organization）所提供之「賦予海關權力執行與貿易有關智慧財產權協定之國家法律範本」第8條及美國、歐盟、日本等國就相關議題之立法例，允許海關依權利人之申請，在不損及查扣物機密資料保護之情形下，依申請人或被查扣人之申請，准其檢視查扣物，以協助確定是否為侵害商標權物品。另將得申請檢視查扣物之人，明確界定其範圍，限於本法第72條之申請人或被查扣人或前條之商標權人或進出口人始得為申請。

海關依第72條第3項規定實施查扣或依本法第75條第3項規定採行暫不放行措施後，商標權人得向海關申請提供相關資料；經海關同意後，提供進出口人、收發貨人之姓名或名稱、地址及疑似侵權物品之數量。（商76 II）海關依本法第72條第3項規定實施查扣，或依本法第75條第3項規定採行暫不放行措施後，為便利商標權人向輸出入侵害其商標權貨物之人提起民事侵權訴訟依關稅法第12條第1項第7款：「關務人員對於納稅義務人、貨物輸出人向海關所提供之各項報關資料，應嚴守秘密，違者應予處分；其涉有觸犯刑法規定者，並應移送偵查。但對下列各款人員及機關提供者，不在此限：一、……七、其他依法得向海關要求提供報關資料之機關或人員。……。」規定，商標權人得依法向海關申請提供相關資料，經海關同意後，提供進出口人、收發貨人之姓名或名稱、地址及疑似侵權物品之數量。

商標權人依本法第76條第2項規定取得之資訊，僅限於作為侵害商標權案件之調查及提起訴訟之目的而使用，不得任意洩漏予第三人。（商76 III）商標權人雖得依本法第76條第2項規定向海關申請提供進出口人、

收發貨人之姓名或名稱、地址及疑似侵權物品數量之資料。惟本質上,前揭資料仍屬依法應守秘密之事項,基於國際法制調和化之需求,限定使用目的為調查侵權事實或提起訴訟所必要,故本法明定商標權人有不得任意洩漏該資料予第三人之法定義務;如有違反,自應負民事上之損害賠償責任,及刑法第317條洩漏業務上知悉工商秘密罪之刑事責任。

海關經檢舉、提示、其他機關通報或海關主動執行商標權邊境保護措施時,發現輸入或輸出之物品顯有侵害商標權之虞者,海關即通知商標權人限期至海關進行侵權認定,於三日內提出侵權證明文件,並可展延一次。惟部分物品侵權認定困難,商標權人有向海關調借貨樣進行侵權認定之必要,故允許權利人提供保證金向海關申請調借貨樣進行侵權認定。另權利人得提供海關核估進口貨樣完稅價格及相關稅費或海關核估出口貨樣離岸價格及相關稅費百分之一百二十之保證金,且最低不得低於新臺幣三千元。(商77 II)另海關為秉持公平立場依法行政,且避免介入商標權人與進出口人間之私權紛爭,於審酌商標權人調借貨樣之必要性,且經商標權人書面切結不侵害進出口人利益及不使用於不正當用途後,始提供貨樣予商標權人。(商77 I)

商標權人未於本法第75條第2項所定提出侵權認定事證之期限內返還所調借之貨樣,或返還之貨樣與原貨樣不符或發生缺損等情形者,海關應留置其保證金,以賠償進出口人之損害。(商77 III)貨樣之進出口人就前述留置之保證金,與質權人有同一之權利。(商77 IV)商標權人未於規定期限內返還貨樣,或返還之貨樣與原貨樣不符或發生缺損等類似情形,為賠償進出口人之損失,應以商標權人提供之保證金作為貨樣損失之賠償。上該保證金之提供,在擔保貨樣之進出口人就本法第75條第3項所定之損害得以受償,故進出口人就該留置之保證金,與質權人應有同一之權利。

本法第72條至第74條規定之申請查扣、廢止查扣、保證金或擔保之繳納、提供、返還之程序、應備文件及其他應遵行事項之辦法,由主管機關會同財政部定之。(商78 I)為賦與執行本法第72至74條規定之申請查扣、廢止查扣、保證金或擔保之繳納、提供、返還之程序、應備文件及其

他應遵行事項，本法明定授權由主管機關會同財政部訂定相關辦法。經濟部及財政部亦已會銜發布「海關查扣侵害商標權物品實施辦法」（最新修正日，民國101年8月2日），以為執行之依據，其主要內容有，商標權人申請查扣輸入或輸出涉嫌侵害其商標權之物品，應主動提供相關事證：[712] 申請查扣涉嫌侵害商標權之物品，應提供相當於海關核估該進口貨物完稅價格或出口貨物離岸價格之保證金或相當之擔保，至於其擔保物應具有一定資格，如政府發行之公債、銀行定期存單等。[713]

本法第75條至第77條規定之海關執行商標權保護措施、權利人申請檢視查扣物、申請提供侵權貨物之相關資訊及申請調借貨樣，其程序、應備文件及其他相關事項之辦法，則授權由財政部定之。（商78 II）財政部業已公布「海關執行商標權益保護措施實施辦法」（民國101年7月9日生效施行），針對海關執行商標權益保護措施、權利人申請檢視查扣物、申請提供親權貨物之相關資訊及申請調借貨樣等，規範相關作業程序、應備文件及其他應遵循事項。該辦法重點如下：一、海關依商標法第75條實施商標保護措施之4種情形，1.商標權人檢舉特定進出口貨物侵害其商標權；2.商標權人提示非特定進出口貨物有侵害其商標權之嫌；3.其他機關通報檢舉特定進出口貨物侵害其權之嫌；4.海關主動發現進出口貨物外觀

---

[712] 依海關查扣侵害商標權物品實施辦法第2條規定：「I 商標權人對輸入或輸出之物品有侵害其商標權之虞者，應以書面向貨物進出口地海關申請查扣，並檢附下列資料：一、侵權事實及足以辨認侵權物品之說明，並以電子檔案提供確認侵權物品之資料，例如真、仿之貨樣、照片、型錄或圖片。二、進出口廠商名稱、貨名、進出口口岸與日期、航機或船舶航次、貨櫃號碼、貨物存放地點等相關具體資料。三、商標註冊證明文件。II 前項申請如由代理人提出者，須另附代理證明文件。」

[713] 依海關查扣侵害商標權物品實施辦法第3條規定：「I 申請查扣涉嫌侵害商標權之物品，應提供相當於海關核估該進口貨物完稅價格或出口貨物離岸價格之保證金或相當之下列擔保：一、政府發行之公債。二、銀行定期存單。三、信用合作社定期存單。四、信託投資公司一年以上普通信託憑證。五、授信機構之保證。II 前項第一款至第四款之擔保，應設定質權於海關。」

顯有侵害商標權之嫌。（辦法第2條）二、商標權人檢舉特定進出口貨物侵害其商標權，商標權人及進出口人應配合辦立事項、應提出之資料，即海關應辦理之作業程序等，如：商標權人檢舉應提供侵權事實、進出口廠商名稱、貨名及商標註冊證明文件等具體資料；商標權人對於空運出口貨物之檢舉案件應於四小時內附海關進行認定，空運進口及海關進出口則於二十四小時內；商標權人及進出口人應於三個工作日內分別提出侵權事證及授權證明；及證明提出後海關應辦理之程序及無法依限提出證明之處理等等。（辦法第3條至第7條）三、商標權人提示、其他機關通報及海關主動發現進出口貨物有侵害商標權之嫌時，海關應執行之保護措施原則準用上述商標權人檢舉之相關規定。（辦法第8條至第9條）四、依商標法第76條規定申請檢視查扣物，商標權人或進出口人申請檢視查扣物應以書面向貨物進出口地海關為之，並應依海關指定之時間、處所及方法為之。（辦法第10條）五、商標權人依商標法第76條規定申請提供相關資料，應檢附商標註冊證明文件、侵權事證及聲明資料僅限於侵害商標權案件調查及提起訴訟使用之切結書，經海關審核同意後，得以書面提供進出口人、收發貨人之姓名或名稱、地址及疑似侵權物品之數量。（辦法第11條）六、商標權人依商標法第77條規定向海關申請調借貨樣，以進出口貨物於現場進行侵權認定困難等特殊原因經海關同意者為限，並應檢附商標註冊證明文件、侵權事證及聲明資料僅限於侵害商標權案件調查及提起訴訟是用之切結書。（辦法第12條）

第三目　查扣之廢止

　　為兼顧申請人與查扣物所有人之權益，本法訂有應廢止查扣之法定事由，本法第73條第1項各款，係針對當事人兩造權益造成影響之訴訟程序進行後可能之結果態樣加以規定，本法規定應廢止查扣之事由有：①凡申請人於海關通知受理查扣之日起12日內；[714]未依本法第69條規定就查扣物

---

714 本款立法理由為，TRIPs第55條規定之期限為10日，係採工作日，為求我國海

為侵害物提起訴訟，並通知海關者（但海關得視需要延長12日[715]）；②或申請人就查扣物為侵害物所提訴訟經法院裁定駁回確定者；③查扣物經法院確定判決，不屬侵害商標權之物者，海關應廢止其查扣；④查扣係由申請人提出申請，故如申請人申請廢止查扣，則自無續行查扣之必要；⑤被查扣人依本法第72條第4項規定提出反擔保者，對申請人權益之保護已屬周延，為維護被查扣人權益，自應廢止查扣。另因本法第73條第1項第1款至第4款事由致查扣廢止者，因均屬可歸責於申請人之情形，故於同條第4項明定申請人應負擔查扣物之貨櫃延滯費、倉租、裝卸費等有關費用。

　　前述查扣物如經法院確定判決不屬侵害商標權之物者，申請人應賠償被查扣人因查扣或提供本法第72條第4項規定保證金所受之損害，（商74 I）[716]始為公平，且可避免濫行申請查扣。本法第72條第2項規定之保證金

關實務上執行明確計，乃不區分工作日或例假日，明定其期限為12日。TRIPs（前揭）第55條規定（暫不放行之期限）：「自申請人受暫不放行通知送達後10個工作日內，海關未被告知該案已由被告以外之一方已就該案之實體部分提起訴訟，或該案業經法律授權機關採取臨時措施予以延長留置期間，如該項物品已符合其他進口或出口之規定者，海關應予放行；在適當情況下，前述期間可再予延長10個工作日。該案之實體部分已提起訴訟者，被告在審查中，於合理期間內，主管機關應有權命被告陳述意見，以決定應否對該措施予以修改、廢止或確認。但暫不放行措施係依暫時性之司法措施執行或繼續執行時，應適用第50條第61之規定。」

715 參見本法第66條第2項。

716 參考民事訴訟法第531條規定：「假扣押裁定因自始不當而撤銷，或因第529條第4項及第530條第3項之規定而撤銷者，債權人應賠償債務人因假扣押或供擔保所受之損害。」；參見最高法院60年台上字第4703號判例：「假處分裁定因自始不當而撤銷者，債權人固應賠償債務人因假處分所受之損害，但必債務人確因假處分受有損害，且損害與假處分之間具有因果關係，始得請求賠償。」；最高法院75年台上字第2723號判例：「本院58年台上字第1421號判例所謂債務人賠償請求權之成立，不以債權人之故意或過失為要件，乃指假扣押（假處分）裁定，因自始不當而撤銷，或因民事訴訟法第529條第2項及第530

主要作用是，被查扣人如因被查扣或提供反擔保而受有損害時，得用以賠償，而同條第4項之保證金，則是為被查扣人如提供反擔保而廢止查扣，致申請人受有損害時，得據以求償。為達上述目的，本法明定申請人就本法第72條第4項之保證金，被查扣人就本法第72條第2項之保證金，均與質權人有同一之權利，可優先受償。[717]但同法第72條第5項規定之貨櫃延滯費、倉租、裝卸費等有關費用，屬實施查扣及維護查扣物所支出之必要費用，均屬依法定程序主張權利所應支出之有益費用，故應優先於申請人或被查扣人之損害而受償。（商74 II）

如申請人取得勝訴之確定判決，或與被查扣人達成和解，已無繼續提供保證金之必要者，或因本法第73條第1項第1款至第4款規定之事由廢止查扣，致被查扣人受有損害，或被查扣人取得勝訴之確定判決者，如申請人證明已定20日以上之期間，催告被查扣人行使權利而未行使者，或被查扣人同意返還者，海關應依申請人之申請，返還依本法第72條第2項規定繳納之保證金。（商74 III）[718]如因本法第73條第1項第1款至第4款規定之事由廢止查扣，或被查扣人與申請人達成和解，已無繼續提供保證金之必要者，或申請人取得勝訴之確定判決者，如被查扣人證明已定20日以上之

條第3項之規定而撤銷者，依同法第531條規定，債權人應賠償債務人因假扣押（假處分）或供擔保所受損害之情形而言，並不包括假處分裁定依民事訴訟法第533條準用同法第530條第1項規定，因假處分之原因消滅或其他因假處分之情事變更，而由債務人聲請撤銷之情形在內。」

717 參見民事訴訟法第102條第1項：「供擔保應提存現金或法院認為相當之有價證券。但當事人別有約定者，不在此限」；第103條第1項：「被告就前條之提存物，與質權人有同一之權利」

718 參考民事訴訟法第104條第1項規定：「有下列各款情形之一者，法院應依供擔保人之聲請，以裁定命返還其提存物或保證書：一、應供擔保之原因消滅者。二、供擔保人證明受擔保利益人同意返還者。三、訴訟終結後，供擔保人證明已定20日以上之期間，催告受擔保利益人行使權利而未行使，或法院依供擔保人之聲請，通知受擔保利益人於一定期間內行使權利並向法院為行使權利之證明而未證明者。」

期間，催告申請人行使權利而未行使者，或申請人同意返還者，如有以上情形，海關應依被查扣人之申請，返還依本法第72條第4項規定繳納之保證金，以衡平當事人雙方權益。（商74 IV）

第三章　證明標章、團體標章及團體商標

第一節　證明標章

第一款　意義

　　證明標章指證明標章權人用以證明他人商品或服務之特定品質、精密度、原料、製造方法、產地或其他事項之標識，由具有證明能力之法人、團體或政府機關取得註冊，於他人之商品或服務符合使用規範書所定條件時，同意該他人將標章使用於商品或服務，並藉以與未經證明之商品或服務相區別（商80Ⅰ、81Ⅰ）。因此，證明標章除具有證明商品或服務具備一定特性的證明功能外，並具有藉以與未經證明之商品或服務相區別的識別功能。證明標章依其證明之內容可分為一般證明標章及產地證明標章。[1]

---

[1] 產地證明標章係本法於民國92年修正時，為加強TRIPs第22條有關地理標示保護之規定，特參考德國商標法第126條、美國商標法第4條，增列產地證明標章申請註冊之法源，以資適用。故產地證明標章用以證明商品或服務，係來自於特定地理區域，應具有特定之品質、聲譽或其他特性。以上參見民國92年本法第72條第1項修法理由。產地證明標章實例如：(1)「池上米」證明標章由台東縣池上鄉公所申請取得註冊，以證明「米」係產自台東縣池上鄉，且其品質符合證明標章權人訂定之「池上米良質米標誌規範」標準。(2)「遷西板栗」證明標章由大陸遷西縣林學會申請取得註冊，證明「新鮮栗子」產自河北省遷西縣境內興城鎮等17個鄉鎮，且商品品質符合證明標章權人規範之要求。參見經濟部，「證明標章、團體商標及團體標章審查基準」（最新修正生效日，民國101年7月1日）2.1。另經濟部智慧財產局，於民國98年5月26日公布「著名地方特色產業產地認定原則及一覽表」，所謂「著名地方特色產業產地」是指因特殊自然

前者是證明他人商品或服務之特定品質、精密度、原料、製造方法、產地或其他事項。[2]產地證明標章則是證明他人商品或服務來自於特定地理區域，並具有特定之品質、聲譽或其他特性，[3]故而產地證明標章，不同於

或人文環境發展出具當地代表性之群聚型產業且已達著名之產地而言。其認定依下列五大因素綜合判斷之：1.具有全國性聲譽廣為我國消費者所熟知之特產，必須在消費者心目中已與其產地名稱緊密連結，並認為該特產係該地域之代表性產業，例如：提到「豆干」就會想到「大溪」；提到「太陽餅」即會想到「台中」。2.具有特殊自然環境，因而發展出具特色的地方產業，例如：「阿里山茶」、「拉拉山水蜜桃」。3.具歷史文化傳承價值，屬稀少且具文化保存意義之產業，在該地域已有相當發展規模，例如：「后里薩克斯風」、「蘭嶼獨木舟」。4.具有傳統特色之產業，該產地所產製的特定產品係以傳統或獨特技術所製成，有地方獨特性，足以與其他地域相同產業或產品有所區隔，例如：「新埔柿餅」、「美濃紙傘」。5.具有群聚型經濟發展之產業，該地商家因群聚型發展，發揮產業群聚經濟效益，例如：「鶯歌陶瓷」、「石門活魚」。

2 一般證明標章實例如：1.證明商品：(1)「防火標章」證明標章由內政部建築研究所申請取得註冊，以證明建築物符合證明標章權人所訂「建築物公共場所防火標章作業要點」之審查標準。(2)「節能標章」證明標章由經濟部申請取得註冊，以證明能源器具或新能源設備產品具有節約能源功能。2.證明服務：(1)「民宿專用標誌」證明標章由交通部觀光局申請取得註冊，以證明民宿之設置、經營規模及有關設備設施等符合「發展觀光條例」、「民宿管理辦法」規範。(2)「溫泉專用標誌」證明標章由交通部觀光局申請取得註冊，證明以溫泉作為觀光休閒遊憩目的之溫泉使用事業，符合溫泉法及申請溫泉標章子法之規範。參見「證明標章、團體商標及團體標章審查基準」（前揭），2.1。

3 產地證明標章其證明之內容應記載其界定之區域範圍、商品或服務具有特定之品質、聲譽或其他特性及其與該地理環境間之關連性。但所證明之產品，其製造過程不一定全部要在該地理區域內完成，只要成就該產品品質、聲譽、特性最關鍵的部分是在該地理區域內完成即可。產地證明標章內容應1.界定之區域範圍，其區域範圍，若與行政單位所轄區域相符，申請人可以行政單位表示，如依照行政單位所轄地理區域仍難以界定其來源地區，亦可以非行政單位的地理區域表示。2.商品或服務具有特定之品質、聲譽或其他特性及其與該地理環境之關連性：產地證明標章證明之商品或服務可以是農產品、食品、葡萄酒、烈酒，及工藝品等。而陳述商品或服務與地理來源之相關連因素，則必須包括商品或服務確實源自該地理區域，及其所表彰之商品或服務所具備之品質、聲

一般說明性之「產地標示」[4]。

　　上述用以證明產地者，該地理區域之商品或服務應具有特定品質、聲譽或其他特性，證明標章之申請人得以含有該地理名稱或足以指示該地理區域之標識申請註冊為產地證明標章。（商80 II）為使證明產地事項之產地證明標章之定義清楚明確，本法規定用以證明產地者，該地理區域之他人商品或服務應具有特定品質、聲譽或其他特性；亦即產地證明標章雖得由產地名稱所組成，但非謂商標專責機關即應允許其註冊，仍須考量該產地名稱是否於指定之商品或服務具有特定品質、聲譽或其他特性。例如，申請「臺北」註冊為產地證明標章指定使用於板條商品，因以「臺北」為產地之板條並無特定品質、聲譽或其他特性之意涵，予人印象僅為單純產地之說明，並不符合產地證明標章之定義。但若申請「美濃」作為產地證明標章，指定使用於板條商品，則因美濃居民以客家人為主，而板條為客

譽或特性與該地理環境之自然或人文因素相關連。如：(1)「南投縣鹿谷鄉公所凍頂烏龍茶認證標章」證明標章「證明其生產製造之茶葉產自於南投縣鹿谷鄉，鹿谷鄉位於南投縣中心偏西南方，海拔600—1200公尺的山坡地，由於氣候涼爽，雨量充足，土壤肥沃，且日照溫和，晝夜常有雲霧籠罩，是生產之凍頂茶品質優良，且符合『南投縣鹿谷鄉公所鹿谷凍頂烏龍茶證明標章使用管理規範』之標準」；(2)「嘉義縣政府阿里山高山茶標章」證明標章證明之內容為「證明茶葉產品確實產自阿里山茶區，包括梅山鄉、竹崎鄉、番路鄉、阿里山鄉、中埔鄉、大埔鄉等6個鄉鎮。阿里山高山茶區位於嘉義縣境，北回歸線兩側50公里以內，海拔在1000公尺至1500公尺終年雲霧籠罩的山區，平日日照短，土壤相當適合茶葉生長，氣候與水質極佳，產品品質優良，且符合政府安全用藥規定」。參見「證明標章、團體商標及團體標章審查基準」（前揭），2.3。

4　「產地證明標章」主要由地理名稱所構成，不同於一般說明性之「產地標示」，一般「產地標示」是純粹對於商品或服務本身製造、生產地或提供地的描述，例如：「台灣製造」、「made in Taiwan」等。而「產地證明標章」之標示，是指該標章用以證明他人的商品或服務源自於特定地理區域，且其證明之商品或服務因該地理環境之特殊自然或人文因素，具有特定之品質、聲譽或其他特性。

家傳統米食，美濃生產之板條長久以來夙著盛譽，「美濃」於板條具有品質與聲譽之意涵，應符合申請產地證明標章之要件。[5]

本法亦基於輔導國內本土產業之政策，明定主管機關應會同中央目的事業主管機關輔導與補助艱困產業、瀕臨艱困產業及傳統產業，提升生產力及產品品質，並建立各該產業別標示其產品原產地為台灣製造之證明標章。（商80 III）上述產業之認定與輔導、補助之對象、標準、期間及應遵行事項等，由主管機關會商各該中央目的事業主管機關後定之，必要時得免除證明標章之相關規費。[6]（商80 IV）

第二款　申請人

證明標章之申請人，以具有證明他人商品或服務能力之法人、團體或政府機關為限，（商81 I）不以具有法人資格為必要。另因證明標章註冊的目的在於證明「他人」的商品或服務之特性、品質、精密度、產地或其他事項，如在自己經營的商品或服務上使用該證明標章，易失其公平、公正、客觀之立場，故本法明文規定，申請人係從事於欲證明之商品或服務之業務者，不得申請註冊。（商81 II）申請註冊產地證明標章，申請人以具有證明他人之商品或服務源自於該特定地理區域之資格或能力者為限。外國企業、團體或組織申請註冊產地證明標章，倘已檢附該產地證明標章

5　參見民國100年修法理由。

6　上述條文原非經濟部擬定之條文，而是由立法院主動加入，其立法理為：「主管機開經濟部，應主動會同各該事業之中央目的事業主管機開,應輔導及補助艱困產業、瀕臨艱困產業及傳統產業,建立各該產業別標示其產品原產地為台灣製造之證明標章：以具體協助如台灣寢具產業日結聯盟、台灣製造民生產業大聯盟等本土產業相關團體。經濟部除主動協助本土產業建立台灣製造之證明標章外，更應輔時取得本證明標章者，於依貿易法第20條第2項及第3項規定所設之國、內外「台灣產品館（區）」中進行展售，以拓銷台灣重要產製品、台灣精品。」

以該申請人名義在原屬國受法律保護的證明文件者，得認定其具有申請人資格。上述證明標章申請人應具有證明他人商品或服務之能力，如其本身不具有檢驗能力，可委託具有檢驗證明內容能力之第三人，在申請人監督控制下，由該受委託之人代為檢驗。（商施47）如果是委託具有能力者代為檢驗，則申請人應提出其如何監督之說明，並檢附委託檢驗文件或契約書影本供查驗。[7]

第三款　申請時應檢附之文件

申請註冊證明標章者，應檢附具有證明他人商品或服務能力之文件、證明標章使用規範書及不從事所證明商品之製造、行銷或服務提供之聲明。（商82 I） 申請註冊證明標章應檢附之文件之規定，係從本法施行細則第38條第4款「申請人得為證明之資格」及第6款「申請人本身不從事所證明商品之製造、行銷或服務提供之聲明」之規定移列。

申請證明標章時，應檢附優先權證明文件（如主張優權權者）、申請人身分證明文件、申請人得為證明之資格或能力之文件、標示標章條件及控制標章使用方式、申請人不以標章從事商品之製造、行銷或提供服務之聲明。[8]詳言之，1.申請人身分證明文件：即申請人之身分須以法人、團體或政府機關為限；2.申請人得為證明之資格或能力之文件：商標專責機關應檢視申請人依法登記之證明文件，並就法人登記之營業項目，或團體成立之宗旨目的，或機關組織章程，判斷申請人是否具有得為證明之資格或能力。必要時，得就申請人本身之業務範圍、職掌、人員、設備等加以斟酌。此外，若申請人本身不具有檢驗能力，可以委託具有檢驗證明內容能

---

[7] 申請人資格及證明能力不符規定，經通知申請人補正，屆期不為補正，或其補正經審查仍不符合為法人、團體或政府機關之資格，或仍無法被商標專責機關認定具有證明能力者，應不受理。（商17準8 I）

[8] 詳見證明標章申請書。http://www.tipo.gov.tw/trademark/trademark_table.asp。

力之第三人，在申請人監督控制下，由該受委託之人代為檢驗。如果是委託具有能力者代為檢驗，則申請人應提出如何監督受委託人之說明，並檢附委託檢驗文件或契約書影本供查驗；3.說明標示標章條件及控制標章使用方式之文件：所謂標示證明標章之條件，是指第三人得以要求證明標章權人同意其使用證明標章之條件，如規定產品必須符合某種標準、品質、性質等。標示證明標章之條件，可由申請人自行設定，亦可引用他人所訂之標準。控制證明標章使用之方式，是指控制證明標章使用之監控辦法及其相關作業流程等規定，如實施監督及定期或不定期檢驗程序、限制改善的期間、未依限改善時證明標章權人有權停止其使用等罰則等，以明文規定，落實對於證明標章使用方式之管控。至於產地證明標章之標示條件，其內容主要包括界定的區域範圍，以及證明之商品或服務因該地理環境所具備特定之品質、聲譽或其他特性，如，產品外觀特徵、規格大小、顏色、形狀、特殊風味甜度、質料、成分、製造過程、製造方法等。其控制證明標章使用之方式，與前述一般證明標章使用規範所載控制證明標章使用之方式相同，均是藉該規定以落實對於證明標章使用方式之管控；4.聲明其不從事該等商品或服務業務之聲明書，若申請人已檢附聲明書，聲明其不從事該等商品或服務業務，即推定申請人實際上不從事該等商品或服務業務。但是，如有客觀事證顯示申請人實際上可能從事該等商品或服務之業務時（如於證明之商品或服務已有註冊商標），仍應通知申請人釋明。9

　　前述之證明標章使用規範書應載明下列事項：一、證明標章證明之內容。二、使用證明標章之條件。三、管理及監督證明標章使用之方式。四、申請使用該證明標章之程序事項及其爭議解決方式。（商82 IV）有關證明標章使用規範書應載明之內容，原規定於本法施行細則第38條，茲因使用規範書之內容具有強烈之公益性，影響利害關係人及消費者權益

---

9 參見「證明標章、團體商標及團體標章審查基準」（前揭）2.2.3；2.3.3。

甚鉅，故移列至本法規定之。又證明標章對表彰之商品或服務具有特定品質、特性之保證功能，消費者對經證明之商品或服務，較一般商標具有更高之信賴程度，為確保證明標章權人與符合條件之申請使用人間發生爭議時，能有公平公正之解決方式，故規定前述使用規範書應載明「申請使用該證明標章之程序事項及其爭議解決方式」，使申請使用該標章之程序及其爭議解決方式透明化。

申請註冊產地證明標章之申請人代表性有疑義者，商標專責機關得另行徵詢商品或服務之中央目的事業主管機關之意見，以釐清代表性之疑義，統合由具代表性之申請人提出產地證明標章註冊之申請。（商82 II）

外國產地證明在原產國不受保護者，我國並無保護義務，爰參「考與貿易有關之智慧財產權協定」（TRIPS）第24條第9項規定，明文規定外國法人、團體或政府機關申請產地證明標章，應檢附以其名義在其原產國受保護之證明文件。（商82 III）

證明標章使用規範書之內容攸關利害關係人及消費者之權益，商標專責機關於註冊公告時，應一併公告證明標章使用規範書；註冊後修改者，應經商標專責機關核准，並公告之。（商82 V）否則不生效力。[10]

第四款　註冊要件

證明標章應屬藉以與未經證明之商品或服務相區別之標識（商80 I 後段）故應具有識別性。依其性質準用本法有關商標之規定（商94），有關法定不得註冊之事由（商29、30）等事項，證明標章均有準用（產地證明標章、產地團體商標不適用本法第29條第1項第1款、第29條第3項規定）。一般證明標章之識別性，是指該標章用以證明他人商品或服務之特性、品質、精密度或其他事項，使用在證明的商品或服務，足以與其他問

---

[10] 參見民國100年修法理由。

經證明的商品或服務相區別。而產地證明標章,係證明來自特定地理區域之商品或服務具有一定之品質或特性,消費者可依該特定地理區域與其所證明之商品或服務產生聯想者,即具有識別性。故產地證明標章識別性之判斷,應考量其圖樣上之特定地理區域與其證明之商品或服務之關連性、相關消費者的認知、實際交易情況及業者通常使用情形等因素綜合判斷,其是否足以成為證明地理來源的標識,並得藉以與其他未經證明源自於該特定地理區域的商品或服務相區別。

一般證明標章的識別性,係為指示經證明之商品或服務,並得以與未經證明之商品或服務相區別的特性,故識別性之判斷,必須以標章與所證明商品或服務間的關係為依據。關於一般證明標章識別性之判斷、後天識別性之取得,及聲明不專用之情形,依其性質準用本法第29條關於商標識別性之規定。

一般證明標章若僅由描述所證明商品或服務之相關說明、通用標章或名稱,或其他不具識別性之標識所構成者,因不具識別性,不得註冊(商94準29 I)。例如,「100%純棉」為紡織業界常用的商品成分說明,若以之作為證明標章證明衣服的成分,無法指示經證明之衣服商品,亦無法與其他未經證明之商品相區別,不具識別性,應予以核駁(商94準31 I)。

一般證明標章中的地理名稱只有單純的產地說明意涵,為避免一般證明標章權人誤認已就標章圖樣中的地理名稱取得排除他人使用的權利,一般證明標章中倘包含地理名稱,應屬有致證明標章權範圍產生疑義之虞的情形,須聲明不專用,始能取得註冊(商94準29 III)至於一般證明標章中含有產地名稱以外之說明性事項、通用標章或名稱或其他不具識別性事項應否聲明不專用,準用「聲明不專用審查基準」之規定。[11]

產地證明標章的識別性,為指示經證明之商品或服務的地理來源並得以與未經證明之商品或服務相區別的特性(商80 I),故一般消費者除須

---

11 參見「證明標章、團體商標及團體標章審查基準」(前揭),2.2.4.

能以產地證明標章識別產地外，尚必須能藉由該標章，將經證明源自於該地理區域之商品或服務與未經證明源自該地理區域者相區別。關於產地證明標章識別性之判斷、後天識別性之取得，及聲明不專用之情形，依性質準用本法第29條關於商標識別之規定。

　　產地證明標章得以將證明源自於該地理區域之商品或服務與未經證明源自該地理區域者相區別，係基於該產地證明標章證明產地的特殊性，產地為該標章所欲證明之事項，不得以標章僅由描述所指定商品或服務的產地名稱所構成，以不具識別性核駁其註冊，在產地名稱為標章圖樣的一部分，而標章整體具有識別性的情形，亦不得以該部分為商品或服務產地的說明，且有致產地證明標章權範圍產生疑義之虞，要求申請人為不專用之聲明，故產地證明標章之產地名稱不適用本法第29條第1項第1款及第3項之規定。惟產地證明標章中含有產地名稱以外的說明性事項、通用標章或名稱或其他不具識別性事項應否聲明不專用，仍應準用「聲明不專用審查基準」之規定。

　　農產品的交易習慣上，不乏以「產地名稱＋商品名稱」作為商品產地說明的情形，例如「雲林木瓜」，僅係用以表彰該木瓜來自雲林產地之意。故申請人若以單純之「產地名稱＋商品名稱」標章圖樣取得產地證明標章註冊，對未經其同意之人以「產地名稱＋商品名稱」作為證明標章使用的情形，將發生得否為侵權主張或屬合理使用之疑慮。為能明確辨識經證明及未經證明之商品間的差異，標章權人可於使用規範書增訂標章之位置、樣式及其商品包裝之設色等使用條件，俾便於實際使用時足資區隔。為解決前揭疑慮，申請時宜於「產地名稱＋商品名稱」之外，另於標章圖樣增加，其他具識別性的圖形或文字，尤其是清楚揭示標識性質為產地證明標章之文字，以提高標章的識別性。[12]

---

12 參見「證明標章、團體商標及團體標章審查基準」（前揭），2.3.4。

第五款 證明標章之使用

證明標章之使用，指經證明標章權人同意之人，依證明標章使用規範書所定之條件，使用該證明標章。（商83）證明標章權人自己不得使用於相關商品或服務，而係指經由證明標章權人同意之人，依證明標章使用規範書所規定之條件，將該標章用於商品、與服務有關之物品、商品或服務有關之商業文書或廣告等行為。

證明標章之使用，不同於一般商標之使用，係主觀上證明標章權人有為證明他人商品或服務之特定品質、精密度、原料、製造方法、產地或其他事項之意思，客觀上有同意他人標示該證明標章之行為。換言之，證明標章並非用以指示單一營業主體來源，而是由多數符合標示條件的人，將相同的證明標章使用在各自的商品或服務，凡是經營提供之商品或服務，且符合標示證明標章條件者，皆可要求使用該證明標章，證明標章權人應允許符合條件的人申請使用，不得有差別待遇之情形。[13]

產地證明標章之產地名稱不適用本法第29條第1項第1款及第3項規定。（商84 I）證明標章若由產地名稱所組成，是否有違反本法第29條第1項第1款之規定，[14]向有疑義，為明確起見，本法明文規定產地證明標章不適用本法第29條第1項第1款。又產地證明標章所欲保護者為產地名稱，產地名稱自無聲明不專用之必要，故亦不適用本法第29條第3項規定。

產地證明標章權人不得禁止他人以符合商業交易習慣之誠實信用方法，表示其商品或服務之產地。（商84 II）單純地理名稱雖經註冊取得產

---

[13] 參見經濟部智慧財產局（93）智商0941字第938028990號函.號函：「……又若所收購或生產之米，確係產自池上鄉者，商標法規定，台東縣池上鄉公所亦不可為差別待遇，凡符合標示證明標章之條件者，應同意其標示「池上米」標章……」

[14] 本法第29條第1項第1款：「僅由描述所指定商品或服務之品質、用途、原料、產地或相關特性之說明所構成者」。

地證明標章權，惟不得禁止第三人以符合商業交易習慣之誠實信用方法，作為商品或服務產地說明之自由使用權益。

第六款　移轉與授權

證明標章權不得移轉、授權他人使用，或作為質權標的物。但其移轉或授權他人使用，無損害消費者利益及違反公平競爭之虞，經商標專責機關核准者，不在此限。（商92）因證明標章權人本身須具有一定資格之限制，故證明標章註冊後，原則上不得移轉或授權他人使用，但如果其移轉或授權他人使用，無損害消費者利益及違反公平競爭之虞，經商標專責機關核准後，得移轉、授權他人使用。至於無損害消費者利益及違反公平競爭之虞，應就該證明標章受讓人或被授權人證明之資格與能力等因素加以考量。[15]另依同法條之規定，證明標章權依其性質亦不得作為質權標的物。[16]有關證明標章權之移轉或授權他人使用，是否無損害消費者利益及違反公平競爭之爭議，可依聽證程序進行調查與辯論。[17]

---

[15]如「台灣精品標誌」證明標章，原標章權人為外貿協會，係經濟部之委託單位，嗣後將該標章權移轉予經濟部一案。商標專責機關審查後認為，其受讓人為政府機關，相較於民間機構，更具有公信力及公正超然之立場而核准其移轉。

[16]依民法第901條規定，權利質權，除有規定外，應準用關於動產質權之規定。而依同法884條之規定，債務人應移轉占有供其擔保之權利給質權人。故證明標章性質上不宜設定質權。

[17]參見「商標爭議案件聽證作業要點」（前揭），第6點第9款規定：「舉行聽證時，得就商標爭議案件下列相關事項證據資料進行調查與辯論……（9）商標法第92條規定之證明標章權、團體標章權或團體商標權之移轉或授權他人使用，是否無損害消費者利益及違反公平競爭之情形」。

第七款　異議、評定及廢止

　　證明商標之註冊違反本法第29條第1項（產地證明標章不適用本法第29條第1項第1款）、第30條第1項或第65條第3項規定之情形者，任何人得自商標註冊公告日後三個月內，向商標專責機關提出異議。（商94準用48）另利害關係人或審查人員亦得依本法規定對之申請或提請評定其註冊。（商94準用57）

　　因證明標章有其公信力，故註冊後，仍應對之適當監督管理，因此除準用本法第63條所規定之廢止事由外，證明標章權人或其被授權使用人，另有廢止法定事由之一，致生損害於他人或公眾者，商標專責機關得依任何人之申請或依職權廢止其註冊。（商93 I）

　　依本法第93條第1項規定，證明標章權人有下列情形之一者，商標專責機關得依任何人之申請或依職權廢止證明標章、團體標章或團體商標之註冊：一、證明標章作為商標使用。證明標章係證明「他人」之商品或服務，僅限於「證明標章權人以外之他人」使用，而商標則在表彰專用權人「自己」提供之商品或服務，專用權人和（或）授權使用人均可使用，兩者在功能或使用人方面，有其不相容性，[18]為求公平、客觀的使用證明標章，故應禁止證明標章作為商標使用。二、證明標章權人從事其所證明商品或服務之業務。本法明文規定證明標章申請人係從事於欲證明之商品或服務之業務者，不得申請註冊。（商81 II）因而如取得證明標章權後，證明標章權人如有從事其所證明商品或服務之業務者，應屬廢止事由。三、

---

[18]最高行政法院93年度判字第1347號判決：「……又商標法第76條所稱不當使用，指證明標章作為商標或服務標章使用，或專用權人於自己之商品或服務使用該標章。由此兩款規定，足以證明證明標章與服務標章之不相容性。蓋證明標章係證明「他人」之商品或服務，僅限於「專用權人以外之他人」使用；而服務標章則在表彰專用權人「自己」提供之服務，專用權人和（或）授權使用人均可使用，兩者在功能、使用人不同，有其不相容性，不得同時申請註冊專用」。

證明標章權人喪失證明該註冊商品或服務之能力。證明標章之申請人，以具有證明該註冊之他人商品或服務能力者爲必要條件，如於取得證明標章權後，喪失證明該註冊商品或服務之能力者，應不宜使其繼續使用該證明標章。四、證明標章權人對於申請證明之人，予以差別待遇。證明標章並非用以指示單一營業主體來源，而是由多數符合標示條件的人，將相同的證明標章使用在各自的商品或服務，凡是經營提供之商品或服務符合標示證明標章條件者，皆可要求使用該證明標章，證明標章權人應允許符合條件的人申請使用，不得有差別待遇之情形。五、違反本法第92條第規定而爲移轉、授權或設定質權。證明標章因公益性強，依本法第92條規定，證明標章原則上不得移轉、授權或設定質權，除非無損害消費者利益及違反公平競爭之虞，並經商標專責機關核准者，始可爲之，若有違反，應屬不當使用。六、未依使用規範書爲使用之管理及監督。證明標章申請註冊時均須訂有管理使用規範，該使用規範之內容是否完備，爲商標專責機關是否核准其註冊之重要審查標準之一，證明標章註冊後，如不依使用規範內容控制證明標章使用方式及標示，不但無法發揮證明他人商品或服務之特性、品質、精密度、產地或其他事項之功能，甚至可能誤導消費者，自屬不當使用，依法得廢止其註冊。七、其他不當方法之使用，致生損害於他人或公眾之虞。本款爲概括性之規定，除上述具體事由外，應就個案申請人主張之客觀事證，審查是否構成不當使用，且該不當使用之構成不以發生實害爲必要，只要「致生損害於他人或公眾之虞者」，即可構成。

　　前述違法使用之情形，若係被授權人所爲，於證明標章權人、明知或可得而知而不爲反對之表示時，商標權人即屬可歸責，應廢止其註冊。（商93 II）

第八款　準用商標之規定

　　證明標章除本章另有規定外，依其性質準用本法有關商標之規定。（商94）

第二節　團體標章

第一款　意義

　　團體標章，指具有法人資格之公會、協會或其他團體，爲表彰其會員之會籍，並藉以與非該團體會員相區別之標識。（商85）團體標章之功能並非表彰該團體之組織，而是在表彰該團體成員之會籍。實務審查上亦不接受無成員之組織（如財團法人、基金會等），爲表彰其組織，而申請團體標章之情形。申請註冊之團體標章如非用以表彰其會員會籍，即與團體標章之定義及性質不符，經通知逾期未爲補正，或經補正仍未符合團體標章之性質者，依法應予核駁。

第二款　申請人

　　團體標章是用以表彰團體組織或其會員身分，故其申請人應爲具有法人資格之公會、協會或其他團體。（商85 I）凡向中央或地方主管機關立案登記，並依法向該管法院辦理法人登記之公會、協會或其他團體，均可成爲團體標章申請人。因此如申請人如爲財團法人、基金會等，屬以「財產」爲集合體之法人，因無從表彰其團體會員身分；或申請人爲屬行政機關，因無團體會員；或法人所屬單位，因不具獨立法人資格，依法均應予核駁。

第三款　申請註冊時應檢附之文書

　　團體標章註冊之申請，應以申請書載明相關事項，並檢具團體標章使用規範書，向商標專責機關申請之。（商86 I）上述團體標章使用規範書應載明下列事項：一、會員之資格。二、使用團體標章之條件。三、管理

及監督團體標章使用之方式。四、違反規範之處理規定。（商86 II）使用規範書，其內容通常需包括：1.會員之資格：團體標章使用規範應記載會員之資格或條件，以確定該團體會員之資格或條件，如以申請者之住、居所或營業所，或經營同業爲其加入成爲會員之資格條件，另團體會員可以是自然人或法人。2.控制團體標章使用之方式：包括(1)標示團體標章之條件，如具有會員資格者，始可標示該團體標章；(2)監督管理機制，如會員應使用該團體標章應遵守之規範；(3)違反使用規範之罰則，團體標章權人對於會員違反使用規範書之規定者，其處理方式，可包括暫時或永久中止同意使用該標章，甚至開除其會籍等規定，應於使用規範書訂之。[19]

第四款　註冊要件

團體標章除本章另有規定外，依其性質準用本法有關商標之規定。（商94）故團體標章自應具有本法規定之商標積極註冊要件或不具消極之註冊要件，如：1.識別性：團體標章之識別性，是指團體標章足以表彰其會員會籍，並藉以與非該團體會員相區別之標識。其識別性之判斷，應考量申請註冊之團體標章圖樣與其表彰內容之關連性，及一般社會通念等因素綜合判斷之。[20]如團體標章僅由團體之相關說明所構成，該等說明爲其

---

19 參見「證明標章、團體商標及團體標章審查基準」（前揭），4.2.3。

20 如以「急難救助協會」作爲團體標章申請註冊，不足以使公眾認識其爲表彰團體組織之標識，並得藉以與其他團體相區別，依法應予核駁。惟若以「台北縣急難救助協會」全銜作爲團體標章申請註冊，足以使公眾認識其爲表彰團體組織之標識，並得藉以與其他團體相區別，依法應予核准。另如「台灣童子軍SCOUTS OF TAIWAN」團體標章註冊申請案，其圖樣上之中外文係泛指台灣地區之童子軍而言，非僅表彰申請人「○○童子軍勵進會」之組織或其會員之會籍，不足以使一般民眾認識其爲表彰「○○童子軍勵進會」之標識，並得藉以與其他團體相區別，依法應予核駁。見「證明標章、團體商標及團體標章審查基準」（前揭），4.2.4。

他同性質團體，描述其團體通常會使用之文字、圖形等所組成，依本法第29條第1項第2款規定，應予核駁。2.團體標章相同或近似於中華民國政府機關或其主辦展覽會之標章，或其所發給之褒獎牌狀者，依法不得註冊，應予核駁。（商30 I 四）21 3.團體標章相同或近似於他人先申請或註冊之團體標章，且二者表彰之團體之性質係屬同一或類似，有使相關消費者對其表彰組織或其會員會籍，發生混淆誤認之虞者，應不准其註冊駁。（商30 I 十）除上述情形外，亦應依個案審查其是否有違反本法第29條第1項、第30條第1項或第65條第3項規定之情形。

第五款　團體標章之使用

團體標章之使用，指團體會員為表彰其團體會員身分，依團體標章使用規範書所訂之條件，使用該團體標章。（商87）為了避免團體標章因為使用而被廢止，團體標章必須有使用的事實，例如：團體標章用於會員徽章、會員卡（證）、會員證書等物品，並由會員佩帶或利用，或會員依使用規範書之使用條件印製名片，以表彰其團體會員身分，並與非該團體會員相區別。22並準用本法第5條之規定。（商17準用5）

---

21 最高行政法院93年判字第1645號判決：「按「團體標章相同或近似於中華民國國旗、國徽、國璽、軍旗、軍徽、印信、勳章或外國國旗者」、「相同或近似於紅十字章或其他國內或國際著名組織名稱、徽記、徽章、標章者」、「相同或近似於表彰同一性質組織或會籍習慣上通用之標章者」不得申請註冊，為本件系爭團體標章註冊時商標法第77條準用第37條第1項第1、3、8款所明定。而上開第一款規定所稱團體標章不得相同或近似於中華民國國徽，第3款所謂團體標章不得相同或近似於著名組織之徽記或標章，其目的係以為維護國家之尊嚴及著名組織之聲譽，如准許以中華民國國徽或著名組織之標章作為某團體使用，則有損其尊嚴或聲譽。……」。

22 參見「證明標章、團體商標及團體標章審查基準」（前揭），4.3.2。

第六款　移轉與授權

　　團體標章權、不得移轉、授權他人使用，或作為質權標的物。但其移轉或授權他人使用，無損害消費者利益及違反公平競爭之虞，經商標專責機關核准者，不在此限。（商92）因團體標章之申請人與使用人須具有一定資格或條件之限制，故團體標章註冊後，原則上不得移轉或授權他人使用，但如果其移轉或授權他人使用，無損害消費者利益及違反公平競爭之虞，可以經由商標專責機關核准移轉、授權他人使用。至於有無損害消費者利益及違反公平競爭之虞，應就該團體標章受讓人或被授權人之資格、消費者利益及公平競爭等因素加以考量。另依同法條之規定，證明標章權，依其性質亦不得作為質權標的物。[23]另對於關團體標章權之移轉或授權他人使用，是否無損害消費者利益及違反公平競爭之爭議，可依聽證程序進行調查與辯論。[24]

第七款　異議、評定及廢止

　　團體商標之註冊違反本法第29條第1項、第30條第1項或第65條第3項規定之情形者，任何人得自商標註冊公告日後三個月內，向商標專責機關提出異議。（準用商48）或利害關係人或審查人員得申請或提請商標專責機關評定其註冊。（準用商57）

　　因團體標章係具有法人資格之公會、協會或其他團體為表彰其組織

---

[23] 依民法第901條規定，權利質權，除有規定外，應準用關於動產質權之規定。而依同法884條之規定，債務人應移轉占有供其擔保之權利給質權人。故證明標章性質上不宜設定質權。

[24] 參見經濟部「商標爭議案件聽證作業要點」（前揭）第6點第9款規定「舉行聽證時，得就商標爭議案件下列相關事項證據資料進行調查與辯論……（9）商標法第78條規定之證明標章權、團體標章權或團體商標權之移轉或授權他人使用，是否無損害消費者利益及違反公平競爭之情形」。

或會籍之標識，且其公益性強，故於其註冊後，仍應對之爲適當之監督管理，因此除準用本法第63條所規定之廢止事由外，本法亦就團體標章之特性，另定團體標章權人或其被授權使用人，如有其他廢止法定事由之一，致生損害於他人或公眾者，商標專責機關得依任何人之申請或依職權廢止其註冊。（商93 I）。所稱廢止法定事由是指下列情形之一（商93 II）：一、違反本法第92條規定而爲移轉、授權或設定質權。（詳見本書前揭說明）二、未依使用規範書爲使用之管理及監督。團體標章申請註冊時均須訂有管理使用規範，商標專責機關是否核准團體標章之註冊，該使用規範之內容是否完備，亦屬重要的審查標準。一旦團體標章註冊後，不依使用規範內容控制團體標章使用方式及標示，不但無法發揮團體標章之功能，甚至誤導消費者購買，自屬不當使用，依法得廢止其註冊。三、其他不當方法之使用，致生損害於他人或公眾之虞。本款係爲概括性之規定，應依個案之客觀事證判斷是否構成不當使用。

本法第93條第1項所定違法使用之情形，雖係被授權人所爲，但團體標章權人明知或可得而知而不爲反對之表示時，團體標章權人即屬可歸責，應廢止其註冊。（商93 II）

第八款　準用商標之規定

團體標章除本章另有規定外，依其性質準用本法有關商標之規定。（商94）

第三節　團體商標

第一款　意義

團體商標指具有法人資格的公會、協會或其他團體，爲指示其會員所

提供之商品或服務，並藉以與非該團體會員所提供之商品或服務相區別之標識，（商88 I）因此，團體商標係提供予團體會員使用，作為商品或服務源自特定團體會員的標識，此外，亦得額外對於商品或服務的品質、地理來源或其他特性為要求。

　　團體係為維護會員的共同利益而擁有團體商標權，團體商標權人應管理及監督團體商標以免因為個別會員的不當使用行為，影響團體商標的商譽。團體商標與商標均用以指示商品或服務之商業來源，但商標是指示單一的商業來源，而團體商標則指示多數的商業來源。團體商標權人可以依使用規範書所定條件使用團體商標於團體提供的商品或服務，也可以為促銷團體會員提供的商品或服務，於廣告及推廣活動使用團體商標。

　　團體商標可區分為一般團體商標及產地團體商標，前者用以指示商品或服務來自特定團體之會員，後者除指示商品或服務來自特定團體之會員外，且該商品或服務一定產地。在產地團體商標的情形，該地理區域之商品或服務應具有特定品質、聲譽或其他特性。（商88 II）所謂「該地理區域之商品或服務應具有特定品質、聲譽或其他特性」指商品或服務因該地理環境因素所具備的特性，亦即商品或服務之品質、聲譽或其他特性與該地理環境間具有相當關連性，例如歸因於該地理環境的土壤、氣候、風、水質、海拔高度、溼度等自然因素所造成，或與該地傳統或特殊的製造過程、產出方法、製造技術等人文因素具有關連等情形。若團體商標指定使用商品具備之特性或品質，純粹是由於團體商標權人訂定其產製標準加以監督控制的結果，而與其地理環境間無關連性者，即不符合產地團體商標之定義，縱商標圖樣中有地理名稱或足以指示一定地理區域之標識，仍非屬產地團體商標，而屬一般團體商標。[25]

---

25 實例如：「台北縣茶商業同業公會標章茶及圖TTTMA」團體商標，指定使用於茶葉、包種茶、烏龍茶等商品。由台北縣茶商業同業公會申請取得註冊，提供予其會員使用於其指定之商品；「台北市液化氣體燃料商業同業公會LPG Taipai Liquefied Petroleum Gas Association及圖」團體商標，指定使用於丙烷氣與丁烷

第二款　產地團體商標

　　團體商標除上述一般團體商標外，申請人亦得以地理名稱，申請註冊為產地團體商標，主要是指地理區域所界定範圍內成立之團體會員，共同使用該地理名稱為商標，以表示其商品或服務來源。[26]本法規定，團體商標用以指示會員所提供之商品或服務來自一定產地者，該地理區域之商品或服務應具有特定品質、聲譽或其他特性，團體商標之申請人得以含有該地理名稱或足以指示該地理區域之標識申請註冊為產地團體商標。（商88 II）按來自一定地理區域之商品或服務，具有特定品質、聲譽或其他特性，除可註冊為證明標章獲得保護外，本法明定亦得註冊為團體商標以取得保護。

　　產地團體商標應準用本法第82條第2項、第3項及第84條之規定。（商91）於申請產地團體商標時，於申請人之代表性有疑義時，亦得向商品或服務之中央目的事業主管機關徵詢意見，及依「與貿易有關之智慧財產權協定」（TRIPS）第24條第9項規定[27]之適用，故本法明定準用之規定。另產地團體商標若由產地名稱所組成，亦得排除本法第29條第1項第1款規定，又產地團體商標所欲保護者為產地名稱，故亦無聲明不專用之必要，另單純地理名稱雖經註冊取得產地團體商標權，亦不得禁止第三人以符合

氣之混合氣燃料、液化石油氣；丙烷氣與丁烷氣之混合氣燃料零售、液化石油氣零售服務。由臺北市液化氣體燃料商業同業公會申請取得註冊，提供予其會員使用於其指定之商品；「NTAIB」團體商標，指定使用於「保險經紀人（保險業務）」服務，由「中華民國保險經紀人商業同業公會」申請取得註冊，指定使用於「保險經紀人（保險業務）」服務，提供與其會員使用於保險經紀人（保險業務）服務。參見「證明標章、團體商標及團體標章審查基準」（前揭），3.1。

[26]同上註。

[27]TRIPS第24條第9項規定：「原產地境內未獲得保護或已停止受到保護之地理標示，或於該國已不使用之地理標示，本協定並不課以保護之義務。」參見經濟部國際貿易局譯文。

商業交易習慣之誠實信用方法，作為商品或服務產地說明之自由使用權益。

第三款　申請人

團體商標申請人應屬具有法人資格之公會、協會或其他團體。（商88 I 前）因此如已經向中央或地方主管機關立案登記，並依法向該管法院辦理法人登記之公會、協會或其他團體，及依農會法、漁會法、合作社法、商業團體法、工業團體法所設立之農會、漁會、合作社、公會等團體，均具申請人之資格。[28]另團體商標是以提供予其團體會員使用為前提，故以「財產」為集合體之財團法人，或無團體會員之營利性社團法人（如依公司法登記成立之公司），應不具申請人資格。另依實務見解認為，團體商標申請人須具有管控團體商標使用之能力，如商標專責機關對於申請人的資格或能力有疑義時，得通知申請人釋明，亦得函詢目的事業主管機關表示意見。[29]

第四款　申請時應檢附之文書

團體商標註冊之申請，應以申請書載明商品或服務，並檢具團體商標使用規範書，向商標專責機關申請之。（商89 I）

前項團體商標使用規範書應載明下列事項：一、會員之資格。二、使

---

[28]如，「財團法人○○觀光協會」申請註冊團體商標，財團法人雖具有法人資格，惟其係以「財產」為集合體，並無團體會員，無從提供團體商標予其團體會員使用，非適格之申請人，應予核駁；「○○化妝品國際有限公司」申請註冊團體商標，公司是具有法人格之單一實體，並無團體會員，不能提供團體商標予其團體會員使用，非適格之申請人，依法應予核駁。參見「證明標章、團體商標及團體標章審查基準」（前揭），3.2.1。

[29]參見「證明標章、團體商標及團體標章審查基準」（前揭），3.2.2。

用團體商標之條件。三、管理及監督團體商標使用之方式。四、違反規範之處理規定。（商89 II）團體商標使用規範書之內容具有強烈之公益性，影響利害關係人及消費者權益甚鉅，故應以法律明定。基於團體商標使用目的之考量，申請團體商標應檢具使用規範，用以區別一般商標之申請註冊程序。團體商標之使用是由團體商標權人加以控制，只有加入該團體成為會員及符合其使用規範條件者，才可以使用該團體商標，而使用規範則是控制團體商標能否被適當、公平使用之主要依據。一般團體商標之使用規範之內容至少應包括：1.會員之資格，以確定該團體之會員應具何資格或條件。如，以申請者之住、居所或營業所，或經營同業等；2.申請人控制團體商標使用之方式，其至少應包括標示團體商標之條件、監督管理機制、違反使用規範之罰則，團體商標權人對於會員違反使用規範書之處理方式，可包括暫時或永久中止同意使用該標章，甚至開除其會籍等規定。上述規範如能於使用規範書訂定，除可確保會員之權益外，亦可顯現申請人可以有效控制團體商標使用之能力。

產地團體商標使用規範書除前項應載明事項外，並應載明地理區域界定範圍內之人，如其商品或服務及資格符合使用規範書時，產地團體商標權人應同意其成為會員。（商89 III）明確規範產地團體商標使用規範書應規定，地理區域界定範圍內之人，其商品或服務及資格符合使用規範書時，為避免實務上有差別待遇之情事發生，爰明定不得拒絕他人成為會員。另產地團體商標使用規範內容，除如一般團體商標記載事項外，尚應包括其界定之區域範圍，及其指定之商品或服務因該地理環境所具備特定之品質、聲譽或其他特性。另控制團體商標使用之方式，尚應注重標示產地團體商標之條件，其內容主要應包括界定的區域範圍，及其指定之商品或服務因該地理環境因素所具備特定之品質、聲譽或其他特性，如，產品外觀特徵、規格大小、顏色、形狀、特殊風味甜度、質料、成分、製造過

程、製造方法等。[30]

　　商標專責機關於註冊公告時，應一併公告團體商標使用規範書；註冊後修改者，應經商標專責機關核准，並公告之。（商89 IV）團體商標使用規範書之內容攸關利害關係人及消費者之權益，爰規定團體商標章使用規範書之內容及其修改，應予以公告，且使用規範書註冊後之修改，應向商標專責機關申請核准並公告，否則不生效力。

第五款　註冊要件

　　團體商標除本章另有規定外，依其性質準用本法有關商標之規定。（商94）另申請人提出申請註冊之團體商標，如非提供予其團體會員使用，或非用以表彰商品或服務來自於該團體所屬會員等，即不符團體商標之性質，如經命為補正，仍未更正者，應予於核駁。團體商標自應具備本法規定之商標註冊要件，如下述：

一、識別性

　　一般團體商標之識別性，是指該團體商標由其團體會員使用於商品或服務，足以與其他非該團體會員的商品或服務相區別。若不具識別性，應依本法第29條第1項規定，不准註冊。另產地團體商標，是以地理名稱作為商標之一部分申請註冊，其產地名稱原則上屬於指定商品或服務本身之說明性文字。因此本法第82條第2項、第3項及第84條之規定，於產地團體商標，準用之。（商91）即產地團體商標若由產地名稱所組成，亦得排除本法第29條第1項第1款規定，又產地團體商標所欲保護者為產地名稱，故亦無聲明不專用之必要，另單純地理名稱雖經註冊取得產地團體商標權，亦不得禁止第三人以符合商業交易習慣之誠實信用方法，作為商品或服務產地說明之自由使用權益。

---

30 參見「證明標章、團體商標及團體標章審查基準」（前揭），3.2.3。

產地團體商標，其地理名稱須已經長期使用並已累積一定之聲譽，足以使消費者可與其所指定之商品或服務產生聯想者，始有其識別性。判斷上，應考量其圖樣上之特定地理區域與其指定之商品或服務之關連性、相關消費者的認知、實際交易情況及業者通常使用情形等因素，如，商品產出之特性、品質與該地理環境的土壤、氣候、風、水質、海拔高度、溼度等特殊自然因素有關之陳述、資料與證據。

二、有使公眾誤認誤信其商品或服務之性質、品質或產地之虞

團體商標有使公眾誤認誤信其商品或服務之性質、品質或產地之虞者，應不准其註冊。（商23 I 八）如，本國廠商以國外產地證明標章或地理標示，作為產地團體商標申請註冊，即有使公眾對其指定商品或服務之產地發生誤認誤信之虞。

三、有致相關消費者混淆誤認之虞

團體商標相同或近似於他人註冊或申請在先之商標或團體商標，且二者指定之商品或服務構成同一或類似，如使相關消費者發生混淆誤認之虞，應不准其註冊。（商23 I 十）其是否有致相關消費者混淆誤認之虞之判斷標準，詳見本書前揭說明。

第六款　團體商標之使用

團體商標之使用，指為表彰團體之成員所提供之商品或服務，由團體之成員將團體商標使用於商品或服務上，並得藉以與他人之商品或服務相區別之標識。（商77）按團體商標之使用，係表彰該團體之成員所提供之商品或服務，並得區別其他來源，故主觀上有為表彰團體之成員所提供之商品或服務之意思，客觀上由團體之成員將團體商標使用於商品或服務上，並得藉以與他人之商品或服務相區別者。有關使用之定義，適用本法

第5條之規定。

第七款　移轉與授權

　　團體商標權、不得移轉、授權他人使用，或作為質權標的物。但其移轉或授權他人使用，無損害消費者利益及違反公平競爭之虞，經商標專責機關核准者，不在此限。（商92）因團體商標之申請人與使用人須具有一定資格或條件之限制，故團體商標註冊後，原則上不得移轉或授權他人使用，但如果其移轉或授權他人使用，無損害消費者利益及違反公平競爭之虞，可經由商標專責機關核准後，移轉、授權他人使用，至於無損害消費者利益及違反公平競爭之虞，應就該團體商標受讓人或被授權人之資格損害消費者利益及公平競爭等因素加以考量。另依同法條之規定，團體商標權依其性質亦不得作為質權標的物。[31]對於關團體商標權之移轉或授權他人使用，有無損害消費者利益及違反公平競爭之爭議，可依聽證程序進行調查與辯論。[32]

第八款　異議、評定及廢止

　　證明商標之註冊違反本法第29條第1項（產地證明標章不適用本法第29條第1項第1款）、第30條第1項或第65條第3項規定之情形者，任何人得自商標註冊公告日後三個月內，向商標專責機關提出異議。（商94準用48）另利害關係人或審查人員，亦得依本法規定對之申請或提請評定其註冊。（商94準用57）

---

[31]依民法第901條規定，權利質權，除有規定外，應準用關於動產質權之規定。而依同法884條之規定，債務人應移轉占有供其擔保之權利給質權人。故證明標章性質上不宜設定質權。

[32]參見經濟部，「商標爭議案件聽證作業要點」（前揭），第6點第9款規定。

　　因團體商標係具有法人資格之公會、協會或其他團體，欲表彰該團體之成員所提供之商品或服務，並得藉以與他人所提供之商品或服務相區別之標識，且其公益性強，故於其註冊後，仍應對之爲適當之監督管理，因此本法明定，團體商標權人有下列情形之一者，商標專責機關得依任何人之申請或依職權廢止團體商標之註冊：一、違反本法第92條規定而爲移轉、授權或設定質權。二、未依使用規範書爲使用之管理及監督。三、其他不當方法之使用，致生損害於他人或公眾之虞。（商93 I）

　　團體商標因公益性強，依本法第92條規定，除符合該條但書規定外，不得爲移轉、授權或設定質權，若有違反，應屬不當使用。另團體商標申請註冊時，均須訂有管理使用規範，商標專責機關是否核准團體商標之註冊，該使用規範之內容是否完備，亦屬重要的審查標準。一旦團體商標註冊後，不依使用規範內容，控制團體商標使用方式及標示，不但無法發揮團體商標之功能，甚至誤導消費者購買，自屬不當使用，依法得廢止其註冊。至於其他不當方法之使用，係爲概括性之規定，除上述具體事由外，應就個案之客觀事證審查有無本款之適用。

　　被授權人爲前項之行爲，團體商標權人明知或可得而知而不爲反對之表示者，亦同。（商93 II）本法第93條第1項所定違法使用之情形，若係被授權人所爲，但團體商標權人明知或可得而知而不爲反對之表示時，團體商標權人即屬可歸責，應廢止其註冊。

第九款　準用商標之規定

　　團體商標除本章另有規定外，依其性質準用本法有關商標之規定。（商94）

第四章　罰則

第一節　商標權或團體商標權之侵害

　　未得商標權人或團體商標權人同意，爲行銷目的而有下列情形之一，處三年以下有期徒刑、拘役或科或併科新臺幣二十萬元以下罰金：一、於同一商品或服務，使用相同於註冊商標或團體商標之商標者。二、於類似之商品或服務，使用相同於註冊商標或團體商標之商標，有致相關消費者混淆誤認之虞者。三、於同一或類似之商品或服務，使用近似於註冊商標或團體商標之商標，有致相關消費者混淆誤認之虞者。（商95）本法刑事處罰之對象，並不包括單純購買之消費行爲，故於序文增列「爲行銷目的」等文字，以爲限縮適用範圍。

第一款　主觀構成要件

　　有關商標侵權責任之主觀構成要件，如依本法民國92年修正前之規定，係以「意圖欺騙他人」爲主觀要件。[1]按「意圖欺騙他人」，是著重於行爲人主觀惡性，並以保護消費者爲主要之規範意旨。因此行爲人於仿冒他人商標時，如未意圖欺騙消費者，則無法論以本法民國92年修正前原第62條之侵害商標罪，[2]如此，似無法保護商標權人。因此，本法民國

---

[1] 民國92年修正前之原規定於第62條，內容爲：「意圖欺騙他人，有左列情事之一者，處3年以下有期徒刑、拘役或科或併科新臺幣二十萬元以下罰金。一、於同一商品或類似商品，使用相同或近似於他人註冊商標之圖樣者。二、於有關同一商品或類似商品之廣告、標帖、說明書、價目表或其他文書，附加相同或近似於他人註冊商標圖樣而陳列或散布者。」

[2] 實務上認爲，如甲在夜市販賣仿冒勞力士手錶每只僅售新台幣一千元，此與真

92年修法後，爲兼顧保護商標權人與相關消費者，乃以「未得商標權人或團體商標權人同意」作爲構成要件，以保護商標權人，至於消費者保護部分，則以「有致相關消費者混淆誤認之虞者」，作爲依據。但實務上仍有認爲，「意圖欺騙他人」之要件縱經刪除，乃因該罪之本質使然，自不必明文規定，[3]且本法關於擅自使用他人商標專用權之處罰，因本質上即含有欺騙他人之意思，故非可謂新法對意圖欺騙他人之犯罪構成要件，已排除「意圖欺騙他人」之要件。至於本條是否應以故意爲構成要件，本書認爲，仍應採肯定見解，因除於其他法令有刑罰之規定者，除其他法令有特別規定外，亦應適用刑法總則之相關規定，即行爲之處罰，以行爲時之法律有明文規定者爲限，且行爲非出於故意或過失者不罰，而過失行爲之處罰，以有特別規定者爲限，刑法第1條、第11條及第12條第1項、第2項分別定有明文。而本法第81條之對故意、過失之要件並無特別之規定，自有刑法總則規定之適用，因此行爲人須有犯罪之故意[4]始得成立該條之犯

品之價格，相距甚大，並無使人混淆之虞，足見甲並無詐騙犯意，故甲的行爲不合乎商標法第62條之犯罪構成要件，但可能構成公平交易法第20條第1款之規定，參見臺灣臺中地方法院86年度易字第6816號刑事判決：「……被告明知仿冒而販賣，其雖以較真品甚低之價格販賣，惟該等商品流入社會後，客觀上仍足對產品之真假產生混淆，且以低廉價格即可購得該仿冒品，亦足影響消費者對於真品購買之意願，而妨害市場公平之交易，是核被告所爲係違反公平交易法第20條第1款規定而應依同法第35條之規定處斷……」。

3 臺灣高等法院刑事判決93年度上易字第1926號：「……新法刪除『意圖欺騙他人』之構成要件，增列『有致相關消費者混淆誤認之虞』，然商標法禁止使用近似他人商標專用權之規定，旨在區隔市場保護廠家商譽以維交易公平，並利於消費者辨識，避免混淆，其違反行爲本質上即寓有欺騙之意思，故新法刪除『意圖欺騙他人』之主觀要件，乃因該罪之本質使然，……」。

4 刑法之故意是採希望主義，其直接故意，須行爲人對於構成犯罪之事實具備明知及有意使其發生之二要件。參見最高法院93年度台上字第6845號刑事判決：「按刑法上之故意，分直接故意（確定故意）與間接故意（不確定故意），「行爲人對於構成犯罪之事實，明知並有意使其發生者」爲直接故意。「行爲人對於構成犯罪之事實，預見其發生而其發生並不違背其本意者」爲間接故

罪，[5]且亦不處罰過失犯。[6]另有關「意圖欺騙他人」要件之刪除，實際運用上，即應不再考慮此主觀要件，因如舊法（民國92年修正前）以「意圖欺騙他人」為要件，明定為犯罪構成要件，則其動機應成為犯罪內容之一部分，不得視為一般之動機，即，目的犯（意圖犯）在主觀上除須具備故意之構成要件外，尚須具備法定之不法意圖，否則犯罪即無以成立。因此，刪除「意圖欺騙他人」自有一定之法律意義，縱使認為「意圖欺騙他人」為本條規定商標犯罪行為之本質，亦僅能視為一般之動機，而不能認為屬於構成要件。[7]

意。而間接故意與有認識的過失（又稱疏虞過失）之區別，二者對構成犯罪之事實雖均預見其能發生，但前者對其發生並不違背其本意，後者則確信其不發生。」；參見臺灣雲林地方法院87年度訴字第114號刑事判決：「而刑法關於犯罪之故意，係採希望主義，其直接故意，須行為人對於構成犯罪之事實具備明知及有意使其發生之二要件；即間接故意，亦須行為人對於構成犯罪之事實預見其發生，且其發生不違背行為人之本意，始有該當」；至於過失應以對於其行為之結果有無認識為標準，請參見最高法院50年台上字第1690號判例：「惟查刑法上所謂過失，指無犯罪故意，因欠缺注意致生犯罪事實者而言，故是否過失，應以對於其行為之結果有無認識為標準，若明知有此結果而悍然為之，自不能謂係過失」。

5 臺灣臺北地方法院89年度易字第1207號刑事判決；臺灣高等法院臺中分院94年度上易字第951號刑事判決：「對於被告丁○○、丙○○是否認識告訴人公司之商標，或是否具有欺騙他人之故意，均乏積極之證據證明，更難遽謂其二人具有共同之犯意聯絡，或行為分擔。此外，又無其他積極之證據，足以證明被告丁○○、丙○○有何違反商標法之犯行，原審因而諭知被告丁○○、丙○○無罪之判決，於法並無不合，應予維持。」

6 參見臺灣高等法院96年度上易字第1792號刑事判決：「被告既無於同一商品或服務，使用相同於告訴人所享有如附圖一所示之「ZC」商標之故意，縱○○公司的員工在塗銷案爭商品目錄內之「ZC」圖樣時，未將商標圖樣全部塗銷，亦僅為疏忽（過失），而商標法第81條既無處罰過失犯之規定，被告自不成立檢察官所指商標法第81條第1項之罪。」

7 本法92年修正後之原規定於62條之違反商標罪，刪除「意圖欺騙他人」並改以「未得商標權人或團體商標權人同意」為構成要件，因其構成要件已有不同，故如犯罪行為在本條修正前，但判決時本條已修正，因構成要件不同，故須依

第二款　客觀構成要件

本條規定之客觀構成要件，涉及「商標之使用」、「類似商品或服務」、「近似商標」及「有致相關消費者混淆誤認之判斷」的認定，請參照本書前揭，民事救濟損害賠償請求權及其相關說明。

第三款　相關實務見解

構成侵害商標之實例，較為特殊者，如聲請自己之商標後，並未使用正確之登記商標名稱，甚或刻意縮小隱藏自己商標之圖樣，而凸顯商標中與他人商標相同之部分，應屬有意在相同之商品上，使用近似於他人之商標，而使消費者產生混淆誤認，構成商標侵害；[8]如契約雙方當事人對原

刑法（民國94年2月2日修正公布，自95年7月1日施行）第2條第1項規定，為「從舊從輕」之比較，適用最有利於行為人之法律。參見最高法院96年度台非字第207號刑事判決。

[8] 臺灣高等法院96年度上訴字第281號刑事判決：「……『MANN FILTER』文字圖樣（包括綠、黃相間之顏色組合及字體），係告訴人向我國經濟部智慧財產局申請註冊，取得指定使用於……等商品之商標專用權……而被告申請之商標為『HUNTS MANN』及獵人圖樣，……被告若非有意仿冒告訴人商標，為何不僅標示自己申請之『HUNTS MANN』商標，而需加上『FILTER』一字或刪減『MANN』一字，而使用『HUNTS MANN FILTER』、『HUNTS FILTER』商標，致易造成消費者混淆。再觀諸前述扣案商品之商標，亦使用上綠下黃之顏色組合，且綠色底色部分係將商標以黃色寬體字標示，該等顏色組合與字體形式，與告訴人申請商標之字體、圖樣形式完全相同；況被告雖申請獵人圖樣之商標，『HUNTS』一字又係該商標與告訴人商標顯然不同之部分，則被告若為避免消費者誤認，理應強調『HUNTS』一字及獵人圖案；惟被告部分商品完全未在包裝上打上獵人圖案，部分商品則以相對縮小之比例在商標字體下方打上獵人圖樣，可知被告聲請自己之商標後，並未使用正確之登記商標名稱，甚或刻意縮小隱藏自己商標之圖樣，而凸顯商標中與告訴人商標相同之部分，由此足見被告係有意在相同之商品上，使用近似於告訴人之商標，而使消費者產生混淆誤認。」

來之加盟合作經營契約已無意繼續，原被授權人自不得繼續以授權人所享有專用權之商標圖樣，繼續使用於同一服務上，否則構成商標侵權；[9]倘非原裝銷售，擅予加工、改造或變更，而仍表彰同一商標圖樣於該商品，或附加該商標圖樣於商品之廣告等同類文書加以陳列或散布之結果，足以使消費者發生混淆、誤認其為商標專用權人或其授權之使用者、指定之代理商、經銷商時，並不屬「真正商品平行輸入」自屬惡意使用他人商標之行為；[10]將所購買之產品，經加工、改造或變更後，仍使用原產品之商標行為，甚至直接以商標權人之目錄供客人點餐，實屬惡意使用商標權人之商標；[11]以大量自行購入之油類液體燃料，分裝於從市場上收購之附有真品商標之罐裝容器內之方式，以製造該商標之機油罐裝品，且未經商標權人同意，而以原商標品出售，該行為構成商標侵害；[12]對廢棄品，被告重新予以刨光、烤漆、噴砂，使之成為新品，且未經商標權人許可而以原商標品出售之行為，亦無解於在同一商品使用相同於他人註冊商標之圖樣之犯行；[13]若將他註冊取得商標專用權之圖樣，以立體形態製成商品銷售，

---

9 臺灣高等法院96年度上易字第1985號刑事判決。

10 最高法院82年台上字第5380號刑事判決。

11 臺灣高等法院94年度上易字第1178號刑事判決：「……再者，被告已將「咖啡豆」加工成為「咖啡」，如欲標明來源，僅須於其自身商品目錄註明來源為自訴人之咖啡豆名稱即可，不得直接使用另受保護之商標作為販售咖啡之商品名稱，更遑論直接使用自訴人之商品目錄作為點餐目錄。是以，被告將所購買之產品，經加工、改造或變更後，仍使用原產品之商標行為，甚至直接以自訴人之目錄供客人點餐，實屬惡意使用自訴人之商標。」最高法院82年台上字第5380號刑事判決。

12 參見最高法院93年度台上字第6593號刑事判決：「……卷查上訴人前於80年7月間起至同年11月18日止，連續在○○○農舍內，以大量購入之油類液體燃料分裝於罐裝容器內之方式，製造機油罐裝品，且未經○○股份有限公司等多家公司之授權，於同一商品使用相同於各該公司已註冊商標之圖樣，復偽造○○股份有限公司等公司之產品說明書，足以生損害於商標權人……」

13 臺灣高等法院高雄分院91年度上易字第482號刑事判決「……該高爾夫球頭既已係廢棄品，被告重新予以刨光、烤漆、噴砂機，使之成為新品，且未經許可而

與一般商標之使用方法不同，應不構成本法第62條第1款（民國100年修正後規定於95條第1款）所定之犯罪行為；[14]本法於92年修法後，立體商標雖列為獨立保護類型，但解釋上應無不同；將真品上之商標及速度型號磨除，並重新印上商標及偽造速度型號，亦構成商標侵權；[15]如僅為組裝零件，不論該零件是否為仿冒製造，既無使商標附著，亦未將商標用於「商品」之上，其與一般維修無異，則被告縱有組裝行為，亦不能當然認為屬於「使用」商標之行為；[16]將電腦軟體程式，藉由電腦、光碟機或遊戲主機之操作，而於電視或電腦螢幕上出現商標圖樣者，其標示型態足讓一般商品購買之顧客認識其表彰商品之來源者，解釋上應屬於本法（民國92年修正）第6條第1項所稱之「其他類似物件」之範疇，自應認屬於本法所規定之「商標之使用」，如未得商標權人之同意，而於電腦程式上非法標示

為之，亦無解於在同一商品使用相同於他人註冊商標之圖樣之犯行……」

14 臺灣高等法院高雄分院92年度上易字第996號刑事判決：「……按商標係為表彰產品之來源與信譽，故禁止他人使用相同或近似商標，於同一或同類商品，惟此禁止權之範圍應不包括商品本身，若將他註冊取得商標專用權之圖樣，以立體形態製成商品銷售，與一般商標之使用方法不同，應不構成商標法第62條第1款所定之犯罪行為。申言之，商標法第62條所保護之商標專用權，限於其平面之圖樣或所用之文字、圖形、記號（參同法第4條），而不及於相同或近似該商標之商品形狀。故若僅製造形狀相同或近似於他人註冊商標之立體商品，而未使用相同或近似於他人註冊商標之圖樣者，雖或成立民事上之侵權行為，但尚難以仿冒商標罪論處（最高法院75年度台上字第6201號判決參照）……」

15 臺灣高等法院89年上訴字第2539號刑事判決：「英特公司之「商標」及「速度型號」係其商品之表徵，若將其商品上之商標及速度型號磨除，並重新印上商標及偽造速度型號，任何人均可輕易知悉係違法行為……」。

16 臺灣高等法院88年度上易字第1488號刑事判決：「……按商標法第62條第1款『使用』之定義僅限於製造而未包括組裝，蓋依其文意解釋，『使用』自係指未經授權擅將他人已註冊或近似商標以不同方式附著於商品而於交易上足使一般消費大眾產生誤認或混淆而損害註冊公司之商譽者而言，是故如僅為組裝零件，不論該零件是否為仿冒製造，既無使商標附著，未有將商標用於『商品』之行為，其與一般維修無異，則被告縱有組裝行為亦不能當然認為屬於『使用』商標之行為……」。

商標權人之商標者，亦屬商標侵權。[17]

　　另實務上有所謂「反向仿冒」行為，[18]是指第三人未經商標權人同意，將眞品上之原商標，更換爲自己商標後再行銷售之行爲，商標反向仿冒行爲因擅自除去他人的註冊商標，並在該商品上貼附自己的商標而銷售，已足以影響商標的本質功能，使原商品的註冊商標難以有效發揮其識別作用，引起商品行銷秩序的混亂，同時可能妨礙原商標權人商標知名度和市場佔有率之提升。[19]本書認爲，有關商標反向仿冒行爲，是否構成我國商標罰則之適用，恐待商榷，如以商標民事侵權責任而言，或有擴張解釋之可能，但就商標刑事責任而言，本法第95條是以使用相同或近似之註冊商標或團體商標爲構成要件，而反向仿冒行爲並無使用相同或近似之商標，且基於罪刑法定主義之原則，應不能類推、擴張解釋。

17最高法院94年台上字第6864號刑事判決「……又商標專用權人使用商標於商品上，不僅指有體物之商品，即使用於電腦軟體程式之商品上，亦屬之。換言之，如將電腦軟體程式，藉由電腦、光碟機或遊戲主機之操作，而於電視或電腦螢幕上出現商標圖樣者，其標示型態足讓一般商品購買之顧客認識其表彰商品之來源者，在解釋上應屬於商標法6條第1項所稱之『其他類似物件』之範疇，自應認屬於商標法所規定之『商標之使用』。參以92年5月28日修正公布之商標法第6條，將『利用平面圖像、數位影音、電子媒體或其他媒介合物，足以使相關消費者認識其爲商標』者，明定爲商標之使用範圍；此在該法修正施行前，關於『商標之使用』之解釋亦同。」

18中國大陸對商標反向仿冒行爲，似有明文處罰，依中華人民共和國商標法（2001年10月27日修正）第52條第1項第4款規定：「有下列行爲之一的，均屬侵犯註冊商標專用權：……（四）未經商標註冊人同意，更換其註冊商標並將該更換商標的商品又投入市場的……」。

19參見鄭光忠，論商標反向仿冒的性質及法律規制，行政論壇，03期，2004年，頁61-62。

第二節　證明標章之侵害

　　未得證明標章權人同意，為行銷目的而於同一或類似之商品或服務，使用相同或近似於註冊證明標章之標章，有致相關消費者誤認誤信之虞者，處三年以下有期徒刑、拘役或科或併科新臺幣二十萬元以下罰金。明知有前項侵害證明標章權之虞，販賣或意圖販賣而製造、持有、陳列附有相同或近似於他人註冊證明標章標識之標籤、包裝容器或其他物品者，亦同。（商96）本法刑事處罰之對象，並不包括單純購買之消費行為，故於序文增列「為行銷目的」等文字，以為限縮適用範圍。

　　本法民國100年修正前，有關商標侵權之刑罰規定，並未包括侵害證明標章之情形，鑒於證明標章為證明商品或服務之特性、品質、精密度、產地等事項，本身具有公眾信賴之期待與消費者保護之功能，較一般商標具有更高之公益性質，侵害證明標章權對社會公眾造成之損害較一般商標權為鉅，一般商標侵害尚且有罰則之規定，證明標章遭受侵害時，亦應加以規範。對於明知有前項侵害證明標章權之虞，仍販賣或意圖販賣而製造、持有、陳列附有相同或近似於他人註冊證明標章標識之標籤、包裝容器或其他物品者，其不僅侵害證明標章權，同時亦危及公益，自應加以規範禁止。

第三節　商標仿冒品販賣等行為

　　明知他人所為之前二條商品而販賣，或意圖販賣而持有、陳列、輸出或輸入者，處一年以下有期徒刑、拘役或科或併科新臺幣五萬元以下罰金；透過電子媒體或網路方式為之者，亦同。（商97）

　　本條所欲規範者，為本法第95條、第96條之行為主體以外之其他行為人的可罰行為。若本條所列之行為，係由本法第95條、第96條之行為主體所實施者，其情形已為前條罪責所涵蓋，並無另行構成本條罪責之餘地。

故規定「他人所爲之」等文字，以資明確。

　　另明知爲侵害他人商標權之商品，如非以營利販賣意圖而販入（如原以自用目的而販入），或因其他原因而持有（如受贈等），嗣後起意營利販賣者，其行爲無法爲民國100年修正前之相關條文所列舉之販賣、意圖販賣而陳列、輸出或輸入之構成要件所涵括，爲避免侵害他人商標權商品於市面散布流通，而侵害商標權人之權益，該等行爲亦有處罰之必要，故明定意圖販賣而「持有」者爲處罰之對象，以資明確。

　　目前行銷商品或提供服務之型態日新月異，爲因應電子商務及網際網路發達之經濟發展情勢，爰將透過電子媒體或網路方式爲本條規範行爲者，列爲處罰之對象，以遏止侵權商品散布之情形。

　　本法第97條是以行爲人主觀上須對於所販賣，或意圖販賣而持有、陳列、輸出或輸入者陳列、輸出或輸入之商品，明知其爲違反本法第95條、第96條規定之商品爲構成要件。而未以「意圖欺騙他人」或「使購買者誤認係眞品」爲其構成要件，故不論其主觀上有無「欺騙他人」、「意圖欺騙他人」或「使購買者誤認係眞品」之意圖，亦不問購買者有無受欺騙或誤認係眞品，[20]只要明知他人違反本法第95條、第96條之商品而販賣，或意圖販賣而持有、陳列、輸出或輸入者，即構成之。

　　所謂「明知」者，應指行爲人確實認知，其所欲販賣或爲意圖販賣而

---

[20] 參見最高法院94年度台上字第6864號刑事判決；甚至有實務見解認爲，適用本法第82條規定論罪，判決理由竟說明上訴人犯明知爲意圖欺騙他人，於同一商品使用相同於他人註冊商標之圖樣之商品而販賣罪，屬於適用法則不當。參見 最高法院96年度台上字第2588號刑事判決：「又商標法第81條第1款規定：於同一商品或服務，使用相同之註冊商標或團體商標者。同法第82條規定：明知爲前條商品而販賣、意圖販賣而陳列輸出或輸入者，處一年以下有期徒刑、拘役或併科新台幣五萬元以下罰金。上開規定已無『明知爲意圖欺騙他人』之要件，惟原判決對上訴人適用商標法第82條規定論罪，理由竟說明上訴人犯明知爲意圖欺騙他人，於同一商品使用相同於他人註冊商標之圖樣之商品而販賣罪，同有適用法則不當之違誤。……」

陳列、輸出或輸入之商品，屬於本法第95條、第96條所規範之侵害商標權標的，因此如屬於過失者，應無本條之適用。至於「明知」與否之認定，應依所有主客、觀證據，並基於經驗法則、交易實態認定之，有關其認定因素，實務上曾有以下列因素作為考量因素之一：[21]真品與仿冒品之外觀是否容易分別、[22]販賣人進貨之管道否符合正常之交易習慣、[23]出售人於出售時未出示統一發票或其他正相關證明文件、[24]仿冒品之售價或批入價

---

[21] 有學者將實務上判斷是否構成「明知」之考量因素，歸納如下：買入商品之價格、被告教育程度、被告職業、仿冒品之精緻程度、被仿冒商標之顯著性、先前契約或業務往來關係、被告先前是否知悉商標申請註冊、被仿冒商標之著名程度。參見，林欣蓉，我國商標刑事責任探析，載於http://www.tipo.gov.tw/attachment/tempUpload/432594599/商標刑事責任1105.doc，閱覽日期，2007/11/15。

[22] 臺灣高等法院高雄分院96年上易字第639號刑事判決：「然本件被告卻就陳先生係何種經銷商或真品來源證明，未置聞問，亦未要求陳先生開立發票、出貨單等貨物進項憑證，復未能提出2人間相關經銷、買賣合約佐認交易事實，2人間僅交易此次，並未有長期、固定的交易信賴關係。對照其自承其他交易歷程或所提出供貨來源之書面證明，及前開證人劉雯娟、賴福順所述之交易方式，被告自「陳先生」販入扣案商品之經過，確與一般盤商批發商品時所應備之正常交易模式有異，顯見被告向陳先生收購扣案商品時，應已認知陳先生所出售之商品，並未經正常產銷管道，而無正當來源，係仿冒品乙節無訛。」；臺灣高等法院95年上易字第294號刑事判決：「……仿冒品，於外觀上與告訴人公司之真品僅於真品右下方有『R』字標記，……是一般人能否單以前揭冷熱敷袋之外觀，即得以分辨二者之差異，亦屬可疑……衡情一般小盤商或夜市攤販應無可能直接向其中盤商或進貨廠商直接詢問貨源及上游公司資料；況小盤商若有管道可向大盤商取得商品，其又豈需透過中盤商訂貨，而遭層層剝削。是被告不知沈昱廷之商品上源為何之所辯，應核與常情無違，尚難據此認定其主觀上明知……係仿冒品。」。

[23] 臺灣高等法院高雄分院96年上易字第639號刑事判決，同上註。

[24] 臺灣高等法院高雄分院95年上訴字第465號刑事判決：「本件被告販賣不詳人士所製造之藥品既非原廠所製造之真品，……錠劑、包裝盒、塑膠罐上均無行政院衛生署之核准輸入字號，……其藥品外觀上即足以令人質疑藥品來源並非是台灣地區有權代理輸入該藥品，而台灣地區不法地下藥廠粗製濫造藥品再以低價出售時有所聞，被告向不詳人士購買錠劑時，該不詳人士又未出示相關藥品

格與真品價格之差異是否過於懸殊、[25]銷售人之教育程度或專業能力是否

之證明文件，更未開立統一發票予被告，……如該不詳姓名之人係合法取得藥品輸入，則其何必隱藏身份而令被告無從知悉或檢調單位無法根據被告之供述而追查上手貨源？是被告明知可經由 VIAGRA、CIALIS 經銷商購得相關藥品，竟捨此正常合法管道不為，而向不詳人士購入 VIAGRA、CIALIS 藥品，其主觀上對於其購入之 VIAGRA、CIALIS，並非有權之經銷商輸入之藥品而係台灣地區不法藥商自行製造而來乙節，自應有所認識，而出於營利意圖，購入偽藥後再行出售，其犯行應堪認定。」

[25] 臺灣高等法院93年上易字第1330號刑事判決：「……扣案之仿冒皮件價格與真品價格相差懸殊，亦比真品二手貨價格低太多等情，……參酌『PRADA』、『GUCCI』、『CARTIER』均為世界知名品牌，且以該等品牌之高知名度，相類商品亦均有一定之高價位，參酌證人乙○○證稱『PRADA』尼龍包真品一個市價高達一萬餘元，而陳列在上開商店內之扣案仿冒皮件標價多為一至三千元不等，與真品市價顯不相當，且該等世界知名品牌商品在銷售上均有一定通路，非一般任何商店均能出售，更何況在該店內被查扣之仿冒皮件高達五十四件，數量匪少，在在顯示被告甲○○知悉陳列在上開商店內之查扣皮件應屬仿冒他人商標之商品無疑」；參見臺灣高等法院94年上易字第2182號刑事判決：「被告擔任量販店現場經理，其販賣『Johnnie Walker』洋酒，負責進出貨及經營，對於『JohnnieWalker』洋酒進出貨之合理價格，豈有不詳加研究以謀求相當利潤之理？其既以遠低於合理批發價格一成之470元購入黑牌、710元購入綠牌『JohnnieWalker』，對於所購入之『JohnnieWalker』係屬妨冒商標之酒類，又豈能諉為不知？……證人又供陳：黑牌12年威士忌進價為320元、販售價470元，綠牌威士忌進價550元，販售價710元……渠銷售價格，竟均遠低於亞州洋酒協會會員乙○○所供述之合理批發賣出價格……」；參見臺灣高等法院95年度上易字第980號刑事判決：「扣案之香菸均係由被告以每條300之進價…所購得，與其平日……以每條香菸325元購入之價格相較，兩者間僅相差25元……且核與告訴人公司批發與菸酒銷售商之價格分別為長壽黃硬盒香菸、長壽白軟包香菸每條（10包）322元、新樂園淡菸每條315元之價格，均僅差距15至22元不等，……是被告主觀上何以願為前揭蠅頭小利而干冒涉犯刑事責任之風險，已非無疑」。

足以判斷為仿冒品、[26]批貨之對象是否為商標權利人或合法之被授權人[27]等等。

客觀構成要件上，行為人須有販賣、意圖販賣而持有、陳列、輸出或輸入的行為。相關實例如：行為人雖受雇經營他人商店，但如明知為仿冒品而於店內販售，仍構成本條之販賣行為；[28]所稱販賣之行為，於其意圖營利販入之初即告成立，並不以再行售出為必要；[29]有關意圖販賣而陳列罪，並不以陳列之處所在公共場所或公眾得出入之場所為要件，衹要有明知為侵害商標權之物，基於販賣之意圖，不論陳列在何處，均不影響該犯罪之成立；[30]所謂販賣，係指明知侵害商標權之物，意圖販賣而有販入或賣出之行為而言，其販入及賣出之行為，不必二者兼備，有一即屬成立；[31]輸入原料，製造，分裝，流通等各階段，應與銷售行為獨立評價，

---

[26] 臺灣新竹地方法院95年度易字第15號刑事判決：「……考量被告教育程度僅國小畢業，對於外國文字較不熟悉，長久以來所販賣之衣服均非名牌；復參以依一般常情而論，『MICHELIN』商標，雖於車用輪胎部分之商品頗負盛名，惟該公司生產之服飾類產品在市面上則不多見，……則被告辯稱其並非明知所販賣之扣案衣服係未得告訴人即商標權人同意，而於同一商品使用告訴人已註冊之相同商標，尚非全然不能採信」。

[27] 臺灣高等法院94年度上易字第1420號刑事判決：「……被告既知有上開商標，其未向合法廠商購買，而係向私人……買入，又自承有販賣接頭，何能諉為不知該商品為仿冒商標之商品……其明知而販賣至為灼然……」。

[28] 臺灣高等法院94年度上易字第1760號刑事判決：「被告既受其姐黃嘉玟之僱用經營商店，而店內銷售人員對於店內銷售何種品牌物品之資訊，當係來自於被告及黃嘉玟。又被告自承從事飾品買賣有3年之久……，對於飾品之來源品牌商標相關資訊自有專門之知識、經驗，則連所雇用之銷售人員都知悉Chrome Hearts品牌且價格較高，身為經營者之被告豈能諉為不知……」

[29] 臺灣高等法院92年上易字第2451號刑事判決：「又上訴人之販賣行為，於其意圖營利販入之初即告成立，販入行為與第一次賣出行為間為單一販賣行為之接續，而與嗣後各次出賣行為成立連續犯（參照最高法院91年度台上字第763號判決）

[30] 最高法院92年台上字第1367號刑事判決。知而販賣至為灼然……」。

[31] 實務上雖是藥事法之適用，但於違反本法之案件，應可參考。參見臺灣士林地

如無共同犯意之聯絡，自不能以各該階段於最後販售有所助益，即將之與販售者同為評價；[32]「意圖販賣而陳列」罪，係指基於意圖營利而販入以外之其他原因而持有該物後，始起意販賣而陳列，尚未售出者之情形而言。[33]

第四節　沒收

　　侵害商標權、證明標章權或團體商標權之物品或文書，不問屬於犯人與否，沒收之。（商98）本條為侵害商標權、證明標章權或團體商標權物品沒收之規定，惟本條所規範之客體是否得單獨宣告沒收，或須主刑成立，即被告成立前二條之罪責，始得為之，司法實務上曾有不同見解。為釐清本條規範之意旨，並杜爭議，民國100年修正本法時，酌作文字修正，以明確得單獨宣告沒收之立場。衡酌犯本章之罪所製造、販賣、持

　　方法院96年度訴字第97號刑事判決：「……按藥事法所謂販賣行為，並不以販入之後復行賣出為要件，祇要以營利為目的，將禁藥購入或賣出，有一於此，其犯罪即為完成；藥事法所謂販賣，係指明知其為偽藥或禁藥，意圖販賣而有販入或賣出之行為而言，其販入及賣出之行為，不必二者兼備，有一即屬成立，最高法院著有67年度台上字第2500號、68年度台上字第606號判例，可資參照。」

[32] 臺灣士林地方法院96年度訴字第97號刑事判決：「……輸入原料，製造，分裝，流通等各階段，雖朝向最後販賣階段而運行，然各階段參與者，無非賺取各該階段附加價值，未必然以取得最後販售價值為目的，因此，不能以各該階段於最後販售，有所助益，即將之與販售者同為評價，……所賺取者尚非販售之所得，……被告甲○○既未與乙○○有何販賣之犯意聯絡，且未參與販賣之構成要件，難認係與乙○○共犯，……依法當係幫助犯……」。

[33] 臺灣高等法院臺中分院92年上易字第1957號刑事判決：「……按商標法第63條販賣仿冒商標商品罪，其所稱之「販賣」，祇要以意圖營利為目的，一經販入即屬販賣既遂，並不以再行售出為必要；至同法條中之「意圖販賣而陳列」罪，係指基於意圖營利而販入以外之其他原因而持有該物後，始起意販賣而陳列，尚未售出者之情形而言……」。

有、陳列、輸出或輸入之商品，或所提供於服務使用之物品或文書，雖非違禁物，然若任令該等物品在外流通，將形成繼續侵害商標權人、證明標章權人或團體商標權人權益並助長他人遂行侵害行為之情形，即應沒收，以防止其再次流入市面，並降低侵害行為再度發生之風險。

按沒收為刑罰之一種；鑑於刑罰之執行，係對於人民人身及財產之侵害，故刑罰應止於犯罪行為人之一身為原則，至於本條「不問屬於犯人與否，沒收之」之規定，屬特別之規定，乃基於侵害商標權之仿冒品或其所提供於服務使用之物品或文書，就社會公安而言，較具危險性，或為避免因不屬於犯罪行為人所有之物仍須發還，致使該供犯罪之物流通於外，繼續被使用於犯罪，有礙法律成效，俾免貽害社會及防止再犯而為特別之規定，屬於「刑止一身原則」之例外。然此項例外規定，考諸立法者所欲規範之目的，在於該非屬犯罪行為人所有之物，除本身即為犯罪工具外，並無合法之用途，故而規定「不問屬於犯人與否，沒收之」。倘其所謂沒收物原屬被害人所有，但為犯罪行為人因犯罪而取得或變易獲得被害人合法使用之物，則該物得否「不問屬於犯人與否」而沒收之，自仍應視被害人與非法利用該物有無直接關連性以為判斷，方符合目的性之解釋。[34]另如走私仿冒品依行政法令規定應予沒入，依本法規定亦應予沒收者，即發生行政處分之沒入與刑罰從刑之沒收相競合之情形，得否為沒收之宣告，應先行查明該扣押物品究有無已先為行政處分之沒入定之，如已為行政處分之沒入處分者，及無庸再行宣告沒收。[35]另宣告沒收時亦應注意「比例原

---

[34] 最高法院96年度台非字第73號刑事判決

[35] 最高法院88年度台上字第1129號刑事判決：「……經公權力扣案之同一物品，依行政法令規定應予沒入、同時刑事法規定應予沒收者，即發生行政處分之沒入與刑罰從刑之沒收相競合之情形，得否為沒收之宣告，應先行查明該扣押物品究有無已先為行政處分之沒入定之，不論由海關為之，抑由第一審專設有行政性質之財務法庭為之，均屬相同。而第一審就此未為調查明白，率依商標法第64條規定宣告沒收，自有違誤，……」。

則」之適用。[36]

第五節　未經認許外國法人及團體之訴訟能力

　　未經認許之外國法人或團體，就本法規定事項得為告訴、自訴或提起民事訴訟。我國非法人團體經取得證明標章權者，亦同。（商99）實務上認為未經認許其成立之外國法人，雖不能認其為法人，然仍不失為非法人之團體，苟該非法人團體設有代表人或管理人者，依民事訴訟法第40條第3項規定，非法人之團體，設有代表人或管理人者，有當事人能力。[37]外國法人或團體無論是否經認許，皆可援引本條為告訴、自訴或提起民事訴訟。又依本法第81條第1項規定，證明標章權人不以具法人資格為限。我國非法人團體經取得證明標章者，依法院實務見解，其證明標章權受侵害時，即無法為告訴或自訴尋求救濟，故本法明文增列我國非法人團體經取得證明標章權者，就本法規定事項，得為告訴或自訴，以保障其權益。

---

[36] 臺灣臺中地方法院94年度中簡字第1706號刑事簡易判決：「……扣案如附表所示之仿冒商品26件，應依商標法第83條之規定諭知沒收。另扣案之電腦主機一台，聲請人並未查明是否係供本案犯行所用之物（警詢僅問及該電腦是被告所有，而警、偵訊對於該電腦是否供本案犯行所用，則均未加訊問），且即便被告係以該電腦用供連線網路販售仿冒商品，惟電腦之用途甚廣，網路連線僅係電腦使用之一種方式，而以網路連線販售仿冒商品又屬網路連線少數使用之方式之一，並參諸所查扣之仿冒商品數量並不多，則本院依比例原則，認該電腦主機尚不宜予以諭知沒收……」。

[37] 參見最高法院55年台上字第1898號、67年台上字第865判例。

第五章　附則

一、已註冊或申請中服務標章轉換商標種類之相關規定

　　本法民國92年4月29日修正之條文施行前，已註冊之服務標章，自本法修正施行當日起，視爲商標。本法民國92年4月29日修正施行前，已註冊之服務標章，自本法修正施行當日起，視爲商標。民國92年4月29日修正施行前，尚未註冊之服務標章申請案，於本法修正施行當日起，視爲商標註冊申請案。（商100）因民國92年本法修正時，廢除服務標章，即刪除修正前第72條關於服務標章之規定，並擴大商標定義涵括商品及服務，對本次本法修正施行前，已註冊之服務標章，於修正施行後之處理，宜予適當規範，爰於第1項明定自本次本法修正施行當日起視爲商標。本條第2項明定本次本法修正施行前，尚未註冊之服務標章申請案（包括已審定及未審定之申請案），於修正施行當日起，視爲商標註冊申請案。

二、已註冊或申請中聯合商標或標章變更爲獨立商標或標章

　　本法民國92年4月29日修正施行前，已註冊之聯合商標、聯合服務標章、聯合團體標章或聯合證明標章，自本法修正之條文施行之日起，視爲獨立之註冊商標或標章；其存續期間，以原核准者爲準。（商101）按民國92年修法時，已廢除聯合商標制度，[1]對已註冊及未註冊聯合商標之處理宜予適當規範，故本條明定於本次本法修正施行前已註冊之聯合商標或聯合標章，於修正施行後，視爲獨立之註冊商標或標章，其存續期間，以

---

[1] 本法於民國82年修正公布之第21條，將商標權之範圍由同一商品或同類商品修正爲以所指定之商品爲限，使企業爲保護其商機，大量申請聯合商標，並衍生審查實務之困擾，基於聯合商標之功能有限，並參考英國於1994年及日本於1996年修正商標法廢除聯合商標制度，爰廢除聯合商標之制度，刪除民國92修正前條文第22條，並明定過渡期間之適當規範（修正後條文第86條）。參見本法於民國92年修正草案總說明。

原核准者為準。

三、已註冊或申請中防護商標或標章變更為獨立商標或標章

本法中華民國92年4月29日修正之條文施行前，已註冊之防護商標、防護服務標章、防護團體標章或防護證明標章，依其註冊時之規定；於其專用期間屆滿前，應申請變更為獨立之註冊商標或標章；屆期未申請變更者，商標權消滅。（商102）本法逐步廢除防護商標制度，[2]對已註冊及未註冊防護商標或標章之處理，宜予適當規範，因此本條明定，於本法民國92年修正之條文施行前，已註冊防護商標或標章依其註冊時之規定，並應於專用期間屆滿前，申請變更為獨立之註冊商標或標章，及其屆期未申請變更之效果。依上述規定申請變更為獨立之註冊商標或標章者，關於本法第63條第1項第2款規定之三年期間，自變更當日起算。（商103）

本法民國92年修正施行前已註冊之防護商標、防護服務標章、防護團體標章或防護證明標章，為防止其商標權於權利期間屆滿前消滅，應於屆滿前申請延展註冊，並同時依本條規定申請變更為獨立之註冊商標，如於期間屆滿後未變更為獨立之註冊商標者，其商標權消滅，並無本法第34條第1項[3]後段之適用。另如上述防護商標、防護服務標章、防護團體標章或防護證明標章於未申請變更為獨立之註冊商標或標章前，其正商標或正標章若因違反本法相關規定，其商標權依法被撤銷或廢止時，則依其註冊時之規定，該防護商標、防護服務標章、防護團體標章或防護證明標章，應隨同正商標或正標章被撤銷或無效而一併被撤銷。

---

2 本法於民國92年修正時，對註冊商標之保護，已擴及商標減損之概念，可取代防護商標之功能，為使商標制度單純化，遂逐步廢除防護商標制度，爰刪除民國92修正前條文第22條，並明定過渡期間之適當規範（修正後條文第87條）。參見民國92年本法修正草案總說明。

3 第34條：「商標權之延展，應於商標權期間屆滿前六個月內提出申請，並繳納延展註冊費；其於商標權期間屆滿後六個月內提出申請者，應繳納二倍延展註冊費。」

　　本法第63條第1項第2款規定，商標註冊後無正當事由迄未使用或繼續停止使用滿三年者，爲廢止事由之一，惟聯合商標或防護商標或標章變更爲獨立之商標或標章者，其三年期間應重新計算，應予明定。所稱變更日，有認爲係指申請變更日，有謂係指核准變更日，基於商標權人最有利之解釋，應以核准變更日爲當。

四、規費繳納之規定

　　依本法申請註冊、延展註冊、異動登記、異議、評定、廢止及其他各項程序，應繳納申請費、註冊費、延展註冊費、登記費、異議費、評定費、廢止費等各項相關規費。另前述之規費收取除金額外，尚有其他配套規定，爰明定其收費標準，由主管機關定之。4（商104）

五、註冊費分二期繳納之效果

　　本法中華民國100年5月31日修正之條文施行前，註冊費已分二期繳納者，第二期之註冊費依修正前之規定辦理。（商105）本次修正刪除現行條文第26條註冊費，分二期繳納之規定，惟於本法修正施行前，註冊費已分二期繳納者，其第二期註冊費之繳納義務，及未繳納第二期註冊費之法律效果，應依修正前之規定辦理。

六、異議、評定案件之過渡期間處理原則

　　本法中華民國100年5月31日修正之條文施行前，已受理而尚未處分之異議或評定案件，以註冊時及本法修正施行後之規定均爲違法事由爲限，始撤銷其註冊；其程序依修正施行後之規定辦理。但修正施行前已依法進行之程序，其效力不受影響。（商106 I）本法修正施行前已受理之異議或評定案件，於本法施行時尚未處分者，爲期達到新法之立法目的，故規定須依註冊時及本法修正施行後之規定均爲違法事由，始撤銷其註冊。惟修

---

4 請參見商標規費收費準則，民國99年12月27日。最新商標規費調整方案自民國100年2月1日施行。

正施行前已依法進行之程序，其效力應不受影響。

　　本法100年5月31日修正之條文施行前，已受理而尚未處分之評定案件，不適用第57條第2項及第3項之規定。（商106II）本法第57條第2項及第3項新增應檢附引據商標使用證據及該等證據應符合眞實使用等規定，僅適用於本法修正施行後所提出之評定案，對於本法施行前受理之商標評定案件，無庸依該等條文規定檢附使用證據。

　　對本法100年5月31日修正之條文施行前註冊之商標、證明標章及團體標章，於本法修正施行後提出異議、申請或提請評定者，以其註冊時及本法修正施行後之規定均爲違法事由爲限。（商106III）對於修正施行前註冊之商標、證明標章及團體標章，明定於本法修正施行後提出異議、申請或提請評定之限制條件，以落實修法意旨，並保障既得權益。

七、尚未處分之商標廢止案件之規定

　　本法中華民國100年5月31日修正之條文施行前，尚未處分之商標廢止案件，適用本法修正施行後之規定辦理。但修正施行前已依法進行之程序，其效力不受影響。（商107I）本法100年5月31日修正之條文施行前，已受理而尚未處分之廢止案件，不適用第67條第2項準用第57條第2項之規定。（商107II）修正條文第67條第2項準用第57條第2項關於以註冊商標有第63條第1項第1款規定情形申請廢止，應檢附引據商標使用證據之規定，僅適用於本法修正施行後所提出之廢止案，對於本法修正施行前受理之商標廢止案件，無庸依該等條文規定重新檢附使用證據。另依修正條文第63條第1項第1款申請廢止，現行條文並未規定使用證據應符合一般商業交易習慣，故本項並未有排除準用第57條第3項之規定。

八、動態等商標申請日之規定

　　本法中華民國100年5月31日修正之條文施行前，以動態、全像圖或其聯合式申請註冊者，以修正之條文施行日爲其申請日。（商108）針對本次修正開放任何具有識別性之標識均得申請商標註冊，其中爲現行法規所

無法受理之動態、全像圖商標或團體商標之申請，應自本法修正施行後始受理申請，故增訂本法修正施行前提出申請之過渡規定，以期公允。

九、主張動態商標等或展覽會優先權之規定

以動態、全像圖或其聯合式申請註冊，並主張優先權者，其在與中華民國有相互承認優先權之國家或世界貿易組織會員之申請日早於本法中華民國100年5月31日修正之條文施行前者，以100年5月31日修正之條文施行日為其優先權日。（商109I）本次修正雖開放動態、全像圖等新型態標識得申請註冊，然關於該等案件優先權之主張，自不宜早於本法修正施行之日期，以期公允，並避免法律適用之疑義。故本法明定，該等案件之國外申請日，早於本法修正施行之日者，以本法修正施行日為其優先權日。

於中華民國政府主辦或承認之國際展覽會上，展出申請註冊商標之商品或服務而主張展覽會優先權，其展出日早於100年5月31日修正之條文施行前者，以100年5月31日修正之條文施行日為其優先權日。（商109II）本次修正增訂展覽會優先權主張之法律依據，然其主張之結果，不宜早於本法修正施行之日期，為期公允，爰明定其展出日早於本法修正施行之日者，以本法修正施行日為其優先權日。

十、授權主管機關訂定本法施行細則

本法施行細則，由主管機關定之（商110）。

十一、施行日期之規定

本法之施行日期，由行政院定之。（商111）本次修正有關擴大商標保護客體、商標共有、刪除註冊費分二期繳納、據以評定或廢止商標應檢送申請前三年之使用證據、商標侵權及邊境管制措施等多項制度，均屬商標制度之重大變革，實務作業上，須有足夠時間準備及因應，各界更需要充分時間適應及瞭解修正後之制度運作，爰明定本法施行日期，由行政院定之。行政院之後定民國101年7月1日為施行日期。

國家圖書館出版品預行編目資料

商標法論／汪渡村著. 一 三版. 一 臺北
市：五南, 2012.10
　　　面；　公分

ISBN 978-957-11-6425-0（平裝）

1.商標法

587.3　　　　　　　　　100017888

1U66

商標法論

作　　　者 ― 汪渡村(55.2)

發 行 人 ― 楊榮川

總 編 輯 ― 王翠華

主　　　編 ― 劉靜芬

責任編輯 ― 李奇蓁

封面設計 ― 佳慈創意設計

出 版 者 ― 五南圖書出版股份有限公司

地　　　址：106台北市大安區和平東路二段339號4樓

電　　　話：(02)2705-5066　　傳　　　真：(02)2706-6100

網　　　址：http://www.wunan.com.tw

電子郵件：wunan@wunan.com.tw

劃撥帳號：01068953

戶　　　名：五南圖書出版股份有限公司

台中市駐區辦公室/台中市中區中山路6號

電　　　話：(04)2223-0891　　傳　　　真：(04)2223-3549

高雄市駐區辦公室/高雄市新興區中山一路290號

電　　　話：(07)2358-702　　傳　　　真：(07)2350-236

法律顧問　元貞聯合法律事務所　張澤平律師

出版日期　2008 年 7 月初版一刷
　　　　　　2011 年 2 月二版一刷
　　　　　　2012 年 10 月三版一刷

定　　　價　新臺幣480元